개정판

웰다잉강사지도사 자격과정을 위한

웰다잉의 이해와 실천

웰다잉강사지도사 자격과정을 위한

웰다잉의 이해와 실천 개정판

초   판 1쇄 발행일 2015년 9월 10일
개정판 1쇄 발행일 2018년 6월 7일
개정판 2쇄 발행일 2021년 5월 7일

지은이 조원규
펴낸이 양옥매
디자인 이윤경, 표지혜
교   정 조준경, 허우주

펴낸곳 도서출판 책과나무
출판등록 제2012-000376
주소 서울특별시 마포구 방울내로 79 이노빌딩 302호
대표전화 02.372.1537 **팩스** 02.372.1538
이메일 booknamu2007@naver.com
홈페이지 www.booknamu.com
ISBN 979-11-5776-567-6(03190)

이 도서의 국립중앙도서관 출판시도서목록(CIP)은 서지정보유통지원 시스템
홈페이지(http://seoji.nl.go.kr)와 국가자료공동목록시스템
(http://www.nl.go.kr/kolisnet)에서 이용하실 수 있습니다.
(CIP제어번호 : CIP2018016604)

개정판

웰다잉강사지도사 자격과정을 위한

웰다잉의
이해와 실천

조원규

저

책과나무

한해의 시작을 알리는 새해달력을 펴놓기가 바쁘게 벌써 초여름의 기운이 완연하다. 세월의 빠름을 느낄 때마다 남아있는 세월을 따라 걸음을 바삐 재촉할 수밖에 없다. 이렇게 우물쭈물하다 갑자기 생을 마치기라도 한다면 후회와 회한이 가득할 것 같아서 강의 중에도 틈틈이 글을 썼다. 여러 사람들과 개정판에 대한 약속이 있었고, 사전연명의료의향서 작성 등 연명의료법의 제정에 따라 웰다잉을 요구하는 시대의 변화에 맞추어 책을 개정해야 할 필요성이 시급해졌기 때문이기도 하다.

5년 전 처음 『웰다잉과 행복성찰』이라는 교재를 집필하고 3년 전 다시 『웰다잉의 이해와 실천』을 펴냈는데 많은 사람들의 관심 덕분에 책들이 빠르게 모두 소진이 되었다. 웰다잉에 대한 관심과 웰다잉을 공부하고자 하는 사람들이 많아졌기 때문이다. 그동안 웰다잉 분야에서 많은 변화가 있었다. '죽음'이라는 문제를 피해가고 뛰어넘기 보다는 죽음을 마주하고 죽음준비를 통해 존엄하고 아름다운 마무리를 하려는 생각의 전환이 이루어지고 있다. 우리나라에서도 죽음교육의 필요성이 점차 중요하게 대두되고 무의미한 연명치료중단을 통한 인간다운 죽음에 대한 공론이 모아지게 되었다. 이것은 모두 지난 10여년 이상 웰다잉의 볼모지에 웰다잉교육을 꾸준히 시행해온 많은 사람들의 노력 덕분이다. 하지만 아직은 선진국에 비해 모든 면에서 미흡하기 짝이 없다.

그렇지만 전국에서 웰다잉 교육을 하는 곳이 많아지고 사람들이 '잘 죽는 것'에 관심을 가지게 된 것은 고무적인 일이다. 첫 강좌를 열 때만 해도 웰다잉이 무엇이고 죽음준비를 왜 해야 하는가를 설명하는 데 시간을 많이 할애했었는데 이제는 웰다잉을 해서 노후에 어떻게 죽음을 맞이할 것인가에 대해 실제적이고 구체적인 질문이 많은 걸 보면서 죽음에 대한 의식이 많이 변했음을 실감한다. 많은 사람들이 '잘 사는 것' 못지않게 '잘 죽는 것'에 관심을 가지게 되었다. 무엇보다도 '후회 없는 죽음'과 '인간다운 죽음'의 중요성을 인식하게 된 것이다.

죽음교육의 시작은 '죽음인식'에 있다. 우리는 영원히 살 것처럼 욕심내고 바쁘게 살지만 죽음에 이르러서는 그것이 한순간에 지나간 꿈과 같은 환영이라는 것을 깨닫는다. 권력이나 재물 그리고 명예와 학벌과 같이 우리가 성공이라고 여겼던 것들이 죽음 앞에서는 그다지 중요하지 않다는 것을 알고 후회하게 된다. 죽음을 통한 삶의 인식을 웰다잉에서 중요하게 생각하는 것은 웰다잉의 목표가 후회 없는 죽음이기 때문이다. 태어난 것이 인간에게 가장 큰 일이듯이 죽음은 다음 세상으로 가는 더 큰 일이기도 하다. 생의 마무리를 얼마나 잘 하느냐는 그 사람의 인생을 마무리 짓고 평가를 받는 최종관문이다. '당신은 얼마나 잘 살았는가?'에 대한 답을 준비해야 한다.

2015년 10월에 웰다잉강사지도사 자격관리기관으로 직업능력개발원으로부터 인증받고 보건복지부로부터 사전연명의료의향서 등록기관으로 선정되면서 또 다른 책임이 생겼다. 이제는 전국적인 교육기관으로서 보다 알찬 교재의 준비가 필요하고 많은 사람들에게 웰다잉을 알려야 할 책임을 느낀다. 우리 기관뿐 아니라 전국에서 웰다잉교육이 진행될 것이고 이를 위해 표준교안이 필요하게 된 것이다. 우리나라의 웰다잉교육이 과거에는 임사체험위주로 진행되며 장례문화의 한 부분으로 알려지기도 했으며 사전연명의료의향서의 작성에 국한되어 인식되는 경향이 있다. 하지만 웰다잉교육은 어떤 단편적인 이벤트성 교육을 말하는 것이 아니라 생과 사를 다루는 인문학이어야 한다.

우리나라의 교육제도는 누구도 부정할 수 없는 입시위주의 교육이다. 그렇게 대학을 진학하기 위한 지식 위주의 공부는 인생이라는 긴 마라톤에서 넘어지고 상처받고 힘들 때 극복하는 방법을 배우지 못했다. 그렇게 성공이라는 목표를 향해 달려가다가 어느 때 힘든 순간을 극복하지 못하고 삶을 포기하거나 일어나기를 두려워하게 된다. 그 결과 우리는 OECD국가 중 행복지수 꼴찌, 자살률 1위, 죽음의 질 최하위라는 오명을 가지게 된 것이다. 웰다잉은 죽음의 예규나 방법을 가르치는 것이 아니라 진지하게 삶을 돌아보고 삶을 성찰함으로써 죽음에 이르렀을 때 후회 없도록 만드는 것이다. 매 순간이 마지막인 것처럼 인생을 사는 것이고, 하루하루 최선을 다해 삶의 순간을 즐기고 이 세상을 소풍처럼 사는 것이다.

최근 코로나라는 예기치 못한 전염병으로 인하여 세계적으로 몇백만 명이 목숨을 잃었다. 우리는 이를 계기로 작은 일상이 얼마나 큰 행복이었는가를 깨닫게 되는 계기가 되었다. 이런 사회적 현상 속에서 죽음이 남의 일이 아니라 항상 옆에 있다는 것을 많은 사람이 깨닫고 있다. 우리의 인생은 생각보다 길지 않다. 하고 싶은 일, 행복한 일. 의미 있는 일을 하고 살기에도 짧은 시간이다. '생의 마무리를 얼마나 잘하느냐?' 하는 것은 그 사람의 인생을 마무리 짓고 평가를 받는 최종관문이다. 웰다잉 교육을 통해 인생의 방향을 중간점검하고 '당신은 얼마나 잘 살았는가?'에 대한 후회 없는 답을 준비해야 한다.

웰다잉 교육이 시민교육으로 확대되면서 교재에 대한 필요성이 절실해졌다. 열심히 쓰고 몇 번을 수정했지만, 항상 만족하지 못하고 출간을 하게 된다. 주변의 많은 분 덕분에 내가 존재함을 느낀다. 그동안 웰다잉의 발전을 위해 노력해주신 선배, 동료에게 감사드리며, 수년 동안 믿고 지원해 주신 박귀옥 회장님, 성순정님. 이희연, 박은주, 정유진 총무님을 비롯한 수요인 문학회원들, 정순태, 이수한, 김임순, 강둘순, 김광수, 이영호, 황미현, 김국태, 한정희, 하현숙, 박근자. 조선형, 장명희, 안모원, 김두열, 허혜정. 권숙희, 김용임 원장님 등 웰다잉 발전을 위해 노력하고 수고하시는 원장님과 강사님들에게 감사를 드리며, 이번 개정판이 웰다잉을 공부하고 강의하시는 많은 분께 조금이나마 도움이 되기를 바란다. .

2021년 5월

조 원 규

CONTENTS

제1장

웰다잉의
이해

죽음이 다가오면

조 원 규

어느 날
나도 모르게 꿈처럼
죽음이 다가오면

나는 두려워하기 보다는 호기심으로
죽음 속으로 들어가리라
죽음의 내음과 죽음의 모습을 보고
경이롭게 그를 맞이하리라

죽음이 주는 또 다른 세계를
오솔길 따라 걷듯 여행하고
그 길이 영원으로 이어진 길인가를
세세히 확인하리라

죽음의 나라에 피는 꽃과
산과 바다를 보고
음악을 듣고, 향기를 맡으며
두 팔로 새로운 세상을 즐기리라

그리고
죽음은 그리 두려운 것이 아니라고
죽음은 무서운 것이 아니라
이처럼 흥겨운 여행일 뿐이라고
마음의 글을 남기리라

내게 죽음이 다가오면
삶을 모르듯 죽음도 모르는데
두려워하기 보다는
그 새로움을 떨리는 맘으로
맞이하리라

1960년대 미국의 성교육은 금기된 성과 왜곡된 성을 합리적인 교육으로 이끌어 내어 청소년들의 그릇된 성 의식을 바로잡는 계기가 되었다. 이것은 그동안 감추고 쉬쉬해 왔던 문제를 드러냄으로써 감추는 것보다 더 긍정적인 효과를 가져왔다. 이러한 성교육의 성공에 힘입어 성 문제와 함께 우리 사회에서 터부시되어 왔던 죽음의 문제도 수면 위로 떠올라왔고, 죽음의 교육이 인간의 삶의 질을 향상시키고 죽음에 대한 불안에서 벗어나 자연스러운 죽음을 받아들이는 계기가 되었다.

　　웰다잉(Well-dying)은 이제 웰빙(Well-being), 웰에이징(Well-aging)과 더불어 자연스러운 죽음과 존엄한 죽음을 맞이하여, 아름다운 마무리를 해야 된다는 공감을 형성하고, 많은 사람들이 죽음을 현실의 문제로 받아들여 공부하고 준비하는 것으로 인식하고 있다.

1. 웰빙(Well-being)이란?

　　웰다잉(Well dying)은 흔히 '잘 죽는 것'을 의미한다고 알고 있다. 그런데 대부분 '잘 죽는다.'는 의미가 마치 죽음의 예규에만 국한된 것으로 오해하기 쉽다. 웰다잉은 장례를 준비하는 것이나 죽음에 관련된 형식적인 것과는 다르다는 것을 사람들은 잘 알지 못한다. 또한 웰다잉을 일부 언론에 비춰진 대로 임사체험만을 의미하는 것으로 오해하기도 한다. 그렇지만 웰다잉은 결코 죽음의 연습이나 죽음의 예규를 다루는 것이 아님을 이해하여야 한다. 그러기 위해서 먼저 우리가 잘 알고 있는 웰빙과의 관련성에 대하여 이해를 해야 할 필요가 있다.

웰빙(Well-being)이란 육체적·정신적 건강의 조화를 통해 행복하고 아름다운 삶을 추구하는 삶의 유형이나 문화를 통틀어 일컫는 개념이다. 산업 고도화는 인간에게 물질적 풍요를 가져다 준 반면, 정신적 여유와 안정을 앗아간 면도 적지 않다. 현대 산업사회는 구조적으로 사람들에게 물질적 부(富)를 강요하는 시스템을 가지고 있어서, 사람들은 대부분의 시간을 부를 축적하는 데 소비한다. 따라서 물질적 부에 비해 정신 건강은 가볍게 여기는 경향이 있고, 심한 경우에는 정신적 공황으로 발전하기까지 한다. 웰빙은 이러한 현대 산업사회의 병폐를 인식하고, 육체적·정신적 건강의 조화를 통해 행복하고 아름다운 삶을 영위하려는 사람들이 늘어나면서 나타난 새로운 삶의 문화 또는 그러한 양식을 말한다. 1980년대 중반 유럽에서 시작된 슬로푸드(Slow food) 운동, 1990년대 초 느리게 살자는 기치를 내걸고 등장한 슬로비족(Slow but better working people), 부르주아의 물질적 실리와 보헤미안의 정신적 풍요를 동시에 추구하는 보보스(Bobos) 등도 웰빙의 한 형태이다.

그러나 '웰빙'이라는 용어가 본격적으로 나타나기 시작한 것은 2000년 이후의 일이다. 이전에도 다양한 형태로 육체적·정신적 삶의 유기적 조화를 추구하는 움직임이 있기는 했지만, 이러한 움직임이나 삶의 문화가 포괄적 의미로서 웰빙이라는 이름을 얻은 것은 2000년 이후이다. 웰빙은 '복지·행복·안녕'을 뜻하는 말이다.

웰빙을 추구하는 사람들은 육체적으로 질병이 없는 건강한 상태뿐 아니라, 직장이나 공동체에서 느끼는 소속감이나 성취감의 정도, 여가생활이나 가족 간의 유대, 심리적 안정 등 다양한 요소들을 웰빙의 척도로 삼는다. 즉, 몸과 마음, 일과 휴식, 가정과 사회, 자신과 공동체 등 모든 것이 조화를 이루어 어느 한쪽으로 치우치지 않은 상태가 웰빙이다. 웰빙을 추구하는 사람들을 '웰빙족'으로 부른다. ①고기 대신 생선과 유기농산물을 즐기고 ②단전호흡 · 요가 · 암벽등반 등 마음을 안정시킬 수 있는 운동을 하며 ③외식보다는 가정에서 만든 슬로푸드를 즐겨 먹고 ④여행 · 등산 · 독서 등 취미생활을 즐기는 특징을 가지고 있다. 한국에서도 2003년 이후 웰빙(문화)이 확산되어 웰빙족을 겨냥한 의류 · 건강 · 여행 등 각종 상품에 이어 잡지까지 등장하였고, 인터넷에도 많은 웰빙 관련 사이트가 나타났다.

웰빙은 순우리말로는 '참살이'라고 한다. 사전적 의미로는 정신적 · 육체적인 건강과 행복, 복지와 안녕을 의미하고, 사회적 의미로는 물질적 부가 아니라 삶의 질을 강조하는 생활 방식을 가리킨다. 경제적 풍요와 사회적 성공을 강조하던 1980년대와는 달리 1990년대에 들어서면서 정신적 풍요와 행복, 자기만족이 삶의 중요한 척도로 부상하기 시작했다. 이러한 의식과 구체적인 행동 방식을 총체적으로 가리키는 말이 바로 웰빙이다. 원래 웰빙은 미국의 중산층이 첨단 문명에 대항해 자연주의, 뉴에이지 문화 등을 받아들이면서 대안으로 선택한 삶의 방식이다. 2003년 건강에 대한 관심이 높아지고 건강과 관련한 소비가 급속히 증가하면서 국내에 수입된 웰빙 문화는 이러한 본래 의도와는 달리 명상이나 요가, 스파와 피트니스 클럽을 즐기면서 유기농이나 전통식을 고집하는 상류층 문화로 왜곡 · 변질된 경향이 있다.

최근에 상대적으로 경제적인 억압이 가중되는 상황이다 보니 '잘 사는 일' 또는 '웰빙'이 사회문화적인 화두로 자리를 잡았다. 웰빙은 크게 3가지의 층위가 중첩

되어 있는데, 그것은 바로 건강하게 살고 부유하게 살고 여유롭게 사는 것이다. WHO(세계보건기구)는 "건강이란 단순히, 병이 없는 또는 허약하지 않은 상태가 아니라, 신체적·정신적·사회적 그리고 영적으로 완전히 양호한 상태이다."로 정의하고 있는데, 질병이 없다는 소극적인 건강 개념에서 탈피해 좀 더 포괄적이고 적극적인 건강 상태를 말하며, WHO의 오타와헌장(1986년)에서는 건강촉진을 목표로 웰빙을 주장하였다. 그 달성을 위해서는 '개인과 집단이 자신의 목표를 확인, 실현하고 욕망을 충족시킬 수 있으며, 환경을 개선하거나 변화하지 않은 환경에 대처할 수 있어야 된다.'고 주장한다. 즉 역할이 있고, 사회적 지원의 체제를 갖추어 건강한 생활습관을 유지할 수 있는 생활을 구축하도록 하는 것이다.

웰빙은 스스로가 조절할 수 있다는 주체성에 관여하는 신념에 영향을 준다. 인간의 생활은 상호의존적이며, 개인의 행동은 타인의 웰빙을 서로 간에 교환하게 된다. 좀 더 건강하기 위해서는 사람들은 더 공유하고, 상호 간에 웰빙을 향상시켜 생활해 나가도록 노력해야 한다. 웰빙에는 신체적·정신적·사회적 측면이 있으며, 그 구체적인 상태에 관해서는 각각의 측면이나 포괄적 상태에 관해서 측정 기준이나 방법이 결정된 것은 없다.

2. 웰다잉(Well-dying)이란?

그렇다면 웰다잉은 무엇이고, 웰다잉과 웰빙은 어떻게 다른가? 최근에 와서 웰빙과 함께, 안락사 논쟁과 사전연명의료의향서의 작성에서 촉발된 웰다잉(Well-dying)에 대한 관심도 높아지고 있다. 2009년 2월 선종한 고(故) 김수환 추기경은 생명 연명 치료를 거부하고 자연스런 죽음의 과정을 받아들임으로써 아름답고 존엄한 죽음을 몸소 실천해 보였다. 평소 존엄사를 긍정적으로 인정해 온 고(故) 김수환 추기경은 병세가 악화되기 시작한 2008년 말부터 인공호흡기와 같은 기계적 치료에 의한 무의미한 생명 연장을 거부해 왔다. 이와 함께 2009년 2월 서울고등법원은 환자 김 모 씨의 가족이 세브란스 병원을 상대로 낸 연명 치료 중단 민사 소송에서 환자의 연명 치료를 중단하라는 판결을 내림으로써 존엄사와 안락사에 대한 사회적 공론을 일으켰다. 또한 무소유를 한평생 실천하다가 아름다운 향기를 남기고 입적하신 법정스님의 경우를 보면서 많은 사람들이 아름다운 죽음에 대하여 보다 많은 것을 생각하는 계기가 되었으며 2018년 2월4일부터 우리나라에서도 '연명의료결정법'이 시행되게 되었다.

웰다잉(Well-dying)이란 준비된 죽음, 아름다운 죽음을 의미한다. 준비된 죽음이란 죽음을 무조건 거부하는 것이 아니고, 죽음을 자연스러운 현상으로 받아들이는 것이다. 또한 인간의 생명에 대한 유한성을 정신이 맑을 때 인식하여, 누구나 맞이하는 죽음이 나에게도 올 것이라는 점을 깨닫는 것이다. 그리고 죽음이 언제 오더라도 후회스럽고 비통한 죽음이 아닌 아름다운 죽음을 맞이하는 것을 말한다. 죽음 준비는 죽음 인식에서부터 비롯된다. 메멘토 모리(Memento mori - 네가 죽을 것을 기억하라)는 라틴어로, 인간은 항상 죽음을 염두에 두면서 살아가야 한다는 뜻이다. 잘 죽기 위해서도 죽음도 삶과 마찬가지로 연습과 공부가 필요하다.

웰빙에서 이어지는 웰다잉은 '잘 살고 잘 마무리하는 인생의 전 과정'을 말하는 것으로 웰빙과 웰다잉은 그 의미가 서로 통한다고 할 수 있다. 생(生)과 사(死)는 둘이 아니다. 마찬가지로 잘 사는 것이 잘 죽는 것이라고 할 수 있다. 웰빙에서 의미하는 잘 먹고 잘 사는 것이 행복으로 가는 길이라고 생각했지만, 막상 우리의 삶이 풍요로워지고 정신적으로 여유가 생겼다고 해도 그것이 곧 행복이라는 등식이 성립되지는 않았다. 무엇인가 허전한 것들이 결국 죽음에 이르러서 후회를 하게 되는 요인이 되었다. 이것은 삶에 있어서 목적 없는 부의 축적이나 풍요로운 삶만으로는 채워지지 않는 부분이 있다는 것을 의미한다. 웰다잉은 웰빙이 채워주지 못하는 것들, 즉 후회 없는 삶, 나눔, 인생의 의미 찾기 등을 채워 줌으로써 삶을 행복하게 완성시키는 역할을 한다. 이러한 웰다잉의 기본적인 방법을 아래와 같이 몇 가지 제시한다.

1) 건강관리

죽음에 이르러 죽기 전에 자신의 몸을 돌보지 못한 것을 후회하는 사람들이 많다. 건강을 과신하여 어느 날 병상에 누워 보면, 건강이 얼마나 중요한지를 새삼 깨닫게 된다. 대부분의 사람들은 죽음을 두려워하기보다는 죽는 과정에서의 고통을 더 두려워하고 있다. 불치병인지 만성질환인지 자신의 몸 상태를 정확히 진단하여야 한다. 몸이 없으면 아무리 원대한 꿈을 꾸거나 위대한 생각을 실현시키고 싶어도 이승에서는 이룰 수 없는 것이다. 자신의 몸 상태를 제대로 알지 못하면 남은 인생을 제대로 준비하지 못하고, 가족, 친지에게도 깊은 상처를 줄 수 있다. 특히 중풍, 치매, 만성질환 등에 주의하여야 한다. 굵고 짧게 살겠다고 몸을 함부로 한다는 것은 누워서 보내는 기간만 길어지는 결과를 낳을 수도 있다. 누워서 자신의 몸을 자기의 뜻대로 할 수 없다면 아무리 좋은 뜻을 가지고 있어도 펼칠 수가 없고, 이것은 삶의 의미를 가질 수 없는 최악의 삶을 의미한다.

2) 사전연명의료의향서 작성

사람은 누구나 자신의 미래를 알지 못한다. 그리고 누구도 자신이 갑자기 어떤 상황에 놓여 의사소통을 못하게 되는 상황이 발생할 것이라고 생각조차 하기 싫어한다. 그렇지만 지금 병상에 누워서 의사를 표현하지 못하는 수많은 환자들도 그곳에 누워 있기 전에는 똑같은 생각을 하였을 것이다. 세상에서 자신만큼 소중한 것은 아무것도 없다. 그래서 자신의 육체를 자신이 컨트롤 할 수 있을 때 미리 사전의료의향서를 만들어 놓는 것이 중요하다. 누구보다 중요한 자신이 존엄한 죽음을 맞이하기 위해서는 꼭 필요한 조치 중 하나이다. 사전연명의료의향서는 회복 불가능한 상태에 빠졌을 때 인공호흡기 등을 장착하거나 심폐소생술, 수혈 등을 받을지 무의미한 연명치료를 지속해야 할지를 미리 정해 두는 것이다. 건강할 때 결정하거나 임종이 가까워지면서 환자나 가족이 정한다. 사전연명의료의향서 작성은 존엄한 죽음을 맞이하기 위해서 반드시 해야 하는 중요한 과정이다.

3) 자성과 성찰 시간 갖기

인생은 자기 뜻대로 되지 않는다. 그래서 좋을 때도 있고 안 좋을 때도 있는 것이 인생이다. 좋을 때는 세상을 다 가진 것 같다가도 안 좋은 일이 생겼을 때는 자신을 원망하고 신을 원망하고 심지어 자신을 해치거나 우울증에 걸리기까지 한다. 성찰은 "내가 왜 이런 일을 겪게 된 걸까?" 하고 자문해 현재 상태를 자연스럽게 받아들이고 인정하는 것이다. 모든 일은 원인이 있으며 그 원인의 대부분은 자신에게 있음을 자각하는 것이다. 과거에 매달리지 말고 있는 그대로 자신의 삶을 되돌아봄으로써 자신과 인생의 소중함을 깨닫는 것으로부터 웰다잉은 시작된다.

자신의 삶을 돌아보면서 인생의 회고를 통해 인생 곡선을 그려 보는 것도 좋다. 굴곡진 인생을 한 장의 종이에 그래프로 그려 본다면 남은 생을 관조하는 데 좋은 자료가 될 수 있다. 삶을 성찰하는 과정에서 그동안 가지고 있었던 원한과 미움을 내려놓고 용서와 화해를 함으로써 자신의 마음을 억누르고 있었던 마음의 짐을 내려놓을 수가 있다. 용서와 화해를 통해 죽음을 앞두고서야 할 수밖에 없는 일을 하게 되면, 남은 생을 보다 긍정적이고 적극적으로 사는 계기가 된다.

4) 죽음 관련 법률의 이해와 유언장 작성

사람은 머물렀다 지나간 자리가 깨끗하고 아름다워야 한다. 있을 때는 삶이 바빠서 어지럽게 살았던 인생이라도 마지막 가는 자리는 깨끗이 정리를 하는 것이 남아 있는 사람에게 편안함을 준다. 우리는 장례식장에서 싸우는 사람들, 망자의 장례가 끝나기 전에 형제 간, 자녀 간에 금전적인 유산으로 인해 다투는 것을 종종 목격하게 된다. 이러한 것들은 죽음을 미리 준비하지 못하여 정리를 하지 못한 탓이다.

자녀 간이나 이해당사자 간에 재산 분쟁을 막기 위해 유언장을 작성하기도 하고, 친생자의 인정이나 부정, 재단법인의 설립 등을 위해 유언장을 작성한다. 금전적인 내용뿐 아니라 삶의 가치와 지혜를 나눠 주는 말도 남기는 것이 좋다. 이것은 삶을 되돌아보는 유용한 수단이며, 죽음에 관련된 법률적 검토를 미리 하여, 법적으로 깨끗한 죽음 준비를 하는 과정이다. 살아 있을 때 유언장을 작성하는 것은 자신의 삶을 되돌아보고, 주변을 살펴보는 기회가 될 뿐 아니라, 그것을 기회로 남은 삶에 더 큰 의미를 부여할 수 있는 기회가 되기도 한다. 유언장 작성과 더불어 죽음을 직접 체험하는 임사체험을 통해 새롭게 태어나 자신을 변모할 수 있는 기회를 갖는 것도 좋은 방법이다.

5) 나눔과 봉사

나눔의 실천은 자신을 사랑하고 소중하게 생각하는 마음에서부터 출발한다. 자기 자신의 소중함을 깊이 느낄 때, 타인을 배려하는 마음과 나누고 싶은 마음, 더 나아가서 생명 존중에 대한 큰마음이 생기는 것이다. 나눔의 실천은 남을 도와주는 것이기도 하지만, 자신의 삶을 건강하고 의미 있게 만들어 준다. 가능하면 건강할 때 자원봉사클럽에 가입해서 이웃을 돕는 것이 좋다. 이웃을 위한 봉사가 결국 자신을 돌보는 일이다. 자신의 생명의 소중함을 깨달아서 생명 나눔과 생명 사랑을 실천하고 나와 남을 똑같이 소중하게 생각하는 마음은 죽음에 이르러 자신에게 편안함을 가져다준다. 장기 기증과 같은 생명 나눔은 죽음에 이르러 다른 사람에게 새로운 생명을 줄 수 있는 숭고한 나눔의 완성과도 같은 것이다.

6) 남은 생에 해야 할 일들을 작성하기

버킷리스트는 존 고다드라는 사람이 자신이 평생하고 싶은 리스트를 적어서 실천한 것에서 비롯되어, 영화로도 만들어졌다. 누구나 죽을 때 후회하는 일들이 많다는 것을 생각할 때 미리 후회 없는 삶을 살기 위한 준비라고 볼 수 있다. 버킷리스트는 하고 싶은 일을 목록으로 만들어 그것을 실천하는 것이다. 리스트를 작성할 때는 하고 싶은 일, 되고 싶은 것, 가고 싶은 것, 먹고 싶은 것 등 세부적으로 나누어 목록을 작성하면 된다. 중요한 것은 현재의 상황에서 처해진 현실을 고려하여 작성할 필요는 없다는 것이다. 돈이 없어서, 시간이 없어서, 가족들이 반대해서 등 할 수 없는 이유로 쓸 수 없다면 그것은 버킷리스트가 아니다. 상황은 언제나 변하고, 간절하기만 하다면 무엇이든 이룰 수 있는 것이 인생이기 때문이다. 후회 없는 삶을 살아 보려면 자신이 무엇을 간절히 바라고 있는가를 먼저 점검하여야 한다. 그리고 남의 눈치를 보는 삶이 아니라 자신이 하고 싶은 것을 후회 없이 해 보는 것이다.

7) 인생 회고

기억하고 싶은 사진이나 편지, 선물, 기념품 등을 마지막 순간까지 곁에 둔다. 추억은 아름다운 것이고 자신의 인생 궤적을 말해 주는 것이다. 사진으로 만드는 자서전이나 인생 회고를 통해 자신의 과거를 돌아보고 남은 삶을 더 아름답게 살도록 노력하는 방법이 될 수도 있다. 인간은 모두가 다르게 산다. 어떻게 살든 자신은 최선을 다해 살았을 것이다. 그래서 누구의 인생이 더 잘 살았다고 단언할 수는 없는 것이다. 인생의 회고는 지난 삶을 통해서 남은 삶을 반추하게 만든다. 힘들고 고단했던 인생일지라도 그 속에는 아름다운 추억이 있고, 행복했던 순간들이 있게 마련이다. 마냥 어렵고 힘든 일들만 생각한다면 남은 인생도 부정적일 수밖에 없다. 아름답고 좋았던 추억을 떠올리고 남은 삶은 더 아름다운 마무리를 할 수 있도록 하겠다는 다짐을 하게 된다면 인생의 작은 터닝포인트가 마련될 것이다.

8) 마음의 빚 청산

돈이나 빌린 물건 등 물질적인 빚뿐 아니라 마음의 빚도 사과의 말과 함께 갚도록 노력한다. 빚이라고 하면 보통 물질적인 빚을 말하지만, 마음의 빚이야말로 죽을 때 가장 후회하는 것 중의 하나이다. 마음의 빚을 생각날 때마다 청산하도록 해야 한다. 편안한 삶과 편안한 죽음은 마음의 짐을 내려놓아야 비로소 홀가분해진다. 우리는 살아가면서 많은 사람들에게 상처를 주고 산다. 그런데 대부분은 자기가 받은 상처만을 기억하고 산다. 또한 자신이 갚아야 할 것은 잊기 쉽고, 받을 것만을 생각하고 마음 아파하기도 한다. 삶은 하나의 과정 속에 있다. 아직은 끝난 것이 아니다. 자신이 주었던 아픔도 자신이 청산해주어야 하고, 그래야 자신이 받은 상처도 용서를 하고 아물 수 있기 때문에 먼저 마음의 빚을 청산하는 것이 순서이다. 사랑하면서도 사랑한다는 말도 한번 제대로 하지 못하고 가는 삶도 마음의 응어리를 만든다. 사랑한다면 사랑한다고 말하는 것도 마음의 짐을 내려놓는 과정이다.

9) 고독사 예방

위급한 순간에 가장 빨리 도움을 청할 수 있는 가족이나 친구를 정해 둔다. 현대는 가족의 붕괴와 몰락으로 인해 독거노인의 숫자가 빠르게 증가하고 있다. 그러다 보니 혼자서 외롭게 살다가 아무도 돌봐 주는 사람 없이 쓸쓸히 죽음을 맞이하는 경우도 있고, 때론 주검을 수일 동안 방치하는 경우까지 발생한다. 어르신들의 경우, 특히 위급한 순간에 도움을 청할 사람을 긴급 연락할 수 있도록 미리 조치해 두는 것이 고독사를 예방할 수 있다. 독거어르신의 경우 주위의 많은 관심이 필요하다. 고독사 예방을 위해서는 좋은 대인관계를 유지하고 소통하는 삶을 살아야 한다. 나이가 들면 가장 힘든 것이 외로운 것이다. 베풀고 욕심을 버리면 사람이 모여든다. 욕심과 이기심을 가지면 모두가 떠난다. 죽음을 맞이하면서도 외롭고 쓸쓸하게 죽지 않으려면, 가족과 친구, 이웃들에게 베푸는 삶과 소통의 삶을 살아야 한다.

10) 자신의 장례 계획 세우기

미리 장례 방법과 절차에 대한 구체적인 계획을 세운다. 묘비명을 쓰고 사진을 정리하거나 자신이 원하는 죽음의 모습을 가족에게 얘기하는 것도 한 방법이다. '가족들이 다 알아서 해 주겠지.' 하는 것은 자신에 대한 무책임이다. 자신의 사후에 관한 절차를 비롯해 모든 것을 자신의 뜻대로 할 수 있도록 준비해 두는 것이 아름다운 마무리를 위한 방법이다. 인생의 주인공이 자신이듯이 장례식의 주인공도 자신이다. 자신의 장례식을 미리 계획해 놓는다는 것은 남아 있는 사람들에게 부담을 주지 않고 자신의 뜻을 마지막까지 남길 수 있는 방법이다.

11) 사랑과 용서

'가장 소중한 것은 눈에 보이지 않는다.'고 하였다. 그래서인지 몰라도 죽음에 이르러 많은 사람들이 사랑하는 사람에게 사랑한다고 말을 못한 것을 후회하였다. 또한 자신을 힘들게 하였던 사람들에 대하여 좀 더 일찍 용서를 했더라면 자기가 그렇게 힘들지는 않았을 것이라고 말하고 있다. 사랑은 가장 용기 있는 용서의 방법이며 용서는 남을 위한 것이 아니라 자신을 위한 것임을 알아야 한다. 누군가를 용서하고 또 누군가를 사랑하고 표현하는 것은 죽기 전에 꼭 해야 할 일들이다. 살면서 소중하게 생각했던 것들과 죽을 때 후회하는 것과는 다르다. 눈에 보이지 않은 것이 소중하다는 것을 알면서도 살아 있는 동안 그것이 중요하다는 것을 실감하기는 쉽지 않다. 그래서 죽음의 입장에서 삶을 돌아보면 그런 소중한 것들이 보이는 법이다. 그중에 가장 소중한 것이 사랑과 용서이다.

3. 웰다잉의 참다운 의미

죽음을 가르친다는 것은 결국 삶을 삶답게 살다가 아름답게 마무리를 하도록 가르치는 일이다. 그러므로 죽음의 문제에 자연스럽게 접근하기 위한 다양한 방법을 모색하여야 한다. 사람들은 죽음에 가까이 가는 것을 누구나 두려워하기 때문에 자연스럽게 죽음의 문제를 다룰 수 있도록 철저한 사전준비가 필요하다. 결국 최종적인 웰다잉 교육의 목적이 살아 있는 동안, 남은 삶을 가장 소중하고 아름답게 보낼 수 있도록 한다는 점에서 죽음의 문제이기보다는 삶의 문제에 더 가깝다고 볼 수 있다. 생명사랑과 존엄한 인간의 삶을 이해하고 타인에 대한 배려와 감사로 행복을 만끽하는 삶. 그래서 죽음에 이르러 후회 없이 자연으로 돌아가는 그런 겸허하고 편안한 삶과 죽음이 웰다잉의 문제들인 것이다.

웰다잉은 관점의 변화이다. 우리가 영원히 경험할 수 없는 죽음의 자리에서 삶을 돌아볼 수 있도록 해 주는 것이다. 정글 속에서 길을 잃고 헤매는 사람이 볼 수 있는 것은 오직 눈앞의 나무밖에 없다. 전체를 보려면 숲에서 벗어나 높은 산으로 올라가 한눈에 보아야 한다. 삶도 마찬가지다. 바쁘게 살아가는 동안에 삶을 제대로 볼 수 없다. 죽음의 순간까지 관점을 변화시켜 삶을 되돌아보아야 비로소 삶을 제대로 볼 수 있는 것이다. 그래서 웰다잉은 시간의 관점을 변화시키는 것이다.

웰다잉의 참다운 의미는 죽음 인식이라는 인간의 유한성 인식에서부터 비롯된다. 죽음 인식은 삶을 겸허하게 만들고, 생명을 소중하게 느끼게 되며, 나만을 위한 세상이 아닌 모든 생명을 위한 삶으로의 변화를 이끌어 내며, 보다 한 걸음 더 나아가서 자연에 대한 사랑을 생기도록 한다. 삶을 소중히 여기고 인간의 존엄성을 지켜 죽음에 이르기까지 인간다운 삶 속에서 품위 있는 죽음을 맞이하는 것이 웰다잉의 과제인 것이다.

 그동안 우리나라에서 웰다잉이라는 분야를 말할 때 떠올리는 첫 번째 연관단어
는 '임사체험'이었다. 그래서 항간에는 웰다잉과 임사체험을 동일시하는 경우도
종종 생겨났다. 그것이 오히려 죽음을 도외시하는 우리나라 사람들에게 웰다잉을
더 멀리 느끼게 하는 경우도 생겨난 것이 사실이다. 사실 임사체험은 웰다잉에 있
어서 죽음을 강렬하게 체험해 보기 위한 한 방법에 불과하다. 임사체험을 웰다잉
으로 오해를 해서는 안 된다. 웰다잉이란 오히려 많은 비중을 삶에 두어야 한다고
생각한다. 죽음에 중점을 두는 장례 문화의 한 형태로 취급되거나, 죽음을 미리
체험해 보는 임사체험으로 치부되는 웰다잉은 삶에서 의미를 찾는 사람들에게 멀
어지는 이유가 된다.

 인간의 변화를 이끌어 내는 가장 강력한 무기는 '죽음'이다. 그것을 깨닫는 순
간, 그렇게 고민했던 세상의 일들이 아주 사소하게 느껴지는 깨달음을 얻을 수 있
다. 웰다잉은 그것에서부터 출발하는 죽음 인식의 과정이다. 삶이 유한하고 남
은 삶이 그다지 길지 않다는 것을 자각하고 나면, 세상에 어떤 일도 용서하지 못
할 일도 없고, 중요하고 소중한 것과, 보기에는 그럴싸하지만 의미가 없는 일들
을 가려낼 줄 아는 올바른 분별심이 생기는 것이다. 그것은 바로 행복이라는 궁극
적인 인생의 목표에 도달할 수 있는 지름길을 만들어 내며, 올바른 인생의 변화를
이끌어 낸다.

 그 변화의 종착점은 생명사랑, 타인에 대한 사랑, 남을 위한 배려, 용서, 나눔,
자연의 소중함과 환경의 소중함을 아는 것, 후회 없이 살다가 품위 있고 아름답게
삶을 마무리하는 것으로 귀착된다. 웰다잉은 인간이 태어나서 죽을 때까지의 전
과정을 다루는 학문이어야 하고, 누구나 배워야 하는 기본적인 인간의 도리인 것

이다. 숲 속에서는 숲을 제대로 보지 못하고 나무밖에 보지 못한다. 마찬가지로 삶 속에서는 삶을 제대로 보지 못한다. 한 발자국 떨어져서 보아야 삶을 볼 수 있다. 그래서 우리는 죽음에 이르러서야 삶을 제대로 볼 수 있게 되는 것이다. 웰다잉은 죽음에서 바라보는 삶이다. 그렇게 힘들고 고단했던 삶도 죽음에서 바라보면 너무나 아름답고 소중한 것이다. 그렇게 바라보는 관점을 변화시켜 죽음의 입장에서 삶을 바라보는 것이 웰다잉의 또 다른 가치이다.

웰다잉에서 다루어야 하는 것은 크게 생과 사의 문제이다. 태어나기 이전의 문제와 죽고 난 이후의 문제는 어쩌면 종교적인 영역일지도 모른다. 그렇지만 태어나서부터 죽음까지의 과정은 실존적인 문제이다. 태어나서 죽음까지의 과정에 있는 것은 한마디로 규정한다면 무엇일까? 나는 오랜 고민 끝에 그것은 만남과 이별뿐이라고 규정지었다. 만남과 이별은 비단 사람과의 만남과 이별을 말하는 것이 아니라 물질을 포함한 모든 것을 총망라하여 말하는 것이다. 우리의 인생은 태어나면서 누구와 만나고, 살아가면서 무엇을 만나고 그 과정에서 사랑과 미움을 겪게 된다. 그리고 어느 날 헤어짐과 이별 그리고 상실을 경험하게 된다. 이러한 상실은 반드시 상처를 동반하게 되고, 그렇게 상처 입은 영혼은 삶 속에 고통과 마음아픔을 가지게 된다. 이것을 치유하는 것이 웰다잉의 또 다른 목표이다. 치유는 죽기 전에 반드시 해야 하는 웰다잉의 과정이다. 우리에게 상처가 없는 것 같지만 한 번 입은 상처는 사라지는 것이 아니라 무의식 속에 깊숙이 억압되어 있을 뿐이다. 이렇게 가라앉아 있는 상처들은 죽기 전에 수면 위로 올라와 우리를 괴롭히는 아물지 않은 고통들이다. 용서와 더불어 자신의 상처를 치유하는 것이 필요하고, 이것이 성찰을 통한 상처 치유이다.

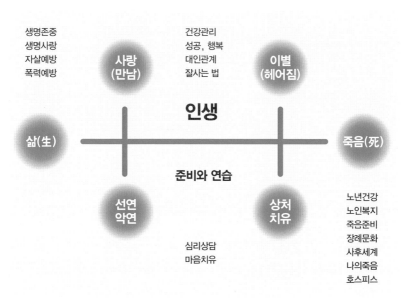

생명존중　　건강관리
생명사랑　　성공, 행복
자살예방　　대인관계
폭력예방　　잘사는 법

사랑
(만남)

이별
(헤어짐)

인생

삶(生)

죽음(死)

준비와 연습

선연
악연

상처
치유

노년건강
노인복지
죽음준비
장례문화
사후세계
나의죽음
호스피스

심리상담
마음치유

4. 웰다잉 교육의 목표와 필요성

　　죽음에 대한 오랜 연구를 한 알폰스 데켄 박사는 죽음 준비교육의 15가지 목표
로 다음과 같은 것을 제시하고 있다.

　①　죽음에 이르는 심리 변화를 이해한다.

　②　죽음의 의미를 사색한다.

　③　비탄교육에 대해 배운다.

　④　극단적인 죽음의 공포를 줄이고 불안한 심리적 부담을 제거한다.

　⑤　죽음기피증을 제거한다.

　⑥　자살을 생각하는 사람의 심리를 이해하고 예방할 방법을 배운다.

　⑦　말기 암 환자의 알 권리에 대해 새롭게 인식한다.

　⑧　죽음과 관련되는 윤리적 문제를 배운다.

　⑨　사망과 의학 및 법률에 관한 여러 문제를 배운다.

⑩ 장의(葬儀)의 의미와 역할에 대해 배우는 것이다.

⑪ 주어진 삶이 제한적임을 인지하고 가치관을 재정립한다.

⑫ 죽음의 예술을 배운다.

⑬ 죽음철학을 탐구한다.

⑭ 여러 종교가 제시하는 관점에서 죽음에 대한 내용을 배운다.

⑮ 사후의 생명에 대해 적극적으로 탐구한다.

죽음은 먼 나라 이야기가 아니고 실존하는 현실이다. 삶을 재조명하고 시간을 인식하는 데 있어서 죽음을 이해하는 것이야말로 가장 확실한 자기 인식과 변화의 방법이다. 죽음이라는 것이 인생에 있어서 최대의 문제임을 누구도 부인하지 못한다. 또한 죽음은 언제든지 닥칠 수 있는 것임에도 멀리하려고 하는 것은 죽음에 대한 공포와 불안감 때문이다. 이러한 죽음에 대한 부정적 인식을 탈피하고, 죽음을 자연적 현상으로 인식하여 삶을 보다 좀 더 의미 있도록 만들어 가기 위하여 죽음 인식, 죽음 준비와 같은 웰다잉의 과정이 필요한 것이다.

제2장

죽음의
이해

유품

조 원 규

서랍을 열다
잊었던 아버지의 유품을 보았다

오래전 멈춰버린 시계
낡아 헤어진 수첩 하나

한두 장 펼쳐진
수첩이 떨리고
낯선 이름과 전화번호들

'김목수' 그는 누구일까?
아버지를 기억하고 있을까?
꼼꼼히 적힌 지출내역
'짜장면 한 그릇 2,500원'
그렇게 허기를 때우셨겠구나

시계도 수첩도 남아있는데
시계보다 수첩보다도 오래지 못한 인생
남아 있는 기억조차 희미해지는
아버지의 인생

멈춰버린 시계에 건전지를 넣었다
똑딱똑딱
생명이 다시 시작되는 소리

어디선가 다시 생명을 얻은
아버지가 시계 소리를 듣고 있을까?

1. 죽음의 문제

죽음의 문제는 우리가 항상 거부하고 꺼리는 문제이기도 하지만, 인류는 사고 (思考)를 하게 되면서부터 죽음에 대하여 끊임없이 생각해 왔다. 인간은 어디에서 왔다가 어디로 가는 것일까? 철학과 종교에 있어서 죽음의 문제는 언제나 그 핵심적인 것이다. 과거와는 비교할 수 없을 정도로 현대의 정보통신을 비롯하여 과학의 발달이 상상을 초월하여 소통이 원활해지고, 그동안 베일에 가려졌던, 우주의 신비를 밝히고 있지만, 여전히 죽음의 문제는 풀지 못한 수수께끼로 남아 있다. 어쩌면 그 비밀을 명확히 풀기란 영영 불가능한 일일지도 모른다. 인간은 누구나 결국 예외 없이 죽음을 맞이하면서도 삶 속에서 죽음을 생각하거나 입에 담기조차 싫어하고 피하려고 하는 것이 현실이다. 왜 인간은 죽음이라는 분명한 진리 앞에서도 그것을 피하려고만 하는 것일까? 그것은 어쩌면 죽음에 대한 두려움이 인간에게 가장 큰 두려움이기 때문이기도 하다.

죽음에 대한 생각은 시대와 문화에 따라 변화하여 왔다. 죽음에 대한 생각은 그 시대의 종교관이나 사회현상에 따라 변화되어 왔으며, 오늘날 많은 사람들은 자연주의적인 죽음관을 대체로 수용하고 있다. 꽃이 피면 시드는 것과 같이 인간도 태어나면 죽음을 맞이할 수밖에 없다. 그것은 자연스런 이치인 것이다. 그렇지만 현대의학이 발달하면서 죽음에 대한 생각도 많은 변화를 가져왔다. 예전에는 죽을 수밖에 없었던 병이라 할지라도 현대의학은 생명의 연장이라는 새로운 수단을 동원하여 인간의 생명을 연장시키고 있으며, 이러한 생명의 연장은 죽음이 운명이 아니라 인간의 힘과 노력으로 얼마든지 연장되어질 수도 있다는 생각을 하게 되었다. 현대에는 생명공학이라는 새로운 학문의 탄생으로 인간의 노화와 관련되어진 많은 연구들이 진행되어지고 있다. 그러나 육체의 죽음을 연장시킨 대가로 인류는 '뇌사'라는 새로운 문제를 낳았다. 뇌사는 육체적으로는 살아있지만 뇌의 기능이 정지되어 인간으로서의 활동을 할 수 없는 상태를 말한다. 즉, 살아 있는데 죽은 것이고 죽은 것인데 살아있는 묘한 상태를 말한다. 이것은 우리에게 장기이식이라는 측면에서 새로운 생각을 하게 하였다. 과연 인간이 살아 있다는 것은 육체의 생명을 말하는 것인가? 아니면, 생각이나 사고가 살아 있어야 하는 것인가?

인간은 누구도 죽음을 거부할 수 없으며, 모든 생명은 예외 없이 죽음의 법칙 아래 놓여 있다. 죽음은 나이순으로 맞이하는 것도 아니며, 노인에게만 해당되는 것도 아니다. 그렇지만 많은 사람들은 자신을 영원히 사는 것으로 착각하며 삶의 의미도 모르고 죽음에 대한 대비도 없이 그저 현실을 살아가는 데 급급하여 살아간다. 살아 있는 누구도 자신의 죽음에 대해 이야기하고 싶어 하는 사람은 없다. 그런데 병원 응급실에 하룻밤만 앉아 있어 보면 생각이 달라진다. 자신이 편안히 자고 있는 그 많은 날들 동안에도 병원 응급실에는 급하게 실려 오는 환자들로 넘쳐난다. 바로 조금 전까지만 해도 웃고 떠들며 죽음에 대해 떠올리기조차 싫어했던 사람들이 죽음의 문턱을 넘나드는 것이다. 과연 살아있다는 것은 무엇이고 죽음이란 무엇인가를 생각하지 않을 수 없다.

죽음의 형태도 가지각색이다. 천수를 누리고 기력이 쇠진하여 저절로 여러 기능이 멈추는 자연사가 있는가 하면, 아직 창창한 나이에 뜻하지 않은 원인이 생겨 죽음을 맞는 우연사도 있다. 우리나라 사람은 예로부터 오래 사는 것을 가장 큰 행복으로 삼았고, 제명대로 살다가 편안히 죽는 것(考終命)을 오복의 하나로 꼽았다.

인간을 "죽음으로 향하는 존재"라 규정한 철학자도 있고, "산다는 것은 무덤을 향하여 한 발자국 한 발자국 다가가는 과정"이라고 말한 소설가도 있다. "가끔 죽음에 대해 생각을 돌려라. 그리고 미구(未久)에 죽을 것이라 생각하라. 어떠한 행동을 할 것인가를 그대가 아무리 번민할 때라도 밤이면 죽을지도 모른다는 생각을 한다면 그 번민은 곧 해결될 것이다. 그리하여 의무란 무엇인가, 인간의 소원이란 어떤 것이어야 할 것인가가 곧 명백해질 것이다. 아아, 명성을 떨쳤던 사람도 죽고 나면 이렇게 빨리 잊혀지는 것일까?" 그리스의 비극 시인인 소포클레스(Sophokles)는 이렇게 죽음을 노래하였다.

어찌 되었든 사람은 죽지 않으면 안 되고 단 한 번 혼자서 죽는다. 그리고 그것은 삶의 끝맺음이다. 누구도 피하지 못하고 거부하지 못하며 전신으로 맞아들여야 한다. 죽음에 대한 인식을 보면 한국인은 무척 죽음을 외면하려 든다. 그래서 "개똥밭에 굴러도 이승이 좋다."고 말한다. 가난에 찌들어도, 천대를 받아도, 이 세상에서 사는 것이 좋다. 죽음은 싫다. 이처럼 한국인은 삶에 강렬한 애착을 지닌 나머지, 죽음을 재난으로 생각한다. 그렇기 때문에 두렵다. 죽음은 휴식이 아니라 새로운 공포이고 재앙이다. 이 세상에서 누리는 오복 가운데 '오래 사는 것(壽)'을 으뜸으로 친다. 그저 오래 살고 싶어 한다. 아기를 낳았을 때 금줄을 치는 것이나, 돌을 맞았을 때 실을 안겨 주는 것이나, 모두 인생의 마디마디에 '오래 살아라!' 하고 기원하는 뜻을 담는 것이다. 새해를 맞아 세배를 드려도 "만수무강하십시오!" 하고, 젊은이의 이러한 축수(祝壽)에 어른은 "명복(命福) 많이 받아라!" 하고 덕담을 내린다. 모두 오래 살고 싶은 심정을 표현한 것이다. 그러나 죽음을 피할 수 있는 것이라 생각하지는 않는다. 굳이 외면하고 싶지만 가까이 있음을 안다. '저승 백 년보다 이승 일 년이 낫다'고는 하지만 사실은 '저승길이 대문 밖'인 것이다. 죽음은 늘 가까이에 있는 것이다. 그래서 오복의 마지막은 '제명대로 살다가 편안하게 죽는 것'이다.

사람들은 죽음에 대한 성찰을 하는 데 주로 죽음의 현상학적인 간접적 체험에 근거하고 있다.

첫째, 죽음은 그 누구나 모든 사람이 맞이해야 하면서도 돌연히 예고 없이 찾아올 수 있는 것이다. 죽음이 가까와 오면 모든 과정이 의사, 장의사, 성직자 등 전문인들의 손에 넘어가 버리고 인간의 가장 중요한 통과제의로서의 죽음이 낯선 사람의 손에 양도되어 버린다.

둘째, 죽음은 집단학살의 경우일지라도 죽는 순간만은 홀로 맞이해야 하는 실존적 사건이다. 가장 사랑하는 자식이나 남편이나 아내일지라도 대신 죽어 줄 수 없고 함께 죽어 갈 수 없다. 죽음에서 인간은 홀로 되는 엄숙한 시간을 맞는다.

셋째, 죽음이 주는 아픔은 죽음 그 자체라기보다는 모든 의미 있는 관계와 성취물과 삶의 의미 연관구조를 일시에 잃어버리고 해체당하는 의미 상실의 고통에 있다. 사랑하는 사람들과의 이별의 아픔, 혼신의 힘을 쏟았던 일로부터 단절되고 쌓아 온 모든 생의 업적으로부터 분리되는 아픔이다. 죽음의 아픔은 곧 근원적 소외가 주는 아픔이고 고통이다.

넷째, 죽음의 두려움은 질서와 조화와 아름다움을 지녔던 구체적 몸으로서의 생명이 추하게 먼지와 물로 분해되고 해체된다는 사실의 두려움에 대한 저항감이 무의식 속에서 자리 잡고 있는 것이다. 죽음은 매우 비인간적일 수 있는 현상을 내보이면서, 인간성을 모독하고 파괴하는 독재적인 비정함이 있다. 인간의 존엄성을 지키기 위해 안락사의 문제가 끊임없이 논의되는 이유가 거기에 있다. 사랑하던 가족의 시신을 병동의 냉장고 속에 안치해 둬야 하고, 며칠 전까지 서로 몸을 비비고 만지던 친지의 몸을 차가운 땅속에 매장해야 한다는 심리적 부담감이 죽음을 견디기 어렵게 만든다.

다섯째, 죽음의 두려움은 죽음 이후의 생명 현실에 대해서 우리는 전혀 무지한 상태로 모른다는 사실이며, 삶의 시간을 한 점 부끄러움 없이 살았다고 자신할 만한 당당한 사람도 없다는 사실에 있다.

2. 죽음의 인식과 이해

죽음 인식은 인간의 생명이 유한하다는 것을 인식하는 데서부터 출발한다. 우주의 모든 것은 생멸하는 존재이다. 모양이 있는 것은 반드시 소멸하게 되어 있다. 태어났다는 것은 언젠가는 반드시 사라지는 것이 우주의 법칙이다. 이것을 실제적으로 인식하는 삶이 바로 죽음 인식의 출발이다. 죽음 인식은 자신이 영원한 생명인 듯 착각하는 무지를 깨는 데에 있다.

죽음의 인식을 통해 인간의 유한성을 알아차릴 때 삶의 가치는 더욱 소중해지고 자신도 더욱 소중한 존재로 인식하게 되어 있다. 만약 인간이 영원불멸의 존재라면 세상은 지금 같지는 않을 것이다. 삶이란 그저 영위하는 것일 뿐 그 가치는 형편없어지게 된다. 인간의 유한성은 비록 죽음이라는 피하고 싶은 현실에 맞닥뜨리게 되지만, 실제로 삶의 소중함을 제대로 인식하는 출발점이 되는 것이다.

죽음은 예전과 같이 의사가 판정하는 전유물이 아니다. 죽음의 상태가 모호하게 되는 경우도 허다하기 때문이다. 그것은 죽음을 육체와 정신의 두 분야로 나누어 판단할 때 의사, 법률가, 성직자, 보호자 등 집단적 판단이 동원되어지는 것이다. 인간의 죽음은 육체적 죽음과 정신적 죽음을 모두 말해야 하기 때문이다. 이러한 문제는 안락사라든가 존엄사 같은 새로운 죽음의 법률적 개념을 탄생시켰다.

과거와 다르게 현대의 죽음의 문제는 새로운 문제들을 양산하고 있다. 현대의 죽음은 과거의 죽음과는 많은 부분에서 달라졌다. 과거에는 의학이 발달하지 않았고, 건강에 대한 무지로 인해 많은 사람들이 질병으로 사망하였다. 또한 신생아의 사망률이 현재와는 비교가 되지 않을 만큼 높았다. 예전의 어머니들은 아이를 여러 명 낳아서 그중에 한두 명은 이런저런 이유로 생명을 달리하는 경우가 허다했다. 그렇지만 현대의 우리 세대에서는 한두 명의 아이만 낳아서 키우는 게 기본이 되어 있다. 그만큼 신생아의 사망률이 현저히 낮아졌다는 것을 의미한다.

현대 사회는 무기의 발달로 대량살상이 가능해졌고, 지구의 온난화와 더불어 새로운 지구생태계의 변화는 언제 어디서 어떤 일이 벌어질지 모르는 생명의 위협을 느끼게 한다. 지진으로 인한 쓰나미로 동남아와 일본 등에서 수많은 사람들이 하루아침에 생명을 잃기도 했다. 자동차의 증가로 차량 사고로 인한 죽음도 늘어나고 있으며, 정신이 물질의 발달을 따라가지 못한 결과, 우울증이나 정신질환을 만들어 자살로 인한 사망도 꾸준히 증가하고 있다. 의학의 발달은 생명을 끊임없이 연장시켜 노령화 사회와 저출산의 문제를 만들기도 한다.

죽음 이후에도 매장 문화가 화장 문화로 바뀌고, 납골당을 비롯한 수목장 등의 새로운 장례 문화를 만들어 내기도 한다. 또한 문화에 따라 세계 각국에는 다양한 장례 문화가 존재한다. 그러한 모든 죽음에 관련된 일들을 누구도 자신의 일이라고 여기지는 않는다. 그러다 어느 날 죽음에 마주하게 되어서야 비로소 그러한 문제들에 대해 진지하게 생각하게 된다. 그것은 다른 세상의 문제가 아니라 현실을 사는 우리들의 문제임을 알아야 한다.

현실에 있어서 죽음의 이해는 무지에 가깝다고 할 수 있다. 그렇지만 자신이 노년에 이르면 죽음의 문화가 얼마나 잘못되어 가고 있는지, 자신의 죽음이 얼마나 존중받지 못하고 있는지 느끼게 된다. 인간은 소중하게 태어나서 삶을 살지만, 죽음에 이르렀을 때도 품위 있게 죽을 권리가 있는 것이다. 우리의 죽음 문화의 현실이 어떤지를 다시 한 번 돌아볼 필요가 있다.

3. 죽음의 정의

대개의 학자는 죽음이란 "한 생명체의 모든 기능이 완전히 정지되어 원형대로 회복될 수 없는 상태"라는 데에 동의하지만, 단서를 붙이는 것을 잊지 않는다. "삶이란 무엇인가를 규명하지 않고는 죽음에 대한 완전한 해답은 있을 수 없다." 고도 하고, "죽음의 세계란 인간의 경험 영역, 지각 영역을 넘어서는 차원의 문제에 속하기 때문에 그 본체를 파악하기란 불가능하다."고도 한다.

사람들은 죽음에 대한 해석에 특히 자기식의 독단을 많이 개입시킨다. 각자 자신의 안경을 통해 죽음을 보는 것이다. 죽음에 대한 통일된 답변을 들을 수 없기 때문이기도 하지만, 죽음이라는 것이 그만큼 인생에서 중대 문제이고, 누구나 한 번은 겪어야 하는 피할 수 없는 사실이며, 또 그것으로 모든 것이 종말을 맞이하기 때문이다. 생물학자들은 삶과 죽음의 구분에 고심한다. 생물계에는 단세포 생물도 있고 다세포 생물도 있어서, 생사를 가늠하는 기준을 일정하게 말하기란 어렵기 때문이다.

　의사들은 고등 동물인 인간의 죽음을 판정하는 데도 어려움을 겪는다. 일반적으로 심장 고동과 호흡 운동의 정지를 표준으로 삼지만 가사상태(假死狀態)인 경우도 있고, 한때 멈추었다가 기적적으로 다시 살아나는 경우도 없지 않기 때문이다. 죽음은 유기체로서의 몸이 활동을 정지하고 다시 회복될 수 없는 상태가 된 것을 말한다. 생명의 회복불가능이란 결국 생명의 소멸을 말하는 것이다.

　우리는 몸과 마음을 흔히 두 개로 나누어 본다. 그래서 정신이 몸보다 우월하다고 생각하거나 몸의 한계는 정신을 통해 극복하거나 보완되어 완성되어진다고 생각한다. 그렇지만 우리는 몸이 있어야만 실제적으로 존재한다. 정신도 몸이 있어야 깃들 곳이 있다. 몸 없이 이루어지는 삶이란 적어도 우리가 사는 이 세계에는 존재하지 않는다. 그런데 죽음이란 몸이 없어지는 것이다. 몸이 없어지면 그것에 의지하여 있던 정신도 사라지게 된다. 정신은 몸을 통해서 실현되고 꿈도 꾸고 삶을 영위하는 것이다. 그런데 몸의 소멸은 그 모든 것이 현실에서는 사라진다는 것을 의미한다. 의학적으로도 몸의 소멸을 죽음이라 말하고, 사회적 실체로서도 개체의 소멸이 곧 죽음을 의미하는 것이다. 종교적으로 죽음을 논의하는 것도 몸의 소멸 시점부터 시작하는 것이다. 영혼을 몸과 분리된다고 보고 사후의 삶을 논의하는 것이 종교적 입장인 것이다.

　세계보건기구(WHO)에서는 죽음을 '소생할 수 없는 삶의 영원한 종말'이라고 하였고 사전적 의미로는 '죽음은 모든 생물이 겪는 생명 과정의 완전한 정지 상태'라고 정의한다. 결국 죽음에 대한 공통적인 정의는 '삶의 종말', '생명의 소멸'이라고 볼 수 있다. 그렇지만 죽음이 곧 모든 것의 끝을 의미하는지에 대하여는 알 수 없다.

죽음이란 생명 활동이 정지되어 다시 원상태로 돌아오지 않는 생물의 상태를 말한다. 즉, 생(生)의 종말을 말한다. 예를 들어 아메바 등의 단세포 생물에서는 2개체(個體)로 분열될 때가 죽음이라고 말할 수 있을지 모르나, 다세포 생물에 있어서는 세포분열은 단순한 성장의 한 과정이다. 생물은 생식세포를 매개로 생명을 영원히 존속시키는 것이라고 볼 수 있다. 문제는 인간을 포함한 고등동물에 한정한다고 하면 죽음이란 그 개체를 구성하는 전 조직(全組織) 세포의 생활 기능의 정지라고 말할 수 있을 것이다. 따라서 국부적인 한 부분의 생활기능의 정지만으로는 죽음이라고 할 수 없다.

예를 들어 한쪽 다리를 사타구니 부분에서 피가 통하지 않도록 꽉 매어 두면 말초 부분은 혈액순환이 안 되어 괴사(壞死)에 빠지지만, 이로써 개체의 죽음이라고 볼 수 없는 것은 당연한 일이다. 그러나 이와 같은 일을 목 부분에 좌우의 내경동맥(內頸動脈)과 추골동맥(椎骨動脈)을 매어 두면 뇌의 죽음이 초래되고, 이어 호흡과 혈액순환의 정지로 개체 전부의 죽음이 찾아온다. 뇌의 죽음은 개체의 죽음을 뜻한다. 그러나 개체의 죽음으로 이어지는 장기(臟器)는 뇌에 한한 것이 아니다. 이물질(異物質)이 기관(氣管)에 막히거나 흉부자창(胸部刺創)으로 심낭(心囊) 안에 어느 정도의 혈액이 고여 폐나 심장의 기능이 마비되면 개체에 죽음이 온다. 죽음에 이르는 시간을 문제 삼지 않으면 그 밖의 장기에 대해서도 마찬가지 일을 생각할 수 있다.

그러나 확실한 것은 그것이 어떠한 원인이 되었든 간에 죽음의 종말은 심장고동과 호흡운동의 정지로 나타난다는 것이다. 이 두 가지가 영원히 정지되면 이에 따라 개체의 전 조직, 세포의 죽음이 온다. 반대로 말하면, 이 두 가지 기능은 인간이 살아 있다는 가장 큰 상징이라는 것이다. 이것이 완전히 정지되고, 그 후에는 그 어떤 소생수단을 써도 다시 회생시킬 수 없을 때 그 죽음은 확인되고 주위에서도 그 죽음을 납득하게 된다. 이것이 이제까지 의사가 일반적으로 취해 온 죽음을 확정하는 절차이다. 그러나 이것도 병이 위독하고 더욱이 만성적인 경로를 밟아서 죽음에 이른 경우이며, 그 밖의 경우에는 임상상(臨床上) 죽음의 확인이 곤란한 경우가 있다.

예를 들어 가사상태로 태어난 분만 직후의 신생아, 물에 빠진 사람, 전기충격을 받은 사람, 그 밖에 일반적인 병의 경과 중인 사람의 호흡이나 심장고동이 보통 검사로는 간과(看過)할 수밖에 없을 정도로 미약하고 기타의 기능도 극도로 저하되어 언뜻 보기에 사망이라고밖에 판단할 수 없는 경우도 있다. '죽은 사람이 장례식이 한창일 때 되살아났다'는 것은 이러한 가사상태로부터의 회복인 것이다. 따라서 일반적으로 재해나 사고에 관련된 죽음에 대해서는 그 판정도 매우 신중하지 않으면 안 된다.

의사는 여러 가지 소생수단을 강구할 것이므로, 의사가 마지막에 죽음을 인정하는 시점에서는 호흡이나 심장고동이 완전히 정지되었음을 나타내는 증거, 즉 뺨이나 입술의 빛깔이 창백해지고 근육은 늘어져 있으며 눈은 열려진 상태이고 동공(瞳孔)은 확대되어 빛에 대한 반응성을 잃는 등의 징후가 나타나 있을 것이다. 그러나 이와 같이 해서 여러 가지 근거로 인정된 죽음의 몇 시간 혹은 10여 시간 후에도 개개의 많은 조직세포는 살아 있다. 근육은 전기적 · 기계적 자극에 대해서 수축되고, 장은 운동을 계속하며, 상피세포 · 정자 · 백혈구 등도 운동성을 유지한다. 또, 홍채(虹彩)는 약제점안(藥劑點眼)에 대해서 축소되기도 하고 커지기도 하며, 땀샘도 약제주입에 대해 땀의 분비로 이에 반응한다. 즉, 개체의 전세포가 죽음에 이르는 시점을 결정하기란 불가능에 가깝다. 따라서 죽음의 인정을 개체의 전세포의 죽음으로 하지 않고, 매우 근접한 시간 내에 전 개체의 죽음이 필연적이라는 가늠을 가지고 죽음의 시기라고 단정하는 것도 타당한 일이며, 이것이 곧 심장고동과 호흡운동의 정지이다.

　그런데 심장혈관 중추와 호흡중추는 죽음은 모두 뇌간(腦幹)에 있어 이들 중추의 죽음은 그대로 두 기능의 영구적 정지이다. 뇌간의 죽음이 확인되면 심장의 고동이 계속되고 있더라도 개체의 죽음을 인정한다고 해도 의학적으로는 부당하다고는 말할 수 없다. 다만 문제는 어떤 방법에 의해서 뇌간의 죽음을 확인하느냐하는 점이다. 현재 임상적으로 쓰이고 있는 뇌파측정(腦波測定)은 대뇌피질의 신경세포로부터 방출되는 미소전류(微小電流)를 파악하기 위한 수단으로서, 이에 의해서 어느 정도는 뇌 전체의 기능을 측정할 수는 있어도 그것이 그대로 뇌간의 활동을 반영하고 있는 것이라고는 볼 수 없다.

　기록된 뇌파가 평탄해진 후 몇 시간이 경과한 환자도 소생하는 일이 있다는 것은 이를 나타내고 있다. 그보다는 심장이 아직도 움직이고 있는데 그 사람은 이미 죽었다고 단념한다는 것은 유족은 물론 일반 사람으로서도 납득이 가능할지가 문제일 것이다. 죽음의 인정이 최근에 갑자기 논의의 중심이 된 것은 심장이식을 위한 문제가 관련되기 때문이다. 심장이식수술에는 신선한 상태의 심장을 필요로 한다. 예를 들어 교통사고에서 고도의 뇌좌멸(腦挫滅)이 인정되는 환자에 대해 죽음의 인정이 내려지면 곧 심폐장치(心肺裝置)를 하여 심장에 산소와 영양가가 많은 혈액을 보내어 심장고동을 그대로 계속하게 하고, 일단 고동이 중지된 심장이라도 다시 그 고동을 회복하게 하여 심장을 필요로 하는 환자를 위해 도려낼 때까지 계속시킨다. 종래 법률상으로는 죽음의 인정은 일반적으로는 의학에, 개별적으로는 개개의 의사에게 위임되어 있었다. 즉, 법률의 조문 상으로는 죽음의 결정에 대해서 특히 정해진 것은 없었다. 의학자의 결정이 그대로 재판관에 의한 재판으로 연결되었다고 보아도 좋은데, 상해나 시체손괴 등의 판별의 경우로 판단하면 피해자의 그 시점에서의 심장고동의 유무가 생사의 최대의 근거가 되어 있는 것은 확실한 것 같다. 이 기준에 따르면 위에서 말한 처치를 받고 그 심장의 제공자가 된 시체는 법률적으로 살아 있는 것이 된다. 이에 대해 심장이식수술을 하는 의사에게는 비록 심장은 관류액(灌流液) 덕분으로 고동을 계속하고 있다고 하더라도 뇌는 이미 죽어 있으므로 시체임에는 변함이 없을 것이다.

그러나 뇌간의 죽음을 확인하는 수단이 뇌파측정에만 의존하고 있는 현 단계에서는 그것을 타당한 일이라고 볼 수 없다고 하는 학자도 많다. 한편, 심장제공자의 죽음의 판정에 대해서는 심장이식수술에 관계가 없는 의사를 참가시켜야 한다는 주장도 나오고 있다. 그러나 소생의 가능성보다도 죽음의 인정 쪽에 주의를 기울이고 있는 의사들에게 어느 정도의 양심을 기대할 수 있을 것인가 하는 의심을 나타내는 경향도 많다. 의사가 죽음을 확인하면 그 사실을 증명하는 서류가 발행된다. 그 환자가 당해 의사의 진료를 받고 있다가 죽음의 원인이 그 병에서 나온 것이라면 사망진단서로도 좋으나, 그렇지 않을 경우에는 시체검안서를 작성한다. 사망에 대해 그 어떤 이상이 발견되었을 때에는 변사(變死)로서 24시간 이내에 관할 경찰서에 제출해야 한다. 이에 따라 검찰관 또는 그 대행자가 검시(檢屍)를 하고, 필요하다면 재판관의 허가를 얻어 적당한 감정인으로 하여금 해부하게 한다.

시체의 장기이용(臟器利用)은 앞으로 활발히 이루어질 것이다. 각막이식(角膜移植)은 이미 법률상에 규정되어 있고, 신장이나 혈관 등도 이미 유족의 승낙을 얻은 후 실제로 시행되고 있다. 신장은 생체(生體)로부터도 제공되고 있는데 여기에는 별도의 문제가 있다. 각막이식법에서는 변사체로부터의 적출(摘出)은 금지되어 있으나 앞으로 장기이식법을 제정함에 있어 여러 가지 문제를 안고 있다.

첫째, 죽음에 대한 자각이다. 다정하게 지내던 사람이 죽음에 직면하면 우리는

46

그 사람의 삶이 끝나고 영원한 이별이 왔다는 것을 깨닫게 된다. 임종의 생리적 고통이나 정신적 고뇌를 목격하면, 죽음의 원인에는 상관없이 죽음의 무서움에 몸서리치게 된다. 죽은 사람에 대한 애정이 깊을수록 슬픔도 깊다. 그리고 인간이란 제아무리 발버둥 쳐도 죽음은 피할 수 없다는 사실을 자각한다. 그러나 죽음이 언제 닥쳐올지 모르고 저승에 가서 돌아온 사람이 없으므로 죽음의 저편에 무엇이 있는지 알 길이 없다. 그리하여 우리는 죽음의 불안을 느끼지 않을 수 없다. 이와 같은 이별·비탄·공포·불안 등은 살아남은 우리가 다른 사람의 죽음의 현상에 대해서 갖는 체험이지, 결코 죽은 사람 자신의 체험 그 자체는 아니다. 이런 뜻에서 삶에 있어서 죽음은 여전히 완전한 수수께끼에 둘러싸여 있다.

생자(生者)는 반드시 죽고, 오는 자는 반드시 떠나게 마련인 것이다. 언젠가는 자기도 죽는다는 것을 자각하면서도 역시 불안·공포·슬픔에 찬 사실로서 죽음을 대하는 것이다. 이미 죽음은 단순히 생물학적 현상에 그치는 것이 아니다. 죽음이 철학적 또는 종교적 현상으로서 어느 시대, 어느 나라의 인간에 대해서나 중대한 의미로 자각된 것은 그 때문이다.

둘째, 죽음의 주체적 의미 부여이다. 우리는 자기의 죽음을 직접적으로 체험할 수는 없고, 다른 사람의 죽음을 통해서 간접적으로 체험할 수 있다. 그리고 이 간접적 체험을 반성하고 고찰함으로써 죽음의 뜻을 이해할 수 있다. 현대의 실존철학이 다루고 있는 것은 바로 이와 같이 이해되고 있는 죽음의 뜻이다. 현대인에 있어서는 생생한 죽음의 공포가 사라지고 현실의 삶을 어떻게 풍부하고 즐겁게 충실히 보내느냐 하는 쪽으로 중점이 옮겨진 것이다. 죽음보다도 삶이 우위를 차지하고 있는 것이다. 이것을 죽음에 대한 문제의 포기라는 의견도 있고, 죽음의 문제에 대한 새로운 하나의 해결이라고 보는 의견도 있다.

4. 죽음에 대한 표현

한국어에서는 '죽음'을 동사로 일반적으로 '죽는다'로 표기하지만, 사람에게는 '돌아가시다'라는 높임 표현이 사용되기도 한다. 영어에서는 완곡한 표현으로 'Passed away', 'Passed on', 'Expired'와 같은 표현이 쓰인다. '죽음'이란 단어는 여러 개의 높임말을 가지고 있고 쓰이는 사람에 따라 단어도 다르다.

붕어(崩御) − 황제나 황후의 죽음을 높여 이르는 말이다.

훙서(薨逝) − 왕, 왕비 또는 황태자, 황태자비의 죽음을 높여 이르는 말이다.

승하(昇遐) − 군주의 죽음을 높여 이르는 말이다.

서거(逝去) − 자신보다 높은 사람(예: 대통령, 국무총리)의 죽음을 높여 이르는 말이다(예: 박정희 전 대통령 서거).

선종(善終) − 천주교회에서 신자의 죽음을 이르는 말이다. '착하게 살고 복되게 생을 마친다'라는 뜻을 가진 선생복종(善生福終)에서 유래하였다(예: 김수환 추기경 선종).

입적(入寂) − 불교에서 승려(비구, 비구니)의 죽음을 이르는 말이다(예: 법정 입적).

소천(召天) − 하느님의 부름을 받는다는 뜻이며, 개신교회에서 신자의 죽음을 이르는 말이다.

열반(涅槃) − 불교에서 부처의 죽음을 이르는 말이다.

순국(殉國) − 나라를 위하여 목숨을 바친 사람들의 죽음을 높여 부르는 말이다(예: 윤봉길 의사 순국).

순교(殉敎) − 자신의 종교를 위해 목숨을 바친 사람들의 죽음을 높여 부르는 말이다.

순직(殉職) − 자신의 직책을 다하다 목숨을 바친 사람들의 죽음을 높여 부르는 말이다.

임종(臨終) – 자신의 가족 등의 죽음을 높여 이르는 말이다. '작고(作故)'라고도
　　　　　불린다.

별세(別世) – 일반적으로 높여 부르는 말로 쓰인다.

타계(他界) – 인간계를 떠나 다른 세계로 간다는 뜻으로, 사람의 죽음이자 귀인
　　　　　의 죽음을 이르는 말이다.

사망(死亡) – 죽음을 뜻하는 단어로 가장 많이 쓰인다.

졸(卒) – 오늘날 대부분의 사람들이 죽음의 격식을 갖춰 이르는 말이다. '몰(沒)'
　　　이라고도 한다.

폐(廢) – 고꾸라져 죽는다는 뜻이다.

전사(戰死) – 전장에서 싸우다 죽음을 뜻하는 말이다. '전몰(戰歿)', '전망(戰亡)'
　　　　　이라고도 한다.

죽음이 발생했을 때 죽음을 어떻게 수용하고 처리하는가? 가장 일반적인 방식
은 사회에서 통용되는 죽음의례에 의존하는 것이다. 한국 사회에도 여러 죽음의
례가 존재한다. 한국 사회의 전통적인 죽음의례로 자리 잡은 유교 상장례를 비롯
해서 49재와 같은 불교의 천도재가 있으며, 근대 이후에는 그리스도교나 신종교
에 의해 거행되는 죽음의례도 나타난다.

5. 죽음의 공리

공리는 증명을 필요로 하지 않거나 증명할 수 없지만 직관적으로 자명(自明)한
진리의 명제인 동시에 다른 명제들의 전제가 되는 명제를 말한다. 죽음에 대한 공
리는 다음과 같다.

• 인간은 어느 누구나 죽는다.

- 인간은 언제 죽을지 모른다.
- 어디서 죽을지 아무도 모른다.
- 어떻게 죽을지 모른다.
- 생전에 경험할 수 없다.
- 아무도 대신 죽을 수 없다.
- 누구나 빈손으로 간다.
- 죽음 앞에서는 누구나 평등하다.

제3장

죽음의
종교적 이해

적멸을 꿈꾸며

知延 하순희

해진 신발을 끌며 가야할 길 남아있어
난타하는 북소리 온몸으로 받으며
몸 하나 깨끗이 사룰
장작 한 단 마련키 위해

눈감아도 젖어오는 흐린 날 강둑에서
흩뿌리면 그만인 이름 없는 늑골들
적멸에 들고픈 홑씨
바람결에 날아간다

지연 하순희 약력
·《89, 시조문학》천료, 《90, 한국아동문학연구》동시조당선,
〈91, 경남신문〉, 〈92, 서울신문〉 신춘문예시조당선
시조집 『별 하나를 기다리며』, 『적멸을 꿈꾸며』 동시조집 『잘한다잘한다 정말 』
· 중앙시조신인상, 경남시조문학상, 성파시조문학상, 현대불교문학상 수상 외
· 시조전문지〈화중련 火中蓮〉〉편집장

1. 종교적 관점에서의 죽음

종교가 말하는 구원의 의미는 각각의 종교가 지니는 구원패러다임에 따라서 다양한 모습을 보이지만, 종교가 생사를 극복하거나 초월하여 유한한 생명의 덧없음과 그 죄나 업보가 지닌 파괴성을 넘어서서 영원한 생명, 절대생명, 불생 불멸적 생명으로 고양된다는 신념을 지니는 점은 모든 종교에 공통적으로 존재한다고 말할 수 있다. 종교의 궁극적 목적은 죽음의 극복, 죽음에 대해 보통 사람들이 지니는 두려움과 편견을 극복하여 이 세상에서의 삶을 보다 건강하고 의미 있게 살려는 목적을 지닌다. 죽음에 대하여 말하기를 회피하는 종교는 이미 종교가 아니요, 삶에 대하여 진지하게 말하려는 종교는 죽음에 대하여서도 동시에 진지하게 말하지 않을 수 없다.

죽음은 어떤 의미인가? 죽음을 보는 관점이 바로 죽음관이다. 그런데 이러한 죽음에 대한 생각에 따라서 내 삶이 달라진다. 죽음에 대한 생각은 삶에도 많은 영향을 미치게 된다. 그것은 삶의 의미를 되새기게 하고, 삶의 바탕이 되기도 하지만, 잘못된 죽음관은 생명경시와 자살 등과 같은 극단적인 선택을 쉽게 하게 되는 것이다. 우리가 올바른 죽음관을 갖기 위해서는 그동안 앞서 죽어 간 많은 사람들을 돌아보아야 한다. 그들의 죽음이 주는 의미와 교훈을 되새긴다면 자신의 죽음이 어떻게 되어야 할지를 생각하게 될 것이다.

어떻게 사는 것이 삶을 삶답게, 어떻게 죽는 것이 죽음을 죽음답게 하는 것인가를 생각해야 한다. 우리는 어떤 죽음이 옳은 것인지 그른 것인지를 판단하는 일보다 자신이 얼마나 진지하게 죽음을 생각하는지에 따라 삶을 고뇌하고 자신의 유한한 삶을 완성하려는 노력을 해야 한다. 자신의 죽음관을 통해 삶의 관점이 완성되는 것이다. 죽음을 모르고서는 진정한 삶의 완성을 가질 수 없는 것이다.

2. 각 종교의 죽음관

중국의 공자는 죽음을 미경험의 영역으로 위치 지었는데, 인도의 불타는 죽음을 열반으로 보고 영원한 생명에 이르기 위한 출발점으로 생각했다. 이에 대해서 예수 그리스도는 십자가 위에서 희생되고, 죽어서 다시 살아났다. 즉, 대략적으로 말해서 공자는 죽음을 불가지(不可知)의 대상으로 보고, 불타는 그것을 생의 충실로 생각했다. 그리고 그리스도의 마지막은 죽음이 재생에 이르기 위한 단절로 보았다는 것을 이야기하고 있다. 이런 죽음에 대한 세 가지의 태도는 시대를 초월해서 지역을 초월해서 공통적으로 발견되는 특징이며, 신화나 예술, 문화이나 철학 등의 각종 관념이나 발상의 모태도 되었다. 우선 대표적인 종교에서 죽음을 어떻게 이해하고 있는지 살펴보기로 하자.

1) 한국의 전통 무속에서의 죽음의례
무속 죽음의례는 오랜 시간 한국 사회에서 유교와 불교 등 타종교의 죽음의례와 함께 죽음의례 가운데 하나로 기능해 왔다. 이런 점에서, 무속은 한국 사회의 전통적인 죽음의례의 한 부분을 이루고 있다. 전통적 무속에서 죽음은 이승과 저승의 이원론적 구조를 가지고 있다. 그래서 저승은 이승과 닮은 저승이며 맑고 깨끗하고 편안한 세상으로 인식되며, 죽은 혼령이 정화를 거쳐 저승으로 간다고 믿고 있다. 이러한 성속일여(聖俗一如)의 사상과 함께 이승과 저승 사이에 '구천(九泉)'이라는 곳을 두어 이승에서 저승으로 가지 못한 혼령이 떠도는 곳이라고 하였으며, 이러한 구천에 떠도는 혼령은 이승에도 영향을 주므로 혼령정화를 통해 저승으로 보내야 한다고 믿었다.

긴 세월 한국인의 삶과 함께해 온 만큼 한국 무속의 죽음의례에는 자연스럽게 한국인의 전통적인 죽음의 모습이 담겨 있을 것이다. 이러한 전통성이 그것을 존속시킨 힘이었을지 모른다. 한국 무속에서 행해지는 무속 죽음의례에는 여러 유형이 있다. 죽음의례의 유형만을 본다면, 무속 죽음의례는 한국사회에서 가장 포괄적인 죽음의례라고 할 수 있다. 어떤 유형의 죽음이나 어떤 성격의 죽음도 감당할 수 있는 다양한 죽음의례를 갖추고 있다.

한국 무속에서는 동일한 죽음이라도 죽음 발생 이후 시간이 얼마나 지났느냐에 따라 다르게 받아들여진다. 이는 무속 죽음의례의 유형을 통해서 확인된다. 죽음 발생 이후 경과된 시간에 따라 죽음의례의 절차가 달라진다. 예컨대, 서울 지역의 경우, 갓 죽은 사람을 위한 '진진오기굿'과 죽음 이후 상당한 시간이 흐른 죽은 자를 위한 '(마른) 진오기굿'이 구분된다. 당연히 굿 절차에도 차이가 있다. 이는 다른 지역 무속 죽음의례도 마찬가지이다. 죽음 발생 이후 시간에 따라 이른바 '진' 굿과 '마른' 굿이 구분되는 것은, 한국 무속에 죽음 발생 이후 시간에 따라 죽음의 성격이 달라진다는 관념이 존재함을 말해 준다. 죽음의 성격이 달라지는 것으로 판단되는 시점은 대체로 사후 49일이나 100일, 또는 3년 등으로, 넓은 의미의 '탈상(脫喪)'이 기준이 된다.

무속 죽음의례는 이른바 정상적인 죽음과 비정상적인 죽음인가의 여부에 따라서도 달라진다. 무속에서 정상적인 죽음과 비정상적인 죽음의 차이를 발생시키는 것은 죽은 자의 인격이나 업적, 사회에 대한 기여 등 생전의 삶이 아니다. 사람이면 누구나 자연스럽게 거쳐야 하는 통과의례를 통과했는지, 어디서 어떻게 죽었는지 등 넓은 의미의 죽음의 방식이 죽음의 성격을 결정한다.

무속의례의 기본 특징의 하나는 무당의 신내림을 매개로 신, 죽은 자, 인간이 직접적인 만남과 소통을 갖는다는 점이다. 반면 유교나 불교의례에서는 신이나 죽은 자의 구체적인 현현(顯現)을 통한 인간과의 직접적인 소통이 나타나지 않고, 간접적이고 상징적인 만남이 나타난다. 이러한 무속의례의 특징은 무속 죽음의례에도 잘 나타난다. 특히 무속 죽음의례에서는 죽은 자와의 직접적인 대화가 두드러진다. 이는 전국적인 현상으로, 죽은 자의 이야기를 듣는 의례 과정은 한국 무속 죽음의례의 구조적 요소의 하나이다. 한 사람이 죽었을 때 죽은 사람의 이야기를 직접 듣고 싶은 것은 인지상정이다. 어떤 죽음도, 아무리 밝고 행복한 죽음일지라도 산 사람과 죽은 사람의 직접적인 의사소통의 바람을 해소하진 못한다. 안타깝고 아쉽지 않은 죽음은 없다는 점에서 산 자와 죽은 자의 직접적인 의사소통의 욕구는 자연스럽고 일반적이다. 무속 죽음의례에 나타나는 무당을 통한 죽은 자와 산 자의 대화는 이런 자연스런 욕구를 충족시키는 의례 메커니즘이다.

한국 무속에서 죽음이란 한 사람의 존재가 소멸되는 것이 아니라 그 존재가 변화하는 것이다. 무속에서 죽음이란 이승의 존재에서 저승의 존재로 변화하는 것이다. 무속 죽음의례에는 죽음이란 존재가 변화하여 저승의 존재로 새롭게 태어나는 것을 보여 주고 확인하거나, 죽은 자의 존재 변화를 가능케 해 죽음을 수용할 수 있도록 하는 의례 절차가 두드러진다. 죽은 자의 존재 변화를 확인하는 의례 절차의 예로, 말미 후 세발 심지 태워 흔적 보기(서울 진오기굿), 오구가루 보기

(전라도 씻김굿), 영가루치기(제주도 무혼굿), 넋일굼(동해안 오구굿), 넋올리기(전라도 씻김굿), 맑은 혼 모시기(황해도 진오기굿) 등이 있다.

무속 죽음의례에는 단지 죽은 자의 존재 변화를 확인하는 데 그치지 않고 보다 적극적으로 죽은 자의 존재를 변화시키는 기능을 하는 의례 절차도 있다. 예컨대 전라도 씻김굿의 고풀이와 씻김의 절차는 얽히고설킨 이승의 삶에 대한 미련과 한을 풀어내고 이승의 흔적을 씻어냄으로써, 죽은 자를 이승의 존재와는 다른 새로운 존재로 변화시킨다. 한편 죽은 자가 자신의 죽음을 인정하게 되는 산 자와의 대화에서, 죽은 자의 대화 상대는 그의 가족이다. 이는 죽은 자의 존재 변화에서 가족의 중요성을 확인시켜 준다. 무속의 죽음의례는 무당의 신내림을 매개로 죽은 자와의 직접적인 대화, 그것을 통한 죽은 자와의 화해 및 죽은 자의 존재의 개별성을 확인하는 것을 가능케 한다. 죽음이 발생했을 때, 죽은 자와 다시 만나 대화를 나누고 그의 존재를 확인하고 싶은 것은 죽음이 불러일으키는 근원적인 욕구의 하나이다. 무속 죽음의례는 그런 욕구 충족의 통로로 기능하는 것이다. 이러한 기능은 유교, 불교의 죽음의례가 제공할 수 없는 독특한 것이다.

2) 도교에서의 죽음

도교는 자연의 모든 현상을 음·양의 두 기운이 역동적으로 상호작용하는 것으로 설명한다. 삶이란 기가 모인 것이고, 죽음은 기가 흩어진 것이다. 그러므로 삶과 죽음은 자연의 순환작용과 변화의 과정에 불과한 것이다. 도교에서는 죽음의 극복이 정신적 초월과 수련을 통한 장생불사(長生不死)의 추구를 통해서 가능하다고 본다. 장생불사란 건강을 증진하기 위한 다양한 방법의 양생법을 통해 기의 수련으로 수명을 보존할 수 있다는 초기 신선사상과 통한다. 신선이란 이상세계에 사는 초월자이며, 사람이 신선이 되기 위해서는 불사약을 받아야 한다고 생각했다. 이러한 양생법의 발달은 인간이 노력하면 신선에 이를 수 있다는 믿음을 불어 넣었다. 도교의 사상은『장자』를 통해서도 알 수 있다.

"장자(莊子)의 처(處)가 죽자 혜자(惠子=惠施)가 조상(弔喪)하러 갔다. 장자는 그때 두 다리를 뻗고 앉아 항아리를 두드리면서 노래를 하고 있었다. 혜자가 말하였다. 그분과 함께 살았고, 자식을 길렀으며, 함께 늙었다. 그런 부인이 죽었는데 곡(哭)을 안 하는 것도 모르겠거니와, 또 거기에 항아리를 두드리며 노래까지 부르고 있으니 너무 심하지 아니한가? 장자가 말하였다. 그렇지 않다. 그가 처음 죽었을 적에야 나라고 어찌 슬픈 느낌이 없었겠는가? 그러나 그가 태어나기 이전을 살펴보니 본시는 삶(生)이 없었던 것이었고, 삶(生)만 없었을 뿐만 아니라 본시 형체(形體)조차도 없었던 것이었으며, 형체만 없었을 뿐만 아니라 본시 기(氣)조차도 없었던 것이었다. 구분되지 않고, 두루 섞이어(混沌) 있었으나 그것이 변화하여 기(氣)가 있게 되었고, 기(氣)가 변화하여 형체가 있게 되었고 형체가 변하여 삶이 있게 되었던 것이다. 지금은 그가 또 변화하여 죽어 간 것이다. 이것은 봄과 가을, 그리고 겨울, 여름의 사철이 운행하는 것과 같은 변화였던 것이다. 그 사람은 하늘과 땅이란 거대한 방 속에 편안히 잠들고 있는 것이다. 그런데도 내가 엉엉하며 그의 죽음을 따라서 곡(哭)을 한다면 천명(天命)에 통달(通達)하지 못한 짓이라고 스스로 생각되었기 때문에 그래서 곡(哭)하지 않고 노래를 불렀던 것이다."

이것은『장자(莊子)』라고 불리는 책의「지락편(至樂篇)」에 나오는 이야기이다. 사람의 삶과 죽음이 똑같이 자연의 한 변화 현상에 불과하다는 것이다.

"죽음과 삶은 운명이다. 밤과 낮이 일정하게 있는 것이 자연(天然)이다. 사람들이 관여할 수 없는 그런 일이 있는 것은 모두가 만물의 실정인 것이다. 그들은 특히 하늘을 아버지처럼 여기면서 몸소 그것을 사랑하고 있다. 하물며 더욱 뛰어난 것이야 어떠하겠는가? 사람들은 특히 임금은 자기보다 뛰어나다 생각하고 몸소 그를 위해 목숨을 바친다. 하물며 참된 사람(眞人)에게서야 어떠하겠는가? 우물이 마르면 물고기들은 서로 땅위에 모여 서로 물기를 뿜어 주고 서로 물거품으로 적셔 준다. 그러나 강물이나 호수(湖水) 속에서 서로를 잊고 있던 때만 못한 것이다. 그처럼 요(堯)임금을 기리고 걸왕(桀王)을 비난하는 것은 차라리 두 사람을 다 잊고 올바른 도(道)로 동화(同化)되는 것만은 못한 것이다. 대지(大地)는 우리에게 형체를 부여하고 삶을 주어 우리를 수고롭게 하고 있다. 늙게 만듦으로써 우리를 편안하게 해 주고, 죽음으로써 우리를 쉬게 하고 있다. 그러므로 자기의 삶을 잘 아는 것은 곧 자기의 죽음을 잘 맞이하는 길인 것이다."

이 이야기는 『장자(莊子)』「대종사(大宗師)」편에 나오는 이야기이다. 여기서도 장자는 죽음과 삶이 똑같다고 하였다.

3) 힌두교에서의 죽음

힌두교는 업에 의한 윤회설을 주장한다. 힌두교의 특징 중 하나는 죽음의 순간을 중요시한다는 것이다. 이는 임종 시에 지니는 염원과 자세가 죽은 사람의 내세를 결정한다고 믿었기 때문이다. 인도의 3신을 브라흐마, 비슈누, 쉬바라고 하며 힌두교는 불교와는 약간 다른 사생관을 가지고 있다. 힌두교의 3대 경전 중의 하나인 『바가바드기타』에는 '죽음의 순간에 나만을 염하는 이들은 나에게 오리니, 마지막 순간 마음속에 기리는 것, 그것이 죽은 자의 운명을 결정하리니.'라고 기술하고 있다.

힌두교(Hinduism)에서는 죽음을 어떻게 이해하는가? 인간에게 죽음은 필연적이다. 죽음은 우리가 가진 모든 것을 박탈하며 아무도 죽음의 문턱을 넘어서 가져갈 수 없다. "죽음은 바로 종교의 존재 근거이며, 죽음이 없으면 종교는 그 타당성을 상실할 것이다."라고 라즈니쉬는 말한다. 다른 어떤 종교에서보다도 죽음의 관습은 힌두교에서 매우 중요하다. 이러한 관습은 명백한 종교적인 전제에서 이끌어 낸 것이다. 모든 존재는 무한한 재생과 환생을 하게 운명 지어져 있으며, 한 개인의 총체적인 도덕적인 결과를 적은 문서(Karman)가 각 개인의 삶의 기간을 결정하고, 각각의 환생의 특정한 형태를 결정한다. 도덕적인 요소들은 세밀하게 계량될 수 있는 요소들이다. 이 세상에서 뿌려진 씨들은 다음 세상에서 수확된다.

이러한 끔찍한 환생을 피하는 길은 최종적인 해방(Moksa)을 받는 것이다. "영원한 생명"은 힌두교 신자가 바랄 수 있는 궁극적인 것이다. 죽음과 관련된 힌두교 관습을 이해하는 데 있어 핵심적인 것은 힌두교의 영혼 개념이다. 매우 지적으로 경도된 힌두교 신자에게 있어, 영원하고, 무한하고, 모든 것을 포괄하는 브라만의 원리만이 참이며, 우주적 의식을 갖게 되는 것만이 인간으로 하여금 우주와 하나가 되게 한다. 인간 개인의 영혼(Atman)은 단순히 이러한 우주적 운행원칙에 있어 한 먼지와 같으며, 하나의 질그릇에 갇힌 공기와 끝없이 광활한 우주의 공기와의 관계와 같으며, 하나의 조그만 특별한 물결과 대양 전체의 그것과의 관계와 같다.

"산 사람은 곡식과 같이 익어서, 곡식과 같이 다시 태어납니다."
"사람이 헌 옷을 벗어 버리고 다른 새 옷을 입듯이, 육신의 소유주도 낡은 몸들을 벗어버리고 새로운 몸들로 옮겨 간다. 왜냐하면 태어난 것은 반드시 죽고, 죽은 것은 반드시 태어나기 때문이다. 그러므로 피할 수 없을 일을 위해 그대는 슬퍼해서는 안 된다(B.G. II. 22)."

힌두교는 인생의 고통과 한계를 직시하게 하는 점에서 염세적이나 절망과 비판으로 끝나지 않고 그것을 극복하게 하고 자유와 지복과 불사의 열반(브라만)에 이르게 가르친다. 특히 죽음의 순간에 신에게 전념하면 죽음과 동시에 신과 하나가 된다고 한다. 힌두교는 삶을 생사의 윤회에서 불사와 해탈의 기회로 본다. 여기서 불사는 시간적, 현상적 나(Ego)의 자발적인 죽음을 통해 초시간적인 절대적인 나(Self)로 태어나는 것이며 새로운 존재의 지평에 서는 것이다. 즉, 참다운 나가 되는 것이다.

힌두교신자는 침대에서 죽으면 안 되며 바닥에서 죽어야 한다. 그들의 마지막 숨을 몰아쉬게 됨에 따라 그들은 바닥으로 옮겨진다. 가족 중에서 경험이 많은 사람이 적절한 순간을 결정하도록 돕는다. 힌두교와 불교에서 왜 화장하게 되었는지에 대해서는 많은 논쟁이 있다. 이것은 정화의 행위로 다양하게 해석되며, 부패해 가는 주검에서 영혼을 해방시키는 가장 효과적인 방법으로 여겨진다.

4) 유교에서의 죽음

유교에서는 제사의식을 중히 여긴다. 유교의 죽음관은 제사의례에서 가장 쉽게 찾아 볼 수 있다. 제사는 산 자와 죽은 자가 만나는 의례이다. 돌아가신 분은 제사를 통해 삶의 현실 속으로 들어오고 살아 있는 자는 제사를 통해 망자와 삶을 공유한다. 유교적인 제사의례를 통하여 보면 죽음은 영원한 이별을 말하는 것이 아니라 삶 자체를 망자와 산 자가 공유하고 있다고 볼 수 있다.

조상의 은덕을 기리는 것은 망자의 혼이 제사를 통해 후손을 방문하고 제사를 통해서 망자가 음식을 드시고 간다고 생각함으로써 조상이 현실에 없지만 영원히 함께한다고 믿는다. 그리고 자신들도 죽으면 조상을 만날 것이라고 생각한다. 제사는 망자와 산 자가 공유하는 의식이며, 제사라는 의식을 통해 살아 있는 사람을 대하듯 정성껏 음식을 준비하고 예를 올림으로써 망자와의 관계가 살아 있는 사람과의 관계와 다르지 않다고 생각한다. 이것은 죽음이 끝이 아니라 산 자와 망자가 연결되어져 있다는 것을 반영한다고 볼 수 있다. 유교는 죽음을 존재의 소멸이라 이해하기보다는 망자와 공존하며 존재 형태만이 다르다고 생각하는 것이다.

공자는 제자인 자로(子路)가 죽음에 대해 묻자 다음과 같이 대답하였다. "삶에 대해서도 모르거늘 어찌 죽음에 관하여 알겠는가(未知生 焉知死)!" 아직 삶에 대해서도 모르면서 어찌하여 죽음까지 알려 하느냐며 제자가 차근차근 공부하지 않고 덤벙대는 것을 꾸짖는 말일 수도 있고, 삶을 알게 되면 죽음은 저절로 알게 된다며 타이르는 말일 수도 있다. 아무튼 이 말에서 공자는 죽음보다 삶을 더 중시하고 있었음을 알 수 있다. 중시했다기보다 더 절실하게 생각했다고 고쳐 말할 수도 있을 것이다.

사실 따지고 보면, 죽음에 이르기 전에 삶이 앞서 있다. 지금 당장은 살고 있는 것이다. 그래서 공자는 살아 있는 사람들끼리의 질서, 곧 윤리 도덕에 더 관심을 가졌다. 인(仁)을 말하여 사랑을 가르쳤고[仁愛人也], 효(孝)를 강조해 사람은 이 세상에 단독자(單獨者)로 오는 것이 아니라 무수한 조상을 뿌리로 해 태어나는 것이며, '나'를 출발점으로 해 또 무수한 자손이 뻗어 나간다는 것을 가르쳤다. 알고 보면 사람은 죽음으로 하여 삶이 끝나는 것이 아니라, 자손의 모습으로 영원히 이어져 간다는 것을 효에서 암시하고 있는 것이다.

죽음이나 내세에 대하여 직설적으로 말한 바는 없지만, 삶을 알면 죽음은 저절로 알게 되며, 현세의 연장이 곧 내세임을 분명히 하고 있다. 공자는 죽음에 대해 각별한 경의를 지니고 있으며 언제나 죽음에 대비하고 있었다. 『논어』에 "공자께서는 상(喪)을 당한 사람 곁에서 식사하는 경우 배부르도록 먹는 일이 없었으며, 상가에 가서 곡을 한 날에는 종일토록 노래 부르는 일이 없었다."고 하였다. 공자의 제자인 증자(曾子)는 임종에 제자들을 불러 놓고 말한다. "내 발을 펴 보아라, 내 손을 펴 보아라. 『시』에 이르기를 '전전긍긍 조심하기를 깊은 못가에 서 있듯

얇은 얼음판을 밟고 가듯 한다.' 하였지만, 이제부터는 나도 걱정을 면하게 되었음을 알겠구나! 얘들아." 죽음에 임해서 자기 신체의 각 부분을 점검시키고 있다. 행여 상처 난 곳은 없는가, 흉터는 없는가, 잘못된 뼈마디는 없는가, 면밀히 살펴보는 것이다. 내 몸은 부모한테서 받은 것, 한 평생 고이 지니고 있어야 효도를 다한 것이 된다. 곧, 저승에 가면 부모를 뵙게 될 것이고 그래서 새삼 되돌아보는 것이다.

사실, 유교에서는 조상이 늘 자기와 함께 있다고 생각한다. 생사의 구분이 확연하지 않은 것 같기도 하다. 증자는 임종하기 전에 말한다. "새가 죽어 갈 적에는 그 울음소리가 애처롭고 사람이 죽으려 할 때는 그 말이 착하다." 사람은 마지막 죽음을 앞두면 순선(純善)한 본성으로 돌아오게 되고, 따라서 그 말도 착하게 된다는 것이다. 요컨대, 죽음은 모든 것을 귀결시키는 동시에 새로운 출발이기도 하다. 봄에 싹이 트고 여름에 자라고 가을에 열매 맺으며 겨울에 땅속으로 사그라진다. 여름에 극성하던 양은 가을이 되면 차차 쇠하였다가 겨울에는 거의 없어진다. 그와 반면에 음이 극성을 누린다. 그렇지만 동짓날에, 거의 없어졌던 양이 다시 살아나기 시작한다(一陽始生). 그리고는 봄이 되면 싹을 틔게 하여 새로운 삶이 시작되는 것이다. 소우주인 사람도 마찬가지다. 죽음은 새로운 싹을 트이기 위한 사그라짐이다. 천도도 인도도 사그라짐(消)과 자라남(長)의 순환인 것이다. 둥그런 보름달이 차차 사그라져 들다가 그믐이 되면 거의 없어지고 다시 초승달로 되살아나며, 이것이 돌고 도는 것과 같다.

유교에서는 죽음에 대한 직접적인 논의가 없이, 제사를 통해 산 자와 죽은 자가 만난다고 믿는다. 사람은 죽으면 혼백이 분리되어 백은 지하(황천)로 가고 혼은 하늘로 간다고 믿어 지하에 순장과 부장을 하기도 한다. 하늘로 올라간 혼은 조상신이 되어 후손들에게 복을 준다고 믿었다. 즉, 죽음이 이승과의 영원한 단절이 아니라고 생각하고 후손을 통해서 이어진다고 보았다. 유교에서는 영혼불멸이 아니라 시간이 지나면 육신은 흙이 되고 영혼은 소멸된다고 생각하여 제사도 4대 봉사를 하는 것으로 알려졌으며, 영혼은 사라져도 자손을 통하여 생명의 본질은 영속되는 것을 믿었다.

"아침에 도(道)를 들으면 저녁에 죽어도 가하다(朝聞道, 夕死可矣)."는 말이 있다. 공자에 있어서 사망철학의 최고 범주는 천(天)·천명(天命)·천도(天道)이다. 공자가 한 "아침에 도를 들으면 저녁에 죽어도 좋다."는 말은 직접 '천명(天命)'과 관련되는 것이다. 공자가 말하는 천(天) 혹은 천명(天命)은 두 가지 의미가 있다. 첫째는 자연의 천(天)과 관련되는 천명(天命)인데, 빈부(貧富)·귀천(貴賤)·요수(夭壽) 등으로 실존하는 주체 의지로는 바꿀 수 없다는 것이다. 예를 들면 공자의 가장 사랑하는 제자 안회(顔回)가 불행스럽게도 단명(短命)하여 죽었을 때 공자는 어쩔 수가 없었고 다만「天喪子! 天喪子!」라고했다. 이러한 어쩔수 없는 운명을 천명이라고 했고 다만 어쩔 수 없는 죽음일 뿐이다.

두 번째는 천명과 조금 다른 의미에서 말하는 천도(天道)이다. 즉, 아침에 도를 들으면 저녁에 죽어도 좋다는 도(道)는 곧 천도이다. 이러한 천도(天道)가 무엇이 그렇게 중요하기에 공자는 죽어도 좋다고 했을까? 공자는 천도를 말할 때 말로 표현할 수 없는 그 무엇으로 표현하고 있다. 『논어(論語)』「양화편(良貨)」에서 "하늘을 무어라고 말할까? 사시(四時)가 흘러가고 만물(萬物)이 살아가는 것이다(天何言哉? 四時行焉萬物生焉)."이라고 해서 말로 설명해 낼 수 없는 것, 그러나 우주의 모든 법칙(죽음의 법칙까지도 포함하는)을 도(道) 또는 천도(天道)라고 말했다. 그러한 도(道) 또는 천도(天道)를 듣기만 한다면 죽어도 좋다는 것이다. 공자는 이러한 천도(天道)를 인(仁)에서 찾고 있다. 인(仁)은 곧 '인도(人道)'이다. 조금 어렵게 말하면 "인(仁)을 실천하여 천(天)을 아는 방법(踐仁而知天)"이다. 즉 공자철학 안에서 천도

(天道)와 천명(天命)은 초월적(형이상학적) 기본 범주이고 인(仁=人道)은 도덕철학의 기본 범주로서, 공자는 천인합일(天人合一)을 이루기 위해 천도(天道)와 인도(人道)를 통일시키려고 한다. 그렇기 때문에 천도(天道)는 공자에 있어서 궁극적 관심이며 궁극적 헌신이다. 그렇기 때문에 공자는 "마땅히 살아야 하는 삶이라면 또한 마땅히 살아야 하고 마땅히 죽어야 하는 죽음이라면 죽어야 하는데, 그것이 천도와 부합되는 것인가?" 하고 늘 묻고 있는 것이다.

공자께서 "살아 계시면 예로 섬기고, 돌아가시면 예로 장사 지내고, 예로써 제사 지내는 것이다[生事之以禮, 死葬之以禮, 祭之以禮, 논어 위정(爲政)편]."라고 하였으니 공자는 삶과 죽음, 그리고 죽음 뒤의 제사 모두 예로써 실행하라고 말한다. 공자는 "사람이 사람답지 않으면 예는 무엇이며, 사람이 사람답지 않으면 악은 무엇인가?[人而不仁, 如禮何, 논어 팔일(八佾)편]"라고 하여 살아도 죽어도 죽은 뒤에도, 산 사람도 죽을 사람도, 죽은 뒤에 자손도 오직 사람다워야(仁) 함을 강조하고 주장했기 때문에 인문주의의 기초를 튼튼히 하여 동양 사상의 뿌리를 만들었다.

5) 불교에서의 죽음

불교에서는 생명에 관여하는 기관은 수명이며, 수명은 체온과 의식을 보존하고 유지한다. 반면, 죽음은 체온과 의식이 육체로부터 사라지면서 수명이 파괴되는 것이다. 결국 인간의 삶과 죽음은 수명의 지속과 파괴에 의해 이루어진다. 그런데 수명은 업의 영향을 받는 것으로써, 그 업력의 변화에 따라 삶과 죽음도 변화의 과정 안에 머무르게 된다. 죽음 이후 업인과 과보의 결과로 육도윤회를 한다고 믿는다.

6도는 3선도인 천상, 인간, 수라도를 말하며, 3악도는 축생, 아귀, 지옥을 말한다. 6도 윤회를 하는 과정은 4유의 과정을 거치며, 4유는 생유, 본유, 사유,

중유로 나뉜다. 생유는 생명이 결정되는 순간이고, 본유는 생명이 탄생에서 임종직전까지를 말하며, 사유는 임종하는 순간, 그리고 중유는 사유로부터 다시 생명을 결정하는 생유사의 기간을 말한다. 여기서 중유란 임종 이후의 상태, 즉 죽음의 상태를 말하는데 이 기간은 대게 짧게는 7일 길게는 49일로서, 이 기간이 지나면 모두 새로운 삶을 얻어서 환생한다고 한다. 불교에서의 죽음은 몸을 바꾸는 것을 실현하는 계기이고 윤회를 하는 원천은 탐(貪)·진(瞋)·치(癡)의 삼독이다. 탐(貪)·진(瞋)·치(癡)는 욕심(내고)과 화(내고), 어리석음을 말하며, 여기서 벗어나야 윤회의 사슬에서 벗어나게 된다. 결국 생사의 문제를 극복하는 것은 탐(貪)·진(瞋)·치(癡)를 내려놓아 깨달음을 통해 육도윤회에서 벗어나야 하는 것이다.

불교에서의 죽음은 생로병사의 인간이 고통에 있어, 사성제의 정점에 해당하는 물음이라고 할 수 있다. 인간의 고통 중에 죽음에 대한 고통이 제일 크다고 보기 때문이다. 그러나 불교의 입장에서 죽음을 보는 입장은 윤회설로 대표될 수 있다. 모든 고통은 인간이 스스로 지은 업에 의한 것이며, 모든 고통이 욕심 때문에 빚어진 허상이라는 것을 깨달아 본래의 자아에 도달하면 어떤 것에도 걸림이 없는 존재가 된다고 본다. 죽음은 몸을 바꾸는 것이다. 그리고 죽음은 이를 실현하는 계기가 된다. 현생에서의 업에 따라 더 나은 존재로 태어날 수도 있고, 지옥이나 축생으로 태어나기도 한다. 불교는 죽음을 삶을 온전하게 하는 윤리적 계기로 이해한다. 죽은 후 다른 존재로 되살아난다는 전제하에 지금 여기에서의 삶을 더 진실하게 살고 선업을 쌓으며 살아가도록 하는 것이다. 극락이나 지옥, 정토나 열반과 같이 사후의 공간적 의미에 대해서도 구체적으로 언급하고 있는 것이 불교의 입장이다.

그러나 불교는 죽음에 대하여 실제로 공(空)하다는 입장에 대하여 가르치고 있다. 있음에 대한 주장에 대하여 실체가 없음을 주장하며 이원론적 사고의 비현실성을 지적한다. 몸이 있다는 전제로 죽음을 이야기하고 두려워하고 슬퍼하지만, 몸이 아예 없다고 전제한다면 죽음도 있을 수 없고 죽음으로 인한 고통도 있을 수 없다는 것이다. 그러므로 죽음도 없고 삶도 없다는 것과 삶과 죽음이 다르지 않다(生死一如)는 관점에서 죽음을 다루고 있다. 죽음은 삶의 끝이 아니라 삶의 완성이며, 죽음은 그 완성을 지향하는 관점에서 보아야 할 하나의 일일 뿐이다. 결국 열반을 향한 깨달음을 얻고자 하는 불교에 있어서 죽음은 생의 종말인 동시에 재생을 향한 행로의 첫출발로 본다.

또 영혼을 육신으로부터 해방시켜 극락왕생할 수 있다는 믿음을 전제로 윤회한다고 믿고 있다. 이는 육회윤회도에서 잘 드러나 있다. 육회윤회도에 있어 생명의 바퀴는 죽음의 신인 야마천에 붙들려 있으며, 석가세존이 윤회세계를 벗어나려면 아미타불 극락정토에 태어나라고 손짓하는 모습도 있다. 윤회하는 세 가지 힘의 원천은 탐, 진, 치의 세 가지를 말한다. 불교에서는 이를 가리켜 '무지(無知)'라고 한다. 고통과 윤회에서 벗어나기 위해서는 깨달음을 통하여 이러한 무지를 내려놓아야 한다.

『반야심경』에는 "낳지 않고 사그라지지 않고(不生不滅)", "더럽혀지지 않고 깨끗해지지 않고(不垢不淨)", "더해지지 않고 덜해지지 않고(不增不減)"라 하였고, "드디어 늙음도 죽음도 없고 또한 늙음과 죽음이 없어지지도 않게 되는 데 이르는 것이다(乃至 無老死 亦無老死盡)."라 하였다. 말하자면, 이 세상에 존재하는 모든 것은 실체가 없으며, 따라서 낳았다고 말할 수 있는 것도 없고, 사그라져 없어졌다고 말할 수 있는 것도 없으며, 그러므로 더럽혀진 것도 깨끗한 것도, 더해졌느니 덜해졌느니 따질 것도 없다는 것이다. 실체가 없으니 물질적 현상이나 감각이나 표상이나 의지·지식 같은 것이 있을 리 없고, 눈도 코도 귀도 혀도 몸뚱이도 없다. 늙음과 죽음이 있을 수가 없다. 따라서 삶이 곧 죽음이요, 죽음이 곧 삶이라, 처음부터 구별이 없다.

서산대사(西山大師)는 말한다. "중생이 낳는 것 없는 중에서 망령되이 삶과 죽음과 열반을 보는 것이 마치 허공에서 꽃이 나타났다 사라졌다 하는 것을 보는 것과 같으니라." 죽음이 무엇인가를 다시 말하고 있다. "사람이 죽을 때는 단지 오온(五蘊)이 다 공(空)이고 사대(四大)가 내가 아님을 볼 것이다. 참 마음은 모습이 없어서 가는 것도 아니고 오는 것도 아니며, 살았을 때도 성품은 또한 살지 않았고 죽을 때도 성품은 또한 떠나가지 않는다." 죽음은 어쩌면 이 티끌세상을 탈출해서 영원한 자유인이 되는 계기가 될 수도 있다는 뜻이다. 다만, 마음가짐을 거울처럼 맑고 호수같이 고요하게 지닐 수 있어야 하며, 그렇게 되면 삼세인과(三世因果)에 이끌리거나 얽매이지 않게 되어 출세자유인(出世自由人)이 된다는 것이다. 서산대사에 의하면, 인간은 사대(四大)로 이루어지고 오온으로 살아간다. 사대는 사람의 몸을 이루고 있는 네 가지 요소로, 지(地) · 수(水) · 화(火) · 풍(風)(사람의 몸은 이네 가지에 의하여 성립이 되어 있음)을 말한다. 오온은 색(色) · 수(受) · 상(想) · 행(行) · 식(識)의 다섯 가지인데, 색은 물질로서 육체이며, 수는 감각, 상은 개념 구성, 행은 의지, 식은 의식이라고 간단하게 설명될 수 있다.

죽음에 이르러 사대 곧 육신이 진정한 '나'가 아니었다는 것을 깨닫게 되고, 오온 곧 살아 움직인 활동, 그것이 모두 공(空)이라는 것을 알아차려야 비로소 세간을 벗어난 자유인으로 해방되는 것이다. 그렇지 않고 이 세상에서 익힌 매듭이 조금이라도 남아 있다면 다시 얽매여 굴러다니게 된다.

『선가귀감』에 나오는 말이다. "사람이 죽을 때 만약 털끝만큼이라도 범부(凡夫)니 성인(聖人)이니 하는 감정이 끊어지지 않거나 생각을 잊지 못한다면 나귀의 태

(胎)나 말의 뱃속으로 향해 의탁하게 되며, 지옥의 끓는 가마 속에 처박혔다가 전과 같이 다시 개미나 모기 등으로 되고 말 것이다.” 극락과 지옥의 구분이 바로 이것이다. 사람이 죽는다는 것은 무(無)로 되는 것이 아니다. 매미가 허물을 벗듯이 훨훨 벗어 던지고 새로운 옷으로 갈아입는 것이다. 낡은 허물을 벗는 것이 죽음이며, 새로운 옷으로 갈아입는 것이 윤회(輪廻)다. 새로운 옷이 무슨 빛깔이 되고 어떤 모습이 될지는 이승의 업(業)에 따라 결정이 된다.

그렇기 때문에 죽음은 무가 아닌 동시에 두려워할 일도, 결코 슬퍼할 일도 아니다. 도리어 웃으며 새 옷으로 갈아입을 수 있는 것이 아닌가? 다만, 이승에서 살아 움직이며 맺은 인연이 있고, 주고받은 정이 있기에 아쉬운 느낌이 들 수는 있다. 이것이 다름 아닌 망집(妄執)이다. 사대가 내가 아니고 오온이 다 공인 바에야 어찌 망집에 사로잡혀야 하는가! 매섭게 끊어 버려야 한다. 그렇지 못하면 삼세(三世)의 인과에서 벗어나지 못한다. 웃으며 훨훨 낡은 허물을 벗어 버려야 한다. 이것이 죽음에 대한 불가(佛家)의 인식이다.

인간의 생로병사라고 하는 근본적인 한계 상황적 문제를 해결하고 말리라는 큰 뜻을 세우고 출가한 고다마 싯달다가 보리수 아래서 등정각하여 해탈함으로써 그 문제를 해결한다. 그가 해탈했을 때, 무슨 초자연적인 계시적 지식에 의거하든지 초자연적 신령들의 도움을 얻어 등정각에 이른 것이 아니다. 싯달다가 확연하게 보고 깨달은 진리(法, 다르마)는 다름 아니라 삼라만유란 인연생기적(因緣生起的) 현상이며, 한 큰마음(一心)이라고 부르는 청정한 고요의 바다 위에 일어난 하나의 물결파문이라고 본 것이다. 다시 말하자면, 인간은 죽음에 대하여 여러 가지 개념적 지식과 경험적 인상을 가지고 있다. 예를 들면 죽음이란 우선 죽음의 임계상황에서의 심신적 고통, 주검과 연결되는 생의 종말, 죽은 자의 말없음과 생기 없음, 의식의 종결과 굳어지고 차가워진 신체의 경직화, 사체의 부패 과정과 아름다움을 상실해 버린 생명체의 추한 모습, 매장과 화장에 따르는 소멸성과 이별의 고통, 죽은 자가 추구해 온 의미와 가치의 붕괴에 따르는 허무성, 죽음 이후에 대한 무지와 두려움 등등 죽음이라는 구체적 현상이 실존 인간의 범부 중생에게 주는 두려움과 부정성은 이루 말로 다 열거할 수 없다.

그런데 이러한 죽음에 대한 인상과 경험적 개념들은 "죽음이라는 것"이 독립적 실체로서 사실적으로 항존한다는 대 전제를 밑바탕에 깔고 있는 경험이요 개념들이며, 인간의 심리작용과 의식작용이 만들어 낸 표상작용의 결과물이다. 그런데 만약 "죽음이라는 것"이 실체론적으로 존재하는 것이 아니라, 인연생기하는 우주적 대 생명의 한 변화와 창발(創發)적 계기에 불과하다고 깨우침으로써, 죽음에 연계된 일체의 두려움과 부정적 인상이 극복된다면 어떤 마음상태가 될까? 인간의 유한한 자아도 불변적으로 존재하는 것이 아니라는 사실을 깨우칠 때, "삶과 죽음"이라는 이원적 대립개념이나, 대립상이 사라지고 삶과 죽음을 하나로 보는 밝은 참 지혜, 반야공(般若空)만이 나타난다. 그것은 사상이라고 말할 수 없는 것이기에 그저 '공(空)', '열반적정(涅槃寂靜)', '중도(中道)'라고 부른다.

근본불교에서 본다면 불교(佛敎)란 '깨달은 자(佛)'의 '가르침(敎)'이다. 불교라는 말 뜻 자체가 지시하듯이 깨달음이 그 본질일 터인데, 우리는 일반적으로 "불교"라고 하면 역사적 종교집단의 종교의례, 종교경전, 종교적 상징물과 절의 건축물 등을 자꾸 연상하게 된다. 그러나 다시 본래적 시원에로 돌아가 생각해 보면 불교란 '깨달은 자'의 '가르침'을 참고삼아 나도 처음 '깨달은 자'와 같이 깨닫자는 것, 그것 이외 다른 것이 아니다. 도대체 무엇을 깨닫자는 것인가? 팔만대장경이라는 그 방대한 경전의 문자를 해독하고 그 의미를 깨닫자는 것인가? 그것은 그저 하나의 방편일 뿐이다.

일체만유의 존재하는 방식, 일체만유의 본래적인 창발(創發)방식, 불교식으로 말해서 '일체만법의 본원(本源) 자체'를 바로 깨닫자는 것인데, 일체만법의 본원 자체를 불교적 용어로서 '법성(法性)'이라 기호화하고, 그 법성을 나의 본래적 마음속에서 스스로 파한 것을 일컬어 '자성(自性)'이라 부른다. 법성과 자성이 둘이면서 하나인데, 그것이 삼라만유를 창발적으로 스스로 지어 가는 인연생기하는 실상을 환히 깨닫자는 것이다. 탄생과 죽음이라는 것은 근원에서 그 실체성이 부정되고 철저하게 인연생기하는 법성의 한 계기에 불과하게 된다. 의상대사가 노래하듯이 법성(法性)은 본래 두 개의 상(相)이 없고 부동하고 고요하며 이름도 형상도 없어 오직 반야지 상태에서만 이해되는 만유의 실상이기 때문이다.

불교에서는 인간이 낳고 죽는 것은 "심의식(心意識) 총체로서의 현상적 자아로서의 나"인 것이지, "진여자성(眞如自性)으로서의 본래적인 나", 곧 불생불멸하는 법성의 내면적 실재로서의 "진아(眞我)"로서의 나가 아닌 것이다. 진여자성으로서의 나는 낳거나 죽거나 하는 것이 아니다. 불교는 "심의식 총체로서의 나"를 벗어버리고 "진여자성으로서의 나"를 되찾아 생로병사를 극복하려는 종교이다.

불교의 종지(宗旨)를 실재관으로 말하면 인연생기설(因緣生起說)이요, 중도사상(中道思想)이다. 중도란 존재와 비존재, 삶과 죽음, 거룩과 세속, 영원과 시간, 본질과 현상, 선과 악 등 이분법적 도식구조에서 어느 한쪽에 치우치지도 아니하고 그 양자를 동시 부정하고 동시 긍정함으로써 전체를 생동적인 진여의 계기적 모습으로서 파지하는 것을 말한다. 삼라만물을 상호인과적 관계로서 파악하는 것이요, 인연생기적 현상으로서 이해하는 것이다.

중도사상에서 볼 때, 죽음이란 삶의 대립적 실재가 아니라 삶과 더불어 존재를 구성하는 인과적 변화 계기에 불과하게 된다. 죽음이 없이는 삶이 없고, 죽음이란 더 크고 새로운 삶을 향한 변화의 계기요 전환에 불과하다. 우선 불교에서는 육체의 몸으로서의 생명은 진여자성(眞如自性)이 머무르는 자연소재물의 집합체이므로, 죽음이란 우선 육신으로서 몸이 거기에서 빌린 자연으로 다시 되돌려주는 환원작용이므로 좋은 죽음이란 자연으로부터 빚진 육신의 몸을 자연에 돌려주는 순환행위이어야 한다. 가장 불행한 죽음 행위는 죽음 이후에도 자기의 시신을 자연으로 환원하기를 거부하면서 방부재로서 보존하는 인간 우상들의 비참함이다. 그것은 다름 아니라 그들이 살아 있을 때 이룬 업보에 대한 죗값을 그렇게 치름이다. 걸출한 선승(禪僧)들이 그들의 죽음 이후 시신을 그들이 빚졌던 동식물에게 공양되기를 바랐던 이유도 거기에 있다.

중도사상에서 볼 때, 삶과 죽음은 대립개념도 아니고 독립적 실체도 아니다. 삶과 죽음은 진여자성과 법성의 대 생명 바다 위에서 일어나는 변화무쌍한 물결의 높낮음, 산봉우리와 계곡, 양지와 음지를 확대하여 기호로서 표지한 허구적 그림 언어에 불과하다. 삶과 죽음이 한 인생의 처음과 종말에 독립적으로 실재하는 것이 아니라, 날마다 인간은 살고 죽는다. 날마다 탄생하고 소멸을 반복한다. 그러나 날마다 탄생하고 죽는 인생은 '심의식(心意識) 총체로서의 자아'인 것이지, '진여자성'으로서의 '참 나'는 탄생하지도 않고 죽지도 않는다. 그것을 확연하게 깨닫고, 진여자성을 회복하는 순간, 그 사람은, 불생불멸하는 대 생명 곧 '진공묘유(眞空妙有)'의 참 생명의 세계로 들어간다. 그것이 해탈이요, 불교적 죽음의 극복이다.

불교에서 말하는 업(業, Karma) 사상은 물론 불교만의 독점적 사상은 아니고 인도에서 일어난 자이나교나 힌두교 사상 속에서도 발견된다. 그러나 불교의 업 사상은 따지고 보면 불교의 근본종지인 만유의 '인연생기설'의 논리적 귀결이자 인생관이요, 세계관이기도 하다. 업보사상, 윤회사상이 일반 불자들의 대중 교화적 설화 형태를 빌어 권선징악(勸善懲惡)하려는 목적으로 과장되고 탈선되는 경우가 있다. 예를 든다면, 현생에서 악업을 많이 짓고 못된 짓을 많이 한 인간은 죽어서 구렁이나 미물 축생으로 태어날 수 있으며, 반대로 미물축생의 형태로 업보를 치루는 어느 생은 업보를 다 치루고 착한 선행을 쌓아서 귀한 가문에 태어날 수도 있다는 설화 등이 그렇다. 그러나 업보사상은 그렇게 비약하지 않는다. 업보사상과 윤회사상은 "사람이 무엇을 심든지 심는 대로 거두리라"는 사도 바울의 말뜻대로 심는 대로 거둔다는 생명의 진리를 불교적 언어로 섬세하게 다듬어 놓은 것이다.

가장 고전적인 원시불교의 근본교리 중에 십이 연기설은 단순한 물리화학적 인과관계만이 아니라, 보이지 않는 정신적 심리적 인과관계도 말하며, 단순한 직선적 연쇄 고리의 인과관계만이 아니라 그것들 상호간의 구조적 상승작용과 복합적 상승작용도 말하고 있는 것이다. 여기에 한 송이 국화꽃이 피어날 수 있는 것은 씨앗과 토양관계만이 아니라, 전우주적 역학관계, 씨앗의 생명력을 지속시켜온 전우주적 진화 과정, 태양광선과 우주중력과 습도와 곤충과 바람, 그리고 그 꽃의 색깔과 향기, 꽃의 아름다움을 분별하고 감상하는 인간의 시각·후각구조와 감각작용과 심미적 이해작용 등등 억천만 가지 요소들의 집합적 결과로서 지금 우리 눈앞에 한 송이 국화꽃이 피어 있는 것이다.

윤회 또는 환생하는 주체는 인간의 진여자성이 아니라, 심의식(心意識) 복합체로서 인간의 경험적 자아인데, 그것이 일으키고 남긴 정신적·심인적 잠재력과 그 영향력이 바로 카르마(業)이다. 십이 연기설에서 무명이 일으키는 행(Sankhara)은 삼라만유를 지어 나갈 잠재적 가능성과 그 힘을 말하는데, 업보(業報)는 어떤 의미에서 모두 이 행(行)이다. 모든 업들은 곧바로 결과를 만들어 내는 것은 아니다. 그 업이 결실로 나타나기 위해서는 '인연생기법'이라는 우주적 근본법칙에 따라서 외적 내적 제반조건과 시공간적 인연으로 맞아야 한다. 그렇게 될 때까지 업은 축적되어 어떤 성향으로서 나타나지 않고 축적된 업으로 지속한다. 업의 힘은 일종의 정신적 심리적 에너지요, 경향성이며 의지적 힘이다.

불교의 구원론에서 보면 인간이 살아 있을 때, 그 자신의 행업과 그가 태어나기 전 그 조상들과 관련된 사람들의 행업의 결과물로서의 '심의식(心意識) 총체로서의 자아'는 윤회할 수밖에 없고 그 업보를 남길 수밖에 없으므로, 그 윤회의 고리를 탈출하여 법성 곧 '진여자성'을 회복하여 윤회의 업보와 윤회의 연쇄고리에서 탈출하자는 것이다. 불교적 세계관에 의하면 법성 그 자체는 모양도 색체도 없고 그 어떤 속성도 없는 순수존재의 빛이지만, 그 스스로 묘유로서의 만유 충만한 존재의 바탕이므로 무한한 존재의 층을 그 안에 스스로 지어낼 수 있다. 그리하여 불교적 세계관에 의하면 우리 지구인이 살고 있는 이러한 행성에 갇혀 있는 존재만 전재하는 것이 아니다. 그리고 존재의 드러남의 여러 가지 다양한 존재의 층은 매우 유기체적인 것이어서, 대표적인 것으로는 '지옥계 −아귀계 − 축생계 − 아수라계 − 인간계 − 천상계'라는 여섯 가지 차원의 존재 질서를 말한다. 그러나 업보사상이 흔히 잘못 오해되는바 같은 숙명론이나, 결정론이나, 소극적 체념사상과 관련되는 것은 아니다.

6) 『티베트 사자(死者)의 서(書)』에서의 죽음

『티베트 사자의 서』라고 번역된 티베트불교의 경전의 본래 이름은 '바르도 퇴돌 (Bardo Thosgrol)'이다. 본래 책 이름의 의미는 '사후 세계의 중간 상태에서 듣는 것만으로 영원한 자유에 이르는 가르침'이라는 뜻이다. '바르도'는 둘 사이를 의미하는데, 낮과 밤사이, 황혼 때의 어스름한 시간, 이승과 저승의 사이 곧 사람이 죽은 다음 또 다른 다음 세상에 환생하기까지의 머무는 중간 시기를 말한다. 불교에서는 그 기간을 49일간이라고 하며, 그동안 '자아'가 육신의 목숨이 끊어진 뒤에도 남는 업보의 주체로서의 개체 생명을 '중음신(中陰身)' 또는 '사념체(思念體)'라고 부른다. '퇴돌'이란 듣는 것만으로 자유에 이른다는 의미이다.

『바르도 퇴돌』의 저자는 지금부터 1,200년 전 티베트왕의 초청으로 인도에서 와서 신비불교 경전들을 티베트어로 번역한 '파드마삼바바(Padma Sambhava)'라고 전한다. 이 경전을 티베트 설산의 동굴 속에서 발견해 낸 사람은 릭진이었고, 발견된 이 경전을 1919년 영어로 번역하여 서방세계에 최초로 알린 사람은 카지다와삼둡(Lama kazi Dawa-Samdup)과 에반스 웬츠(Evans Wentz)였다. 칼 융이 말한 대로 이 책은 단순한 탄트라 불교의 한 경전으로서만이 아니라 인간 정신의 깊이의 세계를 들여다볼 수 있는 위대한 정신과학의 책이다. 이 책은 인간 의식의 다양한 층을 보여줄 뿐만 아니라, 인간의 마음이 그려 내는 온갖 환영과 환상이 실재하는 것이 아니고 인간의 마음이 만들어 그려 내는 허상이라는 것임을 보여 준다. 그리고 이 책이 궁극적으로 보여 주려는 것은 '심의식(心意識)'의 총체로서의 인간의 의식체'를 넘어선 본래적 '진여자성', 곧 순수한 인간 영혼은 눈부신 진리의 빛으로 가득한 진리 자체이고 자유 자체이며, 영원한 것이라는 것임을 보여 준다.

『바르도 퇴돌』은 잃어버린 우리들의 '진여자성', 곧 참된 영혼의 본래적인 모습을 되찾아서 환생의 고해를 되풀이 방황하지 말고 영원한 자유의 빛을 누리도록 하려는 죽은 자를 위한 깨달음의 교훈서이자, 동시에 산자들을 위한 위대한 종교적 작품이다. 현대 인류가 갖고 있는 기계론적·생물학적 인간 이해나, 개인적 무의식 층만을 인정하려는 프로이드 심층심리학으로서는 이해하지 못하는 인간성의 저 깊은 차원을 열어 보인다.

『티베트 사자의 서』는 인간이 죽음을 맞이한 후 겪게 되는 중간 상태 기간에 크게 3단계로 정신적·심리적 의식체가 겪게 되는 경험현상을 들려주면서, 죽은 자로 하여금 바른 '진여자성'을 따라 진리의 참 빛으로 나아가 자유와 행복을 얻기를 권하는 죽은 자를 위한 책이다. 티베트에서는 마지막 숨이 넘어가면, 승려나 가까운 정신적 스승이나, 또는 가족, 친구 중 연장자가 죽은 사람의 귀에다가 이 『티베트 사자의 서』를 읽어주는 것이다. 이 책은 사람이 사후에 곧바로 시작되는 정신적 사념체(思念體) 또는 중음신(中陰身) 또는 일종의 유체(幽體)가 겪는 세 단계 또는 세 가지 차원의 경험을 설명한다. 이 책은 사후세계의 중간 상태에 있는 영혼이 겪는 체험을 불교적 패러다임에 담아서 설명하고, 그 과정 속에서 자기 영혼을 정화하여 본래적 영혼의 모습, 즉 불교적으로 말해서 '진여자성'을 회복하여 영원한 법성(法性)에 일치함으로써 법계(法界) 곧 생명의 빛으로 충만한 진리 세계에서 영원한 자유를 누리도록 하려는 데 그 목적이 있다.

첫 단계인 '치카이 바르도'는 죽음의 순간의 바르도로서 광명한 흰 빛으로 둘러싸이는 경험이다. 둘째 단계인 '초에니 바르도'는 존재의 근원을 체험하게 되는 바르도로서 백색광휘, 황색광휘, 적색광휘, 녹색광휘의 빛을 동반하면서 나타나는 네 명의 위대한 불교적 보살들을 경험하는 단계이다. 셋째 단계는 '시드파 바르도'인데 다시 육체의 삶으로 돌아가는 환생의 길을 찾는 바르도로서 치카이 바르도와 초에니 바르도 상태에서 각종 빛에 조명 받아 영혼이 자신의 본래적인 '진여자성'을 깨닫고 진리자체와 하나 됨으로써 자신을 해탈하면 되지만, 그 기회를 놓치면, 중음신(中陰身) 곧 사념체는 더욱 본능적이고 감각적이며 성적 쾌감과 무서운 악마의 유혹이나 고통을 경험하는 단계로 넘어간다.

『티베트 사자의 서』는 티베트 불교의 한 경전으로서 특히 죽음을 맞이한 가정에서 죽은 자로 하여금 인간 자신의 '진여본성'이 곧 영원한 법성이요, 불생불멸하는 실재임을 깨닫게 함으로써 윤회의 고해를 벗어나게 하려는 책이다. 죽은 자의 해탈을 돕는 안내서요, 불생불멸의 길을 가도록 돕는 죽은 자를 위한 안내서이다. 물론 이 책은 불교적 경전이기 때문에 불교적 용어와 불교적 이미지로 가득 채워져 있다. 그러나 이 책의 위대성은 인간의 생명 그 자체는 '진여본성'으로서 불생불멸하다는 것과 인간의 심령이 만들어 내는 온갖 이미지와 개념들은 그것 자체로서는 영원한 것이 아니며, 인간의 마음의 바다에서 일어나는 다양한 정신적 환영이라는 것이다.

7) 그리스도교에서의 죽음

그리스도교의 죽음은 부활을 위한 것이다. 부활은 영원한 생명을 갖는다는 믿음이며, 죽음은 종말이 아니라 새 생명의 시작이다. 예수님이 3일 만에 부활한 것과 같이 일반인도 믿음으로 구원을 얻으면 사후 천국에서 영생을 누린다고 믿는다. "나는 부활이요 생명이니라. 나를 믿는 자는 죽더라도 살 것이요, 살아서 믿는 자 누구든지 영원히 죽지 않을 것이다."라고 『성경』은 기술하고 있다. 그리스도교는 사랑을 통한 부활과 내세의 희망이 핵심사상이다.

그리스도교에서는 죽음을 부정적인 것으로 간주한다. 죽음은 신에게 복종하지 않은 죄의 결과로 얻은 형벌이다. 인간은 영원히 살 수 있는 존재임에도 신에게의 불복종으로 인한 죄 때문에 신의 저주를 받아 죽게 된 것이다. 이러한 관점에서 보면 그리스도교의 죽음관은 두렵고 고통스러운 일이다. 그리스도교에 봉헌하고 있는 사람들은 몸을 벗어나기를 희구하며 참 삶에 이르는 길, 곧 구원에의 길은 죽음의 현실, 곧 몸의 현실에서 건짐을 받아 구속에서 벗어나는 것이다. 그렇지만 그리스도교에서 죽음을 저주로만 여기지는 않는다. 신으로부터 일탈한 몸을 적극적으로 소멸하도록 함으로써 더 이상 다시 죽지 않을 새로운 몸으로 변화되어야 할 것을 가르치고 있다. 그러므로 죽음은 형벌이 아니라 새로운 존재로 다시 살아날 수 있는 축복의 계기라고 설명한다. 영원한 생명을 얻는 길은 낡은 삶이 사라지지 않으면 안 된다. 그 사라짐을 가능하게 하는 것이 죽음이다.

역사적으로 신학적인 많은 논의가 있지만, 분명한 것은 죽음이 단순한 저주가 아니라 지극한 의미의 계기로 읽혀지고 있다는 사실이다. 죽음은 존재의 변화를 가능하게 하므로 회피하거나 두려워할 것이 아니라 축복으로 받아들인다는 의미가 강하다. 그리스도가 기리는 부활은 바로 죽음에 대한 의미의 실체가 드러난 것이라고 볼 수 있다. 죽음은 부활을 위한 것이고 죽음이 있어서 비로소 부활이 현실화되는 것이다. 구원을 통한 영생을 표방하는 기독교는 부활을 통한 영원한 생명을 가진다고 믿는다. 예수가 십자가에 매달려 죽은 후 사흘만에 부활을 한 것 같이 일반 사람도 믿음으로 구원을 얻게 되면 사후 천국에서 영생을 누린다고 한다.

『성경』에서는 다음과 같이 말하고 있다. "이러므로 한 사람으로 말미암아 죄가 세상에 들어오고 죄로 말미암아 사망이 왔나니 이와 같이 모든 사람이 죄를 지었으므로 사망이 모든 사람에게 이르렀느니라(『로마서』 제5장 12절)." 요컨대, 죽음은 죄에 대한 벌이다. 기독교에서 말하는 죄는 원죄이다. 물론, 낱낱의 인간이 자의식으로, 개별적으로 범하는 죄도 있지만, 그것보다 더 크고 공통적인 죄가 원죄이다. 인류의 조상인 아담이 범한 죄로 인해 인간은 태어나면서부터 죄를 지니게 되며, 그것이 원죄인 것이다. 죽음은 이 원죄로 인해 신으로부터 받는 벌이다.

따라서, 기독교에서의 죽음은 육신의 죽음과 영혼의 죽음 두 가지로 나누어 볼 수 있다. 육신의 죽음은 그저 생물학적으로 한 생명체의 모든 기능이 정지되어 다시 원상대로 회복될 수 없는 상태를 말하는 것이고, 영혼의 죽음은 생명의 원천인 영혼이 육체에서 떨어져 나가는 것을 뜻한다. 그러면 육체에서 분리되어 떨어져 나간 영혼은 어디로 가는가? 두말할 것도 없이 하느님 앞으로 간다. 이 세상의 창조자이고 구원자이고 심판자인 하느님 앞에 가서 시험대에 올라 일생 동안의 일을 심판받게 되는 것이다. 죽음은 말하자면 심판자의 앞으로 나아가는 일이다. 누구나 피할 수도 면할 수도 없는 필연적인 사항이다.

예수 그리스도는 인류의 죄를 대신해 죽음을 당했다. 신자들도 육신의 삶에 연연하지 말고 이 거룩한 예수 그리스도의 죽음에 동참해야 하며, 그렇게 함으로써 부활을 통한 영생을 얻을 수 있는 것이다. 예수님도 석가모니처럼 죽음과 죽음 이후에 관하여 자세한 논리적 설명을 남겨 놓지 않으신 것은 서로 통한다. 그러나 예수님은 이 땅 현세의 삶이 끝난 뒤에도 영원한 생명이 삶이 실재한다고 믿으시고, 또 그렇게 가르치신 교훈은 여러 곳에서 나오므로 '영원한 생명'에 대한 신념을 지니신 것은 틀림없는 것이다. "하나님은 죽은 자의 하나님이 아니고, 산자의 하나님인데, 하나님 앞에서는 모든 사람이 살아 있는 것이다(누가20:38)."라고 말하면서 죽은 뒤의 생명은 이생에서 시집가거나 장가가는 이생의 그런 상태의 연장세계가 아니라고 가르치셨다. 자신이 숨을 거둘 때에 "아버지, 내 영혼을 아버지 손에 맡깁니다(누가23:46)"라는 표현들을 보면 예수님도 이스라엘 신앙의 핵심인 하나님 신앙과 사후의 생명에 대한 신념을 가지신 것은 틀림없다.

그러나 예수 그리스도의 삶과 죽음에 대한 신념은 오히려 요한복음에 더욱 잘 표현되어 있다. "나를 믿는 사람은 죽어도 살고, 살아서 나를 믿는 사람은 영원히 죽지 않을 것이다(요한복음 11:26)."라고 말했을 때, 겉모습으로 사람의 육신의 생명이 유한하여 부서지더라도 영원히 산다는 신념이다. 문제는 죽음이라는 현상 그 자체보다도, 내 속에 참 생명, 죽음이 죽일 수 없는 참 생명이 영글어 있느냐 없느냐의 문제라고 본 것이다. "하늘에 속한 몸도 있고, 땅에 속한 몸도 있습니다. 하늘에 속한 몸들의 영광과 땅에 속한 몸들의 영광이 저마다 다릅니다. 우리가 흙으로 빚은 그 사람의 몸을 입은 것 같이, 또한 하늘에 속한 그 분의 상을 입을 것입니다(고린도 전서 15:40,49)."

기독교는 전생에 내가 만든 정신적 · 심리적 · 육체적 다양한 인과적 영향이라고 이해하는 '업보사상'을 갖지 않고, 하나님 앞에서, 하나님 안에서 총체적 책임체로서 '몸의 부활신앙'을 갖는 것이다. 한 번은 각자의 생을 마감할 때, 덧입는 '영적 몸'으로서의 영혼의 불사체이고, 또 다른 하나는 만물의 종말적 완성의 날에 만유가 하나님의 영광 안에서 변화하고 온전한 영광스런 '부활의 몸'을 덧입을 때이다. 기독교에서 죽음을 자연스러운 자연의 질서로 보지 않고 극복되어야 할 것, 심지어 "마지막 원수"라고까지 본 것은 생에 대한 집착 때문이 아니고, '정의로움에 대한 갈증'과 불의한 죽음의 세력이 생명을 파괴하는 '죽음의 독소와 죄의 권세' 때문인 것이다.

기독교는 죽음의 이해를 단순한 생물학적 과정으로서 이해하지 않는다. 기독교가 죽음을 생물학적 한 과정으로 이해하지 않는다는 말은 두 가지 의미를 내포한다. 하나는 인간 생명의 죽음이란 자연스러운 것이 아니고 원창조 질서 안에서 그리고 십자가의 사건의 빛 앞에서 볼 때 극복되어야 하고 정복되어야 할 것이라는 것. 둘째로 죽음은 그리스도의 부활의 빛 안에서 볼 때, 단순히 생물학적·정신적 한 개체가 종말에 이르고 해체되는 중성적 과정이 아니고 하나의 엄연한 생명에 대한 횡포, 가차 없는 지배권세, 공격적인 세력, 죽임의 독화살, 쏘는 가시로서 파악되는 매우 부정적인 것이라는 인식이다. 그 다양성에도 불구하고, 사생관에 관한 기독교 신앙의 기본적 입장은, 하나님만이 영원 자존하시는 창조주이시오, 영존하시는 전능자이시며, 그 피조물에게 긍휼과 자비를 베푸시고 피조물 중 특히 그의 형상을 닮아 지음 받은 인간을 당신의 영원한 영광과 생명에 초청하시는 하나님이시라는 관점이다. 인간의 생명이 영원하다면 그것은 인간의 생명 그 자체가 본질적으로 영원한 불멸성과 영원성을 지녔기 때문이 아니고, 영원하신 자존자의 선물이며 초청이고 창조주 하나님의 영원성과 영광에 참여하도록 인간에게 허락하기 때문이라는 믿음이다.

그러나 기독교에서는 묵시문학적 종말신앙이 지배적이었던 1세기에 신약성경이 완결되었고, 종말과 만물의 성취, 그리고 죽은 자의 부활이 임박했다고 믿었기 때문에 사후 생명에 관한 섬세한 가르침이나, 종말 이전의 죽은 자의 중간 상태에 관한 자세한 목회적 서신이나 교육지침을 찾아볼 수 없다. 이 때문에 인간은 사후에 곧바로 하나님의 심판대 앞에 나아가 그의 땅 위에서의 언행과 믿음의 유무에 따라 영생과 영원한 죽음을 판가름해야 하는 단순하고도 단조로운 사후생명에 관한 패러다임이 형성되게 된 것이다.

기독교 신앙은 죽음을 아름답게, 자연스러운 현상으로 볼 수 없다. '죽음의 횡포'와 '죽음이 쏘는 가시'와 '죽음의 파괴적 힘과 그 추함과 죽음의 세력'을 바로 보고, 극복되어야 할 마지막 원수임을 알아야 한다고 바르트는 강조한다. 인간은 모두 죽는다는 엄숙한 사실과 죽음 그 자체의 횡포와 협박이 얼마나 무겁고 절망적인 것인가를 똑바로 진지하게 인식해야 한다. 부활신앙은 이 세상과 자연적 생명의 영생과 진리를 밝히는 것이 아니라, 생명의 주가 행하신 놀라운 개입과 일으키신 사건과 약속과 승리를 증언한다. 죽은 자의 부활에서 결정적인 말씀을 하시고 행동을 취하시는 분은 주 하나님이시지, 인간이나 자연이나 존재 그 자체나 막연한 무한자가 아니다. 삶과 죽음, 그리고 죽음 이후 영원한 생명도 모두 '은총의 선물'로 보기 때문에 감사하고 찬양하려는 인생관을 가지고 그리스도인은 살게 된다.

8) 이슬람교의 죽음 이해
이슬람은 인간이 죽을 수밖에 없는 존재이지만 이 죽음이 끝이 아니고 알라에게 돌아가는 것으로 본다(Surah 5:105). 알라에게로 돌아간다는 것은 죽음 뒤에 심판이 있음을 의미하는 것이다. 마지막이 언제 올 것인가에 대하여 가장 일반적인 신앙 가운데 하나가 예수님께서 다시 돌아와서 자신이 무슬림이라고 선언한 후, 온 세상 사람들에게 이슬람교로 개종하라고 촉구할 때에 종말이 온다는 것이다. 알라 신이 인간의 나고 죽는 것을 포함해서 삼라만상의 운명을 정하신다고 믿는 무슬림은 죽음의 문제도 알라의 무한한 능력 안에 있는 것으로 보고 있다.

"알라가 모르는 사이에 나뭇잎 하나도 떨어지는 것이 없다. 알라는 생명과 죽음을 다스리신다(Surah 6:59-61, 10:56)." 코란은 죽음의 시간도 알라에 의해 정해진다고 본다. "그들의 운명이 다할 때에 그들은 이를 한 시간도 연기하거나 앞당길 수 없다(Surah 16:61)." 코란은 죽음 저쪽에서는 알라와 알라의 주관과 알라의 심판이 있다고 보고 있다. 즉, 죽음으로 모든 것이 끝나는 것이 아니라는 의미이다. 어느 날 나팔이 울려 퍼지며 죽었던 사람들이 다시 살아나며 사람들의 행실이 심판을 받게 될 것이라고 믿는다.

또한 무슬림은 천국과 지옥을 인정하며, 심판의 날이 임하기 전에는 그들이 어느 곳으로 갈 것인지를 정확히 알 수 없다고 한다. 그러나 무슬림의 종교전쟁(Holy War, 聖戰, Jihad)에서 죽은 순교자들만이 즉시 천국에 간다고 믿는다(Surah 49:15). 코란에서는 심판의 기준을 개인이 이 세상에서 행한 일로 보고 있다. "당신은 그날 모든 백성들이 무릎을 꿇고 각자의 장부가 있는 곳으로 불려 나가는 광경을 보게 될 것이다. 그리고 이미 행하여 온 일에 대한 보답을 받게 된다(Surah 45:28,29)."고 기록되어 있다. 말세는 하나님만이 알 수 있는 영역이며 말세는 대 말세와 소 말세로 분류한다. 대 말세의 징조는 연기가 온 세상을 덮을 것이며 짐승들과 사기꾼들이 출현하고 예수님이 재림하며 태양이 서쪽에서 떠서 동쪽으로 지는 등 징조가 있는가 하면, 소 말세는 사회의 부정부패, 고리대금, 간음, 대로에서의 범죄 같은 것으로 그 징조가 나타난다고 본다.

알라(Allah)는 죽은 자를 다시 살아나게 한 다음(이것을 부활이라 한다) 그들이 이생에서 행한 행동에 따라 재판을 행한다. 정직한 생애를 보냈고 하나님을 즐겁게 해 드린 사람은 보상을 받고 천국에 가서 하나님의 은총과 자비로 즐거움을 체험할 것이며, 범행과 악덕한 행동을 하고 하나님을 노엽게 한 사람은 지옥으로 가서 하나님의 엄정함과 분노를 체험할 것이라 한다. 코란경에는 분명한 용어로 양자의 장소에 대해서 묘사하고 있는데, 천국은 흐르는 시내, 우유, 술, 깨끗한 꿀의 강, 온갖 열매 맺는 나무, 물이 넘치는 동산들로 가득한 오아시스로 묘사하며, 지옥은 이와 반대로 끓는 물과 꺼지지 않는 불 속에서 아우성치며 신음하리라(Surah 11:106) 했다.

이슬람은 태초에 하나님(알라)께서 아담과 이브를 창조하면서 시작된 유일신 하나님을 믿는 종교이다. 그래서 이후에 인류의 번성과 함께 그 시대에 그리고 그 민족에게 적합한 예언자나 사도들을 보내 주셨다. 이러한 예언자나 사도들을 통해서 인류를 하나님께 계시한 올바른 길로 인도하기 위해서 그 시대와 상황에 맞는 수많은 성서들을 보내 주셨는데, 그중에서 우리가 알고 있는 것들이 모세를 통해서 계시된 구약과 예수를 통해서 계시된 신약, 그리고 마지막으로 무함마드를 통해서 계시된 '코란'이다. 이러한 하나님의 메시지들은 천사를 통해서 전달되었으며, 하나님을 믿는 모든 종교들은 이러한 계율에 따라 최후의 심판일을 믿어야 한다. 언제일지 모르는 최후의 심판일을 준비하기 위하여 인간들은 하나님의 계율에 따라 현세의 삶을 최대한 그 계율에 충실하게 살아야 한다. 이러한 인간들의 삶은 결국 하나님의 뜻에 따라 운명 지어졌으며 또한 종국에는 하나님에게로 돌아가는 것이다. 그래서 이슬람에서는 인간이 삶을 다하고 죽음을 맞이하게 되면 그 순간 죽은 자를 위하여 다음과 같이 기도한다. "실로 모든 것은 하나님을 위한 것이며, 그리고 모든 것은 하나님에게로 돌아가리라."

모든 생명은 어떠한 형태든 반드시 죽음을 맞이하게 된다. 성 코란 3장 185절에는 이에 관하여 다음과 같이 언급하고 있다. "모든 사람들은 죽음을 맛볼 것이니라. 그리고 부활의 날, 그 보상을 충분히 받게 될 것이니라. 지옥에서 벗어난 자는 천국에 들어가게 될 것이고, 참으로 성공한 사람이 되리라. 현세의 즐거운 삶은 단지 헛된 속임일 뿐이니라." 누구든지 기록되어 정해진 시간에 현세에서의 삶을 마감하게 되며, 하나님의 허락 없이는 죽을 수도 없는 것이다. 현세에서 보상을 원하는 자는 하나님께서 그 보상을 주실 것이고, 또한 감사하는 자에게는 더 큰 보상을 주실 것이다.

죽음은 삶이라는 작업을 끝내고 원래 있던 곳으로 돌아가는 것과 같다. 다시 말하면 직장인이 업무를 끝내고, 군인이 복무기간을 끝마치고 집으로 귀가하는 것과 같은 의미이다. 그래서 죽음은 은혜로운 영혼의 휴식이다. 또한 죽음은 삶에서 우연히 생긴 일이 아니라 어떠한 목적에 따라서 만들어졌음을 알 수 있다. 하나님께서는 죽음을 창조하신 분이다. 왜냐하면 죽었다고 포기했던 것들에서 또 다른 수많은 새로운 것들이 태어나기 때문이다. 그래서 죽음은 소멸이 아니라 새로운 시작을 의미하며 새로운 시작을 알리는 것이다. 여기서 중요한 것은 인간은 무엇 때문에 죽으며 또한 무엇 때문에 태어나는지를 아는 것이다. 성 코란에는 피조물들이 하나님께 드리는 경배 행위와 그분을 위한 희생, 그리고 피조물들의 삶과 죽음, 이 모든 것이 오직 한 분이신 하나님을 위한 것임을 강조하고 있다.

우리가 살고 있는 이 땅에서 볼 수 있는 모든 것들은 하나님의 계시를 증명하는 증거들이다. 그래서 초자연적 변화와 자연이 주는 혜택, 그리고 일반적이지 않은 많은 현상들을 통해 우리는 이 세상을 운영하는 절대자의 존재에 대하여 인식하게 되고, 나아가 믿음의 기초를 다질 수 있는 것이다. 현세의 삶에 대하여 코란에는 다음과 같이 언급하고 있다. "현세의 삶을 비유하여 그들에게 말하라 하시니, 그것은 마치 하나님께서 하늘로부터 비를 내리셔서 대지의 식물들이 흡수하나 초목은 시들고 바람이 그것을 날려 버리는 것과 같은 것이라. 실로 하나님은 모든 일에 전지전능하신 분이시니라(18:45)." 인간의 삶은 풀과 나무들이 무성하게 자라고 또 언젠가는 시들고 말라서 죽어 가는 것처럼 태어나서 살다가 그 삶이 다하면 운명에 따라 현세를 마감하고 내세의 영원한 삶을 맞이하게 된다. 인간들은 현세에서의 삶이 얼마나 윤택했느냐에 따라 그에 대한 보상으로 내세의 삶이 정해질 것이다. 현세에서 행한 선행과 악행에 대한 결과가 최후의 심판 일에 누구도 피할 수 없는 심판의 결과에 따라 천국과 지옥에서의 삶으로 나누어질 것이다. 인간이 행한 모든 선과 악에 대한 보상이나 처벌이 현세에서 실천되지 않는 것은 하나님께서 참으로 정의로우신 분임을 의미한다. 사악한 자들이 현세에서 벌 받지 않고 죽는 것과 선한 자들이 현세에서 보상받지 않고 죽는 것 또한 최후의 심판일이 반드시 도래할 것이라는 확실한 증거가 된다. 그래서 이슬람은 현세에서의 삶을 지극히 한시적이고 순간적인 것으로 간주하고, 내세에서 영원한 삶을 누릴 인간들에게 주어진 충분한 시험의 기회로 여긴다.

이슬람의 장례 절차는 아주 간소하다. 일반적으로 죽음이 확인되면 빠른 시간 내에 매장하는 것을 원칙으로 한다. 그래서 이른 아침에 사망하면 늦은 오후에 매장하고, 오후에 사망하면 다음 날 아침에 매장하는 것을 볼 수 있다. 이슬람법에서 장례의식을 거행하는 것은 공동체에 부과된 의무사항(Fard al-Kifaya)으로, 가능한 사람이면 누구나 장례의식에 참석하여 고인의 명복을 빌고 가족과 친지들을 위로함을 원칙으로 한다. 또한 이슬람은 망자에 대한 예우로서 반드시 매장함을 원칙으로 하는데, 이것은 인간 창조의 본성대로 흙에서 와서 흙으로 돌아간다는 데 그 기원을 두고 있다.

죽은 사람은 무덤 속에서 최후의 심판 일을 기다리게 되며 최후의 심판일이 되면 모든 죽은 자들은 부활하여 살아 있을 때의 모습으로 하나님 앞에 서게 되고, 그 심판의 결과에 따라 천국과 지옥으로 들어가게 된다.

제4장

죽음의
철학적 이해

단 하루의 시간이 내게 주어진다면

덜 미워하고 더 사랑하겠습니다

다가오지 않은 내일을 두려워하는 대신
오늘을 열심히 살겠습니다

잘못된 결정을 후회하는 대신
새로운 결정을 내리겠습니다

실패를 안타까워하는 대신
다시 무언가를 시작하겠습니다

아프다고 말하는 대신
아픔을 견디겠습니다

바쁘다고 말하는 대신
쌓인 일을 하나씩 해나가겠습니다

남들에게 어떻게 보일까 걱정하는 대신
나 자신에게 어떻게 보일까 생각하겠습니다

남들의 잘못을 용서하는 대신
나 자신의 잘못을 뉘우치겠습니다

갖지 못함을 불평하는 대신
베풀지 못함을 마음 아파하겠습니다

죽음을 두려워하는 대신
살아 있음을 기쁘게 즐기겠습니다

단 하루의 시간이 내게 주어진다면 말입니다

– 이제야 스피노자가 왜 내일 죽어도
오늘 한 그루의 사과나무를 심겠다고 했는지 알 것 같습니다

1. 철학자들의 죽음관

1) 소크라테스의 죽음관

다음은 소크라테스가 죽음을 앞두고 심미아스와 나눈 대화를 간추린 것이다.

"죽음은 존재하는가? 그것은 영혼과 육체의 분리이다. 죽는다는 것은 이러한 분리의 완성이다. 영혼이 독립해 있어서 육체로부터 해방되고 육체가 영혼으로부터 해방될 때 그것이 바로 죽음이다. 따라서 죽음이 다가오는 것을 비통해하고 두려워하는 사람이 있다면, 그는 지혜를 사랑하는 자가 아니라 육체를 사랑하는 자이며, 동시에 재물이나 권력 또는 두 가지를 다 사랑하는 자이다. 산 사람은 오직 죽은 사람으로부터만 태어난다는 분명한 증거가 있다면, 저 세상에 영혼이 존재한다는 것이 확실해질 것이다. 이것을 증명해 보이겠네.

이 문제는 인간에 국한시켜 고찰하지 말고 동물 전체, 식물 전체, 생성하는 모든 것에 관련시켜서 고찰하기로 하겠네. 반대되는 것을 갖고 있는 것은 모두 그 반대되는 것으로부터 생기는 것 아닌가? 나는 모든 반대 관계에는 필연적으로 동일한 교체 관계가 있는 것임을 보여 주고 싶네. 큰 것은 작은 것에서부터 큰 것으로 되고, 강한 것은 약한 것에서부터 강한 것으로 되고 빠른 것은 느린 것에서부터 생겨나고, 또한 나쁜 것은 좋은 것으로부터, 옳은 것은 옳지 않은 것으로부터 생기고, 모든 사물이 이와 같이 보편적인 반대 관계에서 언제나 진행되고 있는 두 가지 생성, 곧 갑으로부터 을로, 을로부터 갑으로 되돌아가는 과정이 있지. 분할과 결합, 냉각과 가열 등 많은 것이 그와 같네. 그러면 삶의 반대는 무엇일까? 죽음 아닌가? 죽음과 삶이 서로 반대 관계에 있다면, 죽음과 삶은 각기 반대되는 것으로부터 생기고, 또 한 가지 생성 과정도 있겠지? 그러므로 산 것은 죽음으로부터 생기고 죽은 것은 산 것으로부터 생긴다. 그것이 사물이든 인간이든 살아 있는 것은 죽은 것으로부터 생긴다는 것이지. 그것은 죽음에 대응하는 생성 과정이 있는 것이고, 죽은 존재가 살아 있는 존재로부터 생기는 것과 마찬가지로 살아 있는 존재는 죽은 존재로부터 생긴다는 결론에 도달하네. 이것이 사실이라면 죽은 자의 영혼은 어떤 곳에 있다가 거기서 다시 살아난다는 가장 뚜렷한 증거가 되네. 만일 생명을 가진 모든 것이 죽고 죽은 다음에는 죽은 상태로 영원히 머물러 있어서 다시 살아나지 못한다면, 결국 모든 것은 죽게 되고 산 것은 하나도 남지 않게 될 것이야. 지혜를 사랑하는 사람들은 영혼은 육체에 속박되고 갇혀 있는 데 지나지 않았다는 것을 알고 있네(『소크라테스의 변명』 「파이돈」 편)."

"자! 나는 그대들에게 참 철학자란 죽음이 임박했을 때 기쁜 마음을 가질 만한 이유가 있고, 또 죽은 연후에는 저 세상에서 최대의 선을 얻을 희망을 가질 수 있다는 것을 증명하려 하오. 죽음은 영혼과 신체의 분리가 아닐까? 그리고 죽는다는 것은 이 분리의 완성이 아닐까? 영혼이 신체를 떠나 홀로 있고 또 신체가 영혼을 떠나 홀로 있으면, 이것이 다름 아닌 죽음이 아니고 무엇이겠는가? 그러면 영혼은 언제 진리에 도달하는 것일까? 신체와 더불어 무엇을 탐구하려 하면 영혼은 속을 것이 뻔하니 말일세. 참 철학자들만이 도대체 영혼을 이와 같이 해탈시키려고 하는 것이야. 신체로부터의 영혼의 분리와 해탈이야말로 철학자들이 특별히 마음을 쓰고 실천하는 바가 아닌가? 그러나 신들의 세계에 들어가 신들과 함께 있을 수 있는 것은 오직 철학을 연구하고 신체를 완전히 해탈하여 순수하게 된 사람에게만 허락되는 것이요, 그밖에는 아무에게도 허락되지 않는 일일세(플라톤, 『파이돈』, 64a-82c)."

사실 죽음을 두려워하는 것은 여러분이 지혜가 없으면서 지혜가 있는 듯이 생각하는 일입니다. 그것은 모르면서도 안다고 생각하는 일입니다. 왜냐하면 죽음이 사람에게 가장 좋은 것인지 아닌지 아무도 모르면서 마치 그것이 가장 나쁜 것임을 잘 알고 있기나 한 것처럼 두려워하기 때문입니다. 그런데 이것이야말로 가장 비난받을 만한 무식, 곧 모르는 것을 아는 체하는 무식이 아닙니까? 죽음은 다음 둘 가운데 하나입니다. 곧 죽으면 아무것도 아닌, 없는 것이어서 죽은 사람은 전혀 아무 감각도 없거나 아니면 전해 내려오는 말처럼 영혼이 여기서 다른 곳으로 자리를 바꾸어 옮겨 사는 일 같은 것입니다. 그리고 첫 번째처럼 죽음이 만약 아무런 감각도 없어서 꿈 한번 꾸지도 않는, 깊은 잠 같은 것이라면 죽음은 놀랄 만한 이득일는지 모릅니다. 그러나 두 번째처럼 죽음은 영원히 이곳에서 다른 곳으로 옮겨 사는 것이라고 한다면, 따라서 죽은 사람은 다른 곳으로 간다는 말이 사실이라면 이보다 더 좋은 일이 어디 있겠습니까?(플라톤, 『소크라테스의 변명』)

결국 소크라테스는 삶과 죽음이 하나라는 동양의 사상에 근접한 윤회적 사상을 지닌 것으로 보여지며 당시의 상황 속에서 죽음과 영혼의 문제를 논리적으로 설명하려고 하였다. 『소크라테스의 변명』이라는 책을 쓴 저자가 플라톤이라는 것을 생각하면, 플라톤의 생각도 이와 같거나 플라톤의 생각일 것이다.

2) 하이데거의 죽음 이해

M. 하이데거는 죽음에의 존재로서 인간을 파악하였다. 그리고 죽음이 고유한 것이며, 결코 남과 바꿀 수 없는, 반드시 찾아오는 그리고 그것을 초월해서 살 수 없는 가능성이라고 규정하였다. 여기서 야스퍼스는 한계상황에서의 자기가 유한(有限)이라는 체험이야말로 포월자(包越者)와의 실존적인 교섭을 가능하게 한다고 말하고, 하이데거는 언제, 어디에서 찾아올지도 모르는 죽음의 불안을 두려워하지 않는 용기를 가지라고 호소하였다. 하이데거는 인간을 던져진 존재, 세계 내의 존재, 죽음에 이르는 존재로 파악하였고, 죽음은 비 본래적인 나로부터 본래적인 자아를 회복시키는 계기로 보았다.

형이상학이란 자연현상 내지 물리 현상을 뛰어 넘어 그 현상의 배후에 숨어 있는 어떤 초월적이고 절대적이고 본질적인 것을 탐구하는 학문이다. 즉, 신의 문제, 궁극적 실체의 문제, 존재의 문제, 영혼불멸 내지 삶과 죽음의 문제 등 실존철학의 주제를 이론적으로 파고든다. 존재를 탐구해 들어가는 데에는 두 가지 방법이 있다. 하나는 '본질적 측면'을 탐구해 들어가는 방법, 다른 하나는 존재의 '현실적 측면'을 탐구해 들어가는 방법이다. 오늘날은 본질을 떠나 현실적인 측면을 더 중시한다. 결국 존재의 본질적 측면보다는 존재의 현실적 측면을 주로 문제삼게 된다. 이것이 바로 실존철학의 근간이다. 따라서 많은 실존철학자들은 삶과 죽음의 철학적 의미를 탐구하는 데에서부터 철학을 시작한다.

하이데거의 인간의 정의에 의하면, 인간은 세계 내 존재인 동시에 던져진 존재이며 또 죽음에의 존재이다. 우연히 세계 속으로 던져졌다고 보았던 것이다. 하이데거에 따르면 인간은 던져진 순간부터 인간은 스스로 미래를 계획하면서 살아야 하며, 삶을 리드해 가지 않으면 안 되는 존재로 보고 있다. 그런데 인간 생명의 구조적인 특징으로 말미암아 이러한 실존적 삶을 자각하지 못하고, 대부분 막연한 일상성 속에서 생활하고 있음을 지적하고 있다. 이때 중요한 것이 실존적 존재로서의 죽음이다. 누구를 막론하고 죽음 앞에서는 오직 자신이 책임져야 한다. 따라서 죽음은 바로 이러한 일상성에 빠져 있는 일반인들에게 삶의 실존성을 자각하고 본래적 자기를 회복하게 하는 중요한 계기가 된다. 이에 하이데거는 "죽음은 생의 의미이며, 생의 완성이다."라는 유명한 말을 남겼다. 하이데거는 "현존재의 '본질'은 그의 실존에 있다." 또는 "인간의 실체는 실존이다."라는 표현을 종종 사용한다.

『존재와 시간』에서 하이데거는 인간 현존재의 가장 고유한 가능성인 죽음의 가능성에 대해 말한다. 하이데거가 말하는 죽음의 가능성은 현존재가 실존하는 한 피할 수 없는 가능성으로서, 그 가능성으로 선구하는 현존재로 하여금 자기 자신의 존재를 문제시하도록 만들고, 그리하여 은폐되어 있던 본래적 실존의 가능성을 회복하게끔 한다. 그래서 결론적으로, 죽음의 가능성은 세계 내부적인 다른 존재자들에의 퇴락으로부터 현존재를 자유로워지게끔 만드는 동시에 현존재 스스로 자신의 존재를 근거 짓게끔 만드는 것으로서, 현존재의 자유와 자기 정초(Begründung)를 가능하게 한다는 의의를 갖는다.

3) 야스퍼스의 죽음 이해

야스퍼스의 죽음 이해는 유신론적 실존주의에 바탕을 두고 있다. 인간의 죽음은 한계 상황으로 초월자를 만나는 실존적 계기가 되는, 즉 인간은 상황 내의 존재로 파악했다. 여기서 상황이란 피할 수 없는 상황으로, 죽음이나 운명과 같은 인간이 컨트롤 할 수 없는 극한의 상황을 이야기하고 있다. 죽음과 같은 한계 상황에 봉착하여 일상성에서 탈피하여 본래적 자아를 회복하고 실존을 자각하는 순간이며 신과 만나는 순간이다.

우리는 자기의 죽음을 직접적으로 체험할 수는 없고, 다른 사람의 죽음을 통해서 간접적으로 체험할 수 있다. 그리고 이 간접적 체험을 반성하고 고찰함으로써 죽음의 뜻을 이해할 수 있다. 현대의 실존철학이 다루고 있는 것은 바로 이와 같이 이해되고 있는 죽음의 뜻이다. 야스퍼스는 죽음을 고뇌·다툼·부채 등과 함께 한계 상황으로서 파악하였다.

정신과 의사였던 야스퍼스에 의하면 인간은 상황 내의 존재로 보고 있다. 이때 상황은 둘로 나뉘는데, 하나는 '피할 수 있는 상황'이고 또 하나는 '피할 수 없는 상황'이다. 피할 수 없는 상황이란 한계 상황 내지 극한 상황이다. 즉 죽음은 바로 이런 피할 수 없는 상황 중 대표적인 한계 상황이다. 죽음은 피할 수도, 연기할 수도 없다. 또 누구도 대신할 수가 없는 것이다. 따라서 이 죽음에 직면하게 될 때, 사람들은 정신적 공황상태에 빠지고 크게 절망하고 좌절한다. "인간은 한계 상황에서 좌절·난파당할 운명에 놓여 있으나, 사랑과 신앙을 통하여 신에게로 초월할 수 있다."고 야스퍼스는 주장했다.

4) 그 밖의 철학자들의 죽음 이해

그 외에도 몽테뉴, 파스칼 등 수많은 철학자들이 자신의 저서에서 인간의 죽음과 자신의 죽음관에 대해 이야기하였다. 다음은 각각의 철학자들의 죽음관이 잘 드러난 부분을 발췌하여 실은 것이다.

우리 인생의 모든 다른 행위들은 이 마지막 행위(죽음)를 위해 시험받고 시련을 겪어야 한다. 죽는 그날은 내가 보낸 모든 세월을 심판해 볼 날이라고 어느 옛 사람은 말했다. 그때 내 말이 입에서 나오는지, 마음에서 나오는지를 알게 될 것이다. 사람들의 인생을 평가할 때, 나는 항상 그의 마지막이 어떠했는지를 본다. 내가 살면서 중히 노력하는 것도 마지막을 좋게 하려는 것이다. 곧 묵묵히 고요하게 죽어 가야 할 일이다(몽테뉴, 『수상록』).

죽음이 어디서 우리를 기다리고 있는지는 모른다. 그러니 언제 어디서든지 죽음을 맞이할 수 있게 준비하자. 죽음을 미리 예상하는 것은 자유를 미리 예상하는 것이다. 죽기를 배운 자는 죽음에 얽매인 마음을 씻어 버린 자이다. 죽음을 알면 우리는 모든 굴종과 강제에서 해방된다. 생명을 잃는 것이 손해도 악도 아님을 알면 세상에 불행이란 없다(몽테뉴, 『수상록』).

사람은 누구나 혼자서 죽어 간다. 그러니 사람은 혼자인 것처럼 행동해야 한다. 으리으리한 저택을 지을 필요가 있을까? 그저 망설임 없이 진리를 찾아야 할 것이다. 사람은 분명히 생각하기 위해 만들어졌다. 이것이 사람의 품위의 전부이며 가치의 전부다. 사람이 해야 할 일은 올바르게 생각하는 것이다. 그런데 생각하는 순서는 자기 자신부터 시작하여 생명의 임자인 하느님께 이르러야 한다(파스칼, 『팡세』).

우리의 생각은 늘 죽은 이들과 함께한다. 죽은 뒤에도 잊히지 않는 그런 사람들이 있다. 우리는 그들의 하늘로 올라간다. 아니, 그들이 우리의 세계로 내려온다. 반대로 어떤 이들은 죽고 나면 영영 잊히고 만다. 형제자매라 하더라도 영영 기억에서 멀어지고 마는 것이다. 아예 우리에게서 떠나 영영 잊히는 이들도 있다. 반면에 죽은 뒤 오히려 살아 있을 때보다 더 가까워지는 이가 있다. 죽고서야 비로소 살아 있을 때의 참모습을 드러내어 더 가까이 우리에게 다가온다. 죽어서 갈라지기는커녕 더 가까워진다(헨리 데이비드 소로, 『소로의 일기』).

긴 한숨 내쉬며 몸뚱이의 덧없음을 그 어느 때보다 절실히 깨닫다 보면 돌이나 흙이나 딸기나무나 나무뿌리로 변해 가는 나 자신을 느끼게 된다. 내일, 모레, 머지않아 나는 나뭇잎이 되고 흙이 되고 뿌리가 되면 더는 종이에 글을 쓰지 못하게 될 것이다. 그리고 화려한 계란풀의 향기도 맡지 못하게 되고, 치과 진찰권을 호주머니에 넣고 다니지도 못하게 되고 험상궂은 관리인한테서 신분증을 보자는 성가신 요구도 듣지 않게 될 것이다. 구름이 되어 파란 하늘을 둥둥 떠다니고, 시냇물의 물살이 되어 흘러가고, 나무에 새순으로 돋아나고, 스스로를 잊은 채 수천 번 염원해 왔던 변신을 하게 되리라(헤르만 헤세, 『아름다운 죽음에 관한 사색』).

2. 현대의 철학적 죽음 이해

"살아가는 데에 방식이 있듯이 죽는 데에도 방식이 있다. 한 인간이 어떻게 죽는지를 보면 그의 사람됨을 짐작할 수 있다." 인도 출신의 철학자이며 저널리스트인 카마스는 그의 저서 『삶과 죽음의 철학』에서 이렇게 말했다. 그리고 프로이트, H. G. 웰스, 간디, 레닌 등 역사적 인물 51명의 죽음의 모습을 통해 "인격적으로 완성된 사람들의 죽음은 용기 있고 고요하고 평화롭다."는 주장을 폈다. 그러나 대개의 사람들은 '인간은 모두 언젠가 죽는다.'는 확실한 사실을 알면서도 죽을 준비를 하지 않고 죽음에 대한 생각을 떨쳐 버린다. 죽음이라는 현실을 받아들이지 않음으로써 그 불길한 '사건'을 늦추어 보려고 하는 것이다. 또 대부분은 주어진 일생의 책임을 다하지 못했다는 자책 때문에 죽음을 괴로워한다.

정신분석학의 대부 프로이트는 1939년에 83세의 나이로 죽었다. 그러나 그는 1907년엔 자신이 1918년 2월에 죽을 것으로 확신하고 친구에게 그 사실에 대해 장문의 편지를 썼다. 그런 생각은 평생 끈질기게 계속돼 1936년에 이르러 80세 땐 아버지와 아버지의 이복형이 81세에 죽었다는 것을 기억하고 자기도 그럴 것이라고 믿었다. 81세가 지나가자, 그는 자기 어머니처럼 95세까지 살게 될까봐 두려워했다. 그러나 그의 죽음은 이후 2년간 나치에 의한 국외추방, 파산, 암 투병이라는 처참한 고통을 겪고 난 뒤에야 찾아왔다.

죽음을 맞는 인간의 태도를 보고 그의 평생의 삶의 면모를 짐작할 수 있다는 카 뮈스의 말을 뒤집어 본다면, 한 시대나 사회가 죽음에 대해 어떤 태도를 취하는 지에 따라 그 사회의 상태를 알 수 있을 것이다. 죽음은 시대적 차이나 문화적 차 이, 사회적 · 역사적 배경 차이에 따라 모습을 달리하고 있으며, 인간들의 죽음에 대한 반응도 다양하게 나타나기 때문이다. 현대 시점에서 드러나는 큰 변화는 오 히려 고대 사회에서 죽음을 인간의 자연스러운 '현상'이자 삶의 자연스러운 연장 선의 끝으로 받아들였던 것처럼, 이제 인류 사회가 죽음을 다시 '개개인에게 친숙 한 현상'으로 받아들이기 시작한 데에 있다. 의학계에서는 이미 1980년대부터 질 병에서 삶으로의 복귀 못지않게 죽음에 대한 적응을 중요하게 여기고 도와주는 호스피스 운동이 일어났다. 장기 이식이나 신약 개발의 기술이 증대되고 생명공 학이 발달할수록 죽음에 대한 관심과 연구도 높아졌다. 안락사가 많은 나라에서 받아들여지기 시작하고, 프랑스 등 유럽에서는 이제 삶의 권리뿐 아니라 죽을 권 리도 인권의 한 중요한 부분이 되었다. 역시 1980년대 말에 시작된 죽음학 연구는 국내에서도 학회가 결성되고 몇 개 대학에서 강의가 개설될 정도로 지구촌 전체 의 사회학적 변화나 환경문제 등 변인에 따라 깊이를 더해 간다. 이제 죽음은 인 류 역사상 언제나 그래 왔던 것처럼 철학과 예술, 특히 문학에서의 대명제가 아니 라 대중적으로 친숙한, 매우 실용적이고 현실적인 삶의 조건으로 떠오르고 있는 것이다.

내세에 대한 관심, 죽음 이미지의 보편화와 친근감에 따라 죽음이 신성하고 두 려운 것에서 언제라도 닥칠 '나의 일반적 문제'로 변화한 것은 수많은 죽음 관련 서적과 대중문화 영상물의 영향도 컸다. 미국의 한 통계조사는 미국 어린이들이 성인이 될 때까지 약 2만 5,000건의 죽음을 경험한다고 한다. 텔레비전 뉴스와 드라마, 영화와 만화, 비디오 등 간접 경험을 포함한 건수이다. 특히 1980년대를 풍미한 얼터너티브 아트의 거의 해부학적인 조형물, 영상물들은 할리우드와 홍콩의 피투성이 액션물과 함께 죽음을 일상적인 것으로 받아들이게 하는 데 일조했다. 사회학자 노베르트 엘리아스(1897~1990)의 명저 『죽어 가는 자의 고독』은 서구 문명사회가 죽음과 노화를 은폐하고 젊음과 건강을 강조하면서, 늙음과 죽음에 대한 부정과 왜곡된 공포가 죽어 가는 인간을 고독과 절망 속에 빠뜨렸다고 비판한다. 노화와 죽음을 인간 삶의 생물학적 프로세스로 받아들이지 못하고 수치스럽고 절망적인 상황으로 여기기 때문이라는 것인데, 이것도 이제는 옛말이 되고 말았다. 또 영국의 문화비평가 알바레즈는 『자살의 연구』에서 자살은 개인이 사회에 적응하는 정도와 관계가 있으며 사회 변동이 급격하여 미처 대처하지 못할 때 일어나는 사회적 타살이라고 했다.

실제로 최근에는 환경문제와 인류의 생존 조건에 대한 관심이 고조되면서 건강한 개인이 죽음을 준비하거나 죽음을 실행하는 빈도가 늘어나고 있다. 타인의 죽음에 대한 관심에서부터 나의 죽음에 대비하는 태도는 대중문화, 특히 영화와 미술에서의 반복적인 죽음 연습을 통해 죽음의 이미지를 친밀하고 일상적인 것으로 만든 때문이다.

프랑스 아날학파의 집단정신사연구의 개척자인 필리프 아리에스는 "인간이 자신이 죽게 될 것이라는 것을 인지하는 유일한 동물인지는 확실치 않다. 그러나 인간은 죽은 사람들을 매장하는 유일한 동물이다."고 전제하고, 네안데르탈인이 일종의 가족 묘지를 만든 시점에서부터 근대에 이르기까지 각종 묘지와 죽음에 관한 도상(圖像)을 총 정리한 방대한 저작 『죽음 앞에 선 인간』을 내놓았다. 1983년에 집필이 끝난 그의 저서는 죽음에 대한 인식론적인 접근 방식을 취하고 있지만,

이제 인간들은 그가 말한 죽음을 미화하거나 공포심을 완화하기 위한 갖가지 엄숙한 장식이나 절차 없이도 그것을 익숙하게 각종 예술 표현의 소재나 매개로까지 이용하고 있다.

삶만큼 중요한 것이 죽음이다. 공수래공수거(空手來空手去), '손에 아무것도 쥐지 않은 채 왔다가 아무것도 쥐지 않은 채 떠난다.'는 불교의 경구처럼 우리가 남기는 것이라곤 한 줌 재뿐인데도 많은 사람들은 자신의 현세를 권력으로, 명성으로, 탐욕으로 물들인다. 철학자들은 이런 사람들의 모습을 보며 인간의 본성이 무엇인지를 탐구해 왔다. 현대 철학자인 셸리 케이건은 몇 가지 죽음에 대한 질문을 던지고 실존적인 답변을 요구한다.

영혼은 존재하는가?
육체 없이 정신만 존재할 수 있는가?
영혼은 영원히 죽지 않는가?
나는 영혼인가, 육체인가, 인격인가?
죽음은 나쁜 것인가?
영원히 살고 싶은가?
삶의 가치는 어디에 있는가?
죽음은 두려움의 대상인가?
어떻게 살아야 하는가?
자살은 합리적인 선택인가?
자살은 도덕적으로 정당한가?

인간을 바라보는 두 가지 관점은 이원론과 일원론 그리고 육체와 영혼 vs 물리주의로 나누어 볼 수 있다. 그는 영혼과 육체의 문제를 또 다른 관점에서 철학적 사고를 하게 한다. 육체는 누가 조종하는가? 만약 뇌 이식이 된다면 나는 누구인가? 합리주의의 창시자인 데카르트는 육체와 정신은 다르다고 했다. 현대철학자인 셸리 케이건은 화음이 악기보다 먼저 존재할 수 없다는 말로 영혼의 실체를 부인하는 입장을 취했다. 그것은 영혼이 있다고 해도 그 영혼이 과연 지금의 나와 동일한 것이냐의 문제에 집중되어 있다. 그래서 루크레티우스는 '내가 존재하지 않았던 영겁의 시간 – 잠시 존재 – 내가 존재하지 않을 영겁의 시간' 그러니 '죽음에 대해 우울하거나 기분 나쁠 필요가 있는가?'라고 했다.

3. 죽음의 인식과 철학적 사유

1951년에서 1960년 사이에 콜롬비아대학의 솔레키 교수 일행이 이라크의 샤니다르 동굴에서 6만 년 전의 네안데르탈인의 무덤을 발견하였다. 여러 각도에서 조사한 결과, 네안데르탈인은 동굴로 운반해 온 죽은 사람에게 꽃다발을 바쳤을 것이라고 결론 내렸다. 무덤은 사후세계에 대한 기대와 소망의 상징으로서 그 자체가 죽음에 대한 항거의 표현이다. 고대 이집트인들은 죽음 뒤에 또 다른 삶이 있다고 믿고 내세에서 다시 태어나려면 몸이 필요할 것이라고 판단하여 미라를 만들어 보존했고, 고대 중국인들은 신선이 됨으로써 죽음을 극복할 수 있다고 생각하였다. 또한 불교에서는 윤회를, 그리스도교에서는 영생을 가르침으로 삼았다.

인간은 본능적으로 죽음에 대한 두려움을 가지고 있다. 살레노스는 "인간의 가장 큰 행복은 태어나지 않는 것이요, 일단 태어났다면 되도록 빨리 죽은 것이 상책이다."라고 하였으며, 세네카는 "죽으면 모든 것이 끝난다. 죽음조차 끝난다. 그러나 알 길 없는 죽음, 우리와 무슨 상관인가?"라고 하였다.

인간은 죽음에 대해 잊어버리고 살지만, 어느 순간 삶과 죽음에 대해 깊은 회의에 빠지기도 한다. 죽음에 대한 망상으로부터의 해방이 삶을 이어 가는 데 중요한 인식이기도 하다. 모든 동·식물들 중에 죽음에 대해 생각하고 죽은 자를 추모하는 의식은 인간에게만 있는 일이다. 이런 죽음도 죽음의 대상에 따라 확연히 그 추모의 마음과 비통의 마음이 달라진다. 죽음을 보는 관점은 몇 가지로 나뉘어 볼 수 있다. 원수의 죽음, 타자의 죽음, 지인의 죽음, 친지의 죽음, 친구의 죽음, 아버지의 죽음, 어머니의 죽음, 자식의 죽음과 같은 순으로 슬픔의 강도는 심해진다. 그래서 장켈레비츠는 죽음을 일인칭 죽음, 이인칭 죽음, 삼인칭 죽음, 나와 별 상관없는 죽음으로 분류하였다. 이것은 죽음이라는 실존적 현상이 아니라 죽음의 인식으로 인한 슬픔의 크기가 달라진다는 것을 의미한다.

죽음은 삶의 조건이며 생자필멸(生者必滅), 즉 죽기 위해서 사람은 태어난다. 삶에 대한 앎, 그것도 또한 죽음을 통해서만 가능하다. 만약 죽음이란 것이 없다면, 우리는 삶을 규정할 근거를 잃게 된다. 삶 속에서는 죽음을 알 수 없다. 그래서 아인슈타인은 "평생을 물속에서만 살아온 물고기가 물이 무엇인지를 어떻게 알겠는가? 그나마 삶에 대해 이것저것 말할 수 있는 것도 죽음이 삶을 되 비추고 있어 가능한 일이다."라고 하였다.

죽음은 생명과 더불어 시작된다. 생명 속에 죽음이 더불어 자라고 있다. 하이데거는 이를 두고 "사람은 태어날 때 죽을 수 있을 만큼 이미 충분히 늙어 있다."고 하였고, 시인 릴케는 "죽음은 생명 속에 새싹처럼 자리하고 있는 것으로서 우리에 의해 삶 속에서 가꾸어져야 할 그 무엇이란 뜻이다."라고 죽음을 표현하였다. 삶과 죽음은 서로를 뿌리칠 수 없는 동반자 또는 반려의 관계에 있다. 죽음은 삶의 동반자이다. 어차피 에피쿠로스의 말처럼 "우리는 살아 있거나 죽어 있거나 둘 가운데 하나의 상태에 있게 마련이다." 살아 있든 죽어 있든 죽음이 무엇인지 알 길이 없다.

그런데도 죽음을 두려워하는 사람이 있다면, 그것은 마치 잠자리에 들기 전 수면 상태를 두려워하는 것과 다를 바가 없는 일이다. 이는 앎의 문제가 아니라 의미의 문제이다. 죽음은 단순한 지식의 문제에서 의미의 문제로 전환된다. 죽음은 실존철학자들이 다룬 주제 가운데 가장 핵심적인 것이다. 자연의 이법과 생사의 이치는 자연의 법칙에서 배워야 한다. 자연을 지배하는 것은 필연성이고 자연 속에 일어나는 모든 것은 숙명적이다. 죽음을 두려워하는 것은 자연의 이치 앞에서 어린아이처럼 떨고 있는 것이 된다. 스토아철학자들은 인생을 연극에 비유했고, 철학자 세네카는 "인간은 자연이 부른 손님이기에 연회를 마치면 조용히 무대 뒤로 사라져야 한다."고 했다. 니체는 "제때에 죽기를 소망할 수 있도록 살라."고 했고, 황제였던 마르쿠스 아우렐리우스도 "자연에 따라 살아야 한다."는 말로 자연적인 죽음을 강조하였다.

동양의 장자도 생명을 자연의 한 현상으로 보고 기(氣)가 모였다 흩어지는 것으로 삶과 죽음을 설명하였고, 우리나라의 서경덕 또한 "인간이 나고 죽는 것은 기가 모이고 흩어지는 현상일 뿐 허허로운 기의 본체에는 시작도 끝도 없다."고 하여 장자의 생각을 따랐다. 생사일여(生死一如)의 사생관은 아마 동양의 죽음 사상과 맥을 같이한다고 볼 수 있다.

"모든 사람은 죽기 마련이다. 그러나 나는, 내 경우에는 그것이 예외일 거라고 믿었다." 아르마니아계 미국 작가 고(故) 윌리어 사로얀의 말처럼 누구나 죽음을 맞을 것이지만, 대부분의 사람들은 죽음을 그저 막연하게만 생각할 뿐 애써 외면하려 한다. 하지만 죽음의 문제만큼 인간을 고통스럽게 하는 것도 없다. 죽음의 문제에서 자유로운 사람은 아무도 없으며, 죽음의 문제를 정면으로 마주하기보다

못 본 척, 아닌 척 외면하면 할수록 죽음은 벗어날 수 없는 무게로 삶을 짓누르기 마련이다. 역사상 위대한 철학자였던 쇼펜하우어, 니체, 카뮈, 사르트르 등 이미 '죽음'을 맞이한 철학자들과 함께 죽음의 문제에 대한 답을 찾아 나선다.

인간이 죽게 되어 있는 존재라는 것은 어쩌면 너무나도 당연하고 진부한 명제일 수 있지만, 철학자들은 늘 죽음을 이야기했다. 염세주의 철학자 쇼펜하우어는 "죽음이야말로 우리를 삶에서 벗어나게 해 주는 환영받는 위안"이라고 말했다. 실존주의 철학자 하이데거와 사르트르도 죽음에 대한 불안을 긍정했다. 하이데거는 "일상에 매몰되지 않기 위해서는 죽음에 대한 불안이 필요하다."고 했고, 사르트르는 "죽음에 대한 불안을 갖지 않는 존재들이란 마치 문에 박힌 못처럼 이미 죽은 존재들"이라고 말했다. 그래도 죽음에 대한 불안이 쉽게 떨쳐지지 않는다면 어떻게 해야 할까? "죽음에 대한 불안을 극복하는 유일한 길은 그것을 견뎌 내는 것"이라고 한 실존주의 철학자 키르케고르의 조언에 귀 기울여 볼 만하다.

과거 로마시대에는 숭고한 자살을 미덕으로 보기도 하였으나, 기독교 사회에서는 자살을 엄격히 금지하였다. 쇼펜하우어나 세네카처럼 인간의 죽을 권리를 인정한 철학자들도 많았지만, 궁극적으로 자살은 신이 준 생명을 함부로 하는 죄악으로 여겨졌다. 그러던 것이 현대에 와서 다양한 이유로 생명경시풍조가 생기면서 자살 문제가 사회문제로 대두되었다.

우리 사회에서 숫자 '4'는 '죽을 사(死)'자와 동일시되어 4층이 없는 빌딩이 즐비하고 4층에 사는 것을 꺼리는 경향도 많다. 또 아침에 장의차를 보면 재수가 좋다는 말로 자신의 불길한 감정을 전도시키려는 풍습이 생겨났고, 마찬가지로 공동묘지라는 무섭고 가기 싫은 이미지를 없애기 위해 아름답게 꾸미기도 하게 되었다.

근대 이전에는 효와 예를 기반으로 엄숙한 의례 진행을 하였다. 당시에는 대부분 예고된 죽음이었고, 죽음 직전에 임종의례를 함으로써 애도를 자연스럽게 표출하였고 사후 제의례로 영혼과 소통을 하였다. 그러나 현대의 죽음 의례에서는 본질은 사라지고 생명의 끝을 처리하는 기능적인 절차로 전락한 면이 적지 않다. 죽음 의례에 주인공인 고인은 없고, 산 자들의 형식적 의례만 남게 되었다. 여러 가지 이유가 있겠지만, 그 가장 큰 원인은 사회구조가 복잡하고 빠르게 변하면서 대가족이 붕괴되어 핵가족화되고 도시의 산업화 등으로 죽음조차 여유롭게 돌아보지 못하는 것이기도 하게 되었기 때문이다. 또 다른 원인은 2차 대전과 한국동란 등 전쟁을 겪으면서 많은 사람들이 사망한 점과 국가정책으로 장례의례를 간소화한 영향도 있다. 그렇지만 이러한 의례 간소화의 이면에 의례에 담긴 인간에 대한 최소한의 존엄성마저 상실되어 가고 있는 현실은 개탄할 일이다. 미디어 속의 죽음은 왜곡되어 있고 가족은 해체되며, 대량죽음으로 인해 죽음에 무감각해지면서 죽음에 대한 부정적 인식으로 인명경시풍조, 자살, 살인 같은 중범죄의 증가, 물질만능주의, 효와 예의 상실, 인간성 상실과 같은 사회병리현상이 나타나게 되었다.

쇼펜하우어의 말처럼 더없이 불행한 삶을 사는 사람조차도 죽음만은 마다하는 것이 인간이다. 그것은 나와 죽음이 직접관계가 없다고 생각하는 피해가기, 종교에 귀의해 영생을 통해 죽음을 넘어서겠다는 죽음에 대한 뛰어넘기, 죽음은 어쩔 수 없다고 해도 아직은 아니라고 하는 죽음에 대한 거리 두기 등으로 죽음을 외면하고 있다. 그러나 때로는 죽음을 불사하고 죽음을 뛰어넘는 것들도 있다. 종교적 순교나 사랑 그리고 복수와 같은 것들이 그것이다.

사실 우리는 죽음이 무엇인지 모른다. 모르면서도 두려워한다는 것은 이치에 맞지 않는다. 똥인지 된장인지는 찍어 먹어 봐야 알지, 미리 알 수 없는 것은 죽음도 마찬가지이다. 우리를 두렵게 하는 것은 죽음 자체가 아니다. 그것은 고립,

이별, 질식, 소멸, 부패와 같은 현상일 것이다. 죽음을 바라보는 마음의 눈에 비친 죽음의 모습 때문에 죽음에 대해 두려워하는 것이다. 그래서 에픽테투스도 "죽음이 아니라 죽음이 두렵다는 그 믿음이 우리를 두렵게 한다."고 말했다. 죽음의 문제는 결국 삶의 문제로 귀결된다. '어떻게 죽을 것인가?' 하는 문제도 '어떻게 살 것인가?' 하는 문제로 귀결되는 것이다.

제5장

상실 슬픔의
치유

미련

조 원 규

갈 숲길을 거닐다
구절초 한없이 흔들리면
내가 손짓한다고 생각하세요

가을비가 촉촉이 내릴 때
귓가에 낯선 귀뚜라미 울음이 들리면
내가 노래한다 생각하세요

길모퉁이 헌책방에서
오래된 시집 한 장을 넘길 때
낯익은 종이 내음이 난다면
내가 당신에게 남긴 시라고 생각하세요

어느 날 샤워를 하다
뽀얗게 올라오는 하얀 김들이
얼굴을 간지럽히면
혹시나 하고 한번 뒤돌아 보아주세요

1. 상실로서의 죽음

인생은 만남과 이별의 연속이다. 사람이든 물질이든 누군가를 만나고 무엇인가를 취하게 되며, 그렇게 만난 것들은 반드시 언젠가는 헤어지게 되어 있다. 사람을 만났을 때 우리는 '인연'이라는 말을 쓴다. 인연에는 선연과 악연이 있으니, 만남 후의 이별에는 선연과의 헤어짐에서 오는 슬픔도 상실의 과정이고, 악연과의 헤어짐에서 오는 후련함도 상실의 한 과정이라고 보아야 할 것이다. 돈을 떠나보내면 슬픔에 젖고, 아이를 잃은 엄마는 비통함에 어쩔 줄 모른다. 이와 같이 상실은 우리의 삶과 정신에 큰 영향을 준다. 상실의 마지막은 죽음이다. 영원할 것 같았던 순간들이 세상의 모든 것과 작별하는 순간이 죽음의 상실이다.

과거의 평균 수명을 보면 지금과는 비교가 되지 않는다. 1800년대의 우리나라 평균 수명은 30세를 넘기지 못하였다. 그것은 신생아의 사망률이 높기 때문에 나온 결과이기도 하지만, 의학적인 발전이 없던 당시에는 작은 병에도 생명을 잃어버리기 쉬웠기 때문에 일부를 제외하고는 장수를 누리기가 힘들었던 것이다. 그래서 사람들은 60이 넘으면 환갑이라고 하여 장수의 기준으로 삼고 잔치를 하였다. 회갑잔치는 육십갑자의 한 갑을 넘기는 것으로, 동양의 사상으로 보면 하나의 전체를 넘긴 것이라고 보았던 것 같다.

　그러나 현대의 인간의 수명은 날로 늘어나고 있다. 환갑잔치가 무시된 것은 오래전의 일이고, 이제는 100세 시대를 눈앞에 두고 있다. 80대에도 여전히 왕성한 활동을 하며, 노인정에 가면 70세는 젊은 나이 축에 속한다고 한다. 인간의 수명이 이렇게 늘어나는 것은 의학의 발달과 과학의 발달로 건강에 대한 많은 정보가 제공되고, 사전 검사를 통한 질병의 예방과 과학적인 건강관리에 기인한다. 영생을 하고자 한다면 욕심에는 끝이 없지만, 인간의 수명은 과거에 비해 현저히 늘어난 것이 사실이다. 문제는 삶의 질이다. 현실적으로 잘 먹고 잘 입고 좋은 곳에 다니고 잘 노는 것들이 누구나 누리고자 하는 삶이 된 것이다. 이렇게 길어진 수명 탓에 인간이 추구하는 것도 보다 다양해지고 더욱 넓어졌다.

　문제는 길어진 수명과 길어진 삶으로 인해 청년기나 장년기가 늘어났다고 볼 수 없다는 것이다. 물론 상대적으로 조금 늘어난 부분도 있지만, 결국 인간의 수명이 늘어났다는 것은 노년의 삶이 그만큼 길어졌다는 것을 의미한다. 노년의 삶이 늘어나면서 꼭 좋은 것만은 아니다. 그에 따른 해결해야 할 문제들이 많이 생겼기 때문이다. 노년기의 삶은 생각하기에 따라 피곤하기도 하고, 무의미하기도 하게 느껴지기도 한다. 그것은 죽음을 향해 가고 있다는 생각 때문이다. 노년이 되면 죽음에 이르게 될 시간이 가까이 온 것임은 분명하다. 그렇기 때문에 노년기에는 죽음을 보는 생각이 달라진다. 죽음의 자리에서 삶을 바라보는 현실적인 생각이 들게 되는 것이다.

　그래서 노년에는 죽음을 생각하고 삶을 되돌아보고 남아 있는 삶의 소중함을 알아 마지막 생의 아름다운 꽃을 피우고 정리를 하는 자세가 필요하게 된다. 그저 나이만 탓 만하며 우물쭈물하다 보면 세월은 쏜살같이 흘러가 버린다. 삶은 죽음으로 가는 과정일 뿐이고, 죽음은 새로운 삶을 의미하는 것이다. 문제는 오늘 하루를 살더라도 최선을 다해 후회 없이 사는 것이다. 죽음에 대한 생각은 삶을 비통하게 만들거나 무의미하고 허무하게 만드는 것이 아니다. 생명의 유한함을 깨닫게 되면 비로소 생명의 소중함을 느끼게 되듯이, 삶의 유한성을 느끼게 되면 남아 있는 시간과 생명이 소중하게 생각되고, 죽음에 대한 두려움보다는 남은 시간의 소중함을 더욱 절실히 느끼게 되는 것이다. 살아 있다는 것에 감사하고 환희를 느낄 수 있다면, 그것이야 말로 행복을 스스로 만들 수 있는 최선의 방법이다.

2. 죽음에 이르는 심리 변화

사람이 암 등의 불치병에 걸리든지, 병에서 회복할 수 없는 가망 없는 상태에서 죽어 가면서 겪게 되는 마음의 변화에는 몇 가지 단계가 있다고 한다. 물론 사람들마다 차이가 있겠지만, 사람들은 갑작스러운 죽음을 어떻게 받아들이게 될까? 스위스 출신의 정신과 의사인 엘리자베스(Elisabeth Kübler-Ross, 1926~2004)는 500명 정도의 불치병 환자와 이야기를 나눈 후 사람들이 죽음을 받아들이게 되는 다섯 단계를 제시하였다. 이것은 불치병으로 인한 자신의 죽음뿐 아니라 가족이나 친구 등 가까운 사람의 임박한 사별을 바라보는 이들의 반응이기도 하다. 어느 날 당신에게 시한부라는 진단이 내려진다면, 이와 같은 심리 변화를 겪게 된다.

첫 번째 단계는 부정(Denial)이다. 사람들은 불치병으로 사망하게 된다는 사실을 좀처럼 받아들이지 않는다. 그럴 리 없다거나 결과가 잘못 나왔을 것이라고 생각한다. 사실 살아 있는 사람에게 죽음은 생소하다. 그래서일까? 사람들은 무의식적으로 불멸(Immortality)을 믿고, 자신에게 나쁜 일은 일어나지 않으리라는 비현실적인 낙관론(Unrealistic Optimism)을 가지고 있다고 한다. 그래서 자신이 병에 걸렸다는 사실은 인정하지 않는다. 자기는 현재 세상을 아주 값지게 살고 있으며, 어제까지도 이런저런 일들로 바쁘게 생활하여 왔는데, 갑자기 자기에게 닥쳐온 상황이 너무도 암담하고 비참한 기분이 들어 적극적으로 그 상황을 부인하는 그런 단계이다.

두 번째 단계는 분노(Anger)이다. 자신의 예정된 죽음이 현실이라는 사실을 깨닫고 분노와 격분, 질투와 원한의 감정을 경험한다. "왜 하필 나인가!"라는 생각으로 가족과 의료인, 심지어 신에게까지 화를 내거나 젊고 건강한 사람을 질투한다고 한다. 이는 환자의 감정이 투사되기 때문이다. 자기가 확실히 죽어 가고 있고 아무것도 할 수 없다는 것을 느끼면서 자기 자신이나 그 상황을 호전시켜 주지 못하는 주위 환경에 대해 분노를 느끼고, 불신하고, 배척하는 단계이다.

세 번째 단계는 타협(Bargaining)이다. 어떻게 해서든지 죽음이 연기되기를 바란다. '중요한 일(아들의 결혼식 등)이 끝날 때까지 만이라도'라면서 신에게 기도를 한다거나 그동안 주변 사람들에게 했던 나쁜 일에 대하여 사과를 하기도 한다. 그리고 착한 일을 하려고 하면서 어떻게든 삶을 연장시키고자 한다. 아무리 자기에게 닥친 병이 죽음에 이르는 불치병이라 하더라도 만약에 내가 그 병이 낫기라도 한다면 어떻게 해서라도 그런 사항이 닥치지 않도록 하겠다는 후회와 만약 병이 완쾌된다면 다시는 후회 없는 삶을 살 것이라고, 제발 이 상황에서 벗어나게만 해달라고 의료 담당자나 신에게 매달려 흥정하는 단계이다.

네 번째 단계는 우울(Depression)이다. 생명이 연장되는 일은 없으며 죽음이 다가온다는 사실을 받아들이는 것이다. 말수도 적어지고 면회도 사절하면서 슬퍼한다. 자기가 처한 현실에 대하여 주변 환경이나 신에게 불신의 마음과 배척과 자기 자신에 대한 미움이라든지 하는 감정에 지쳐서 스스로 무너지며 자기의 죽음에 의한 소멸을 인정하기 시작하는 단계이다.

마지막 단계는 인정(Acceptance)이다. 자신의 죽음에 대하여 충분히 애도할 수 있는 시간이 있었거나 앞의 네 단계를 거쳤다면, 이제 자신의 죽음을 받아들이는 마지막 단계에 도달하게 된다. 이때에는 죽음에 대하여 비교적 평화로운 마음을 가진다. 이렇게 해 보아도 저렇게 해 보아도 어떻게 하든지 자기가 현재 처해 있는 입장은 전혀 변함이 없고, 오로지 죽음이 남아 있다는 것을 인정하고 스스로를 인간 세상사에서 분리시켜 죽음을 위하여 준비하는 단계로, 주변 정리와 평온함을 유지하려고 모든 욕망을 내려놓는 단계이다.

죽음은 누구나 외면하고 싶어 하지만 누구도 외면할 수 없는 실존의 문제이다. 자신의 죽음도 그렇지만, 특히 사랑하는 사람의 죽음도 그렇다. 물론 이상의 5단계가 건강한 죽음의 단계는 아니다. 그러나 적어도 자신이나 가까운 사람의 갑작스러운 죽음 선고 앞에서 심리상태가 어떻게 변화하는지 예측해 볼 수는 있고, 그에 따라 적절하게 반응하고 대비할 수도 있다.

신학자이자 실존주의 철학자인 틸리히(Paul Tillich 1886~1965)는 궁극적 관심(Ultimate Concern)으로 네 가지를 꼽았다. 죽음, 고립, 삶의 의미, 자유가 그것이다. 궁극적 관심이란 우리의 삶에서 일상적인 것들을 제거하면 누구나 직면하게 되는 인간 삶의 실존 문제들을 말한다. 어쩌면 죽음이 갑작스럽게 오는 것이 아니라, 우리 앞에 늘 있는 죽음을 우리가 갑작스럽게 알게 되는 것은 아닐까.

죽음을 자각한다는 것은 쉬운 일이 아니다. 죽음에 대한 부정적인 인식으로 자포자기한 것 같은 어두운 생활을 이어 나간다면 살아 있는 의미가 없다. 그렇다고 언젠가는 겪게 될 죽음을 터부로서 멀리하는 것도 옳지 못하다. 죽음은 현재 진행형이다. 살아가는 것은 또한 죽는 과정이다. 죽음을 부정적으로 생각하기 위해서가 아니라 살아 있는 순간을 보다 짙게 색칠하기 위해 말년의 시선이 필요하다. 따뜻한 가족만큼 위기를 극복하는 데 힘을 보태 주는 존재는 없는 듯하다. 가족도, 그 누구도 곁에 없는 사람일지라도 시간은 곁에 있다. 때로는 시간에게 슬픔과 괴로움을 흘려보내며 세상을 살아갈 용기를 얻기도 한다. 우리에게 영혼이 있다면 이승은 이별뿐이지만 저승은 재회뿐이라는 것이다. 영혼의 존재를 믿는다면, 죽음도 큰 즐거움이 될 수 있는 것이다.

알폰스 데켄은 퀴블러 로스의 5단계에 기대와 희망을 넣어 6단계로 구분하였다. 죽음에 이르는 심리변화의 단계에 있어 부인, 노여움, 타협, 우울, 수용, 기대와 희망의 6단계로 나누어진다고 보았다. 죽음 이후의 또 다른 세계에 대한 기대를 가지게 되는 것이다. 기대와 희망은 죽음에 대한 부정만이 아니라 그 너머의 새로운 세계에 대한 우리의 간절함인지도 모른다.

3. 상실과 상실 치유

"얻은 자는 잃을까 염려하고, 잃은 자는 다시 얻지 못할까 두려워한다." 엘리자베스 퀴블러 로스는 상실을 이렇게 설명하였다. 인생은 끊임없는 만남과 이별, 사랑과 슬픔의 연속이며 상실 중에서 사랑했던 사람과 죽음으로 인한 상실이 가장 큰 상처로 남는다. 상실은 '모두 끝났다'의 의미가 아니라 '아직도 계속되는 삶'의 증거이다.

1) 상실의 다양성
① 물질적 상실 – 사물이나 환경의 상실

② 관계의 상실 – 이혼, 이직, 졸업, 죽음으로 인한 상실

③ 내적 심리적 상실 – 희망, 꿈이 사라지는 상실

④ 기능적 상실 – 질병 등으로 신체의 일부를 잃어버리는 상실

⑤ 역할의 상실 – 해고, 은퇴, 결혼 등으로 역할이 바뀌거나 없어지는 상실

⑥ 가져 보지 못한 것에 대한 상실 – 아기와 같이 가지고 싶어도 못 가져 본 상실

2) 비탄

가족의 죽음과 같은 상실은 슬픔을 넘어선 비탄의 과정이다. 비탄을 겪는 과정에서 망연자실이나 자책감과 같은 극단적인 정서적 반응을 보이기도 한다. 비탄의 과정은 정신적인 타격과 마비증상을 동반하고 부인, 패닉, 분노, 적의, 원망, 죄의식, 환상, 고독함, 억울함, 전신적 혼란, 무관심, 체념과 수용, 새로운 희망, 회복의 단계를 거치는 것이 일반적이다. 비탄을 겪는 과정에서 본인 혼자서 이겨 내기에는 힘든 경우가 많은데, 비탄에 대한 주위의 도움과 지지가 필요하다. 일반적으로 교회, 신도회, 자원봉사자, 문화, 상호부조 모임, 소속집단, 가족, 친지, 친구 등의 도움이 절실하다.

3) 상실의 반응

신체적 반응 – 소화기, 순환기, 신경계, 갑상선 등에 영향, 현기증과 숨이 답답함

정서적 반응 – 슬픔과 분노, 죄의식, 무기력감, 우울증(해방감, 안도감)

정신적 반응 – 수면장애. 식욕장애, 그리움, 한숨, 과잉행동, 울음, 환각

사회적 반응 – 울분, 사회적 분노

영적 반응 – 영적인 근원적 의문, 강·약으로 나타남

상실의 단계는 크게 세 가지로 구분된다. 누구나 충격이 오면 회피를 하게 된

다. 나에게 그런 일이 발생했다는 것을 믿기 힘들고 그것을 받아들이지 못한다. 그리고 그것을 부정하거나 부인을 하여 자기 보호본능을 발휘하며 죽음을 수용하지 못한다. 그러나 시간이 흐르면 결국 죽음의 사실을 직면하게 되는데, 이때 혼란과 불안으로 인한 생리적 변화를 겪게 되고 때로는 심한 죄책감을 나타내는 경우도 있다. 이러한 정신적인 고통이 수개월 지속되는 경우도 있으므로, 함께하면서 안정감을 주고 위로해 주어야 한다. 상실을 겪은 유가족이 새롭게 일어서도록 용기를 주는 것이 필요하다. 마지막으로 조정단계를 거치게 되는데, 이 단계는 수개월에서 수년에 걸쳐 이루어진다. 즉, 새로운 미래를 계획하고 고인과의 기억을 간직하도록 하며, 새로운 지지처를 만들어 관계를 모색하고 앞으로의 삶을 정상적으로 살아 나가도록 하는 것이다.

4) 상실 슬픔에 영향을 주는 요인

일반적으로 상실을 당한 사람은 표현하고 싶은 욕구와 신체적·정신적·영적인 고통을 감내하고자 하는 욕구를 지닌다. 또한 고인과의 관계를 현실에서 기억으로 전환하려 하고, 고인이 없는 삶에 근거해서 새로운 정체성을 만들어야 한다. 상실 경험의 의미를 부여하고자 하며, 슬픔의 전 과정 동안 자기를 지켜 줄 지지 체계를 가지고 싶어 한다.

상실 슬픔은 다양한 상황에서 슬픔을 더 크게 하기도 하고 조금 작게 만들기도 한다. 먼저 고인과의 관계가 영향을 미친다. 슬픔은 관계라는 이름으로 인해 만들지는 않는다. 설사 부모님이 돌아가셨다 해도 슬픔을 느끼는 것은 다 다르다. 무엇이 이런 영향을 주는 것일까? 고인과의 관계는 추억의 시간들이다. 그래서 추억이 얼마나 많으냐에 따라 슬픔에 영향을 준다. 실례로 미국으로 어렸을 때 이민을 가서 엄마의 얼굴조차 기억 못하는 사람에게 친모의 죽음이 주는 슬픔은 일반적인 부모의 죽음과는 다르다. 그것은 고인과의 추억이 없기 때문이다. 죽음을 둘러싼 상황이나 지지체계와 관련된 상황도 슬픔을 만든다. 미망인의 경우 고인의 사망으로 인한 슬픔도 크지만, 고인이 없어서 앞으로 살아가야 할 일을 생각하면, 자신의 처지가 처량해서 슬픔에 젖는 경우도 있다.

또한 어떠한 경우에는 울기 잘하고 슬픔에 잘 젖는 자신의 성격 탓이거나 고인의 남다른 배려에 대한 기억, 상가의 슬픔에 찬 분위기, 종교적 배경 등도 슬픔에 영향을 주는 요인들이다. 때론 상을 당했을 때, 자신이 어려운 처지에 놓여 있을 경우에 슬픔이 자신의 상황과 겹쳐 배가되는 경우도 있고, 생물학적으로 여성에게 더 크게 느껴질 수도 있으며, 과거 겪었던 가족이나 친지등의 장례의 경험 등이 떠올라 슬픔에 영향을 주기도 한다.

5) 유가족의 상실 치유

상실은 되돌릴 방법이 없는 현실적인 것으로 받아들이고 직면하는 것이 피하는 것보다 낫다. 분노와 죄책감 등 다양한 정서 반응들과 그에 수반된 고통을 인식하고 받아들인 후, 모든 것을 감내해내는 것이 상실이다. 고인에 대한 관계를 재정립한 후에 다시 새로운 삶에 대한 에너지를 얻고 적극적으로 삶을 시작하게 하여야 하며, 슬픔의 기간을 너무 길게 가져가지 않도록 하여야 한다.

죽음은 총체적 고통기이다. 죽음이 실제로 발생했다는 것을 이해하는 것이 어렵고, 분노, 죄책감, 불안, 무력감 및 슬픔과 같은 강력하게 느껴지는 정서들을 인정하는 일이 어렵다. 고인이 주었던 기쁨이나 지지가 없는 상황에서도 사는 법을 배우는 것이 필요하고, 유가족의 정서생활에서 고인을 위한 새로운 자리를 마련하는 것이 필요하다. 슬픔은 시간을 요하는 점진적 과정임을 알아야 한다. 유가족이 지금 살고 있는 것이 현실이 아닌 것 같다는 느낌을 갖는 것은 정상적인 일이다. 사람들은 다 다르게 슬픔을 치러낸다.

유가족은 상담 기간 동안 지속적인 지지가 필요하다. 방어기제나 대처양식에 따라 슬픔은 다르게 나타난다. 사별은 어떤 사람들에게는 정신적인 문제를 초래하기도 한다. 유가족의 상실 치유를 위해서는 유가족이 하는 이야기를 존중하는 마음을 가지고 경청하고, 섣불리 판단을 하지 말아야 한다. 우리의 도움이 부분적인 도움밖에 되지 않음을 인정하고, 그들이 느끼는 감정이나 행동이 결코 비정상이 아님을 확인시켜 준다. 가족들이 서로 대화할 수 있도록 돕고, 통제력을 다시 획득할 수 있도록 돕는다. 가족 내에 가장 힘든 사람이 누구인지를 파악하여 우선적으로 돌보아 주고, 차후 고인의 생일이나 기일을 반드시 기억하고 참여하는 것이 좋다.

6) 슬픔의 증상

상실의 슬픔에 직면한 사람들은 증가된 피로와 허약해진 체력으로 인해 움직임이 감소하고 무기력증을 보이는 경우도 있다. 이들을 일상생활에서 활동하도록 하고 자세 변경이나 마사지로 도움을 주어야 한다. 일부에서는 지속적인 국소빈혈이 올 수 있으며, 음식과 수분 섭취량이 감소하기도 한다. 이럴 경우 억지로 먹게 되면 흡인성질환의 위험이 있으므로 설득을 하고 잘 치료할 수 있도록 도움을 주어야 한다. 심신기능에서 빈맥과 저혈압 등이 발생하고 말초가 차갑고 청색증이 나타나거나 소변양이 감소하기도 한다. 또한 타액과 눈물이 증가하기도 하며 신체적 통증을 유발하기도 한다. 이 경우 가족들의 이해와 지지가 필요하며 청결과 피부 간호를 유지해야 한다.

7) 상실 수업

신은 감당할 만큼만 고통을 준다고 한다. 이겨 낼 수 없을 만큼 힘든 일도 시간이 지나면 점점 희미해진다. 감당할 수 없는 고통이 없다는 것을 알고 이겨 내야 한다. 슬플 때 참는 것은 오히려 해롭다. 슬픔이 오면 슬픔을 받아들이고 눈물샘

이 마를 때까지 울어야 한다. 참지 말고 털어 내어야 억압된 슬픔이 자리 잡지 않고 떠나간다. 누군가가 내 곁을 떠난다 해도 나에게는 남겨진 삶이 있다. 떠나간 사람이 해왔던 것을 나는 계속해야 하는 것이 내가 살아가는 이유다. 슬픔이 오면 슬픔에 몸을 맡기고 상실의 밑바닥까지 가 보아야 그것을 이겨 낼 수 있다. 아픈 만큼 성숙해진다는 말이 있다. 죽음도 삶에도 어차피 끝이 있다는 것을 알려 주는 것이다. 그저 누군가에게는 먼저 오고 누군가에게는 조금 늦게 올 뿐이다.

우리는 한 평도 안 되는 아주 작은 상자에 눕기 위해 그렇게 처절하게 삶을 살아가고 있는 것이 아닌가? 죽은 사람 때문에 우는 것도 중요하지만, 산 사람을 위해 흘리는 눈물이 더 소중할지도 모른다. 삶이 차곡차곡 쌓여서 죽음이 되는 것처럼, 모든 변화는 대수롭지 않은 것들이 보태져 이루어지는 법이다. 죽는 것이 무서운 것이 아니다. 잘 사는 게 더 어렵고 힘든 것이다.

상실은 언제나 우리 곁을 맴돌고 있다. 우리가 그것을 영원히 오지 않을 것처럼 착각하는 것뿐이지, 누구에게나 언제 어디서나 올 수 있는 것이고 그것은 자연스러운 것이다. 세상에 내 것이라고 할 것도 없고 종국에는 나라고 할 것도 없다. 우주의 큰 공간과 시작도 끝도 알 수 없는 시간의 입장에서 보면, 잠시 어느 곳에 머물렀다 가는 것뿐이다. 하물며 살아가면서 가졌던 것을 잃어버리는 것이 무슨 큰일이겠는가? 작은 상실에 얽매이지 말아야 한다. 결국에는 죽음이라는 최후의 상실이 왔을 때 겸허하게 받아들일 수 있도록 상실에 대해 받아들이고 수용할 수 있는 자세를 갖는 것이 상실 수업이다.

제6장

생명 존중과
생명 나눔

조장 (鳥葬)

-어머니

지연 하 순 희

마음 쓸쓸히 헐벗은 날
그 목소리 들린다.
잘 있제? 잘 하제?
푸른 울타리로 살거라
핑 도는 눈시울 너머
떠오는 맑은 하늘

내 죽으믄 무덤 만들지 말거라
말짱 태워서 곱게 가루 내어
찹쌀밥 고루 버무려 새한테 주거라

때 없이 헛헛해 오는 저린 손을 비비면
바람소리 물소리 선연한 풍경소리
깊은 뜻 새소리로 남아
젖은 길 날아오른다.

생명은 신비로운 존재이고 그 소중함은 비할 바가 없다. 모든 생명은 스스로의 가치를 지니고 있으며, 단 하나밖에 없는 가장 소중한 것이다. 무한한 우주에 비하면 티끌만도 못한 미미한 존재이지만, 생명은 우주를 담고 있기 때문에 하나의 생명은 소우주에 비유되기도 한다. 생명에는 의미 없는 생명이 없고, 다른 것과 비교하여 더 가치 있는 생명도 없다. 왜냐하면 모든 생명에게는 자기 생명이 가장 소중하기 때문이다. 하나의 생명이 탄생하기까지 기적에 가까운 확률로 만들어진 것을 생각한다면, 생명은 함부로 다루어도 안 되고 다른 생물이나 생명도 또한 소중하게 다루어야 한다.

인간에게만 국한된 생명의 문제가 아니라 우리 사회 전반에 걸쳐 생명의 문제는 크게 사회문제가 되고 있다. 의학적 실험으로 죽어 가는 수백만 마리의 동물들, 사육으로 도축되는 짐승들, 키우다 버리는 유기견들, 먹지도 않으면서 죽이는 살생들이 얼마나 많은가? 이와 함께 낙태의 문제, 살인이나 자살의 문제 등 인류 역사 이래 가장 끔찍한 생명의 학대가 자행되고 있는 시대이다.

1. 삶의 가장 아름다운 마무리, 생명 나눔과 장기 기증

1) 장기 기증이란?

의학의 지속적인 발전에도 불구하고 장기이식만이 마지막 치료 수단인 환우들에게 아무런 조건 없이 자신의 소중한 신체의 일부를 나누어 주어 새 생명을 선물하는 것을 말한다.

···▸ 기증할 수 있는 장기
- 생전 시 기증 – 신장, 간장, 조혈모세포
- 뇌사 시 기증 – 신장, 간장, 췌장, 심장, 췌도, 소장, 폐, 각막 외 다수의 조직
- 사후 기증 – 각막 및 인체 조직

2) 뇌사 시 장기 기증

뇌사상태와 식물인간의 상태 비교

구분	뇌사(상태)	식물인간(상태)
손상부위	뇌간을 포함한 뇌 전체	대뇌의 일부
정신상태	심한 혼수상태	무의식 상태
기능장애	심박 등의 모든 기능이 정지됨	기억 · 사고 등 대뇌장애
운동능력	움직임 전혀 없음	목적 없는 약간의 움직임만 가능함
호흡상태	자발적 호흡이 불가함	자발적 호흡이 가능함
경과내용	필연적으로 심장 정지하여 사망	수개월–수년 후 회복 가능성 있음
대상	장기 기증 대상이 됨	장기 기증 대상이 될 수 없음

3) 장기 기증 사례

(1) 뇌사 아들 장기 기증 결정한 모정(母情)

180㎝의 건장한 이 씨는 서울 모 대학 신소재공학과를 졸업하고 컴퓨터 프로그래머로 사회생활도 열심히 했다. 그런 이 씨가 지난 15일 갑자기 쓰러졌다. IT업체를 그만두고 창업을 준비하면서 새벽까지 과로한 탓인지, 뇌출혈이 그를 덮쳤다.

어머니 장 씨는 병원 응급실에서 아들을 본 순간 죽음을 예감하고는 가슴을 쥐어뜯었다. 남편에 이어 아들도 뇌출혈이었다. 병원에선 뇌수술을 해도 깨어나지 못하거나 식물인간이 될 가능성이 있다고 했다. 장 씨는 순간 13년 전 뇌출혈로 쓰러져 아직도 병상에 누워 있는 남편이 떠올랐다. 장 씨는 아들에게 같은 고통을 주고 싶지 않았다. 수술을 포기하고 하루가 지나자 의료진은 '뇌사(腦死)' 판정을 내렸다.

절망적인 진단이 떨어졌지만 어머니는 강했다. "선생님, 그러면 혹시 장기 이식은 할 수 있나요? 몸 일부라도 이 세상 더 살게 하고파서요. 아들은 그 고통을 안 겪었으면 합니다." 어머니는 장기 기증을 결정했다. 그의 장기 기증으로 수십 명에 '젊은 장기' 혜택을 주었다.

(2) 뇌사 미국인 국내 첫 장기 기증, 5명 새 삶

미국인이 국내 처음으로 장기를 기증했다. 주인공은 의정부에 위치한 외국인학교 교사로 재직 중이던 미국인 교사 고(故) 린다 프릴 씨(52). 미국인이 장기를 기증한 것은 그녀가 국내 1호다. 린다 프릴 씨는 지난 20일 뇌출혈로 쓰러져 카톨릭대 의정부성모병원에 내원해 뇌사상태에 빠졌고, 의료진의 뇌사 소견이 나오자마자 다음 날인 21일 외국인학교장인 남편 렉스 프릴 씨가 평소 고인의 뜻에 따라 장기 기증 의사를 밝혔다.

우리나라의 뇌사자 장기 기증은 기증 동의 과정에서 의사결정이 늦어져 간혹 기증이 어려운 사태가 발생하는데, 프릴 씨 부부의 장기 기증은 결정이 빨리 이뤄져 특히 귀감이 되고 있다. 프릴 씨 부부는 14년 전 한국에 입국해 외국인학교 교사로 재직하며 학생 교육 및 선교 사업을 위해 힘써 왔다. 고 린다 프릴 씨는 병원으로 이송돼 장기이식 팀의 집도로 장기 적출과 이식을 시행했으며, 고인은 간(1), 신장(2), 각막(2)과 골조직, 피부 등의 인체조직을 기증하고 영면했다.

기증된 고인의 장기는 적출 즉시 만성신장질환을 가진 2명에게 신장이, 간질환을 가진 환자 1명에게 간이 이식됐다. 각막은 1명에게 이식됐으며, 다른 하나는 이식될 예정이다. 또한 조직 기증은 화상 등의 다양한 질병으로 고통을 받고 있는 수많은 사람에게 이식될 예정이다. 린다 프릴 씨의 장기 기증을 통해 새 생명을 얻은 환자들은 빠른 속도로 회복되었다.

2. 인체조직 기증

1) 인체조직 기증 절차 및 제한
(1) 인체조직 기증 절차
- 조직기증 연락, 기증자 이송
- 조직기증에 대한 유가족의 동의, 조직기증 등 제반 사항 설명
- 조직기증 관련검사 시행, 의학적·사회적 병력 조회
- 조직기증 적합성 평가
- 조직기증 채취수술시행
- 장례식장 이동

(2) 인체조직 기증이 제한되는 사람
- 전염성 바이러스 질환자(간염, 매독, 에이즈 등)
- 전신감염성 질환자

• 암 환자 및 암 과거력이 있는 사람

2) 각막 기증 조건 및 제한

⑴ 기증 조건 : 뇌사상태, 혹은 사후 6시간 이내

⑵ 연령 제한 : 70세 이하

⑶ 기증제한 – 패혈증, 세균혈증, 백혈병 또는 매독 AIDS, 원인 불명의 사망
자, 각막염, 각막혼탁, 녹내장, 포도막염, 안구위축, 전안부의 수술자

3) 신장 기증 – 살아 있는 자 신장 기증 제외 기준

⑴ 65세 이상의 노인

⑵ 고혈압, 심한 내과적 질환을 앓고 있는 환자

⑶ 각종 신장질환을 앓거나 혈중감염, 당뇨병, 요로이상

⑷ 전신감염 환자, 다낭성 신증

⑸ 양부모가 당뇨병의 가족력이 있는 경우

⑹ 뇌 암을 제외한 악성종양 환자 등

4) 조혈모세포 기증희망등록

⑴ 조혈모세포란?

• 혈액을 만드는 줄기세포

• 골수, 말초혈, 제대혈 등에 포함되어 있다.

• 적혈구, 백혈구, 혈소판 등 혈액세포들을 적정하게 생산한다.

⋯ 조혈모세포 기증의 필요성

• 백혈병이나 혈액암 환자들이 건강한 조혈모세포를 이식 받으면 완치될 수
있다.

• HLA일치 가능성 : 형제 자매간 4명 중 1명 정도

타인의 경우 수천, 수만 명 중 1명

- 가능한 많은 사람이 기증을 희망할수록 환자들이 이식을 받을 확률이 높아진다.

⋯ 조혈모세포기증 불가능자

- AIDS, 매독 등 감염성질병 보균자
- 입원이 필요할 정도의 통증이 심한 천식환자
- 각종 악성종양인자
- 투약이 필요한 당뇨병을 가진 자
- 심장발작, 심혈관 우회로 수술, 기타 심장병인 자
- 빈혈, 고혈압, 저혈압, 저체중인 자
- 간염 보균자
- 활동성 폐결핵 환자

⑵ 골반뼈의 조혈모세포 채취 방법

- 골반뼈는 조혈모세포가 가장 많이 자생하고 있는 곳
- 엉덩이뼈 속에 있는 골수액을 주사기로 채취
- 2박 3일 입원
- 조혈모세포 채취 하루 전에 입원
- 간단한 건강검진 후 저녁부터 금식
- 전신마취 후 1~2시간에 걸쳐 골수액을 채취
- 일반적으로 당일 저녁부터 활동 가능
- 채취 다음 날 퇴원(병원 입원기간 : 2박 3일)
- 일주일 정도는 무리한 운동 금지
- 조혈모세포는 2~3주 이내에 원상회복

(3) 말초혈의 조혈모세포 채취

- 조혈모세포성장촉진제(G-CSF)를 주사(3일~5일)
- 골수 속에 있는 조혈모세포를 말초혈로 튀어나오도록 함
- 조혈모세포 채취 당일 입원
- 혈액성분분리장치를 사용해 말초혈에서 조혈모세포만 채취(마취를 하지 않음)
- 2~4시간 동안 채취(약 250㎖)
- 말초혈 세포 채취는 환자 주치의의 판단에 따른 시술

5) 시신 기증

- 의학 발전을 위해 의과대학 해부학 교실로 기증
- 2~3년의 기간 소요
- 시신기증은 장기 기증과 별도로 진행

6) 장기 기증 및 이식 현황

100만 명당 장기 기증 고작 3.1명 정도

3. 장기 기증의 형태와 방법

1) 장기 기증 등록기관에 직접 신청

- 실제 기증 시에는 가족의 동의가 필수
- 신청 후 가족에게 장기 기증 의사 확인

2) 뇌사자, 혹은 사망한 경우

- 가족이나 유족 등 1인이 대신 신청

3) 미성년자(만 20세 미만)

- 신청 시 법정대리인의 동의서가 필요

국립장기이식관리센터(KONOS, Korean Network for Organ sharing)

4. 자살의 문제와 예방

1) 자살의 정의

'자살(自殺)'은 글자 그대로 풀이하면 스스로 자기를 죽이는 것이라 하겠다.

2) 자살의 원인

(1) 심리적인 요인

현대인들이 자살을 하는 행위는 일단 첫째로 심리적 요인이 크게 작용한다. 심리적 요인의 첫 번째 이유는 현대인은 여유시간을 갖지 못한다는 점이다. 기회가 주어져도 쉴 수가 없거나 쉬지도 못한다. 적당한 휴식이나 여가시간이 없기 때문에 심리적으로 안정이 되지 않고 정서적으로도 매우 불안정하다. 심리적인 요인의 두 번째 이유는 소자녀관, 무자녀관, 맞벌이부부의 등장 등으로 가족 간의 대화가 불가피하다는 것이다. 현대인은 아이들을 보육시설이나 학교에 보내서 대부분의 아이들이 보육시설이나 학교 등에서 늦게까지 학업을 하다가 귀가한다. 더 나아가서 학원까지 가게 되면, 부모와 대화할 시간이 없거나 줄어든다. 아이는 부모의 사랑이 아닌 선생님의 사랑을 받게 되면서 회유를 느끼기도 한다. 그리고 맞벌이부부의 경우도 일에 쫓기다 보면 부부간에 대화를 할 시간이 없다. 그래서 두 번째 이유로 대화의 부족이라 하겠다. 이러한 소자녀관이나 무자녀관으로 인해 아이가 건방지거나 버릇없이 자랄 수 있다.

⑵ 사회 환경적 요인

요즘의 현대인들은 스트레스 속에서 살고 있다 해도 과언은 아닐 것이다. 이것은 문명이 발달할수록 의학기술이 점점 발달하고, 그로 인해 평균 수명의 연장이라는 축복인지 저주인지 모를 재앙 아닌 재앙이 새로 생겼다. 과거에는 의학기술이 발전하지도 않았거니와 농업 사회에서 정보화 사회를 거쳐서 세계화 시대가 열리면서 공장이나 수많은 건물이 생기면서 대기오염, 수질오염 등 각종 오염과 예전에 없던 메르스나 에이즈 같은 신종질병들이 생겼다. 옛날에는 70세를 넘기기가 쉽지 않았다. 그만큼 의학기술이 발달이 덜 되어서 70세 이전에 죽었고, 죽은 사람 수만큼 아동이 많이 태어났다 그러나 지금은 어떤가? 지금은 의학기술의 발달로 70세는 물론이고 100세 이상까지 살 수 있게 된 것이다. 이것은 과거엔 대가족화였는데 현대 사회에선 핵가족화가 되어 노인들과 따로 살게 되었다는 것이다. 그로 인해 이전엔 없던 우울증이라는 병까지 생겼다. 노인의 우울증으로 인해 노인 인구의 자살률이 높아지고 스트레스로 인한 현대인의 자살률도 높아졌다 하겠다.

⑶ 남녀 성비의 불균형과 생명경시사상

과거에는 '남아선호사상'이라는 게 있었다. 이것은 남녀의 성비불균형으로 인해 발생한 또 하나의 재앙이라 하겠다. 최근에는 그러한 '남아선호사상'이 많이 줄어들기는 했지만, 사회가 점점 개방화되면서 과거에 비해 자유로운 성생활이 성행하게 되었는데, 원치 않은 성교로 인해 원치도 않은 임신을 하게 되고, 이로 인해 낙태라는 것을 하게 됨으로써 생명을 경시하게 되었다. 생명은 함부로 다루어선 안 된다. 청소년이 원치 않은 성교로 인해 생명에 대한 책임의식 없이 덜컥 임신을 하게 되고 낙태를 하지 않게 되면 미혼모 신세로 전락하게 되어 사회적 비난을 한 몸에 받는다. 생명경시는 타인의 생명이나 동물의 생명을 소중하게 생각하지 않고 함부로 다루는 것이다. 컴퓨터의 발달과 모바일게임 등의 발달로 가상의 공간에서 생명을 쉽게 다루는 것도 이러한 '생명경시'가 발생하는 원인이다.

⑷ 자살을 유도하는 사회

앞에서 언급한 바 있지만, 요즘 현대인들은 각종 스트레스 업무적인 스트레스에서부터 인간관에 관한 스트레스까지 너무나 많은 스트레스가 존재하고, 현대인은 그것을 겪는다. 그리고 은행 통합카드, 현금카드, 직불카드 등 카드사의 종류도 각양각색이지만 카드도 헤아릴 수 없을 만큼 그 수도 다양하다. 신용카드의 과다 사용으로 인한 카드사의 카드빚 독촉에 시달리게 되며, 그로 인해 신용불량자가 된다. 카드빚을 갚을 능력이 안 되는 이들은 가족에게 빚을 떠맡기고 자살을 선택할 수밖에 없다. 가까스로 신용 회복 프로그램을 이용해 신용을 회복한다 해도 주민등록 말소 후 재신청을 하면 전과 기록처럼 남듯이 신용을 회복해도 신용불량이 되었던 기록은 없어지지 않는다.

비단 카드빚만이 아니라 인간관계를 살펴보더라도, 과거에는 상부상조의 정신으로 열린 마음으로 주민과 이웃을 도우면서 정을 쌓지 않았던가. 그리고 현대사회의 현대인의 집 구조를 살펴보면 긴 복도에 집이 다닥다닥 붙어 있고 이로인해 사람의 정이 메말라 가고 있다. 맞벌이 부부와 휴식이나 여가도 즐길 시간도 없이 바쁜 생활을 하다 보니 이웃 간에 상호 교류할 시간이 없게 되고, 이로인해 무관심하게 됨으로써 앞집에 누가 사는지 옆집에 누가 사는지조차 모르는사람이 많고, 얼굴만 맞대면 싸움을 하거나 서로 간의 의견 충돌로 인한 언쟁에서부터 폭력을 휘두르고, 어려운 일이 생겼을 때 도와주지는 못할망정 멀리 서서 구경만 하는 것이 현실이다. 이러한 단절된 사회 환경이 많은 사람을 고독사하게 만들고, 이웃에서 사망을 해도 몇 개월씩 알지 못하는 경우가 생겨나고 있는 것이다.

3) 자살률과 자살 예방

⑴ 우리나라의 자살률

인구 10만 명당 자살률을 보면 알 수 있지만, 우리나라의 자살률은 10만 명당 28.4명꼴로 OECD 평균인 13명에 비해 2배 이상 높은 걸로 나와 있다. 또한 청소년의 자살도 상당히 높아서 더 큰 문제로 지적된다.

한국인의 원인별 사망률은 한국인 자살률의 심각성을 나타내고 있다. 암 등 병적인 요인에 의한 사망률은 평균보다 오히려 낮은 반면, 정신적인 문제와 외부적 요인에 의한 사망 등은 평균보다 높은 것으로 조사되었다. 그중에서도 자살로 인한 사망률은 월등한 것을 볼 수 있다. 또한 한국인의 평균 수명은 남성 77.8세, 여성 85.8세로 OECD 평균보다 높은 것으로 나타나는데, 우리나라 자살률만 줄여도 평균 수명이 훨씬 높아질 수 있을 것 같다.

⑵ 자살 위기에 처한 친구나 자녀를 돕는 방법

① 가족이나 가까운 사람에게 알린다. 일단 자살이 의심되면 자살을 시도할 것이라는 확신이 들지 않더라도 신속하게 가족이나 교사에게 알려 도움을 청한다. 비밀을 지키겠다고 약속하지 마라.

② 혼자 두지 않는다. 자살은 혼자 하는 행동이다. 누군가 가까이 있으면 자살을 시도하기 어렵다. 심지어 목욕할 때조차도 홀로 있지 않게 해야 한다.

③ 자살을 시도할 수 있는 위험한 물건이나 상황에 있지 못하게 한다. 아파트 베란다, 옥상, 다리 난간 등 충동적으로 행동할 가능성이 있는 장소에 혼자 있게 하거나 자살도구로 사용할 만한 물건을 가까이 두지 않는다.

④ 전문가의 도움을 청한다. 자살 고위험자의 자살 시도 가능성을 낮추는 가장 중요하고 빠른 길은 정신과 의사나 상담 전문가를 되도록이면 빨리 만나게 하는 것이다.

⑤ 대화 또 대화! "너는 혼자가 아니란다. 내가 도움을 줄게"라고 말하면서 자

신의 아픔을 털어놓고 이야기할 수 있도록 경청하고 공감해 준다.

⑥ 자극적인 말을 피하고 마음을 동요하게 하지마라. "자신 있으면 자살해 봐!" 라는 식의 말은 절대로 하지 말아야 한다.

(3) 자살 예방을 위한 방법

전문가들에 의하여 위험 요인 평가, 위협군 관리 및 정신질환의 치료를 포괄하는 자살 예방을 위한 폭넓은 전략들이 개발되고 있음에도 불구하고, 우리나라에서 자살로 사망하는 사람들은 해마다 증가하고 있다. 통계청 자료에 따르면, 2009년 한 해 국내에서는 매 30분에 1명꼴, 하루에 40명 이상 자살한 것으로 나타났다. 2008년 대비 무려 20% 가까이 증가한 수치이며, 경제협력개발기구(OECD) 국가 중 가장 높은 자살률을 기록했다고 한다. 의정부성모병원 응급센터에도 한 해에 약 300명에 이르는 사람들이 자살 시도로 내원하고 있다. 거의 하루에 한 명은 자살 시도로 인해 내원하고 있는 것이다.

자살은 단지 개인의 문제만이 아니라, 가족, 친구, 치료진 더 나아가 사회 전체에 깊은 상처를 남기는 사회적 문제이다. 자살은 어려운 상황으로부터 빠져나가는 대응 방안이 아니라, 주변 사람과 자기 자신에게 더 괴롭고 힘든 결과를 남기는 극단적 선택일 뿐이다. 그러나 자살 충동 또는 시도 문제가 있을 때 어떻게 해야 할지 몰라, 환자 본인도 보호자도 당황해하며 상황이 악화되도록 방치한 경우를 부지기수로 만나게 된다. 이런 사람들을 위해 가장 강조하고 싶은 것은 적절한 평가와 치료를 통해 지금보다 나은 상태가 될 수 있음을 믿고 빨리 정신과 전문의의 도움을 받으라는 것이다.

정신과에서는 일차적으로 체계화된 평가도구로 정신상태검사, 심리검사 등을 하여 자살의 원인이 되는 위험 요인들을 감별하고 우울증·불안장애 등과 같은 동반된 정신질환을 치료하는 절차를 밟는다. 자살충동으로 인해 내원한 환자들의 자료를 분석한 결과 약 80%의 환자들이 우울증을 앓고 있었던 것으로 나타나, 우울증의 조기 발견 및 적극적 치료가 필요함을 다시 한 번 느낄 수 있다. 자살 충동이 심하거나 자살 시도를 한 경우 대부분 정신과에 입원하여 약물치료와 정신치료 등 동반 질환에 대한 치료, 질환에 대한 교육, 향후 증상의 악화나 자살 시도 재발 방지를 위한 지속적 상담 등을 받게 된다. 또한 같은 고민을 나눌 수 있는 자조모임을 소개하고, 퇴원 전에는 지속적인 치료의 중요성에 대해 환자와 보호자에게 설명하고 안내한다. 조사 결과 자살 시도 환자의 약 70%는 정신과 외래를 다시 방문하여 치료를 받지 않는 것으로 드러났는데, 이런 환자들일수록 충동적이고 반복적으로 자살을 시도하기 때문에, 추가 자살 시도를 예방하기 위해서는 가족들이나 주위에서 정신과 외래로 치료를 이끄는 것이 매우 중요하다고 할 수 있다.

대부분의 자살 시도 환자들은 우울증이나 양극성장애와 같은 기분장애를 앓고 있기 때문에 기분장애 치료 약물을 복용하게 된다. 약물들은 치료 초기 일시적 불면이나 과다수면, 두통, 소화 장애 등의 부작용을 일으킬 수 있으나 대개 경미하고 적절한 용량과 기간으로 사용할 경우 큰 문제가 되지 않는다. 또한 정신치료, 상담 등 지속적으로 치료를 병용하며 정신과 의사의 처방대로 약을 복용한다면 부작용을 걱정할 필요는 없다. 우울증의 경우에는 대개 한두 달의 치료로 거의 정상적인 수준으로 회복되어 원인이 어떻든지 간에 마음의 고통으로부터 벗어날 수 있다.

자살 충동을 느끼는 친구나 가족을 곁에서 보고 있는 것도 참 괴로운 일일 것이다. 그러나 자살을 결정하는 원인이나 과정은 개인마다 다양하고, 때로는 당사자를 잘 안다고 생각하더라도 적절한 도움을 줄 수 없는 경우가 많다. 또한 앞서 얘기했듯 이런 분들은 대부분 우울증 등의 정신질환을 가지고 있기 때문에, 곧 나아질 것이라는 섣부른 위로나 일시적 대책이 도움이 되지 않으며, 때로는 오히려 당사자들의 절망감을 악화시킬 수도 있다. 따라서 따뜻한 말로 정신과 진료를 권유하고, 주위 사람들에게 위험성을 알려서 함께 대처하는 것이 필요하다.

최근에는 노령화 사회로 접어들면서 노인 인구의 정신건강에 대한 관심이 점점 증가하고 있는데, 노인 자살 시도 환자들의 경우는 보다 심각하고 치명적인 방법으로 자살을 선택하고 있어 안타까움을 더해 준다. 자살 예방은 주변인의 관심과 적극적인 치료 권유에서 시작될 수 있다. 대한민국은 불명예스럽게도 OECD 국가 중 노인들의 자살률이 1위를 기록하고 있다. 게다가 노인 자살률은 꾸준히 증가하는 추세를 보이고 있는데, 원인은 사회적 역할 상실감, 가족 간 혹은 부부간 관계 단절과 불화, 건강 악화, 경제력 상실 등 다양하게 나타나고 있다. 특히 도서산간지역, 농어촌 지역 노인들의 자살 문제가 더욱 두드러지고 있으며, 노인 자살은 다른 연령층과 달리 자살에 이르기까지 좀 더 오랜 시간 고민의 시간을 갖고 자살을 시도할 경우 자살 성공률이 매우 높은 것으로 보고되고 있다.

이런 연구 결과를 바탕으로 할 때 노인 자살은 자살을 시도하기까지 갖게 되는 고민의 시간 동안 적절한 개입이 이루어진다면, 다른 연령층에 비해 자살 시도를 막을 수 있는 가능성 또한 크다고 하겠다. 이런 현실을 개선하고자 서울 경기 지역과 일부 지역에서는 일찍부터 노인자살예방 지원을 위한 조례를 제정하고, 노인자살예방센터를 설립하여 적극적인 노인자살예방을 위한 노력을 기울이고 있다. 노인자살예방센터는 노인자살예방을 위한 전문가(정신보건 사회복지사, QPR 전문가 등)를 배치하여 위기 개입, 사례 발굴과 정기적 상담, 전문 병원 의뢰, 정신과 치료비 지원 등의 서비스를 제공하고 있다. 다만, 노인 자살은 우울증과 밀접한 관련이 있고 표면화되기 힘들며, 이로 인한 사례 발굴의 어려움이 있다. 더군다나 지속적인 개입과 심도 깊은 상담이 요구되는바 현재 노인자살예방센터의 인력 (전문 상담사 1인, 보조 상담사는 예산 문제로 없는 곳이 더 많음)과 예산으로는 턱없이 부족한 상황이라 복지관, 정신보건센터 등 유사 기관들 간의 협력이 절실히 요구되고 있다고 할 수 있다.

　웰다잉의 입장에서 노인 문제를 바라본다면, 죽음에 이르는 가장 잘못된 선택인 자살을 선택하지 않도록 막아야 한다. 그러기 위해서는 노인들에게 삶의 의미를 찾아 주는 것이 시급한 과제이다. 인간은 희망이 없다면 살아갈 의미를 느끼지 못하기 때문에 극단적인 선택을 하게 된다. 그래서 죽음의 의미와 삶의 의미를 깨닫도록 하여 노년의 시간이 얼마나 값지고, 소중한 삶의 마지막을 장식하는 단계인지를 알려 주어야 한다.

5. 노인 자살 예방

1) 노인 자살 예방을 위한 집단 프로그램
- 인지행동기법을 적용한 우울 및 자살예방 집단 프로그램
- 원예, 미술, 웃음치료 요소를 활용한 노인 생명 사랑 프로그램
- 회상요법, 그룹치료를 통한 인생에 대한 반추 및 통합 행복 성찰
- 자아통합을 통한 우울 감소 집단 프로그램 '인생 회고'

2) 고령사회의 노인 자살 문제
　자살은 이미 아주 먼 옛날부터 존재하는 문제다. 알베르 까뮈는 자살을 "유일한 철학적 문제"라고 말하기도 했다. 통계에 의하면 세계에서 매년 약 50만 명 이상이 스스로 목숨을 끊고 있는데, 이는 전쟁이나 역병(疫病)과 비교해 봐도 그 살

상력은 결코 뒤지지 않는 수치이다. 그렇다고 자살이 인류의 전유물만은 아니다. 두더지는 지나치게 번식이 진행돼 너무 밀도가 높아지게 되면 집단적으로 바다에 뛰어들어 자살한다고 한다. 또 돌고래나 고래도 무리를 지어 얕은 바닷가로 올라와 자살한다고 한다. 이 같은 현상을 동물행동학자의 눈으로 보면, 마치 보이지 않는 손이 있어 대자연의 생태의 균형을 조정하고 있는 것처럼 보이는 것이다. 그러나 인류의 자살을 '생태계의 균형 유지'라는 논리로는 설명할 수 없다. 다만 인간의 자살의 배후에는 사회, 문화, 심리 등의 여러 가지 요인들이 복합적으로 자리 잡고 있는 것이다.

특히 『자살론』의 저자 뒤르켐은 자살과 사회의 선악이 직접 관계하고 있다고 생각했다. 사회질서에 중대한 변화가 생기면 그것이 좋은 일이든지 재난이든 간에 사람들은 자기 괴멸의 경향이 증가한다는 것이다. 지금까지의 질서가 파괴되고, 정체성을 잃어버려 스트레스로 가득 찬 사회에서는 '급성 자살'뿐만 아니라 '만성 자살' 상태에 빠진다는 것이라고 한다. 최근 들어 꾸준한 증가세를 보이고 있는 노인들의 자살 추이를 보면 만성 자살 상태에 빠져든 것이 아닌가 생각된다. 우리나라 노인들의 자살률도 수년째 지속적으로 증가하고 있다.

나이가 들면 누구나 노인이 된다. 노인문제라는 것이 마치 다른 세상의 이야기처럼 들리는 세대 간의 소통의 부재는 노인 문제를 더욱 어렵게 만드는 요인이다. 우리나라는 이제 초고령화 사회에 진입하는 단계이다. 노인 문제와 더불어 노인 자살률 최고라는 불명예를 없애기 위해서는 원인의 심각성과 원인 파악을 좀 더 적극적으로 하여야 한다. 자살의 핵심은 '살기 싫다'는 것이다. 원인은 다양하지만 우리가 주목하는 경제적인 면은 그 원인 중의 한 가지에 불과하다.

우리가 간과하고 있는 노인의 심리정서적인 부분에 관심을 가질 필요가 있다.

삶의 목표가 사라지고, 하루하루 삶의 고단함이 더해져 재미가 없으면 살기 싫어진다. 노인 자살의 문제도, '즐거운 삶, 건강한 삶'을 만들어 갈 수 있도록 다양한 프로그램을 만들어 접근하는 것이 필요하다.

제7장

존엄한 죽음과 무의미한 연명치료 중단

죽음이 오는 날

조 원 규

죽음이 오는 날
수많은 사람이 슬퍼하기 보다는
내가 사랑하는 단 한사람이 곁에 있었으면

죽음이 오는 날
하얗고 노란 국화꽃으로 장식되기 보다는
내 영정사진은 알록달록 코스모스로 둘러쌓였으면

죽음이 오는 날
하늘도 슬퍼서 비를 뿌리고 대지를 적시기보다는
맑고 청량한 쪽빛 하늘 뽀송뽀송한 가을이었으면

죽음이 오는 날
장송곡을 틀고 우울해 하기 보다는
내가 좋아하는 스모키의 노래를 들려주었으면

죽음이 오는 날
답답한 수의를 입고 관속에 누워있기 보다는
가을바람사이로 넉넉한 대지를 베개 삼았으면

죽음이 오는 날
소독내 나는 병원 영안실보다는
자연과 벗 삼은 어느 산골의 오두막이었으면

죽음이 오는 날
잘 차려진 제사상보다는
금세 쏟아질 듯한 밤송이 몇 개라도 좋을텐데

죽음이 오는 날은
마지막의 슬픔이 아니라
가을여행을 시작하는 설레임으로
자연을 벗 삼고 관을 배낭삼아 훌쩍 떠나고 싶다

1. 존엄한 죽음과 아름다운 마무리

좋은 죽음이란 어떤 것일까? 어떤 사람은 순식간에 아무것도 모르는 가운데 고통 없이 세상을 떠나는 것이나 자다가 맞이하는 죽음이 좋은 죽음이라고 생각하기도 한다. 그러나 이러한 죽음은 자신은 편하게 죽을지는 몰라도 남아 있는 사람에게 상처와 고통을 주고, 자신의 삶의 마무리를 제대로 할 수 없다는 점에서 그리 바람직한 죽음은 아니다. 적당한 시기에 모든 것이 미리 준비된 죽음, 사랑하는 가족들에게 둘러싸인 채 맞이하는 죽음, 편안한 죽음, 그리고 인간의 존엄성을 유지할 수 있는 죽음이 우리가 바라는 좋은 형태의 죽음이다. 급작스런 죽음은 남아 있는 사람에게 고통과 상처를 안겨 준다. 그렇기 때문에 허무한 죽음으로 자신을 마무리하는 것보다는 철저한 준비가 이루어진 가운데 맞이하는 죽음이 좋은 죽음이다.

무병장수는 인간의 원초적인 욕망이다. 인간의 수명이 얼마나 계속될지 알 수는 없지만, 생명을 연구하는 학자들은 대부분 120살을 인간 수명의 한계로 보고 있다. 누구나 건강하고 활력이 넘치게 120년 동안을 잘 살면서 죽을 수 있을까? 현실은 그렇지가 않다. 죽음에 이르는 것은 비단 질병뿐 아니라 사고로 인한 죽음이나 재해로 인한 죽음까지도 포함하고 있기 때문이다. 사람들은 대부분 통계에 의존하여 자신의 수명을 예측한다. 그러한 통계적 예측의 맹점은 자신은 특별한 죽음에서 예외라고 생각한다는 점이다. 우리는 자는 듯 죽음을 맞이하기를 바라지만, 실제로 많은 사람은 준비 없는 죽음을 맞이하고 있는 것이다. 죽음은 궁극적으로 인간이라면 누구라도 피할 수 없는 숙명적인 현상이지만, 이러한 기본적인 진리를 무시하고 거부하기 때문에 죽음의 과정을 더 복잡하고 혼란스럽게 만든다. 이왕에 맞이할 죽음이라면 무조건 거부하고 부정할 것이 아니라 담담히 받아들여 편안한 죽음을 맞이하여야 할 것이다. 마지막 죽음을 맞이하는 임종자에게 필요한 것은 안정감, 존중감, 정서적 지지, 충분한 정보, 적당한 통증완화와 가료이다. 생명에 대한 존엄성을 지키고 아름다운 마무리를 하기 위한 것이 존엄한 죽음과 연명치료에 대한 논의이다.

2. 무의미한 연명치료의 중단

세계 각국에서 연명치료 중단에 대한 사회적 관심이 고조되고 있다. 과연 인간은 죽을 권리가 있는 것인가? 이와 같은 사회적 논란은 우리나라에서도 예외가 아니다. 딸의 인공호흡기를 제거해 버린 사건이나 김 할머니 사건 등과 같이 연명치료 중단에 대한 논의는 사회적 문제로 떠오르고 있다. 한국에서 일어난 일련의 사건들의 특징을 보면 첫째 가족들의 의사결정에 경제적 원인이 개입되어 있으며, 환자 본인의 자의적인 의사표현에 대한 고려는 없었다는 것이다. 환자가 임종하는 과정에서 의료인이 할 수 있는 역할은 극단적인 환자의 고통을 덜어 주기 위하여 소위 안락사를 행한 것과 또 하나는 보호자나 환자가 원하는 대로 끝까지 연명장치를 적용하는 것을 말한다. 우리나라에서는 아직 안락사는 문제가 되고 있지 않지만, 연명행위에 대한 집착은 여전히 문제가 되고 있는 것이 현실이다.

우리나라에서는 지난 2018년 2월 4일부터 '호스피스·완화의료 및 임종과정에 있는 환자의 연명의료결정에 관한 법률'이라는 소위 '웰다잉법' 또는 '연명의료결정법'이 시행되고 있다. 이 법에 대해 자세히 일아보자.

1) 무의미한 연명치료의 중단에 대한 선진국의 제도화 과정

1976- 미국 Natural Death Art

1980- 로마교황청, 존엄사 인정

1992- 일본의사회, 존엄사 허용

1994- 미국개신교, 존엄사 찬성 / 안락사 반대

1997- 미국 연방대법원, PAS 금지

1999- 미국 의사협회(AMA), PAS 반대

2000- 대만, 자연사법 통과

2) 무의미한 연명치료 중단에 대한 논의

인간의 생명이 회생 가능성이 없는 상태에서 단지 기계장치에 의하여 무의미한 치료를 계속하고 있는 상황이라면 헌법이 보장하는 자기결정권에 근거하여 구체적인 사정에 따라 연명치료의 중단을 요구할 수 있고, 그 경우 연명치료를 행하는 의사는 환자의 자기결정권에 근거한 무의미한 연명치료의 중단 요구를 존중해야 한다. 하지만 환자의 요청에 의한 의료인의 연명치료 중단 행위가 현행 형법에 의하여 촉탁승낙의 살인에 해당하는 행위로 금지되어 있는 상황에서는 보라매 병원 사건 이후 일어난 현상처럼 중환자실에서 임종할 때까지 연명치료 장치를 부착하고 이를 떼어 내지도 못하는 상태로 유지할 수밖에 없는 실정이다. 세브란스 김 할머니 사건과 같이 법원에 인공호흡기 제거 청구소송을 제기할 수도 있지만, 개개의 사례들을 모두 소송·사건화 하여 법원의 판단을 받게 하는 것도 매우 비현실적이며 어려운 일이다.

3) 무의미한 연명치료 중단의 의미

의료 기술의 발전은 인간이 생명을 유지하기 위해서 꼭 필요한 기능인 호흡, 순환, 영양섭취 및 전해질의 균형 등을 의료인이 보조해 주거나 대신해 줄 수 있게 하였다. 자발호흡이 어려운 환자는 외부에서 더 높은 압력으로 공기를 불어넣어 주었다가 빼 주는 양압환기가, 순환이 어려운 환자는 체외순환기가 환자의 생명을 지켜 줄 수 있게 되었다. 이 때문에 예전의 기술로는 생명을 유지하지 못했던 환자들도 이제는 그 생명을 유지할 수 있게 된 것이다. 이러한 의료 환경의 변화에 따라 우리는 여러 상황에서 한 환자에 대한 생명 유지 여부를 결정해야 하는 문제에 봉착하게 된다. 예전의 존엄사라는 용어에 비해 길어져서 쓰기는 불편하지만, 상당히 중립적인 새로운 용어인 '무의미한 연명치료의 중단'이 의미를 파악하기에는 더 편리하다. 말 그대로, 무의미한 연명치료를 그만둔다는 것을 의미한다.

3. 연명의료결정제도

1) 연명의료결정 제도의 개요

(1) 배경

의료기관에서 환자에 대한 치료 계획을 환자와 환자가족 및 의료진이 함께 논의하고 난 후 치료를 실시하는 것은 매우 자연스러운 일이고, 비록 그 수행의 결과가 당초 원하던 바와 다르다 할지라도 당시의 적절한 의학적 판단 및 조치에 따른 결과라면 의료진에게 환자를 해할 의도가 없는 이상 개개 의료행위에 대한 잘 잘못을 묻기는 어렵다. 그러나 1997년 환자에 대한 의학적 판단과 돌봄의 의무에 근거하지 않고, 가족의 부당한 퇴원 요구에 응한 의료진이 환자의 인공호흡기 착용을 중단함으로써 환자가 사망에 이른 보라매 사건에서 해당 의료인에게 살인 방조죄가 적용되면서 의료계는 연명의료 중단과 관련하여 소극적이고 방어적인 태도를 취하게 되었고, 환자 가족의 결정에 의한 연명의료 유보의 비율이 증가하게 되었다.

이른바 김 할머니 사건을 통해, 의학적으로 회생가능성이 없는 환자라면 해당 환자가 남긴 사전의료지시나 환자가족이 진술하는 환자의 의사에 따라 연명치료를 중단하는 것이 가능하다는 판결이 2009년에 내려졌음에도 불구하고 여전히 의료계는 연명의료 중단에 대해서 소극적인 태도를 유지하고 있었다. 이후 정부는 국민인식 조사, 관련 연구결과, 사회적 합의체 운영 결과 등을 토대로 의학적으로 의미가 없는 연명의료의 유보나 중단에 관한 공감대를 형성하고자 노력했지만, 결정 주체와 방법 등 구체적인 절차에 대한 합의를 이루지 못했다. 이에 따라 2013년 대통령 소속 국가생명윤리심의위원회에서 특별위원회를 구성하여 연명의료중단등결정과 관련된 구체적인 기준과 내용을 제시하면서 특별법 제정을 권고하였고, 2015년 임종과정에 있는 환자에 대한 연명의료 유보 및 중단에 관한 법률이 제안되었다. 이후 법률안에 대한 검토 과정에서 임종돌봄의 병행 제공 필요성이 강력하게 제기되면서 2016 년 2월 호스피스·완화의료와 연명의료를 함께 다루는 「호스피스·완화의료 및 임종과정에 있는 환자의 연명의료결정에 관한 법률」(이하 "연명의료결정법")이 제정되었다.

(2) 연명의료결정법의 목적

환자는 의료인의 헌신적인 노력에도 불구하고, 의료적 처치와 돌봄 과정 중에 사망할 수 있기 때문에 의료적 돌봄에 대한 선택은 신중해야 한다. 따라서 의사는 의학적 전문성에 근거하여 환자의 상태를 되도록 정확히 판단할 수 있도록 노력하고, 그 예상 결과를 가능한 한 빨리 환자나 환자가족과 공유함으로써 환자에 대한 치료 방향과 치료 계획을 함께 논의할 수 있어야 한다. 이 때 환자나 환자가족과 치료 방향과 치료계획을 함께 논의한다는 말이 환자나 환자가족이 결정하는 바에 따라 의료행위가 이루어질 수 있다는 의미는 아니다. 의사가 의료행위를 시행하는 데에는 반드시 환자의 상태 및 예후 등을 종합적으로 고려한 의학적 판단이 우선적으로 고려되어야 하며, 보호자의 부당한 요구에 의해 의료 행위의 시행 여부가 결정되는 것은 바람직하지 않다. 이에 연명의료결정법은 '임종과정에 있는 환자'라는 의학적 판단이 선행된 환자에 대하여 연명의료를 시행하거나 중단할지를 환자 스스로 결정할 수 있도록 하고, 그 결정을 법적으로 보호함으로써, 환자의 자기결정을 존중하고 환자 최선의 이익을 보장할 수 있는 제도를 제안하고 있다.

2) 법률의 주요 내용

(1) 목적 및 기본원칙

연명의료결정법은 말기 및 임종과정에 있는 환자를 대상으로 호스피스 · 완화의료를 제공하고, 임종과정에 있는 환자의 연명의료에 대한 환자의 자기결정을 존중함으로써 환자 최선의 이익을 보장하는 것을 목적으로 한다.

호스피스 · 완화의료 및 연명의료와 관련하여 법률에서 구체적으로 정의하지 않은 사항에 대해서는 다음의 기본원칙에 따라 판단할 수 있다.

① 호스피스와 연명의료 및 연명의료중단 등 결정에 관한 모든 행위는 환자의 인간으로서의 존엄과 가치를 침해하여서는 아니 된다.

② 모든 환자는 최선의 치료를 받으며, 자신이 앓고 있는 상병(傷病)의 상태와 예후 및 향후 본인에게 시행될 의료행위에 대하여 분명히 알고 스스로 결정할 권리가 있다.

③ 「의료법」에 따른 의료인(이하 "의료인"이라 한다)은 환자에게 최선의 치료를 제공하고, 호스피스와 연명의료 및 연명의료중단 등 결정에 관하여 정확하고 자세하게 설명하며, 그에 따른 환자의 결정을 존중하여야 한다.

⑵ 주요 용어

이 법에서 사용되는 주요 용어의 뜻은 다음과 같다.

- 말기환자 : 암, 후천성면역결핍증, 만성 폐쇄성 호흡기 질환, 만성 간경화에 대하여 적극적인 치료에도 불구하고 근원적인 회복의 가능성이 없고 점차 증상이 악화되어 담당의사와 해당 분야의 전문의 1명으로부터 수개월 이내에 사망할 것으로 예상되는 진단을 받은 환자

  가. 암

  나. 후천성면역결핍증

  다. 만성 폐쇄성 호흡기질환

  라. 만성 간경화

  마. 그 밖에 보건복지부령으로 정하는 질환

- 임종과정에 있는 환자 : 회생의 가능성이 없고, 치료에도 불구하고 회복되지 않으며, 급속도로 증상이 악화되어 사망에 임박한 상태라고 담당의사와 해당 분야의 전문의 1명이 판단한 사람

- 연명의료 : 임종과정에 있는 환자에게 하는 심폐소생술, 혈액투석, 항암제 투여, 인공호흡기 착용의 의학적 시술로서 치료효과 없이 임종과정의 기간만을 연장하는 것

- 연명의료 유보 : 임종과정에 있는 환자에게 연명의료를 처음부터 시행하지 않는 것

- 연명의료 중단 : 임종과정에 있는 환자에게 이미 시행중인 연명의료를 중지하는 것

– 호스피스 완화의료 : 말기환자 또는 임종과정에 있는 환자와 그 가족에게 통증과 증상의 완화 등을 포함한 신체적, 심리사회적, 영적 영역에 대한 종합적인 평가와 치료를 목적으로 하는 의료

– 사전연명의료의향서 : 19세 이상인 사람이 자신의 연명의료중단등결정 및 호스피스에 관한 의사를 직접 문서로 작성한 것을 말한다.

⑶ 연명의료중단등결정의 이행
① 이행 대상 환자 판단
　　담당의사와 해당 분야 전문의 1명은 해당 환자가 임종과정에 있는지 여부를 판단하여야 하며, 그 결과를 기록하여야 함
② 연명의료중단등 결정에 관한 환자 의사 확인
　　임종과정에 있는 환자에 대하여 연명의료중단 등 결정을 이행하려는 담당의사는 다음 중 어느 하나의 방법으로 환자의 의사를 확인하고 기록하여야 함
가. 연명의료계획서로 확인
나. 사전연명의료의향서로 확인
　　(환자의 의사능력이 있는 경우) 환자가 미리 작성한 사전연명의료의향서(이하 '의향서')가 있는 경우 담당의사가 그 내용을 환자에게 확인
　　(환자의 의사능력이 없는 경우) 미리 작성한 의향서가 있어도 환자가 의향서의 내용을 확인하기에 충분한 의사능력이 없다는 의학적 판단이 있는 경우, 의향서의 적법성을 담당의사와 해당 분야의 전문의가 함께 확인
다. 환자의 의사에 대한 환자가족 2인 이상의 일치하는 진술로 확인

　　위의 방법으로 환자의 의사를 확인할 수 없고, 환자도 자신의 의사를 표현할 수 없는 의학적인 상태인 경우, 담당의사와 해당 분야 전문의 1명은 환자

의 연명의료중단 등 결정에 관한 의사로 보기에 충분한 기간 동안 일관하여 표시된 연명의료 중단 등에 관한 의사에 대하여 19세 이상의 환자가족 2명 이상의 일치하는 진술을 확인하면 환자의 의사로 간주함

'환자가족'이란, 19세 이상인 자로서 ① 배우자, ② 직계비속, ③ 직계존속을 말하며, ①, ②, ③이 모두 없는 경우에만 형제자매가 해당

- 환자가족이 1명만 있는 경우에는 해당하는 1명의 진술로 가능
- 환자가족의 진술과 배치되는 내용의 다른 환자가족의 진술이나 객관적인 증거가 있는 경우에는 환자의 의사로 추정할 수 없음

(4) 환자의 의사 확인

① 연명의료중단 등 결정을 원하는 환자의 의사는 다음 각 호의 어느 하나의 방법으로 확인한다.

가. 의료기관에서 작성된 연명의료계획서가 있는 경우 이를 환자의 의사로 본다.

나. 담당의사가 사전연명의료의향서의 내용을 환자에게 확인하는 경우 이를 환자의 의사로 본다.

다. 연명의료계획서나, 사전연명의료의향서 또는 환자가족의 진술 등으로 환자의 의사를 확인할 수 없고, 환자가 자신의 의사를 표현할 수 없는 의학적 상태일 때에는 환자가족 전원의 합의로 연명의료중단 등 결정의 의사표시를 하고, 이를 담당의사와 해당 분야 전문의 1명이 확인하면 된다.

- 미성년자인 환자의 법정대리인(친권자에 한정한다)이 연명의료중단 등 결정의 의사표시를 하고 담당의사와 해당 분야 전문의 1명이 확인한 경우
- 환자가족(행방불명자 등 대통령령으로 정하는 사유에 해당하는 사람은 제외한다) 전원의 합의로 연명의료중단 등 결정의 의사표시를 하고 담당의사와

해당 분야 전문의 1명이 확인한 경우

(5) 이행

담당의사는 확인된 환자의 연명의료중단 등 결정을 존중하여 이행하여야 함

이행하는 경우에도, 통증완화를 위한 의료행위와 영양분 공급, 물 공급, 산소의 단순 공급은 시행하지 않거나 중단해서는 안된다.

담당의사는 이행을 거부할 수 있으며, 이 경우 의료기관의 장은 의료기관윤리위원회의 심의를 거쳐 담당의사를 교체하여야 함. 다만 연명의료중단 등 결정의 이행 거부를 이유로 담당의사에게 해고나 그 밖에 불리한 처우를 하여서는 아니 됨

담당의사는 이행 과정 및 결과를 기록하여야 하며, 의료기관의 장은 그 결과를 관리기관의 장에게 통보하여야 함

(6) 연명의료 관리체계

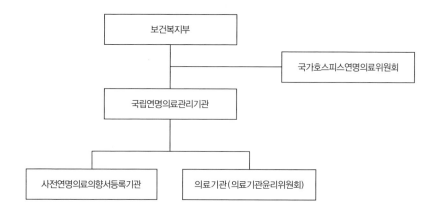

(7) 기록열람신청

환자가족은 환자의 다음 기록에 대한 열람을 요청할 수 있다.

연명의료계획서

사전연명의료의향서

임종과정에 있는 환자 여부에 대한 판단결과

연명의료계획서 또는 사전연명의료의향서에 대한 확인 결과

환자가족 진술에 대한 확인 결과

친권자 및 환자가족 의사표시에 대한 확인 결과

연명의료 유보 또는 중단 이행 결과

의료기관윤리위원회의 심의에 관한 기록

(8) 사전연명의료의향서 작성

① 등록기관 및 상담자 소개

의향서는 반드시 보건복지부의 지정을 받은 사전연명의료의향서 등록기관에서만 작성할 수 있으므로, 현재 상담 및 의향서 작성을 지원하는 기관이 법에서 정한 등록기관에 해당하고, 상담자 역시 등록기관에 정당하게 고용되어 상담을 수행하고 있는 사람임을 작성자에게 공지하여야 한다.

[참조] 등록기관 사칭 및 무자격 등록업무 수행 관련 벌칙 조항

- 보건복지부 지정을 받은 등록기관이 아니면 "사전연명의료의향서 등록기관" 또는 이와 유사한 명칭을 사용하지 못 하며, 위반 시 200만원이하의 과태료 부과(법 제43조제3항제3호)

- 보건복지부장관으로부터 지정받지 않고 사전연명의료의향서 등록에 관한 업무를 한 자는 1년 이하의 징역 또는 1천만원이하의 벌금(법 제40조제1항)

- 등록기관 및 상담자 신원 확인 시 등록기관 지정서 및 상담자 신분 증명 등 신빙성 있는 근거 자료를 함께 제시할 필요가 있다. 이 때 상담자로 활동하는 사람은 반드시 국립연명의료관리기관이 실시하는 등록기관 상담자 대상 교육과정을 이수한 사람이어야 한다.

② 사전연명의료의향서 소개 및 작성의사 확인

- 19세 이상의 대한민국 국민은 누구나 의향서를 통해 자신의 연명의료중단 등 결정이나 호스피스 이용에 관한 의사를 직접 문서로 작성할 수 있음을 안내

- 향후 담당의사 및 전문의 1인에 의해 임종과정에 있는 환자라는 판단을 받는 경우, 미리 작성해 둔 의향서가 있다면 의사의 확인을 거쳐 연명의료에 관한 작성자 본인의 의사로 인정될 수 있음을 설명

- 상담자는 중립적으로 의향서의 도입 취지와 그 효력 등 제도를 소개하고 작성자 스스로 작성 여부를 정할 수 있도록 지원하여야 함

- 상담자의 역할은 충분한 설명을 통해 작성자가 의향서를 이해할 수 있도록 돕는 것이므로, 작성을 유도하거나 권유하지 않도록 주의

- 본인의 삶을 스스로 마무리한다는 측면에서 의향서 작성의 의미를 깊이 고민하고 작성여부를 결정하도록 안내

- 경제적인 문제나 자녀의 부양 부담 등이 주 이유가 되지 않도록 숙고할 것을 권고

③ 작성자 본인 확인

- 의향서는 작성자 본인이 직접 작성하여야 하므로, 작성을 원하는 사람의 신분증(주민등록증, 운전면허증 등 대한민국 내에서 신분을 증명할 수 있는 법적 효력이 있는 증표)을 반드시 확인

- 부모, 형제, 자녀 등 가족이 대신하여 의향서를 작성할 수 없으며, 본인이라 할지라도 미성년자인 경우에는 의향서 작성이 불가함을 안내

④ 사전연명의료의향서 작성 시 설명사항

- 상담자는 의향서를 작성하고자 하는 사람에게 다음의 사항을 충분히 설명

하고, 작성자로부터 설명 내용을 이해하였다는 사실을 확인 받아야 함

- 연명의료의 시행방법 및 연명의료중단 등 결정에 대한 사항
- 호스피스의 선택 및 이용에 관한 사항
- 사전연명의료의향서의 효력 및 효력 상실에 관한 사항
- 사전연명의료의향서의 작성, 등록, 보관 및 통보에 관한 사항
- 사전연명의료의향서의 변경, 철회 및 그에 따른 조치에 관한 사항
- 사전연명의료의향서 등록기관이 폐업·휴업 하거나, 지정 취소되는 경우 기록의 이관에 관한 사항

⑤ 연명의료의 시행방법 및 연명의료중단 등 결정에 관한 사항
- 법에서 제시하고 있는 연명의료 시술(심폐소생술, 혈액투석, 항암제 투여, 인공 호흡기 착용)

[참조] 연명의료 시술의 종류
- 심폐소생술 : 심장마비가 발생하면 심장박동과 호흡이 멈추면서 온 몸으로의 혈액 공급이 중단되는데, 이 때 가슴압박과 인공호흡을 시행함으로써 정지된 심장을 대신해 심장과 뇌에 혈액을 공급하는 응급처치법
- 혈액투석 : 신장(콩팥)은 혈액 속의 노폐물을 걸러내 소변으로 배출시키는 기능을 수행하는데, 이 기능에 이상이 생긴 말기 신부전 환자에게 의료기기를 사용하여 혈액 속 노폐물이 배출되게 하는 의학적 시술. 일반적으로 인공적인 혈관 통로를 통해서 몸 속 피를 일부 뽑아 그 속의 찌꺼기를 거른 다음 깨끗해진 피를 다시 넣어주는 과정을 일정 시간 지속.
- 항암제투여 : 암을 축소, 억제, 제거하기 위해 약물을 사용하는 의학적 시술로서, 암의 종류와 진행 정도에 따라 다양한 방법이 존재. 항암제는 암세포에만 선택적으로 작용하는 것이 아니라 정상세포에도 손상을 입히기 때문에 위장장애, 탈모증 등 여러 가지 부작용을 동반.

- 인공호흡기 착용 : 스스로 정상적인 호흡을 할 수 없는 호흡부전 환자에게 인공적인 방법으로 호흡을 도와주는 방법. 일반적으로 기도 확보를 위해 튜브를 삽입 하는 기관 내 삽관이 필요한데, 이는 환자에게 상당한 고통과 통증을 유발할 수 있기에 진정제 및 진통제 등의 약물이 함께 사용됨
- 임종과정에 있는 환자에게 위 시술을 시행 시, 치료 효과 없이 임종과정의 기간만 연장하게 되는 결과를 가져올 수 있음을 안내하고, 임종과정에 있는 환자가 되었을 경우 해당 시술을 시행하지 않거나 중단할지 여부를 본인이 미리 결정해 둘 수 있다는 사실을 설명

⑥ 호스피스의 선택 및 이용에 관한 사항
- 호스피스의 의미와 이용 대상 환자, 호스피스 서비스 제공기관 및 신청방법 등에 관한 사항을 개괄적으로 설명하고, 이용 의향을 표시하도록 안내
- 다만, 의향이 있다 하더라도 반드시 이용할 수 있는 것은 아니며 연명의료결정법 제28조에 따른 별도의 호스피스 서비스 신청절차를 거쳐야 함을 설명함

⑦ 사전연명의료의향서의 효력 및 효력 상실에 관한 사항
- 적법하게 작성된 의향서는 연명의료에 관한 작성자 본인의 명시적 의사표시로서, 향후 작성자가 임종과정에 있는 환자로 판단될 때 담당의사(의사를 표현할 수 없는 의학적 상태인 경우 담당의사 및 전문의)의 확인을 거쳐 연명의료를 시행하지 않거나 중단할 수 있는 효력을 가지게 됨을 설명
- 의향서가 작성되었다 하더라도 ▲ 본인이 직접 작성하지 않은 경우, ▲ 본인의 자발적 의사에 따라 작성되지 않은 경우, ▲ 작성 전 등록기관이 설명해야 할 내용이 제공되지 않거나 작성자의 확인을 받지 않은 경우에는 이미 작성 할 당시부터 의향서로서의 효력이 인정되지 않음을 설명

– 의향서가 작성되어 등록된 후에 연명의료계획서가 다시 작성된 경우에는 연명의료계획서 작성 이후부터 의향서가 효력을 잃게 됨을 설명

연명의료결정 제도 안내 (사전연명의료의향서 등록기관용)

⑧ 사전연명의료의향서의 작성, 등록, 보관 및 통보에 관한 사항

– 작성된 의향서는 등록기관에 등록되어 등록기관 휴·폐업 또는 지정 취소 전까지 보관되고, 연명의료 정보처리시스템에 통보되어 영구적으로 관리됨을 설명

– 작성된 의향서는 환자 본인 또는 작성자가 말기 또는 임종과정에 있을 경우 담당의사에 의해 조회될 수 있음을 설명

– 작성자가 사망 전에 가족이 자신의 사전연명의료의향서를 열람하는 것을 원치 않을 경우 그 뜻을 미리 밝혀 놓을 수 있음을 안내

⑨ 사전연명의료의향서의 변경, 철회 및 그에 따른 조치에 관한 사항

– 등록된 의향서는 작성자 본인에 의해 언제든지 조회·변경 또는 철회할 수 있음을 알리고 철회 시 해당 기록은 삭제됨을 설명함

3) 사전연명의료의향서 작성

작성자는 사전연명의료의향서를 ① 법정 서식을 활용하여 직접 수기로 작성하거나 ② 국립연명의료관리기관에서 운영하는 연명의료 정보처리시스템(lst.go.kr)을 통해 작성할 수 있음. 다만, 연명의료 정보처리시스템을 통한 작성의 경우, 작성이 가능한 시스템은 등록기관에서만 접근이 가능하므로, 등록기관의 등록업무 담당자가 개인 공인인증서로 로그인하여 서식을 불러오면, 이에 따라 작성자가 등록기관 담당자 확인 하에 서식의 내용을 입력하는 방식으로 진행하여야 함

4) 무의미한 연명치료 중단에 대한 찬반의견

(1) 무의미한 연명치료 중단에 대한 논쟁

이 논란은 상당히 복잡하다. 우리나라 법률의 흐름은 다소 목적론적인 입장을 취하는 것으로 보인다. 먼저 찬성입장을 보면, 의사의 의무는 환자에게 최선의 이익을 가져다주는 것이지, 병을 고치는(cure) 것이 아니다. 물론 대부분의 경우, 병의 완치가 환자에게 최선의 이익을 가져다주는 것이지만, 말기 암 환자의 경우처럼 현대 의학으로는 그 병에 대한 완치가 불가능한 상황에서는 병을 고치는 것이 아니라 돌봐주는 것(care)이 환자에게 해 줄 수 있는 최선의 치료가 될 것이다. 따라서 암의 진행에 따라 환자와 의사가 가져야 하는 목표는 달라진다.

암의 초기에는 완치의 가능성이 높으므로, 완치를 목표로 불편하더라도 적극적인 치료를 해야 한다. 암의 중기에는 완치의 가능성이 낮으므로, 완치보다는 '기간의 연장'을 위해 치료를 해야 한다. 마지막으로 암의 말기에는 생존기간을 늘릴 가능성도 낮고 늘더라도 그리 길지 않으므로, 통증 등의 '예상되는 합병증'의 감소를 위해 치료를 해야 한다. 이러한 점에서 환자에게 단순히 생존 기간의 연장을 위해 고통스러운 삶과 치료를 유지하는 것은 무의미하다. 항암치료는 환자에게 수많은 부작용을 낳고 있고, 가장 흔하면서 비교적 가벼운 편인 구역감과 구토만으로도 환자는 끼니를 거르게 되고, 삶의 의욕을 잃는 경우가 많다. 게다가 이들 환자들은 대부분 중환이기에 많은 모니터와 약물이 필요하고, 환자의 상태를 수시로 체크할 의료 인력이 항상 바로 가까이에 대기하고 있어야 한다. 수많은 전선과 호스들로 뒤덮여 중환자실에서 보내는 서너 일이 가족과 일반병실에서 보내는 하루 이틀보다 가치 있는 것인지 의문이다.

또한 그들에게 제공되는 집중적인 의료자원(약물, 모니터, 중환자실의 의료인력 및 병상)을 중환자실에 입원한 후에 병이 나아서 퇴원할 수 있는 다른 사람들에게 제공하는 것이 의료 정책적으로는 더 합리적인 선택이 될 것이다. 암에 대해 완치라는 표현은 적절치 않고, 재발하지 않음이 적절한 표현이다. 만일 폐암 수술을 받고 10년 동안 검사 상 문제없이 살았더라도 이는 '완치'를 의미하는 것이 아니라 '10년 동안 재발하지 않음'을 의미하는 것이다. 11년째에 척추에서 전이성 암을 발견할 가능성은 여전히 남아 있기 때문이다. 그러나 재발하지 않은 기간이 길수록 대개의 경우 재발률은 현저히 낮아지기 때문에 흔히들 '완치'라는 표현을 사용하고 있다.

반대 입장을 보면 말기 암환자와 같이 여생에 대한 고통을 덜어 주기가 어려운 경우도 있지만, 많은 경우 현대 의학은 병의 진행에 의한 고통을 덜어 주는 기술 역시 발전시켜 왔다. 단적인 예로, 김 할머니에게 인공호흡기가 장착되어 있었을 때 우리가 충분한 양의 진통제를 사용했다면, 김 할머니가 느꼈을 고통은 굳이 호흡기를 제거하여 생명을 위협해야 할 정도로 심하지 않았을 것이다.

또한, 병원이나 집에서 여러 의료 기구에 의존하며 누워만 있는 삶이 무가치한 것이라고 단정 지을 수도 없다. 호흡근까지 약화되어 인공호흡에 의해서만 숨을 쉴 수 있고 밥도 제대로 먹을 수 없으며, 오직 눈으로만 세상과 소통할 수 있는 근위축성 측삭 경화증(ALS : 루게릭병) 환자의 경우 몸은 거의 움직이지 못하지만, 뇌 속에서의 사고는 보존된다. 그렇지만 ALS 환자의 생명은 이 글을 마음대로 읽고 있는 우리들의 생명보다 하찮지 않다. ALS에 이환(罹患)되었어도 세상에 큰 공헌을 하는 스티븐 호킹 박사가 우리들보다 하찮은 사람인가?

마지막으로, 의료 정책적인 입장에서는 공리주의에 입각했을 경우에는 타당한 설명이 되지만, 의무론적인 입장에서는 이러한 주장은 결코 옳을 수 없게 된다. 다른 이들을 위해 연명치료를 중단하자는 말은 다른 사람들을 살리기 위해 가망이 없는 환자의 목숨을 도구로 이용하자는 말과 다르지 않기 때문이다.

존엄한 죽음을 위한 선언서(Living will)

성   명:
주민등록번호:
주   소:

저는 제가 병에 걸려 치료가 불가능하고, 죽음이 임박한 경우를 대비하여 저의 가족과 저의 치료를 맡고 있는 분들에게 다음과 같은 저의 희망을 밝혀 두고자 합니다.

이 선언서는 저의 정신이 아직 온전한 상태에 있을 때 적어 놓은 것입니다. 따라서 저의 정신이 온전할 때는 이 선언서를 저 자신이 파기할 수도 있지만, 철회하겠다는 문서를 재차 작성하지 않는 한 유효합니다.

- 저의 병이 현대의학으로 치료할 수 없고 곧 죽음이 임박하리라는 진단을 받은 경우, 죽을 시간을 뒤로 미루기 위한 연명조치는 일체 거부합니다.

- 다만 그런 경우 저의 고통을 완화하기 위한 조치는 최대한 취해 주시기 바랍니다. 이로 인해 예를 들어 마약 등의 부작용으로 죽음을 일찍 맞는다 해도 상관없습니다.

- 제가 몇 개월 이상 이른바 식물인간 상태에 빠졌을 때 생명 유지를 위한 연명 조치를 중단해 주시기 바랍니다.

이와 같은 저의 선언서를 통해 제가 바라는 사항을 충실하게 실행해 주신 분들에게 깊은 감사를 드립니다.

아울러 저의 요청에 따라 진행된 모든 행위의 책임은 제 자신에게 있음을 분명히 밝히고자 합니다.

— 알폰스 데켄, 『죽음을 어떻게 맞이할 것인가』 중에서

연명의료계획서(예문)

■ 호스피스·완화의료 및 임종과정에 있는 환자의 연명의료결정에 관한 법률 시행규칙 [별지 제1호서식] 〈개정 2018. 2. 2.〉

연명의료계획서

※ 색상이 어두운 부분은 작성하지 않으며, [ ]에는 해당되는 곳에 √표를 합니다

등록번호		※ 등록번호는 의료기관에서 부여합니다.	
환자	성 명	주민등록번호	
	주 소		
	전화번호		
	환자 상태	[ ] 말기환자	[ ] 임종과정에 있는 환자
담당의사	성 명	면허번호	
	소속 의료기관		
연명의료 중단등결정 (항목별로 선택합니다)	[ ] 심폐소생술	[ ] 인공호흡기 착용	
	[ ] 혈액투석	[ ] 항암제 투여	
호스피스의 이용 계획	[ ] 이용 의향이 있음	[ ] 이용 의향이 없음	
담당의사 설명사항 확인	설명 사항	[ ] 환자의 질병 상태와 치료방법에 관한 사항	
		[ ] 연명의료의 시행방법 및 연명의료중단등결정에 관한 사항	
		[ ] 호스피스의 선택 및 이용에 관한 사항	
		[ ] 연명의료계획서의 작성·등록·보관 및 통보에 관한 사항	
		[ ] 연명의료계획서의 변경·철회 및 그에 따른 조치에 관한 사항	
		[ ] 의료기관윤리위원회의 이용에 관한 사항	
	확인 방법	[ ] 서명 또는 기명날인 년 월 일 성명 (서명 또는 인)	
		[ ] 녹화	
		[ ] 녹취	
		※ 법정대리인 년 월 일 성명 (서명 또는 인) (환자가 미성년자인 경우에만 해당합니다)	
환자 사망 전 열람허용 여부	[ ] 열람 가능	[ ] 열람 거부	[ ] 그 밖의 의견

「호스피스·완화의료 및 임종과정에 있는 환자의 연명의료결정에 관한 법률」 제10조 및 같은 법 시행규칙 제3조에 따라 위와 같이 연명의료계획서를 작성합니다.

	년 월 일
담당의사	(서명 또는 인)

사전연명의료의향서(예문)

■ 호스피스·완화의료 및 임종과정에 있는 환자의 연명의료결정에 관한 법률 시행규칙 [별지 제1호서식] 〈개정 2018. 2. 2.〉		
사전연명의료의향서		
※ 색상이 어두운 부분은 작성하지 않으며, [ ]에는 해당되는 곳에 √표를 합니다		
등록번호		※ 등록번호는 의료기관에서 부여합니다.
작성자	성 명	주민등록번호
	주 소	
	전화번호	
연명의료 중단등결정 (항목별로 선택합니다)	[ ] 심폐소생술	[ ] 인공호흡기 착용
	[ ] 혈액투석	[ ] 항암제 투여
호스피스의 이용 계획	[ ] 이용 의향이 있음	[ ] 이용 의향이 없음
사전연명의료 의향서 등록기관의 설명사항 확인	**설명 사항**	[ ] 연명의료의 시행방법 및 연명의료중단등결정에 대한 사항
		[ ] 호스피스의 선택 및 이용에 관한 사항
		[ ] 사전연명의료의향서의 효력 및 효력 상실에 관한 사항
		[ ] 사전연명의료의향서의 작성·등록·보관 및 통보에 관한 사항
		[ ] 사전연명의료의향서의 변경·철회 및 그에 따른 조치에 관한 사항
		[ ] 등록기관의 폐업·휴업 및 지정 취소에 따른 기록의 이관에 관한 사항
	확인	년 월 일 성명 (서명 또는 인)
환자 사망 전 열람허용 여부	[ ] 열람 가능	[ ] 열람 거부 | [ ] 그 밖의 의견
사전연명의료 의향서 보관방법		
사전연명의료 의향서 등록기관 및 상담자	기관 명칭	소재지
	상담자 성명	전화번호

본인은 「호스피스·완화의료 및 임종과정에 있는 환자의 연명의료결정에 관한 법률」제12조 및 같은 법 시행규칙 제8조에 따라 위와 같은 내용을 직접 작성하였습니다.		
	작성일 작성자	년 월 일 (서명 또는 인)
	등록일 등록자	년 월 일 (서명 또는 인)

제8장

호스피스와
완화의료

황사 속에서

지연 하 순 희

그대 이런 날 가슴으로 운 적 있나요
바람 속에 홀로 서서 눈시울을 비벼도
편도선 달뜬 고열로
아려오는 목울대

금생에 고비사막 가본 적은 없지만
광막한 모랫벌에 물길 내어 나무 심고
울창한 푸른 숲으로
노래하며 가고픈 길

이런 날 차마 아무도 못 보내요.
부연 대기 속에 그대 얼굴 흐려져
가슴 안 깊은 창고에
등 하나 켤 때 까지

1. 호스피스의 의미와 역할

1) 호스피스(Hospice)의 정의

'호스피스'란 죽음을 앞둔 말기환자와 그의 가족을 사랑으로 돌보는 행위로서, 남은 여생 동안 인간으로서의 존엄성과 높은 삶의 질을 유지할 수 있도록 신체적·정서적·사회적·영적인 돌봄을 통해 삶의 마지막 순간을 평안하게 맞이할 수 있도록 하며, 사별 후 가족이 갖는 고통과 슬픔을 잘 극복할 수 있도록 돕는 총체적인 돌봄(Holistic care)을 뜻한다.

즉, 호스피스란 임종자들이 죽음을 받아들이고 희망 속에서 가능한 한 편안한 삶을 살도록 하며 삶과 죽음에 대한 총체적으로 접근하는 것을 의미한다. 질환에 걸려서 치유의 가능성이 없고, 진행된 상태 또는 말기 상태에 있는 환자와 그 가족이, 죽을 때까지 남겨진 시간의 의미를 발견해서, 그 시간을 충실히 살아가도록 배려하는 광범위한 치료를 '호스피스 케어'라고 한다. 이런 케어는 재택이나 입원해서 행할 수 있는데, 이를 위한 특별한 시설을 호스피스라고도 하는데, 이 말은 원래 순례자의 숙박소를 의미했다. 또한 호스피스 케어를 보급하는 운동을 '호스피스 운동'이라고 하는데, 호스피스 운동은 당초 유럽에서 전개되었다. 호스피스 운동에는 중세의 행로병자나 악성 질환의 말기환자로 몸을 의지할 곳이 없는 자 등을 수용한 가톨릭계와 1967년 런던에 설립된 '세인트 크리스토퍼 호스피스'로 대표되는 프로테스탄트계가 있다.

오늘날에는 이들 중 사운더스(Cicely Saunders)가 창설한 '세인트 크리스토퍼 호스피스'의 사상과 실천이 세계의 호스피스 운동에 큰 영향을 미치고 있는데, 구체적인 호스피스 케어는 통증의 완화로 대표되는 신체적 고통에 대한 대처, 죽음에 대한 불안으로 대표되는 정신적 고통에 대한 대처, 남겨진 자, 특히 배우자에 대한 대처가 중심적 내용을 이루고 있다. 정신적 고통에 대한 대처에는 종교가 수행하는 역할이 크며, 호스피스 운동이 국제적으로도 종교의 뒷받침으로 발전하고 있는 사실로 연결된다.

한편 호스피스 케어는 고령화 사회의 진전에 따라서, 앞으로 본격적으로 전개될 것으로 생각된다. 또한 전문 스태프의 양성, 호스피스 케어의 프로그램 개발, 의료비 부담 방법 등, 의학적 · 의학교육적 · 경제적인 검토도 개시되고 있다. 그러나 호스피스 케어의 과학적 기초를 형성하는 각 전문학과에 걸친 종합적 연구에 대해서는 앞으로 기대할 단계에 있다. 1980년에는 16개국의 대표가 참가해서 제1회 호스피스 국제회의가 세인트 크리스토퍼 호스피스에서 열리고, 호스피스 케어에 관한 국제적인 학문적 · 실천적 교류와 연구의 장이 형성되었다.

호스피스라는 말은 라틴어 'Hospes(손님)'에서 유래한다. 호스피스는 중세기에 성지순례자들이 하룻밤을 쉬어 가는 곳이라는 의미를 가지고 있었다. 예루살렘 성지 탈환을 위한 십자군전쟁 당시 많은 부상자를 호스피스에서 수용하여 수녀들이 치료하였고, 부상자들이 이곳에서 임종하게 되면서 호스피스는 임종을 앞둔 사람들의 안식처라는 의미로 사용되었다. 현재 호스피스는 임종 환자가 편안하게 죽음을 맞을 수 있도록 하며 환자의 가족까지 돌본다는 의미를 가지고 있다. 환자가 사망한 후 가족 구성원들이 느끼는 충격이 더욱 심각할 수 있기 때문에 사망 후 1년까지 지속적으로 보살펴 준다.

한국에서는 강릉의 갈바리 의원에서 1978년 6월에 호스피스 활동을 시작한 것이 최초이다. 1982년 4월 서울의 강남성모병원을 중심으로 본격화되어, 대부분의 가톨릭계 병원에서 실시하고 있다. 특히 1995년에는 국내 최초로 가톨릭대학교 간호대학이 세계보건기구(WHO) 호스피스 협력센터로 지정되었다.

호스피스는 죽음이란 삶의 자연스러운 과정이라는 것을 인식시키고, 이를 바탕으로 정신적·육체적 고통이 완화되도록 도와주는 것이므로, 암 환자의 치료에도 의학적 견지에서 중요한 역할을 한다고 주장하는 견해도 있다. 이와 같은 호스피스의 정의를 정리하면 다음과 같다.

① 비록 의학적으로 치료의 한계에 도달했더라도 끝까지 인간으로서의 품위와 존엄성을 유지하고 남은 삶을 풍성하고 의미 있게 살도록 지지하는 프로그램을 말한다.
② 암 말기 환자에게 흔히 찾아오는 극심한 통증을 완화하고 경감하는 사랑의 보살핌이다.
③ 기계 장치 속에서 생의 마지막을 외롭게 보내게 하는 대신에 사랑하는 가족과 친지와 정든 환경에서 인간적인 사랑과 친절 속에 삶을 마무리하도록 돕는 인정어린 사랑의 행위이다.
④ 환자와 가족이 함께 죽음을 엄숙한 현실로 받아들이면서 죽음은 인생의 최후가 아니라 다른 삶으로 이어지는 관문으로 수용하고 사후세계에 대한 소망을 가지도록 정성을 다하는 표현이다.

⑤ 호스피스 프로그램은 환자와 가족을 한 단위로 도움을 주는 여러 전문가 그룹의 종합적인 봉사행위이다.

2) 호스피스의 유형

호스피스의 종류에는 독립형, 병동형, 가정형, 산재형 등 4종류가 있다. '독립형 호스피스'는 가정적 분위기의 독립건물을 지어 호스피스 활동을 하는 것을 말하고, '병동형 호스피스'는 병원 내 일부 병동 및 병실을 이용하는 것이며, '가정형 호스피스'는 환자 가정에 전문 봉사자와 의료진이 방문해 돌보는 것을 말한다. 그리고 '산재형 호스피스'는 호스피스 병동이 따로 설치돼 있지 않아 환자들이 다른 환자와 섞여 입원해 있으면서 봉사를 받는 형태다.

3) 호스피스 제도의 유래

호스피스의 어원은 라틴어의 '호스피탈리스(Hospitals)'와 '호스피티움(Hospitium)'에서 기원된 것으로 알려져 있다. 원래 호스피탈리스는 '주인'을 뜻하는 호스페스(Hospes)와 '치료하는 병원'을 의미하는 호스피탈(Hospital)의 복합어로서, 주인과 손님 사이의 따뜻한 마음과 그러한 마음을 표현하는 '장소'의 뜻을 지닌 '호스피티움'이라는 어원에서 변천되어 왔다.

호스피스 제도의 유래를 보면, 큰 맥락은 중세기에 성지 예루살렘으로 가는 성지순례자나 여행자가 쉬어 가던 휴식처라는 의미에서 유래되어 아픈 사람과 죽어가는 사람들을 위한 숙박소를 제공해 주고 필요한 간호를 베풀어 주면서 시작되었다. 그러던 것이 현대에 들어서면서 호스피스는 체계를 갖추며 발전하기 시작하였는데, 1967년 영국의 런던에서 시슬리 사운더스에 의해 '성 크리스토퍼 호스피스'가 개방되어 현대 호스피스 운동의 체계적 모태가 되었다. 1968년 미국에서는 호스피스의 가정간호가 시작되었으며 1969년 엘리자베스 퀴블러로스가 『인간의 죽음(On death and dying)』을 출판함으로써 죽음의 개념과 말기환자의 돌봄에 대한 관심이 증가되었다.

4) 국내 호스피스제도

우리나라에서는 1965년 3월 강릉 갈바리 의원(마리아의 작은 자매회)에서 임종자 간호를 시작한 것이 호스피스의 시초이며, 1991년에는 한국호스피스협회가 창립되었다. 그러나 현재 우리나라에는 70여 곳의 호스피스 기관이 있으며, 인구 대비 호스피스 시설 설치율이 영국이나 싱가포르의 15~31%에 불과하다. 이 때문에 암사망자의 5.1%만이 호스피스 시설을 이용하고 있다.

2. 호스피스 의미의 실제

1) 호스피스의 개념

① 호스피스는 치유의 개념이 아니라 보살핌의 개념이다.

② 호스피스는 임종이 6개월 이내로 예견되며, 의식이 명료하고 의사소통이 가능한 말기환자를 대상으로 한다.

③ 호스피스 보살핌은 통증 완화에 중점을 둔다. 동시에 육체적 · 정신적 · 사회적 및 영적 삶을 살도록 삶의 질을 소중히 여긴다.

④ 호스피스는 환자를 도와 유언장 작성 등 법률적인 문제도 돕는다.

⑤ 호스피스는 환자와 가족을 한 단위로 하여 보살핌의 대상으로 생각한다. 장의 예식을 돕고 사별의 슬픔을 당한 유가족을 적어도 1년간 돕는다.

⑥ 호스피스는 말기환자를 전문적으로 보살피는 작은 병원 혹은 시설을 의미하기도 하고, 케어 프로그램을 통칭하기도 한다.

⑦ 호스피스는 그 목적에 따라 여러 가지로 나뉜다. 즉 독립되어 있는 호스피

스, 종합병원에 부설되어 있으나 독립적으로 운영되는 형태, 가정 호스피스 등이 있다.

⑧ 호스피스는 의사, 간호사, 성직자, 사회사업가, 자원봉사자로 간호공동체를 구성하고 환자의 다양한 요구에 응한다.

2) 호스피스 철학

① 인간은 비록 병들고 피곤할지라도 끝까지 인간의 존엄성을 유지하며 존귀와 사랑을 받을 권리가 있다.

② 병들고 고통 받는 환자들을 끝까지 보살피고 사랑하는 것은 우리들의 의무이다.

③ 인간은 사회공동체의 일원으로 서로 사랑하고 협력할 의무가 있다.

3) 일반 병원과 호스피스의 차이

현대의 우리에게는 죽을 곳도 문제가 된다. 현실적으로 아파트에 주로 사는 세대가 많고, 도심에 거주하다 보니 예전과 같이 집에서 죽음을 맞이하고 상을 치르기가 쉽지 않은 것이 현실이다. 그러다 보니 주로 큰 병원에서 장례시설을 갖춰 놓고 있어 병원에 빈소를 차리는 경우가 많아졌다. 그러나 병원에서 죽는다는 것에 문제가 많다. 병원은 치료받기 위해서는 너무나 좋은 곳이지만, 말기환자가 있을 곳은 아니라는 것이 실증되고 있다.

의사들은 중증환자의 경우 치료가 어렵다는 것을 알면서도 지속적인 의료행위를 하게 된다. 처음부터 그의 운명을 아는 경우에도 마찬가지이다. 이와 같은 연명주의의 입장에서 치료를 하다 보면 끊임없는 약물 투여와 외과적인 수술을 시행하다 죽어가게 된다. 일본에서 조사한 바에 따르면, 병원의사와 간호사들에게 "당신이 후에 말기 암환자가 되었을 때 병원에 입원하겠느냐?"는 질문에 거의 대부분이 "아니다."였다. 그 이유는 과잉치료와 의료비가 너무 비싸기 때문이라는 것이다.

과거의 우리 조상들은 대부분 가정에서 돌아가셨다. 가족은 이러한 것을 자연스럽게 수용하고 준비를 하게 되었다. 하지만 현대에는 병원이라는 낯선 곳에서 숨을 거두게 된다. 죽음을 자연스러운 과정이라고 보았을 때 현대에는 너무 부자연스러운 과정을 되풀이하고 있는 것이다.

현대의학의 많은 이점에도 불구하고 병원에서 죽음을 맞이하고 장례를 치르는 것에 대하여는 심사숙고해 봐야 할 시점이 되었다. 미국에서는 1970년대 이래 이러한 성찰로 인하여 많은 호스피스 보살핌이 시작되었고, 자연스런 임종은 가정으로 돌아갔다. 현대 호스피스의 시조인 영국의 데임 시실리 손더스는 호스피스 철학을 다음과 같이 요약하였다. "당신은 인생의 최후 순간을 중요시한다. 우리는 당신이 편안하게 죽을 수 있도록 최선을 다해 도울 뿐만 아니라 당신이 죽을 때까지 잘 살도록 도울 것이다." 가정 호스피스는 가족과의 유대감을 보존하고 편안한 죽음을 맞이할 수 있는 장점이 있다.

일반의료와 호스피스의 차이

	일 반 의 료	호 스 피 스
개 요	환자의 완치를 목적으로 한 직접적인 치료행위	죽음에 임박한 말기 환자와 임종자를 대상으로 신체적 · 정서적 · 사회적 · 영적으로 총체적이며 집중적으로 돌본다는 점
의료태도	의사중심의 프로그램에 의해 진행	환자 중심의 프로그램으로 운영
치료목표	원인에 대한 치료를 목표	환자의 증상을 조절 – 증상과 증후 및 고통을 예방
치료내용	질병중심으로 치료	전인적인 치료
치 료 자	의료인만이 할 수 있다는 점	환자에게 도움이 될 전문적인 팀을 구성해 접근

3. 호스피스와 환자

1) 말기환자의 욕구

① 친구나 가족이 곁에 있어 주기를 원한다.

② 자신의 치료에 관한 결정에 참여하고 의사표현을 하고자 한다.

③ 인간적인 성장을 필요로 한다. 남은 삶이 얼마 남지 않아도 좋아하는 일을 하고자 한다.

④ 죽음에 있어 주체적 역할을 하려 한다. 장기 기증 등의 결정을 하고자 한다.

⑤ 병명, 치료 방법 등에 대해 사실대로 알고자 한다.

⑥ 가족과 주위 사람들에게 사랑과 존경을 끝까지 받으며 품위 있게 죽고자 한다.

⑦ 화해와 용서를 통하여 인간관계의 회복을 원한다.

⑧ 고통 완화, 통증 경감을 원한다.

⑨ 몸은 쇠약하지만 정신적으로는 건강하고 밝기를 바란다.

⑩ 사후세계와 영생에 대한 확신을 갖고자 한다.

따라서 죽음에 대한 공포와 고독과 고통을 최소화하고 생명의 존엄성을 유지하면서 아름다운 죽음을 맞이할 때까지 삶의 질을 높이고 아름다운 삶을 살 수 있도록 도와주어야 한다.

2) 호스피스 케어의 좋은 점

① 죽음을 현실로 받아들이게 한다.

② 인간의 존엄성을 유지시킨다.

③ 상호지지를 이끌어 낸다.

④ 고통 완화를 해 준다.

⑤ 환자와 가족을 한 단위로 묶어 준다.

⑥ 환자, 성직자, 의사, 간호사, 가족 등이 팀워크가 되어 보살핀다.

〈환자 임종 시〉

임종을 맞이하게 될 때 가족과 친지에게 연락을 하여 와 보도록 안내한다. 임종 시에는 회생의 절차보다는 자연스럽고 정상적인 현상으로 인식하고 최대한 환자를 평안하게 해 주는 것이 좋다. 환자에게 위로가 되는 분위기를 조성해 준다. 때로는 환자에게 그를 얼마나 사랑하는지, 그의 생애가 얼마나 가치 있는 것인지를 이야기해 주며 기도와 용서의 말, 감사의 말을 하여 환자가 경청하며 영원한 여행길을 갈 수 있도록 도와준다.

3) 말기환자의 호스피스

① 병원에 비해 가족, 친구 등의 수시 방문을 허용하고 꽃구경, 산책 등을 가능하게 하며, 애완동물 등도 곁에 있게 하고 여성의 경우 화장, 장신구 등을 사용할 수 있게 하고 평상시에 즐기던 일에 제한을 가하지 않는다.
② 통증 조절과 통증 완화에 힘쓴다.
③ 죽음준비를 지혜롭게 시킨다. 유서 준비와 생활 정리 등이 필요함을 환자가 인식하게 한다.
④ 환자 가족들의 피로를 덜어 주는 일을 한다.

4) 호스피스의 구성원

의료사회복지사−행정가−치료봉사자−물리치료사, 영양사, 약사, 간호사−의사−성직자

5) 호스피스 대상자의 선정 기준

① 의식이 분명하고 의사소통이 가능한 환자

② 암 환자(더 이상 치료효과를 기대하기 어려운 환자)

③ 남은 생이 6개월~1년 미만으로 판단되는 환자

④ 더 이상 치료 효과를 기대하기 어려운 환자로 · 환자로서 의사의 동의나 의뢰가 있는 사람.

⑤ 환자나 가족이 증상 완화를 위해 돌봄을 받기로 결정했을 때

⑥ 돌봄 가족이나 친지가 없어 호스피스 도움을 필요로 할 때

4. 돌봄의 의미

1) 전인적 돌봄의 속성

호스피스로서 환자를 돌본다는 것은 전문적인 지식과 경험은 물론, 헌신적이며 사랑의 마음이 전제되어야 한다.

▶ 타인에 대한 진정한 돌봄에 있어 꼭 필요한 속성 5C

Compassion   긍휼히 여기는 마음 / 연민, 동정심

Competence   능력을 갖춤 / 능숙함, 능숙도

Confidence   확신이 있음 / 신뢰, 자신(감), 확신

Conscience   양심적으로 함 / 양심

Commitment   헌신적임 / 헌신

2) 돌봄의 이론

돌봄 행위의 기본적 숙지사항

① 관심 – 관심을 가지고 상대방의 존재를 인식하는 행위

② 동참 – 상대방에 필요한 활동을 함께함으로 동질감과 호의를 유발하는 행위

③ 나눔 – 느낌, 접촉, 생각, 경험, 지식 등의 소중한 것을 공유하는 행위

④ 경청 – 정성과 진심을 다해 상대방의 말을 듣는 행위

⑤ 동행 – 상대방이 하는 내용으로 함께 살아가는 행위

⑥ 칭찬 – 장점을 적극적으로 칭찬하며, 감사의 표현을 적극적으로 하는 행위

⑦ 안위 – 상대방의 입장이 되어 공감하며, 슬픔과 아픔을 이해하고 위로하는 행위

⑧ 희망 – 삶의 모든 것을 절대자에게 맞추게 함으로 희망을 품게 하는 행위

⑨ 용서 – 잘못했음을 인정하고 표현을 통해 용서해 줄 것을 청하는 행위

⑩ 용납 – 상대방을 있는 그대로 수용하여 받아들이는 행위

3) 돌봄의 종류

호스피스 대상자는 죽음을 앞두고 삶의 전반에 있어 총제적인 욕구가 일어나게 된다. 따라서 이들을 대상으로 하는 호스피스는 그들이 필요로 하는 욕구에 적극적으로 대처해야 하고, 전인적인 돌봄이 필요하다.

5. 호스피스와 자원봉사

1) 호스피스 자원봉사자의 역할과 자세

① 호스피스 자원봉사자

말기환자와 임종자를 대상으로 총체적인 돌봄을 하고 있는 호스피스 팀의 일원으로, 환자와 가족에게 봉사를 하는 자를 말한다.

② 호스피스 자원봉사자의 필요성

말기환자와 가족에게 절대적으로 필요한 것은 의료행위가 아니라 죽음의 단계에 따른 적절한 대응이다. 이를 통해 죽음을 긍정적으로 수용하고, 남은 삶을

정리하며 고통을 극복할 수 있도록 지지해 주는 역할을 할 수 있는 조력자로서 호스피스 팀을 이루는 자원봉사자가 필요하다.

2) 호스피스 자원봉사자의 자질

① 호스피스 철학을 전제로 한 아름다운 마음을 소유한 사람
② 개인적 어떤 목적이 아닌 호스피스 철학에 입각해 봉사를 하려는 자
③ 정서적으로 성숙하고 안정된 자
④ 죽음을 삶의 자연스러운 한 과정으로 인식을 하고 있는 자
⑤ 삶과 죽음에 대한 확고한 철학과 긍정적인 태도를 가진 자
⑥ 타인에 대한 사랑과 건강한 마음을 가진 자
⑦ 유머 감각과 남의 이야기를 잘 들어주는 마음을 소유한 자
⑧ 1년 이내에 죽음을 맞이한 가족을 두지 않은 자
⑨ 여러 분야의 사람들과 조화를 이루며 모가 나지 않은 성격을 소유한 자
⑩ 호스피스의 개념과 정의를 숙지하고, 봉사활동의 범위를 이해하는 자
⑪ 폭넓은 지식과 이해력을 갖고, 호스피스 자원봉사자 교육을 이수한 자

3) 호스피스 자원봉사자의 자세

① 봉사를 함에 있어 우선 가족과 직장에 이해를 구한다.
② 호스피스 대상자와 그 가족에 대한 깊은 이해와 사랑을 가진다.
③ 겸손과 감사의 마음을 갖고, 맡은 분야에 대해 지속적인 학습과 노력을 한다.
④ 관심과 자신이 있는 분야로, 주위에 있는 일부터 시작한다.
⑤ 대상자의 필요에 따라 활동하고, 문제를 인식하도록 돕는다.
⑥ 활동을 점검 · 기록하고, 활동의 한계를 분명하게 그어야 한다.
⑦ 팀워크를 중시하고, 좋은 관계 속에 협력을 아끼지 않는다.
⑧ 대가를 바라지 않으며, 활동 중 알게 된 비밀을 누설치 않는다.

4) 자원봉사자의 역할과 활동영역

① 입 · 퇴원 수속 절차 안내 및 보조(수속대행 등)

② 신체 간호(목욕, 머리 감기기, 마사지, 찜질, 시트교환, 환자 이동시 보조 등)

③ 보호자 역할 대행(가족 부재 시 간병, 식사보조, 대소변 수발, 잔심부름 등)

④ 영적활동(말벗, 영적 대화 및 상담, 종교에 따른 돌봄 등)

⑤ 임종 및 사별 돌봄(임종예배, 장례의식, 사별 가족 위로, 방문 등)

⑥ 환자 사례 정리 및 발표

⑦ 사무보조(서류정리, 전산관리, 후원회관리 등)

⑧ 홍보활동(소식지 발송, 교육홍보 등)

⑨ 기금마련 활동(후원회원 모집, 후원회비 마련 바자회 물품 판매 등)

5) 자원봉사자의 소진 예방과 스트레스 관리

(1) 봉사자 내면에 따른 요인

① 미흡한 건강관리

② 부정적 사고와 자기비하

③ 가정 내 불안 · 불화 요인

④ 죽음 상황에 대한 수용이나 적응의 어려움

⑤ 호스피스 봉사자로서 정체성의 혼란

(2) 환자 및 가족에 따른 요인

① 정서적으로 가까워진 환자의 사망으로 인한 상실감

② 의사소통 부재에 따른 어려움

③ 종교적 갈등

④ 대상자에 대한 존중감 소멸

⑤ 봉사자의 개입 거부에 따른 자존감(불명확한 사유)

⑶ 호스피스 기관에 따른 요인

① 불충분한 교육 및 동기 부여 미흡

② 비합리적인 업무 부여(소통의 부재)

③ 기관의 설립 목적과 봉사자 신념의 불일치

④ 활동에 대한 성취감 저하

⑷ 기타 외부환경에 따른 요인

① 소음, 좁은 공간 등의 물리적 환경

② 주위의 과중한 기대감

③ 타 봉사자와의 갈등(가치관의 차이 등)

④ 간병인 등 외부지원 인력과의 갈등

⑤ 문제 해결에 필수적인 지역사회의 비협조로 인한 가치관 혼란

제9장

죽음 준비와 법률
(유언과 상속)

높은 데 있는 이는
반드시 위태로움이 있고
보물을 모은 이는
반드시 궁색하게 되며
사랑하는 이들에겐 이별이 있고
한번 이 세상에 태어난 것은
반드시 죽음이 따르며
빛은 반드시 어둠을 동반한다
이것은 불변의 진리이다

– 『벽암록』 중에서

누군가의 삶은 누군가에겐 풍경이 된다고 했습니다
내 생에서 가장 젊고 행복한 날은
바로 오늘, 지금 이 순간입니다
삶과의 이별을 준비하는 과정에 있어
보다 깔끔하고 완벽한 준비가 되었으면 좋겠습니다

1. 유언

유언이란 사람이 자기 사후에 일정한 법률관계를 정하려는 생전의 최종적인 의사표시를 말한다. 유증은 유언자가 유언을 통해 자기 재산을 다른 사람에게 주는 행위를 말하며, 사인증여는 증여자가 생전에 특정인과 증여계약을 맺지만, 그 효력은 사망할 때 발생하는 행위이다.

1) 유언의 내용
- 유증
- 신탁유언
- 재단법인설립
- 친자 확인 또는 인지
- 후견인 지정
- 재산분할 금지
- 유언집행자 지정 또는 위탁

2) 법적으로 보호되는 유언의 방식(민법 1065조)

자필증서 – 비밀증서 – 녹음유언 – 공정증서 – 구수증서

> 사회복지가가 연세대에 123억 원 기부, 유언장 남겼지만 날인이 없어 유언장이 무효

⑴ 효력 있는 자필유언장 작성하기

요건을 갖추지 못한 경우에는 무효가 된다. 자필유언장에는 유언의 내용, 이름, 주소, 작성일자, 날인이 들어간다.

> • 사후에 자필유언장을 열어 보니 유언장에 오타 몇 개가 수정되어 있는데, 수정 부분에 도장이나 손도장이 찍혀 있지 않았다. 상속재산, 금액과 관련된 중요한 부분이 수정되었는데, 이 유언장 효력이 있는가? – 효력 없다.
> • 컴퓨터를 배우신 할아버지가 컴퓨터에서 워드프로세서로 공들여 작성한 유언장, 과연 효력이 있을까? – 효력 없다.

⑵ 효력 있는 비밀증서 유언

유언장을 작성하고 밀봉 후 도장, 두 사람 이상의 증인에게 확인, 확인날짜를 적는다. 증인은 밀봉서 봉투에 서명 또는 기명날인(증인이 될 수 없는 사람 : 미성년자, 금치산자, 한정치산자, 유언으로 이익을 보는 사람)을 한다. 밀봉서 표면에 기재된 날로부터 5일 이내 공증인에게 밀봉 부문에 확정일자 도장을 받는다.

⑶ 녹음증서 증언

유언자가 남기고 싶은 말, 유언자의 이름, 녹음유언 연월일을 녹음해야 한다. 증인의 녹음(1인)이 반드시 필요한데, 유언이 틀림없다는 내용을 증인의 목소리로 직접녹음해야 하며 증인의 요건은 비밀증서와 동일하다.

(4) 공정증서유언

유언에 참여할 증인 2명과 함께 공증인사무소를 방문, 공증인(공증인이란? 판사, 검사 또는 변호사 자격을 가진 자 중 법무부 장관이 임명하고 소속지방검찰청이 지정한 사람이다)에게 유언 내용을 직접 이야기한다. 공증인이 유언 내용을 필기하고 필기한 내용을 크게 읽어 준다. 유언자, 증인은 내용을 확인하고 공정증서에 서명 또는 기명날인한다.

- 공정증서 유언을 하기 위해 증인이 될 친구 2명을 데리고 변호사 사무실을 방문하였다. 그런데 증인 1명이 급한 일이 있다며 유언장 작성 중 나가 버렸다. 유언의 효력이 있을까? - 효력 없다.
- 평소 유언장 내용을 변호사와 상의하여 정리해 둔 유언자가 갑자기 쓰러져 병원에 입원했다. 변호사가 유언 내용을 큰소리로 이야기하면, 유언자가 고개를 끄덕이거나 간단하게 답변을 하면서 유언장을 작성했다. 유언장의 효력이 있는가? - 효력 있다.

(5) 구수증서 유언

유언자가 2인 이상의 증인에게 유언(질병이나 급박한 사정 때문에 다른 방식으로 유언이 불가능한 경우에만 예외적으로 인정)한다. 증인 중 1명이 받아 적고, 모두에게 낭독한다. 증인, 유언자가 내용을 확인하고 서명, 기명날인을 한다. 유언자의 급박한 사유가 종료한 날로부터 7일 이내에 법원에 검인 신청을 한다.

- 폐렴으로 병원에 입원한 유언자, 언제 죽을지 모른다는 생각에 변호사와 친구들을 불러 구수증서를 작성, 처음보다 상태가 호전되어 유언한 날 오전에는 산책도 했음, 유언자가 사망하자, 상속인들이 유언장이 무효라며 반발하고 나선다. 구수증서 유언, 효력이 있을까? -효력 없다.

3) 유언의 능력

유언이 무엇인지, 자신이 하는 유언이 어떤 의미를 가진 것인지 알 수 있는 능력에 대해 17세 이상으로 정하고 있다.

병세가 급격히 악화된 유언자, 이미 변호사와 협의하여 유언장을 작성해 놓은 상태, 이를 모르던 자녀들은 유언자에게 유언 내용을 물었고, 반 혼수상태에서 전 재산을 막내에게 준다는 유언을 남겼다. 이 유언, 효력이 있을까? - 의사능력이 없으므로 효력 없다.

4) 사기 · 강박에 의한 유언

남편이 친구의 말에 속아서 유언장을 작성하였다. 어떻게 해야 하나?

• 유언은 언제든지 철회가 가능하다.

• 남편이 생존 중이라면 유언의 철회를 하는 것이 간편하다.

• 남편이 사망한 경우에는 사기임을 입증하여 유언을 취소할 수 있다.

2. 상속

홍길동 씨가 교통사고로 사망하였다. 그는 술과 도박을 즐겨 남긴 재산이 많지 않았다. 남겨진 가족은 홍길동의 홀어머니, 임신 중인 아내, 아들 하나가 있다. 그가 남긴 재산은 전세보증금 5천만 원과 회사 퇴직금 2천만 원으로, 총 7천만 원이다. 홍길동의 7천만 원은 누구에게 상속될까?
아들, 태아, 아내가 상속받는다.

1) 상속 순위

⑴ 상속순위의 의의

상속할 사람의 선후의 차례를 '상속순위'라고 한다. 이러한 상속순위는 상속인의 자격을 가진 사람이 한 사람밖에 없을 때에는 문제되지 않지만, 상속 자격을 가진 사람이 여러 사람인 경우에는 상속순위의 문제가 발생되므로 이를 미리 정하여 두는 것이 좋다. 그런데 상속에는 상속인, 상속순위, 상속분 등 모두를 법률에 의하여 정하는 법정상속과 유언에 의하여 상속재산의 자유로운 처분을 인정하는 유언상속이 있다. 우리 상속법은 피상속인의 유언에 의하여 상속재산의 귀속을 인정하는 유언상속을 인정한다. 따라서 그와 같은 유언이 없는 경우, 비로소 법정상속이 개시되는 것이다.

그런데 이러한 피상속인의 유언에 의한 처분의 자유를 존중하면서도 일정의 상속인의 보호를 도모하기 위하여 유류분제도가 존재한다. 유류분은 피상속인의 자유 재산처분권을 부분적으로 제약하여 피상속인의 의사에 반하더라도 일정 범위의 법정상속인에 대해서는 최저한도의 생활을 보장해 주기 위한 것이다.

⑵ 법정상속순위
우리 민법은 상속순위를 다음과 같이 규정하고 있다(제1003조).

① 제1순위: 피상속인의 직계비속과 배우자(제1000조 제1항 제1호, 제1003조 제1항)
직계비속은 촌수에 차이가 있는 직계비속이 여러 명 있는 경우에는 최근친자가 선순위의 상속인이 되고, 같은 촌수의 상속인이 여러 명 있는 경우에는 공동상속인이 된다. 따라서 아들·딸은 손·자녀에 우선하여 상속인이 된다. 직계비속은 출생자이든 혼인 외의 출생자이든, 기혼이든 미혼이든, 같은 호적이든, 혼인·분가·입양 등에 의하여 다른 호적에 있든, 남성이든 여성이든 자연혈족이든 법정혈족(예컨대, 양친자)이든 그 상속순위에는 아무런 차별이 없다.

법정혈족 중 양자는 상속순위에 관하여 자연혈족과 아무런 차별이 없으나 양자는 양부모와 생부모에 대하여 각각 양면으로 제1순위의 상속인이 된다. 계모자와 적모서자 사이에는 1990년의 민법의 일부개정으로 서로 상속권이 없다.

촌수가 다른 직계비속이 여러 명이 있는 경우, 예컨대, 자녀와 손·자녀가 있는 아들·딸이 전부 상속개시 전에 상속권을 상실한다든가 상속개시 후 상속권을 포기하면 손·자녀가 직계비속으로서 상속인이 된다. 이에 따라서 예컨대, 직계비속인 자녀 중에서 1인이 상속개시 전에 사망하였는데, 그에게 자녀가 있을 때에는 그 자녀가 대습상속을 하게 되지만, 피상속인의 자녀가 전원 사망하거나 결격자가 된 경우에는 손·자녀는 대습상속을 하는 것이 아니라 자기의 본위상속을 하게 되는 것이다. 태아는 상속순위에 관하여는 "이미 출생한 것으로 본다(제1000조 제3항)." 피상속인의 배우자는 그의 직계비속과 같은 순위로 공동상속인이 된다.

② 제2순위: 피상속인의 직계존속과 배우자
 ┅┅▶ 배우자: 단독상속(피상속인의 직계비속·직계존속이 없을 경우)

제2순위의 상속인은 피상속인의 직계비속이 없는 경우, 피상속인의 직계존속과 배우자이다(제1000조 제1항 제2호. 제10003조 제1항).

피상속인의 직계존속이면 되고, 어떠한 차별도 인정되지 않는다. 즉, 부계이건 모계이건, 양가 측이건 생가 측이건 묻지 않는다. 즉, 친생부모와 양부모가 있을 때에는 함께 같은 순위로 공동상속인이 된다. 이혼한 부·모나, 인지로 인하여 부(父)의 가(家)에 입적한 자녀의 생모도 이혼자, 혼인 외의 자에 대하여 각각 상속권이 있다. 그러나 적모와 계모는 1990년의 민법의 일부개정으로 1991.1.1 적모서자관계와 계모자관계가 폐지되었기 때문에 상속권이 없어졌다. 친정 부모나 본가의 부모와 같이 호적을 달리하는 직계존속도 마찬가지로 상속권이 있다.

직계존속에 관하여는 대습상속이 인정되지 않는다. 따라서 피상속인의 모가 이미 사망하고 부만이 상속인이 되며, 모의 직계존속인 외조부모는 대습상속을 할 수 없다. 그리고 양부모가 사망하여 양자가 많은 유산을 상속한 후, 처와 직계비속 없이 사망한 경우에 그 양자의 상속재산은 양조부모가 생존하여 있더라도 상속할 수 없고 전부 친생부모가 상속한다.

직계존속이 여러 명 있는 경우에는 촌수가 같으면 같은 순위로 공동상속인이 되고 촌수를 달리하면 최근친이 먼저 상속인이 된다(제1000조 제2항). 피상속인의 배우자는 피상속인의 직계비속이 없는 경우에는 피상속인의 직계존속과 공동상속인이 되며, 그 직계존속도 없는 경우에 비로소 단독상속인이 된다.

③ 제3순위: 형제자매

제3순위의 상속인은 피상속인의 직계비속·직계존속, 배우자가 없는 경우 피상속인의 형제자매이다. "형제자매"는 피상속인의 부(父)계의 방계혈족을 의미한다는 판례(대법 75.1.14.판결, 74다1503)가 있지만, 이렇게 제한 해석할 법적근거가 없으므로 부당하며, 모계의 형제자매, 즉 동모이부(同母異父)의 형제자매도 상속권이 있)다.

형제자매는 성차별, 기혼, 미혼의 차별, 동일호적 여부의 차별, 자연·법정혈족 차별, 동복·이복의 차별이 없다. 형제자매가 여러 명이 있는 경우에는 같은 순위로 공동상속인이 되며, 태아는 이미 출생한 것으로 본다(제1000조 제3항). 형제자매의 직계비속은 대습상속이 인정된다(제1001조).

④ 제4순위: 4촌 이내의 방계혈족

제4순위의 상속인은 피상속인의 3촌부터 4촌 이내의 방계혈족이다. 1990년 민법의 일부개정으로 8촌 이내에서 4촌 이내의 방계혈족으로 그 범위가 축소되어 1991. 1. 1. 시행되었다. 이들은 피상속인의 직계비속, 직계존속, 배우자, 형제자매가 없는 경우에만, 상속인이 된다. 촌수가 같으면 공동상속인이 되고, 촌수가 다르면 근친부터 공동상속인이 된다.

4촌 이내의 방계혈족이란?

혈족이란 혈연의 연락이 있는 사람을 말한다. 자기의 직계존속과 직계비속을 직계혈족이라 하고, 자기의 형제자매와 형제자매의 직계비속(예컨대, 질, 생질 등), 직계존속의 형제자매(예컨대, 백숙부와 고모, 외숙부와 이모 등) 및 그 형제자매의 직계비속(예컨대, 종형제 자매, 외종형제자매, 이종형제자매 등)을 방계혈족이라고 한다(제768조). 그 중 방계혈족은 4촌 이내만 상속인으로 될 수 있다.

촌수란 무엇이며 어떻게 계산하는가?

① 촌수란 친족이나 혈족관계의 긴밀도를 측정하는 척도의 단위이다.

② 그 촌수의 계산은, 1세수(세대수)는 1촌이다. 예컨대, 부모와 자녀는 1세로서 1촌이며, 조부모와 손·자녀는 2세수로서 2촌이다.

③ 직계혈족은 그 세수(세대수)가 곧 촌수다. 예컨대, 부모와 자녀는 1촌이고 조부모와 손·자녀는 2촌이며, 자기의 조부모와 자기의 자녀(즉, 증조부모와 증손자녀)는 3촌이다.

④ 방계혈족은 공동조상으로부터 각자에 이르는 세수를 각각 합한 수가 곧 촌수이다. 예컨대, 부모를 공동조상으로 하는 형제자매는 2촌이고, 조부모를 공동조상으로 하는 숙부와 질은 3촌이며, 종형제 자매는 4촌이다.

– 양자와 양부모 및 그 혈족과 인척 사이의 친계와 촌수는 입양한 때부터 자연혈족과 마찬가지로 계산하며, 양자의 배우자, 직계비속과 그 배우자는 양자의 친계를 기준으로 촌수를 정한다.

– 방계혈족이면 성별, 기혼·미혼, 호적의 이동, 부계·모계·적·서의 차별 등은 묻지 않는다. 그러므로 3촌이 되는 방계혈족으로는 백수기부와 고모, 외숙부와 이모, 질, 생질 등이 공동상속인이 된다. 4촌이 되는 방계혈족으로는 종형제자매, 고종형제자매, 외종형제자매, 이종형제 자매 등이 공동상속인이 된다.

– 태아는 이 경우에도 이미 출생한 것으로 본다(제1000조 제3항).

▶ 참고: 배우자의 상속권(제1.2순위 공동상속과 단독상속)

(1) 배우자 상속권의 근거로는, 첫째 오늘날은 생존배우자의 생활을, 자의 효심에 일임하고 기대하는 것은 위험하다.

둘째, 상속재산은 부부가 협력해서 축적한 것이므로 생존배우자(특히, 처)도 그 재산에 대하여 고유한 지분을 가져야 한다는 것이다. 즉, 생존배우자는 그가 갖고 있는 잠재적 지분의 현실적 청산과 그의 생활 보장이란 점에서 배우자 상속권의 근거를 찾을 수 있다.

---

(2) 배우자는 그 직계비속과 같은 순위(즉, 제1순위)로 공동상속인이 되고 직계비속이 없는 경우에는 피상소가인의 직계존속과 같은 순위(즉, 제2순위)로 공동상속인이 되며, 피상속인의 직계비속·직계존속도 없는 경우에는 단독상속인이 된다(제1003조).

1990년 민법의 일부개정 전에 배우자 상속권을 처가 사망한 경우와 남편이 사망한 경우에 따라 다르게 규정한 것은 부부평등의 원칙에 반하였다고 비판되었다. 이 때문에 개정법은 위와 같이 부부를 평등하게 고쳐서 1991년부터 시행하였다.

(3) 사별한 부와 처란 혼인신고를 한 법률상의 배우자를 말한다. 이른바 사실상 혼인관계에 있는 당사자는 부 또는 처인 배우자가 아니므로 상속권이 인정되지 않는다. 다만, 사실혼 당사자는 상속인이 없는 경우에 특별연고자로서 상속재산의 전부 또는 일부를 분여 받을 수 있는 경우가 있다(제1057조의 2 참조). 사망한 배우자는 법률상의 배우자이어야 하므로, 예컨대 혼인 외의 자녀의 생모가 사망하더라도 부(父)는 그 자녀와 더불어 공동상속인이 될 수 없고, 혼인 외의 자녀가 없더라도 단독상속인이 되지 못한다.

(4) 문제가 되는 것은 중혼관계의 배우자와 사실상 이혼·재혼한 배우자 및 이혼소송 중의 배우자의 상속권 문제이다.

① 중혼관계에 있는 남편이 중혼이 해소되지 않은 상태에서 사망하면 후혼은 취소될 때까지는 유효하다. 그러므로 전혼의 처와 후혼의 처는 모두 사망한 남편의 상속인이 된다. 다만, 전혼관계의 처는 남편이 사망한 후라도 후혼에 대하여 취소권을 행사할 수 있다(가소법 제24조 제2항, 제3항 참조).

② 사실상 이혼이나 재혼한 경우, 예컨대 망부의 생존 중 사실상 이혼이나 재혼한 처가 망부의 호적상 처로 기재되어 있는 이상 망부의 사실상 혼인관계에 있는 사람을 제치고 상속인이 된다는 것이 판례(대법 69. 7. 8. 판결, 69다427)이다. 이러한 경우에 호적상의 배우자의 상속권 주장은 신의칙에 위반되는 권리의 남용으로 볼 수 있으므로, 그 주장을 배척하여야 할 것이라고 본다.

2) 대습상속(민법 제 1001조)

상속을 받을 수 있었던 직계 비속 또는 형제·자매가 상속을 하는 사람보다 먼저 사망했거나 다른 이유로 상속을 받을 자격이 없어진 경우에는 그 사람의 직계 비속이 대신 상속을 받을 수 있게 하는 제도를 말한다.

3) 특별수익자의 상속분

공동상속인들 중에서 피상속인으로부터 생전 증여 또는 유증을 받은 사람이 있는 경우에 그 수증재산이 자기의 상속분에 달하지 못한 때에는 그 부족한 부분의 한도에서 상속분이 있다(민법 제 1008조).

- 특별수익에 속하는 것 : 혼수비용, 지참금, 사업자금, 생활비 대준 돈, 특별히 많이 든 교육비
- 특별수익에 속하지 않는 것 : 보육 및 양육비, 생일 입학 졸업 결혼 축하선물, 결혼 예식비, 용돈 그 밖에 자잘한 돈

4) 기여분

공동상속인들 중에 상속재산의 형성, 유지에 특별히 기여한 사람이나 피상속인을 특별히 부양한 사람이 있을 때, 상속분의 계산에서 그러한 특별기여, 부양을 고려해 주는 제도(민법 제 1008조 2항).

5) 유류분

상속인들을 보호하기 위해 법률이 상속재산 중의 일정한 비율을 보장해 주는 몫(민법 제 1112조).

- 사망한 사람의 직계비속은 법정 상속분의 1/2
- 사망한 사람의 배우자는 그 법정 상속분의 1/2
- 사망한 사람의 직계존속은 그 법정 상속분의 1/3
- 사망한 사람의 형제 · 자매는 그 법정 상속분의 1/3

6) 상속재산 확인하기

금융거래 : 금융 감독원의 조회서비스, 거래은행, 신용카드회사

부동산 : 국토해양부 국가공간정보센터, 시청, 도청, 군청, 구청의 지적과

차량 : 차량등록사업소

상속 받을 것인가, 말 것인가
상속재산이 빚보다 많으면 단순상속
상속재산이 빚과 비슷하거나 알 수 없는 경우, 한정승인
상속재산이 빚보다 적을 경우, 상속포기

7) 상속포기

- 상속재산과 상속빚을 모두 받지 않고 상속자체를 포기
- 자신이 상속인이 된 것을 알게 된 날로부터 3개월 이내
- 상속재산포기심판청구서를 만들어 법원에 제출
- 우선순위에 있던 상속자가 상속포기를 하면 공동 상속권자들의 상속비율대로 상속분배분, 공동상속권자가 없으면 다음 순위의 상속권자에게 상속, 상속순위가 앞선 사람이 포기를 하지 않은 경우라도 상속순위가 위인 사람이 먼저 또는 동시에 상속포기할 수 있음.

8) 한정승인

상속재산의 범위 내에서만 상속, 빚을 받는 것을 말한다. 자신이 상속인이 된 것을 알게 된 날로부터 3개월 이내에 행해야 하며, 상속한정승인심판 청구서를 만들어서 법원에 제출, 법원에서 심판서를 보내 주면 일간신문에 공고한 뒤 상속재산 한도로 상속 빚을 갚는다.

상속포기나 한정승인이 무효가 되는 경우:

- 상속포기와 한정승인을 할 수 있는 2개월의 기간을 놓치는 경우
- 한정승인 또는 상속 포기 전에 상속 재산을 처분하는 경우
- 비슷한 경우로 한정승인 또는 상속 포기 이후에 알면서 재산 목록에 상속 재산을 적지 않는 행위

제10장

노년의 이해와
노인 문제

노년

조 원 규

다 생각이 난다
봉숭아 곱게 손톱에 물들이던 어린 날들
꽃단장 치장하고 울타리를 올라오르던
나팔꽃, 장미꽃, 들꽃 핀 교정

어스름 해 질 녘 밥 짓는 연기
엄마가 부르는 소리에 짖어대던 동네 개들
뿔뿔이 집으로 돌아가던 정든 친구들

어느 해
냇가 버드나무 아래서
밤새 썼다며 쥐여 주었던 편지
꿈같이 스쳐 간 입맞춤의 떨림까지도
다 생각이 난다

잊은 게 아니라
나이가 들면
꺼내기가 아까워
꼭꼭 감춰두고 있는 것 뿐이다

1. 노년기의 특성

1) 노화(Aging)의 정의

일반적으로 노화란 질병과는 관계없이 나이가 들어감에 따라 변화되는 신체의 기능을 말한다. 생물학적 노화는 시간이 지나감에 따라 생존의 가능성을 감소시키고, 외부 환경적 요구에 대한 생리적 능력이 저하되는 생물체 내에서 일어나는 변화의 과정으로 정의한다. 종합적으로 볼 때, 생물학적 노화는 잔여 수명을 의미하고, 심리적 노화는 개인의 행동 적응력을 말하며, 사회적 노화란 특정 연령에서 개인이 속한 집단이나 사회 내에서 수행하는 역할을 말한다. 베버(Beaver, 1983)는 노화를 시간의 흐름에 따라 유기체의 세포, 조직, 기관조직, 또는 유기체 전체에 일어나는 점진적인 변화로서, 이는 인간의 정상적, 성장과 발달과정 중의 한 부분이라고 정의하였다. Birren(1959)은 노화는 인간의 정상적인 성장과 발달과정 전체의 한 부분이며 적어도 생물학적 노화, 심리적 노화, 그리고 사회적 노화 등 세 가지 측면에서의 변화 과정을 포함하는 것으로 이해되어야 한다고 주장하였다.

2) 노화의 원인

노화의 원인으로는 예전에는 유기체도 기계의 마모와 같다는 가장 고전적인 학설인 마모이론(Wear and tear theory)과 세포의 노화와 노쇠는 해로운 물질들이 체내에 축적되기 때문이라는 축적이론(Accumulation theory)이 주를 이루었지만, 현재는 세포설과 생리적 이론이 대두되고 있다. 세포관련이론은 ① 유전학적 이론(DNA 관련이론/DNA손상이론, 오류재해이론), ② 헤이홀릭이론, ③ 소모 및 파괴이론, ④ 노폐물축적이론, ⑤ 교차결합이론, ⑥ 자유기 이론 등이 있다. 생리적 이론은 ① 신진대사이론, ② 호르몬이론, ③ 면역이론, ④ 스트레스이론 등이 있다.

3) 노년기 구분

노인을 구분하는 확실한 기준은 없기 때문에 학자마다 지역과 문화마다 각각 다른데, 하비거스트(Havighurst)는 노년기를 후기 성숙기인 65세 이후 사망하기까지의 시기로 보고 있으며, 에릭슨(Erikson)도 자아의 8단계 발달과정 중 통합과 절망의 양극 감정이 대립하는 성인 후기인 65세 이상을 노인기로 간주한다. 일반적으로 우리 사회에서는 60세를 전후하여 노인으로 규정하는 경향이 있는데, 이는 전통적인 환갑연령이나 정년퇴직의 시기, 조부모가 되는 시기 등을 고려한 것으로 판단된다. 우리나라 생활보호법에서는 생활보장 대상자를 65세 이상으로 규정하고 있다(노년초기: 65~74세, 노년중기: 75~84세, 노년후기: 85세 이상).

4) 노년기의 신체적 변화

- 전반적인 신체 기능이 퇴화
- 특히 호흡기와 순환기의 기능이 약화(신진대사의 속도가 느려짐)
- 면역 기능이 약화(다양한 질병이 쉽게 발병)
- 감각기관이 퇴화(시력 저하, 청각 · 미각 · 촉각 기능 약화)
- 수면 시간 감소
- 성적 기능 감퇴

5) 노년기의 심리적 변화

- 지적능력 감퇴(지능 저하, 기억력 감퇴, 정보처리의 둔화, 사고의 경직성 증가, 추상적 사고능력의 저하)
- 성격의 변화(신체적 능력의 약화, 문제해결능력의 감퇴, 직업에서의 은퇴 요인 등)
- 내향성의 증가(내면세계 탐닉, 소극적인 태도, 고집, 경직성, 조심성, 의존성 증가)

6) 노년기의 사회적 변화

- 직업에서의 은퇴(사회적 지위와 경제적 소득의 급격한 변화, 자아정체감, 사회고립 초래)
- 조부모의 역할(훈계자 역할, 지지자 역할, 대리모 역할)

7) 노년기의 적응 유형

- 성숙형: 노화과정을 긍정적으로 수용하고 자신의 삶에 만족을 느끼고 적극적인 활동(사회봉사 활동, 취미 활동, 친목 활동, 종교 활동 등)을 한다. - 노년기 생활만족도가 가장 높다.
- 은거형: 나름대로 개인생활을 재구성하여 자신의 내면적 삶에 몰두, 조용한 삶을 산다. -노년기 생활만족도가 높다.
- 무장형: 늙음에 대한 두려움과 사회적으로 무가치한 존재로 전락한다는 불안을 느끼면서 야심적이며 성취 지향적인 삶을 지속한다. - 중간 정도의 생활만족도를 지닌다.
- 분노형: 자신의 인생이 실패라고 생각하며 타인과 시대에 불편과 원망을 많이 한다. 화를 잘 내고, 공격적으로, 갈등을 초래한다. - 생활만족도가 매우 낮다.
- 자학형: 자신의 인생이 실패라고 생각하여 자책과 후회로 우울한 노년기를 맞는다. 생활만족도가 극히 낮고, 우울증 등 심리적 장애를 지닐 수 있다.

8) 노년기의 정신장애

• 노년기에는 성인기에 나타날 수 있는 거의 모든 장애가 나타날 수 있다(기분장애, 불안장애, 정신분열증, 알코올중독 등).

• 노년기에 흔히 시작되는 정신장애: 치매(초기 기억력 감퇴, 말기 거의 모든 정신적 기능 손상, 인격의 황폐화 초래), (우울증)상실의 경험들이 우울증 초래(직장 은퇴, 사회적 지위와 권력의 상실, 경제능력 상실, 배우자 친구사망 등), 건강염려증이나 신체화장애, 강박장애, 불안장애, 알코올의존 등

2. 노년기와 뇌장애

노년기에 주로 시작되는 대표적인 정신장애가 '치매'이다. 의학계에서는 치매를 '섬망, 치매, 기억상실증 및 기타 인지적 장애'라는 장애범주에 포함시키고 있다.

1) 섬망(Delirium)

섬망의 필수증상은 이미 존재하거나 현재 진행 중인 치매로는 잘 설명되지 않는, 인지 변화를 동반하는 의식의 장애이다. 진단적 특징으로는 의식이 혼미해지고 주의의 집중 및 전환능력이 현저하게 감소하게 될 뿐 아니라 기억, 언어, 현실판단 등의 인지기능에 장애가 나타나는 경우를 말하는데, 주위를 알아보지 못하고 헛소리를 하거나, 손발을 떤다거나 야간에 갑자기 큰소리를 지르거나 소동을 피우고, 흥분하여 밖으로 뛰쳐나가려 하고, 공포감에 사로잡혀 식구들을 깨우는 등의 증상들이 나타난다. 이러한 증상은 단기간에 갑자기 나타나고 그 원인을 제거하면 증상이 갑자기 사라지는 경우가 많은데, 이러한 증상은 과도한 약물 복용이나 신체적 질병(예를 들어, 간질환, 당뇨, 뇌수막염 등)의 직접적인 결과로 발생한 것이라는 명백한 근거가 있을 때 진단된다. 유병률은 일반적인 의학적 상태로 입원

한 65세 이상의 노인에게서, 입원 시 약 10%가 보고되고 있다.

2) 기억상실장애(Amnestic Disorder)

- 치매에서 가장 먼저 그리고 가장 흔하게 나타나는 인지적 증상이다.
- 새로운 지식을 학습하지 못하거나 과거에 배운 지식을 회상하지 못하는 등의 기억손상이 주된 증상인데, 섬망이나 치매증상의 일부로 나타나는 것이 아닌 경우에는 기억상실장애라고 할 수 있다.
- 이 경우, 역시 신체적 질병이나 물질에 의해 유발되었다는 확실한 근거가 있어야 한다.
- 실어증: 사람과 사람의 이름을 말하는 데 어려움을 나타낸다.
- 실인증: 사물을 인지하지 못하거나 그 의미를 파악하지 못한다.
- 실행증: 동작을 통해 어떤 일을 실행하는 능력에 장애를 나타낸다.
- 실행기능장애: 과제수행에 필요한 여러 가지 인지기능들, 즉 과제를 하위과제로 쪼개기, 순서별로 배열하기, 계획하기, 시작하기, 결과 점검하기, 중단하기 등의 기능을 수행하지 못한다.

3) 치매(Dementia)

⑴ 치매란 무엇인가?

치매(癡呆, Dementia)는 일단 정상적으로 성숙한 뇌가 후천적인 외상이나 질병 등 외인에 의해서 기질적으로 손상 내지는 파괴되어 전반적으로 기억, 지능, 학습, 언어 등의 인지기능과 다양한 정신증상 및 행동이상 등의 고등정신기능이 감퇴하는 복합적인 임상증후군을 일괄하여 지칭하는 것이다.

'치매(Dementia)'라는 용어는 라틴어에서 유래된 것으로, '정상적인 마음에서 이탈된 것, 정신이 없어진 것'이라는 의미를 갖고 있다. 과거에는 치매를 '망령', '노망'이라고 부르면서 노인이면 당연하게 겪게 되는 정상적인 부분, 즉 노화에 따르는 생리적인 현상으로 간주했으나 최근에는 중추신경계의 대표적인 질환으로 인식하게 되었다. 진행성 치매는 뇌의 질환이다. 나이가 들어감에 따라 비율이 증가한다.

1906년 11월 3일 독일의 정신과 의사인 Dr. Alois Alzheimer는 51세 된 부인이 남편에 대한 질투망상으로 시작되어 점점 증상이 악화된 후 55세에 사망하게 되는 케이스를 다루게 되었는데, 환자 사망 후 뇌의 해부결과 신경세포수가 현저하게 감소되어 위축되었으며 "노인반점"이 대뇌피질에 다수 발견되었다는 사실을 알게 되었다. 대개 치매 병 중 가장 많은 50% 정도로 추정되고 있다. 이 병은 발병하여 사망하는 데 5~10년이 걸리며, 알츠하이머병 자체가 사망 원인이 되지는 않는다. 보통 폐렴, 감염증, 뇌졸중 등이 원인이 된다.

(2) 치매의 주요 특징
- 치매는 인지기능의 손상이 치매의 특징적인 핵심적 증상이다.
- DSM-IV에서는 5가지 인지장애, 즉 기억장애, 실어증, 실행증, 실인증, 실행기능장애를 치매의 주요 진단기준으로 제시됨.
- 치매로 진단되기 위해서는 기억장애가 반드시 존재하여야 하며 실어증, 실행증, 실인증, 실행기능장애 4가지 장애 중의 한 개 이상이 존재해야 한다.
- 알츠하이머성 치매는 인지기능의 장애가 서서히 나타나서 점점 악화되는 반면, 혈관성 치매는 증상이 갑자기 나타나고 계단식으로 악화되는 것이 일반적이다.
- 치매의 신체적 장애는 비교적 후기에 나타나는 경향이 있다(보행 장애-전신근육 경직-대소변 못 가림-말을 못함-식물인간 상태에서 사망).
- 치매 증상 자체로 인해 사망하기보다 치매에 수반되는 신체적 질병으로 인해

사망하게 된다. 직접적인 원인으로는 폐렴, 요로감염증, 욕창성 궤양 등과 같이 감염으로 인한 폐혈증인 경우가 많다.

(3) 치매의 증상

첫째, 기억력 감퇴부터 시작한다. 방금 한 말을 잊어버리고, 물건을 어디에 두었는지 모르는 등 최근의 것을 잘 기억하지 못하는 것부터 시작된다.

둘째, 언어능력의 감소로서 초기에는 자신의 이야기를 적절하지 않게 장황하게 많이 한다. 횡설수설하다가, 말기에는 실언을 한다.

셋째, 시공간 감각에 대한 저하로 시간, 공간, 사람 순으로 장애를 보이며 중기 초반에서 보통 나타나기 시작한다.

넷째, 판단력 저하로 비교적 복잡한 판단을 요구하는 것부터 시작하여, 말기에는 혼자서 판단을 하지 못하게 된다.

다섯째, 행동·정신상의 장애로 주로 중기 이후에 나타나는데, 남이 나의 물건 또는 돈을 훔쳐갔다는 도둑망상과 물건과 돈에 집착하는 강박증과 쉽게 화를 내는 증상을 보인다.

여섯째, 신체상의 장애로 비교적 후기에 나타나며 걷는 데 장애를 보이다가 요실금·변실금이 나타나게 되는데, 이렇게 되면 거의 치매 말기이다.

(4) 치매로 인한 정신증상과 문제행동

문제증상/경과	경도	중등도	중도	최중도
식사	식사에 무관심	포만감 결여 식사 태도 이상	아무거나 입속에 넣음	연하(嚥下) 곤란
배뇨	때때로 실금	실금 증가, 화장실 가는 도중에 실금	하의를 붙들고 실금	실금(방뇨)
수면	불면호소, 낮잠 혼잣말(야간)	야간수면장애, 주야전도		종일 수면
		밤에 일어나 가족들을 깨움	야간에 큰 목소리를 낸다.	혼잣말 (작은 소리)

야간섬망	야간섬망		
흥분, 다동	화를 잘 냄	폭력, 큰소리	의류, 이불 등을 찢음
배회	불안정, 외출 후 돌아오지 못함	배회	와상
감정	기분의 변동, 우울, 불안, 초조	감정실금(感情失禁)	
이상체험	착각, 망상(피해, 질투), 환시, 환청		
언어	같은 말 반복	작화, 독백	의사소통장애

(5) 치매의 원인과 유형

가. 원인

치매를 유발하는 원인 질환은 적어도 90가지 이상으로 알려지고 있는데, 이는 분자생물학적 발병기전이 밝혀지면서 그 수가 점차 늘어 가는 추세이다.

① 구조적 이상(Structural Abnormality)

❶ 대뇌위축(마치 뇌가 말라서 오그라든 모양으로 호두와 비슷해지는 현상)

❷ 마이너트 기저핵의 손상(전두엽 기저부에 있는 신경세포다발로서 여기에 노인반, 신경섬유원농축제와 같은 병반이 생겨 신경세포기능을 하지 못하는 경우)

❸ 노인반(Senile Plaque: 신경세포 바깥쪽에 쌓이는 물질)이 신경세포의 활동을 막아 기능을 할 수 없게 만든다.

❹ 신경섬유원농축제(Neurofibrillary Tangle)가 세포생리활동에 필요한 물질이동을 방해하여 신경세포를 사멸시킴.

② 유전적인 요인

❶ 분자생물학의 발전으로 밝혀낸 아밀로이드단백 유전자에 돌연변이가 생기면 더 빠르게 축적되어 노인반의 수를 월등히 증가시키게 되고 이로 인

해 신경세포기능이 저하되어 치매 발생의 원인이 된다.

❷ 아밀로이드단백 유전자 이상에 의한 치매 발생은 매우 드문데, 일단 유전자 이상이 확인된 사람은 100% 알츠하이머병에 걸리게 된다.

③ 환경위험인자들(Environmental Risk Factors)

알츠하이머병에 걸린 일란성 쌍둥이를 조사한 연구에 의하면, 환경적 위험인자가 치매발병에 중요한 역할을 하는 것으로 알려져 있다.

❶ 신경염증(Neuroinflammation): 뇌 조직에 만성 염증이 반복되어 알츠하이머병이 발생한다는 주장이 있다.

❷ 여성호르몬–에스트로겐(Estrogen): 에스트로겐 보충요법을 받은 여성에서 알츠하이머병 발생 위험이 줄어든다는 보고가 있다. 여성에게서 알츠하이머병 발생 위험이 남자보다 더 높은 이유도 에스트로겐의 역할과 관계가 있을 것으로 추정된다.

❸ 혈관성 위험인자: 고혈압, 당뇨, 고지혈증, 과도한 흡연 등과 같이 뇌혈관 질환을 일으키는 요소들이 치매의 발병위험도를 높인다.

❹ 두부외상(Head Trauma): 뇌에 외상을 받으면 외상 후 인지기능 장애 또는 외상 후 기억장애가 흔히 발생한다. 특히 의식의 장애가 있을 정도의 심한 뇌 외상은 치매 발병의 위험이 높다.

❺ 교육(Education): 교육 연한이 적은 사람은 치매, 특히 알츠하이머병 발생 위험이 높다. 캐나다에서 이루어진 연구에 의하면, 10년 이상 학교교육을 받은 사람은 6년 이하 교육을 받은 사람보다 치매에 걸릴 확률이 4.5배 낮은 것으로 나타났다.

치매의 원인은 기본적으로 중추신경계통의 손상, 즉 뇌세포의 손상 때문이다. 생물학적으로는 65세 정도는 10%이며, 85세 이후에는 50% 정도 치매에 걸릴 확률이 있다. 또한 알츠하이머 치매는 유전적으로 인한 것은 전체의 2~3% 정도 발병할 확률도 있으며, 대개 35~60세까지 발생한다. 그 밖에 다른 원인으로 생기는 경우도 있다. 우리나라의 경우, 65세 이상 노인 264만 명 중 약 8%에 해당하는 21만여 명이 치매환자로 집계되고, 여성 유병률(10.9%)이 남성(3.7%)보다 현저하게 높다.

나. 원인과 증상에 따른 유형

치매 질환의 종류

종 류	질 환
퇴행성 치매	알츠하이머, 루이체 치매, 전두측두엽 치매, 파킨슨병
혈관성치매	다발성 뇌경색, 빈스방거병
대사장애	간성뇌병증. 요독증(만성신부전), 저혈당증, 저산소증
내분비 장애	갑상선기능저하증
중독성 장애	알코올 중독, 일산화탄소 중독, 약물중독
결핍성 장애	비타민B12 결핍, 엽산결핍
감염	신경매독, 크로이츠펠트, 야콥병, AIDS
기타 뇌질환	정상압수두증, 경막하출혈, 뇌종양

① 알츠하이머형 치매
• 뇌세포가 점진적으로 파괴되는 근본적인 원인은 아직 확실하게 밝혀지지 않음.
• 가장 전형적인 치매 유형으로서, 우리나라 치매 환자의 50% 이상이 이 유형에 속하는 것으로 추정된다.
• 대체로 초기에는 미세한 기억장애와 언어장애로 실어증과 실행증이 나타나고, 점차 다양한 치매증세가 나타나면서 몇 년 후에는 실인증이 나타나게 된다. 말기에는 매우 심각한 치매상태로 발전하게 된다.

웰다잉강사지도사 자격과정을 위한
웰다잉의 이해와 실천

• 나이가 65세 이상으로 고령, 여성, 근족 중에 치매걸린 사람, 과거에 뇌손상 당한 경험이 있는 사람들이 치매에 걸릴 가능성이 높다(65세 이상의 연령층에서는 10명 중 1명, 85세 이상에서는 10명 중 4명이 걸릴 수 있다).

② 혈관성치매 증상

혈관성치매란 뇌혈관질환에 의한 뇌손상이 누적되어 나타나는 치매를 말한다. 위험인자로는 고혈압, 당뇨병, 고지혈증, 심장병, 흡연, 비만을 가진 사람에게 많이 나타난다. 그중에서도 고혈압이 가장 무서운 위험요소이다.

• 치매나 인지장애가 갑자기 발생하거나 때에 따라 변동한다.
• 발음장애가 있고, 과거에 뇌졸중을 앓은 적이 있다.
• 물을 마시거나 음식을 먹을 때 사래가 자주 들린다.
• 얼굴이 삐뚤어진 적이 있거나 한쪽 팔, 다리에 마비가 있다.
• 걸을 때 보폭이 작거나 다리가 질질 끌린다든지 자세가 앞으로 구부정하다.
• 얼굴표정이 감소되거나 말수가 작고, 하루 종일 누워서 잠만 자려고 한다.
• 뇌혈관 장애의 치료와 더불어 증상이 호전될 수 있다.

③ 기타 HIV(AIDS 유발 바이러스)로 인한 치매, 두부외상으로 인한 치매, 파킨슨질환으로 인한 치매 등이 있다.

⑹ 치매의 진단

치매가 다양한 원인에 의해 발생하기 때문에 진단을 내리기 위해서는 먼저 의사가 환자나 가족에게 이전의 병력을 질문하여 치매와 관련된 상세한 정보를 얻고, 신체검사, 신경학적 검사 및 정신상태검사와 지적 능력을 평가하기 위한 신경심리검사를 실시하고 치매를 일으킬 수 있는 원인을 발견하기 위해서 각종 검사를 실시하여 최종적으로 치매의 진단을 내리게 되는데, 그 진단 방법으로는 다음과 같다.

가. 임상적 병력조사

진단에서 가장 중요한 것은 환자와 가족 및 환자를 잘 알고 있는 사람들이 제공하는 환자에 대한 정확한 정보이다. 증상 발생의 양상 및 진행양상, 신경심리학적 징후의 동반 여부, 치매의 가족력, 정신질환 및 약물이나 알코올중독 등의 과거력에 대한 정보 등을 파악해야 한다. 또한 환자의 교육 정도, 병전성격 및 사회 활동 정도에 대해서도 파악해야 한다.

나. 일반신체검사

많은 신체질환들은 치매의 원인이 될 수 있고, 이차적으로 치매를 더욱 악화시킬 수도 있기 때문에 정확한 치료전략 수립을 위해서는 일반신체검사가 반드시 필요하다.

다. 정신상태검사

치매의 원인이 되거나 악화 요인이 되는 우울증 유무 및 인지적 상태평가를 위해 실시한다. 전문의사가 실시하는 정신상태검사를 통하여 인지기능의 장애를 직접 측정한다. 먼저 기억에는 즉각기억, 최근기억, 장기기억이 있다. 즉각기억검사는 몇 개의 단어들이나 몇 자리의 숫자를 보거나 들은 후 즉시 기억해 내도록 한다. 예를 들면, '나무, 자동차, 모자, 1234'라는 말을 듣고 즉시 그대로 따라 할 수 있는지를 검사하는 것이다. 최근기억검사는 지난 몇 시간, 지난 며칠 동안 무슨 일이 있었는지, 누가 다녀갔는지, 직전 식사의 반찬 등을 질문하여 기억의 정도를 평가한다. 장기기억검사는 수년 혹은 수십 년 전 과거의 일에 대한 기억을 평가하는데, 고향, 출신학교, 자신의 생일 등을 묻는 것으로 한다. 지남력은 시기, 장소, 공간, 주변 사람을 아는지를 물어 평가한다. 언어는 이해하고 표현하는 능력을 검사하는데, 단어의 정의나 뜻을 질문할 수도 있고, 어떤 질문에 대한 대답이 얼마나 적절한가로 평가할 수 있다. 실행능력은 시계 그리기, 겹친 오각

형 그리기 등 따라 그리기와 일상생활에서의 수행 등으로 평가할 수 있다.

치매 초기에는 즉각기억 및 지연회상, 최근기억이 저하되고 시간에 대한 지남력이 저하되어 있지만, 치매가 진행됨에 따라 장기기억과 공간 및 사람에 대한 지남력도 저하되어 종래에는 자신이 누구인지도 기억하지 못하게 된다. 정신상태검사나 신경심리검사에서 어떤 문제가 있다고 하더라도 반드시 치매라고 진단할 수는 없다. 장애의 심한 정도와 더불어 전체적인 소견을 종합하여 치매의 진단을 하게 된다.

라. 신경학적검사

다양한 신경질환들이 치매의 원인이 되고 있다. 주로 조사되는 내용은 보행과 자세, 뇌신경 징후, 반사기능, 소뇌기능, 경직, 진전, 운동이상증, 운동감소나 과다증 등이 있다. 이러한 신경학적 이상을 정확히 평가하여 병변의 위치를 파악해야만 기타 검사에서도 도움을 받을 수 있다.

마. 일반적 임상검사

치료 가능한 치매의 원인이 되는 내과적 질환을 조사하기 위해서는 혈액검사, 혈당검사, 전해질검사, 비타민 B12 및 엽산검사, 신장기능검사, 매독반응검사, 요검사, 심전도검사 및 흉부방사선검사 등이 필요하다.

바. 방사선검사

전신화단층촬영(CT)과 핵자기공명뇌영상술(MRI)은 뇌를 일정한 간격으로 자른 단면을 보여 주어 구조적인 이상을 알 수 있도록 하는 구조적 뇌영상검사이고, 단일광전자방출 전산화단층촬영(SPECT)이나 양전자방출단층촬영(PET)은 뇌혈류나 산소 이용도 등을 파악하면서 뇌 특정 부위의 활성을 시각적으로 볼 수 있어 기능적 뇌영상검사라고 한다. 치매로 인해 신경세포가 소실되면서 뇌의 어떤 부위가 줄어들어 있는지, 특정부위의 기능이 떨어져 있는지를 눈으로 보고 확인함으로써 치매를 진단하게 된다. 알츠하이머병의 경우, 신경세포가 소실되면서 특히 측두엽의 부피가 줄어들어 뇌의 주름이 많아지고 뇌조직 사이의 간격이 넓어져 있으며, 심해지면 뇌수척액으로 차 있는 뇌실이 넓어진다.

사. 신경심리검사

장시간을 요하는 다양하고 상세한 인지기능에 대한 검사로서 기억력을 포함한 고위 지적 기능의 세부 영역에 대한 체계적인 검사를 실시하게 된다. 신경심리검사 성적은 치매의 진단에 매우 중요하다.

아. 특수검사

뇌파를 전산화하여 분석하는 '브레인 매핑(Brain mapping)'이 있다. 최근에는 뇌수척액에서 치매의 원인물질인 베타아밀로이드나 타우 단백질을 측정하여 치매 진단을 내리는 뇌수척액검사를 실시하기도 하고, 뇌 조직을 수술적으로 채취하는 뇌생검사를 통해 진단을 내리기도 한다.

치매의 진단은 이렇게 여러 단계를 거쳐 이루어지게 된다. 그러므로 치매가 아닐까 하는 막연한 걱정이나 '나는 결코 치매에 걸리지 않는다'고 병을 부정하는 태도는 바람직하지 않다. 현재의 의학수준으로 조기에 치매를 진단하면 병의 진행을 늦출 수 있다. 치매로 인한 자신과 가족의 고통을 적어도 1~2년 이상 줄일 수 있다. 심리적 고통뿐 아니라 가족의 경제적 부담도 경감된다. 왜냐하면, 심한 치매상태에서의 입원이나 시설 이용을 위해서는 적어도 1년에 몇 천만 원이 소요되기 때문이다. 치매의 조기치료를 통하여 치매환자가 치매가 없는 상태로 무려 1~2년 이상 지낼 수 있기 때문에 그 가치가 매우 높다고 할 수 있다. 조기진단과 치료의 중요성은 아무리 강조해도 지나치지 않는다.

(7) 치매의 치료와 예방

알츠하이머병 치료 원칙은 첫째, 약물치료를 통한 증상의 완화 및 병의 급속한 진행을 억제하고, 둘째, 지속적이고 일관성 있는 치료를 해야 하며, 셋째, 환자 및 가족의 정신·사회적 종합치료가 필요하다. 그리고 혈관성 치매의 치료 원칙으로는 첫째, 급성기에는 뇌조직 괴사방지 및 최소화에 역점을 둔다. 둘째, 만성기에는 뇌졸중의 재발방지 및 위험인자 조절 등 재활치료에 중점을 둔다. 셋째, 재활치료로 예방 가능한 합병증의 예방, 뇌졸중으로 인한 증상치료 등 장애에 대한 기능적 재활로 일상생활 수행능력 및 삶의 질 회복에 중점을 두어야 한다.

치매는 불치의 병으로 오해되고 있는데, 현재까지는 약 20~25% 정도 치료가 가능하다. 치매는 그 원인에 따라 치료 여부와 치료방법이 달라진다. 가역성 치매는 일부 혈관성 치매나 다른 신체질환으로 인한 치매의 경우 그 원인을 제거하면 증세가 크게 호전될 수 있는 치매를 말하고, 뇌졸중으로 인한 혈관성 치매의 경우에는 뇌수술을 통해 뇌손상을 제거하면 인지적 손상이 현저하게 호전될 수 있다. 알코올 남용, 파킨슨병, 헌팅톤병 등으로 인한 치매의 경우도 그 원인질병이 호전되거나 치료되면 치매증상도 호전되는 경우가 많다. 비가역성 치매의 경우 병전상태로 증세를 회복시키기 어려운 치매로서 알츠하이머 치매나 다발성경색 치매는 치료방법들이 개발되고는 있지만 아직까지는 치료가 어렵다.

치매 환자들이 나타내는 인지적 손상의 속도는 환경적 자극에 따라 달라질 수가 있기 때문에 체계적인 지적활동프로그램을 통해 치매환자의 인지적 손상을 방지할 수 있다. 예를 들면 일상생활에 중요한 정보를 잊지 않도록 반복하여 암기하기, 간단한 지적과제나 게임하기, 과거 경험을 구체적으로 기억해 보기, 가족이나 친척의 이름 외우기, 날짜 확인하기 등을 통해 가족이나 주변 사람들과 친밀한 관계(이해와 지지)를 유지하고 긍정적인 다양한 감정 체험은 치매 증상의 악화를 방지하는 효과를 지닐 수 있다. 치매 예방 수칙으로는 다음과 같은 것을 들 수 있다.

① 균형 잡힌 식사로 하루 세 끼 소량을 맛있게 천천히 먹는다.
② 자신에게 알맞은 적당한 운동을 꾸준히 쉬지 않고 한다.
③ 절대적인 금연과 술은 가능한 한 적게 먹는다.
④ 머리를 다치지 않게 조심한다.
⑤ 고혈압, 당뇨병, 심장병의 치료는 가능한 한 일찍 시작한다.
⑥ 우울증을 예방하기 위해서 웃음을 잃지 말고 감사하는 마음을 지닌다.
⑦ 약은 아무리 좋은 약도 때로는 독이 될 수 있다는 생각에서 반드시 의사 처방에 따른다.
⑧ 평상시의 건전한 생활습관과 규칙적인 정기신체검사는 가장 안전하게 건강에 투자하는 것이다.
⑨ 가장 바람직한 사회생활 및 대인관계는 배려하는 마음과 칭찬을 아끼지 않는 것이다.
⑩ 노후대책은 미리 서두르고, 봉사생활은 생활에 활력으로 되돌아온다는 것을 명심한다.

3. 노년기와 정신장애

1) 우울증(Depression)

노년기에는 여러 가지 상실을 경험하게 된다. 신체적 질병, 사회적 지위와 역할의 상실, 경제적 능력의 저하, 가까운 사람의 사망 등과 같은 다양한 상실을 경험을 하기 때문에 노년기에는 우울증이 나타날 가능성이 높다. 우울증은 노인에게 나타나는 정신장애 중에서 가장 흔한 것이며, 우울과 슬픔, 자기가치감의 상실, 의욕 및 동기의 저하, 피로감 등이 주요 증상이다. 노년기 우울증은 젊은 사람들의 우울증에서보다 수면장애가 더 많이 나타나고, 신체 증상의 호소와 초조감을 드러내는 경우가 더 많고, 죄책감이나 적대감과 자살사고가 적은 대신, 운동기능의 지체와 체중감소가 더 많고, 주의집중력과 기억력 등 인지기능의 저하를 호소하는 경우가 많다.

노년기 우울증은 드러나는 증상이 초기의 치매 증상과 유사하여 이를 진단하여 구분하는 것에 주의를 기울여야 한다(우울증 환자들은 우울한 기분이나 비관적 사고를 직접 보고하고, 기억장애를 더 많이 호소하고, 문제 해결을 포기하거나 누락하는 양상을 더 많이 보이고 회복가능성이 높은 반면, 치매 환자들은 이를 인식하거나 표현하지 못하는 경향이 있고, 인지적 결함을 감추려 하거나 기억장애를 가졌는지조차 인식하지 못하고 있다).

노년기 우울증의 역학적 특징을 보면 유병률은 10~15%이며, 특히 주요우울장애의 진단기준에 맞는 경우는 1.8~2.9%로 보고되고 있으며, 남자보다는 여자가 발생이 더 많다. 신체적 질병에 대한 반응으로 우울증상이 동반되고, 우울증의 증상이 주로 신체적인 증상으로 나타나는 경우가 있다. 신체적 질병이나 약물에 의해서 생리적 변화가 나타나고 이로 인해 우울증이 유발될 수도 있다.

우울증의 원인은 첫째, 유전적 원인으로, 우울증, 양극성장애의 가족력이 노년기 우울장애의 중요한 유발 인자이다. 그러나 이러한 유전적 소인은 노년기 발생 우울 장애에는 거의 영향을 미치지 않는다. 둘째, 병전인격원인으로, 강박성 인격이나 히스테리성 인격을 가졌던 사람은 나이가 들어감에 따라 사회에서 느끼는 생활의 만족이 적고, 신체적 · 사회적 · 경제적, 어려움들에 의해 주기적으로 비통함을 느끼기 때문에 우울 증상이 흔한 것으로 보인다. 셋째, 사회·경제적 상태의 원인으로, 독신 생활, 경제적 빈곤, 수용기관에서의 생활, 저조한 건강상태 등의 특성을 지닌 노인들이 우울증에 걸리기 쉽다(권석만, 민병배, 2000).

노년기 우울증은 신체적·심리적·사회적 요인들이 복합적으로 작용하여 나타나기 때문에 우울증의 치료 또한 신체적·심리적·사회적 개입이 복합적으로 이루어질 필요가 있고,. 또한 노년기 우울증은 신체적 질병이 동반되는 경우가 많으므로 포괄적인 의학적 검진이 요구될 뿐 아니라 신체적 질병과 우울증의 관계를 잘 살펴서 치료 시에도 이를 잘 고려해야 하며, 관련된 신체적 질병에 대한 치료가 병행되어야 한다. 더불어 가족성원의 개입과 협조, 가까운 사람들의 관심과 정서적 지지가 필요하다.

2) 정신분열증(Schizophrenia)

정신분열증은 대부분 청소년기 또는 성인기 초기에 발병하지만, 노년기에 발병하는 경우도 있다. 노년기에 정신분열증을 나타내는 경우는 크게 두 가지 유형으로 나누어 볼 수 있다. 하나는 젊은 나이에 발병하여 노년기까지도 장애가 지속되어 온 만성 정신분열증 환자 집단이고, 다른 하나는 노년에 처음으로 발병한 정신분열증 환자 집단이다.

노년기에 처음 정신분열증이 발병하는 경우 '편집분열증(Paraphrenia)'이라 부르며, Kay와 Roth(1961)는 '만발성 편집분열증(Late Paraphrenia)'이라고 지칭하였다. 60세 이후에 처음 나타나고 성격의 와해현상이 현저하지 않으며, 망상증상을 동반한다. 피해망상을 위주로 하는 체계적인 망상과 환청을 주된 증상으로 나타낸다. 젊은 나이에 처음 발병하는 정신분열증에 비해 병전 성격과 감정 반응이 잘 유지되고, 와해된 사고나 음성 증상은 덜 나타난다. 치료방법으로는 항정신병 약물을 투여하는데, 효과적이며 적은 용량으로도 치료 효과를 거둘 수 있다. 그러나 부작용이 심각하게 나타나므로 신중한 약물치료가 필요하다. 또한 지지적인 가족 환경이 중요하다.

3) 기타장애

망상장애(Delusional Disorders) 같은 경우, 노년기의 망상장애는 젊은 시절부터 시작된 것일 수도 있고, 노년기에 처음 나타난 것인 경우도 있다. 망상과 관련된 영역을 제외한 다른 영역에서는 대체로 정상적인 기능을 수행하며 인지적 손상의 징후도 나타나지 않는다.

불안장애(Anxiety Disorders)도 있다. 불안은 누구에게나 해가 되는 사건이나 위험한 상황을 알려 주는 신호체계로 작용하는 적응과정의 정상적 감정이라 할 수 있다. 그러나 부당하게 지나칠 때 병적 불안이라 할 수 있다. 이런 병적 불안은 인지(걱정, 공포), 행동(과다행동, 공포증) 및 생리적(심계항진, 과다호흡) 증상의 다양한 형태로 나타난다. 불안은 증상이나 장애로서 모두 노인들에게서 흔하게 나타나지만, 다른 연령에 비해 뚜렷하지 않다. 그러나 걱정의 특성이나 임상양상은 연령이 증가함에 따라 변한다. 노인은 특히 신체적으로 취약하기 때문에 신체적 질환에 동반되는 2차적인 불안도 젊은 사람보다 특징적이며, 불안장애의 진단과 치료 또한 다각도로 포괄적으로 이루어져야 한다. 노인의 불안장애로 공황장애, 공포장애, 강박장애, 범불안장애, 급성 스트레스장애, 외상 후 스트레스장애가 모두 일어난다고 한다. 가장 흔한 것은 공포장애로, 그 증상은 젊은 사람보다 덜 심하다. 외상 후 스트레스장애는 노인들의 신체적인 쇠약 때문에 그 증상이 젊은 사람들에게서보다 훨씬 심각하다. 강박장애는 노년기에 시작될 수 있으며, 자아 이질적 의식(Ego-Dystonic Rituals)과 강박사고가 특징이다. 노인이 되면 강박증, 엄격함, 인색함 등이 더 강화되며, 병으로 되면 정리정돈, 의식화, 동일성에 대한 요구가 심해진다. 사물을 계속 확인하고, 융통성이 없고, 고집이 세어진다.

물질관련장애(Substance-Related Disorders)는 흔히 술이나 그 밖의 수면제, 신경안정제, 마약을 남용하거나 의존해 있고, 니코틴이나 카페인, 진통제, 설사제 등도 흔히 남용되는 노인에게 나타난다. 그러나 젊은이들에 비해 범죄 성향은 적다. 알코올 의존을 가진 노인은 대개 젊어서부터 과음을 해온 사람들이다. 대개 간질환, 신체질환이나 영양장애, 사고에 의한 신체상해, 우울증 등이 동반되어 있다. 이혼, 사별 및 독신인 남자의 경우가 많으며, 전과기록이 있고 집 없이 가난한 방랑자가 많다. 노인에게 보이게 되는 갑작스런 섬망은 알코올 금단에 의한 경우가 흔하다. 노인들은 만성적인 불안이나 수면장애 때문에 신경안정제를 남용할 때가 많다. 암과 같은 질병에 의한 통증 때문에 진통제를 남용하는 수도 많다.

건강염려증(Hypochondriasis)은 병이라기보다 많은 노인에게 나타나는 증상이다. 노인 대부분이 관절염이나 당뇨병, 심혈관계 질환 같은 만성질병을 한 가지 이상 호소하므로 신체형 장애와의 감별뿐 아니라 동시에 치료에 유의해야 한다. 건강염려증은 노인에게서 흔한 병으로, 대부분 만성이며 예후는 불량한 편이다. 건강염려증을 비롯한 신체형 장애는 의존적이고 심리적 갈등이 많은 노인의 경우 빈번하게 나타난다.

수면장애(Sleep Disorders)의 경우, 노인층에서의 수면장애는 매우 흔한 것으로 알려져 있다. 사실 노년기의 일부 수면 문제들은 너무 흔해서 이 문제들이 정상적인 노화에 따른 문제인지, 아니면 병으로 보아야 할 것인지 구분하기 어려울 때도 종종 있다. 노인들의 수면장애에 대하여 특별한 관심을 기울여야 하는 이유는 여러 가지가 있다. 즉 첫째, 나이가 들면서 수면의 질에 대한 불만이 늘고 불면증을 많이 호소하고 수면제의 사용이 증가한다. 둘째, 나이가 들면서 수면 구조가 변화한다. 셋째, 불면증은 신체질환 또는 심인적인 장애, 그리고 사회적 또는 환경적인 문제들의 지표가 될 수 있다. 넷째, 수면장애로 인해 낮 동안의 개인적·사회적 그리고 직업적인 활동에 지장을 받는다. 따라서 노년기에서 발생하는 수면 문제들에 대한 보다 사려 깊은 신중한 접근이 필요하다. 노년기에는 불면증, 낮에 졸리움, 낮잠, 수면제 복용의 문제가 흔하게 나타난다. 노인의 수면에서는 REM수면이 재배치된 것을 볼 수 있다. 즉, REM 횟수가 증가되나 짧아지고 전체 REM은 감소하며, 3·4단계 수면이 감소하고 1·2단계 수면이 증가하고 중간에 자주 깬다. 별 할 일 없는 노인은 일찍 잠들고 아침까지 깊이 자지 못하고 밤중에 자주 깨고 수면 무호흡증(Sleep Apnea)도 흔하게 나타난다.

4. 성공적인 노년기

성공적인 노년이란 노년기에도 여전히 적극적인 활동을 유지하는 것을 말하는데, 이러한 바람직하고 성공적인 적응방식이라고 노년기를 본다. 즉, 은퇴 이후에도 생산 활동이나 사회활동을 지속하고, 활발한 대인관계를 지니며, 새로운 도전을 추구하며 활동적으로 사는 것이다. 노년기에는 개인과 사회의 관계를 서서히 유리시켜 나가는 것이 성공적인 적응방식이라고 주장하는 이론도 있다. 사회적 역할과 책임을 후속세대에 점진적으로 물려주고 자신의 역할을 서서히 희석시키면서 퇴진해 가는 것이 성공적인 노년이라는 것이다. 하지만 이것은 개인의 성격, 인생관, 가치관에 따라 성공적인 노년기의 모습은 다를 수 있다. 개인의 특성과 환경을 고려한 노년기 생활을 준비하는 것이 필요하다.

성공적인 노화의 전통적 기준은 수명, 생물학적 건강, 정신건강, 인지적 효능, 사회적 능력과 생산성, 개인적 통제, ⑦생활만족도와 함께 사회적 책임으로부터 해방된 것에 대한 행복감, 적절한 재정상태 유지, 적응방식의 지속성, 적절하고 현명한 판단력 유지, 죽음을 인정하고 수용하는 정서적 안정감을 들 수 있으며, 평온한 삶 영위, 일상적인 개인적 생활에 관심, 육체적 쇠약과 질병에 대처하는 용기, 화해하고 용서, 죽음의 부정적 영향을 최소화 하려고 노력하는 것 등을 들 수 있다.

5. 노인의 성(性)

전통적으로 우리 사회 안에서 노인은 효의 대상으로 인식되어 왔고, 성은 유교 사상의 영향으로 그저 종족 보존을 위한 수단으로서만 여겨져 왔다. 따라서 생식 기능에 한정된 성관계를 벗어난 감정적 유대로서의 성관계 또는 육체적 만족을 위한 성관계는 부도덕한 것으로서 취급되어 왔다. 이러한 성 윤리 문화의 영향으로 오늘날까지 성은 폐쇄적일 수밖에 없고, 특히 노인의 성적 욕망은 무시당하거나 조소와 비난의 대상이 되어 왔던 것이 오늘날의 현실이다. 이러한 노인의 성에 대한 폐쇄성과 무시는 노인 매춘과 노인의 성 전파성 질환의 증가라는 문제점들을 낳고 있다. 어쨌든 "나이와 성적인 욕구가 반비례하는 것은 아니다."는 전문가의 말을 굳이 빌리지 않더라도 노인의 성을 무조건 터부시할 수만은 없다. 이제 노인의 성은 노인의 성적 기능의 강조가 아닌 다양한 생활상의 욕구를 충족시켜 주는 것이기에 인간이 단지 '노령'이라는 생애 주기 변화 때문에 그 욕구가 결코 제약당하거나 차별받아서는 안 될 것이다.

1) 노인과 성에 대한 기본적 이해

인간에게 '늙었다' 또는 '노인이다'라고 할 수 있는 정확한 시점을 말하기는 매우 어렵다. 왜냐하면 나이는 계속해서 먹어 가고 있으며, 움직이는 생물과도 같은 것이어서 어느 시점을 딱 꼬집어서 구분하기가 애매하기 때문이다. 그러나 일반적으로 우리는 신체적·정신적 기능이 쇠퇴한 65세 이상을 '노인'으로 생각하고 있다.

대부분의 여성은 결혼하여 원하는 만큼의 자녀를 낳을 때까지는 그저 남편의 성욕구에 응하는 소극적 태도를 취하지만, 원하는 만큼의 자녀를 얻고 나면 성에 대한 욕구가 있어도 임신에 대한 불안과 공포로 자꾸만 남편의 요구를 거절하게 된다. 그러나 대부분 많은 여성들은 갱년기에 접어들면 월경이 끝난다. 따라서 배란도 되지 않음으로써 임신에 대한 불안과 공포는 사라지게 되고, 이로써 성에 대한 욕구가 평소보다 높아지게 된다. 성에 대한 태도도 새로운 차원으로 바뀌게 되고, 남편에 대해 새로운 관심을 가지게 되어 더욱더 적극적인 차원에서 부부로서의 성생활을 하게 된다. 그래서 50세 초에 접어들면 '제2의 신혼여행을 맛보게 된다'고 하는지도 모르겠다.

그러나 한편으로 여성은 갱년기에 접어들면 난포(卵胞) 호르몬의 분비가 뚜렷하게 저하된다. 그 결과로 자궁과 난소는 서서히 위축하여 질의 폭이나 길이가 줄어들고 또 대음순이 수축하기 때문에 질의 입구가 좁아지게 된다. 또한 갱년기에 접어든 여성에게 나타나는 또 다른 현상은 여성의 성기를 윤활하게 하는 Baltrine선에서 분비물과 질의 벽에서 나오는 점액이 감소하기 때문에 질과 질의 입구가 건조해져서 질의 표면을 덮고 있는 막도 약화되어 출혈이나 염증을 일으킬 가능성이 커지게 된다. 이럴 때 여성에게 성관계는 통증으로 다가오며 부부 관계 자체가 싫어지면서 마침내는 성생활의 단절에 이르게 되기도 한다.

남성의 경우, 일반적으로 60세 이후 노인의 성생활은 전혀 불가능하며 필요조차 없다고 생각한다. 심지어는 노인이 성행위를 한다는 것은 건강에 지장을 주고 성적으로 이상한 것으로 받아들이기에 대부분 많은 노인들은 스스로 성을 체념하거나 포기해 버리는 경향이 많다. 그러나 의학적으로 볼 때 남성의 성적 능력은 일반적으로 알고 있는 것보다 훨씬 더 길다. 최근에 의학적으로 조사된 바에 따르면, 60세 이후가 되어도 성행위가 가능한 사람이 약 60%이고, 80세 이상의 고령에서도 25%가 성행위 능력을 가지고 있는 것으로 드러났다.

2) 노인의 성생활 실태와 그 의미

사실 노인들도 젊은이들과 다를 바 없이 인간의 기본 욕구인 성욕을 가지고 있다. 그러나 흔히들 성행위는 젊은이들만 하는 것으로 여기고, 나이가 들면 성적 감정이 없어진다고 생각하거나 또는 성적 흥미를 가진 노인들을 '추잡한 늙은이'로 취급해 버리기 일쑤다. 이렇게 편협된 사고방식에서 비롯한 노인의 성 문제에 대한 편견을 떨쳐 버리지 않고서는 노인의 성 문제를 올바르게 인식할 수가 없다.

노인 문제를 다룸에서 더욱더 문제가 되는 것은 고령화 사회에서 배우자를 잃어버린 사람들의 문제로, 특히 이들의 성생활 문제이다. 최근 인구 조사에 따르면 65세 이상의 노년 인구는 총 인구에 대해서 12%를 넘어서고 있고, 더구나 그중 무 배우자 노인은 무려 440만 명을 넘어서고 있어서, 이러한 고령화 사회의 무 배우자 노인 구제는 또 하나 앞으로 해결해야 할 큰 과제이다. 보통은 사별의 경우가 대부분이겠지만, 어떤 이유에서건 독신으로 살아야 하는 노년의 성은 일반적으로 큰 차이가 있으리라 생각하기 쉽다. 곧 같은 노년이라 해도 연령에 따라 당연히 같지 않으리라는 것은 예상되지만, 여성 노인보다 남성 노인이 성적 대상을 더 갈구할 것이라고 생각하는 것이 일반적이다. 그렇지만 실질적으로는 표현상의 차이만 있을 뿐 내면적 희망은 그렇지 않다.

독일의 필 박사가 50~91세의 독일 여성 91명을 상대로 조사한 설문 조사 통계

보고에 따르면, 독신 여성의 8%가 기혼 남성과 성적 관계를 갖고 있는 것으로 드러났다. 또한 기혼 노년 여성의 혼외 성관계를 합하면 13%에 이르고, 누적된 경험을 보면 30%에 이른다. 그뿐만 아니라 노년 여성의 자위행위는 남성에 비해 훨씬 빈도가 높은 것으로 나타났다. 어쨌든 어느 나라를 막론하고 나이가 많든 적든 남성의 성에 관계되는한 문제는 대개 너그럽고 자연스럽게 이해되고 있다. 반면에 여성의 성에 관계되는 문제, 특히 노년 여성의 성에 관계되는 문제는 부끄럽고 수치스러우며 그래서 무조건 터부시하는 비인간적인 편견에 치중되어 있다. 따라서 문제는 이와 같은 편견과 태도가 사회적으로 어떤 문제를 야기시키고 있느냐가 중요하다.

'한국 노인의 전화'에 따르면, 지난해 접수된 노인의 이성 교제 및 소외 관련 문의는 225건으로 전체의 15.9%에 달했으며, 성생활 불만에 따른 고민은 9.4%인 것으로 드러났다. 특히 이와 같은 내용의 상담은 대부분 친지나 자녀의 도움 없이 본인이 직접 털어놓는다고 하는데, 이는 다른 어떤 문제보다 본인 스스로의 적극적인 관심을 반영한 것이라고 할 수 있다. 노인의 성생활에 영향을 미치는 요인으로 여러 가지를 들 수 있다. 그러나 무엇보다도 중요한 것은 노인의 성에 대한 일반적인 사회 여론일 것이다. 왜냐하면 아직까지도 우리 사회에서는 노인의 성적 욕망이 '늙었다'는 이유 하나만으로 무시당하거나 비난의 대상이 되고 있기 때문이다.

노인의 성적 기능, 성 행동에 관한 경험적 연구는 노인들 역시 성에 대한 기본적 욕구를 가진 존재임을 잘 밝혀 주고 있다. 그렇지만 우리 사회의 현실은 아직도 노인을 탈성적 존재로서 단정하여 버리는 편견이 팽배해 있다. 다시 말해서, 대부분의 경우 노인에게는 성적인 욕구는 존재하지 않는 것으로 여기거나, 설령 노인의 성적 욕구를 인정한다 하더라도 그 욕구 충족의 중요성을 간과하거나 무시하는 경향이 강하다. 그러기에 노인의 성 활동은 오히려 건강을 해친다고 생각하거나, 노후의 이성 간의 교류는 풍기문란을 가져오는 것으로 생각하고 있는 것이다. 그래서 노인의 성적 욕구의 표출은 사회적으로 웃음거리나 비난의 대상이 되고, 심지어는 정신 장애로 여겨지는 경우까지도 있다. 이러한 이유로 노인은 자신의 성적 욕구를 자연스럽게 표현하지 못하고 사회적으로 강제된 금욕으로 자신을 스스로를 제약하고 있는 것이다.

그러나 좀 더 중요한 문제는 노인의 성에 대한 여러 가지 편견이 사회적으로 존재한다는 식의 현상적인 검증의 확인이 아니다. 그보다 오히려 노인의 성에 대한 편견이 사회 성원에 내재화되고, 그래서 부정적 사회 심리로 구조화되는 과정에 대한 엄밀한 분석과 연구 그리고 노인에게 성생활이 실질적으로 얼마나 중요하며 어떤 의미를 갖고 있는가에 대해 분명히 알아야겠다.

노인들의 삶을 만족시켜 줄 수 있는 요인들은 다양하다. 그러나 여러 학자들의 공통된 의견에 따르면, 노인에게 그들의 삶을 만족시켜 주는 가장 중요한 요인들은 사회 교육 참여, 건강 상태, 정상적인 성생활과 경제적 생활수준, 사회단체 참여, 여가 즐기기, 가족들과의 관계 등으로 나타나고 있다. 이 밖에도 직접적인 사회 활동, 사회 경제적 지위, 자아 존중감, 무력감, 생활 기능 상태 등을 꼽고 있다. 브레처의 연구에 따르면, 능동적인 성생활과 친밀한 관계(Intimacy Relationship)를 즐기고 있는 노인들은 그렇지 않은 노인들보다 삶의 만족도가 훨씬 높은 것으로 나타났다. 그리고 가정과 사회에서 소외감을 느끼면서 살아가는 노인들 중 상당수가 성생활을 통해 삶의 존재, 곧 자신이 살아 있고 무엇인가 살아서 기능하고 있음을 느낄 수 있다고 한다.

이렇게 볼 때 노인의 성적 욕구는 육체적인 기본 욕구를 넘어 '우울'과 '신체 자아'와 깊은 연관성이 있음을 알 수 있으며, 나아가 노년기의 성은 직접적인 성적 욕구 충족과 함께 '위로', '위안'이라는 정신적인 의미가 더욱더 강하다는 것을 잘 알 수 있다. 다시 말해서, 노인의 성적 행동은 단순히 육체적인 측면뿐만 아니라 심리 정서적인 측면이 더 중요하다는 것을 확인해 볼 수 있는 것이다.

제11장

고독사와
독거노인
(소외감 극복과 소통)

외로움

조 원 규

아무도 없을 때
아무나 그립다

그리워하고 싶을 때
그리워할 사람이 없으면
아무나 그립다

외로움은 그리움을 덮고
그리움은 외로움을 덮고

세상에
단 한 사람이 없을 때
아무나 그립다

1. 고령화와 독거노인 문제

우리나라는 지난 2000년 '고령화 사회'에 진입했다. 65세 이상 고령자가 전체 인구에서 차지하는 비율이 7%를 넘으면 '고령화 사회'라고 한다. 문제의 심각성은 유례없이 빠른 고령화 속도이다. 실제 현재 우리나라의 65세 이상 노인 인구는 500만 명을 넘어섰고, 이는 인구 10명 중 1명은 노인이라는 얘기이다. 전문가들은 오는 2018년이 되면 노인 인구 비율이 전체의 14% 이상을 차지하는 고령사회로 진입할 것으로 보고 있다. 이렇게 된다면 우리나라는 18년 만에 '고령사회'로 진입하는 것이다. 이는 프랑스(115년), 스웨덴(85년), 미국(71년), 영국(47년), 일본(24년) 등보다 현격히 짧은 기간에 고령화 사회에서 고령사회로 진입하는 것이고, 세계에서 가장 빠른 속도로 고령사회로 들어선 셈이다.

고령사회(유엔기준)는 65세 이상 인구가 전 인구의 14%에 달할 때를 말하는데, 고령사회의 문제는 노인 인구가 늘어나면서 기업의 생산성이 줄어들고 이에 따른 경제성장 둔화로 각종 사회보험 운영에도 구멍이 생긴다는 점이다. 돈 내는 젊은이는 적고 돈을 타 가는 노인만 많으면, 보험이든 연금이든 운영을 지속하기는 어려운 까닭이다. 노인 비중이 1% 늘어나면 경제성장이 0.47% 감소한다는 분석도 있다.

1) 독거노인의 정의

독거노인은 부양 의무자가 없거나 있다고 하더라도 부양 능력이 없어서 부양을 받을 수 없는 65세 이상의 노인을 의미하는데, 시설이 아닌 일반 가구에서 손자나 손녀 등과 함께 동거하지 않는 노인인구를 말한다. 넓은 의미에서는 배우자 및 친족, 비 친족 중 누구하고도 함께 거주하거나 가계를 함께하지 않는 단독 세대, 또는 그 상태에 있는 노인을 말하고, 좁은 의미에서는 절대빈곤 상태에 놓여 있고, 동시에 기본적 욕구를 충족하지 못해 국민기초생활보장법에 의해 보호를 받아야 하는 노인 1인 독신 가구를 의미한다.

독거노인은 경제적으로 어려움을 겪고 있고 고독이나 건강상의 문제, 경제적 문제로 가사서비스 원조와 재가보호를 해 줄 수 있는 가족이 세대에 존재하지 않고, 가족의 경제적 지원이나 신체지병에 대한 보호나 간호, 정서적인 유대감 형성 등 부양기능을 제대로 제공받지 못해 가장 취약한 상태에 놓여 있는 계층을 말한다. 우리나라의 경우, 여성의 평균연령이 남성보다 높고 수명이 더 길어서 80세 이상의 노년인구 중 3분의 2가 여성독거노인으로 남성보다 더 많은 비중을 차지한다. 독거노인은 스스로 선택한 자발적인 경우와 자녀가 떠나버려 할 수 없이 혼자 사는 비자발적인 경우도 있다.

2) 독거노인의 발생원인

(1) 인구의 고령화

노인인구의 평균수명의 연장과 출산율 감소로 인하여 노인인구의 노령화가 가속되고 있는 실정이다. 인구학적으로 볼 때 인구가 높은 증가율에서 낮은 증가율로 저하되게 되면, 인구의 연령별 구조에 큰 변화를 가져오게 된다. 즉, 소산 소사형의 인구구조로 바뀌게 되면서 전체 인구 중에서 노년층이 차지하는 비율이 높아지게 되는 것이다.

(2) 산업화 · 도시화로 인한 노인의 역할 상실

우리나라의 산업화는 1960년대를 시작으로 고도 경제성장의 추구가 1970년대를 거쳐 1980년대로 이어지면서 급격한 산업화 과정을 밟고 있다. 이와 같은 산업화의 결과로 나타난 인구의 지역 간 이동은 농촌 인구의 도시 집중 현상을 가져왔다. 산업사회에서의 이농 · 도시 집중 현상으로 노인을 부양하여야 할 젊은 사람들이 도시로 향하게 됨에 따라 노인들은 농촌에 남게 되거나 혹은 할 수 없이 도시로 이전하게 되어 전통적인 사회에 있어서의 이웃과 친구 또는 자녀들로부터 멀리 떨어져 고독과 허전함에 시달림을 받게 되는 경우가 많다. 산업화 · 도시화는 노인에게 전통사회에서의 권위자로부터의 지위를 격하시켰고, 효율과 능력주의에서 밀려나와 무력하게 되었으며, 개인주의, 물질주의는 인간의 사랑과 인정에 바탕을 둔 전통적 경로효친 사상을 감퇴시켰다. 이러한 산업화와 도시화는 노인의 역할을 상실하게 만들어 노인의 소외감을 더욱 부추기는 결과를 낳게 되었다.

(3) 핵가족화 경향

사회구조가 변화함에 따라 젊은 세대들은 새로운 직장을 따라 거주지를 옮겨야 하는 사례가 빈번해져 지역 간의 이동이 활발해졌고, 또한 부부 중심의 핵가족을 구성하는 비율이 높아지고 있다. 이처럼 일단 핵가족을 이룬 젊은 부부들은 자신의 직장에서의 성취와 가정적 안정을 보다 중요시하기 때문에 부부가족 단위의 테두리 밖에 있는 노부모의 생활 문제까지 염두에 두려고 하지 않는다. 그러므로 이러한 핵가족화는 부모와 자녀간의 공간 고립을 가져와서 결국 사회와 노인 간, 젊은이와 노인세대 간, 가정 내의 부모와 자녀 간의 사회적 및 심리적 고립과 소외라는 노인 문제를 발생시킨다.

3) 독거노인의 실태

지역의 경우 도시지역보다 농촌지역에 비율상 더 많이 거주하고 있는데, 이러한 차이는 도시에서는 노인들이 자발적으로 단독가구를 형성하는 반면, 농촌에서의 노인독신가구의 형성은 비자발적인 주변 환경 때문이라는 점에서 차이를 보인다. 이러한 분포의 의미는 도시지역보다 의료시설이나 사회복지 시설이 부족하여 이들 서비스를 받을 수 있는 기회가 더 제한되어 있는 농촌 지역에 노인독신가구가 많음으로 인해 더욱 문제가 된다는 것이다.

노화에 따라 흔히 나타나는 고독, 빈곤, 질병의 문제나 가사 서비스 원조 및 가호의 필요에 대응하여 줄 수 있는 인적자원을 세대 속에 포함하지 못하고 있다는 점에서 독거노인의 문제가 더욱 두드러질 수밖에 없다. 일반적으로 자신의 마음을 맡기고 모든 것을 터놓고 상의할 수 있는 사람이 가족구성원이라는 점에서 볼때, 노년기에 나타나는 역할 상실, 능력 감퇴, 사회적 접촉의 감소와 고립 등에 대한 완충지대 역할을 함으로써 만족할 만한 노년기 생활을 유지하고 이를 통하여 정신건강을 지키는 데 기여하는 가족 또는 배우자가 없다는 점에서 독거노인에게 특별한 서비스가 제공되어야 한다.

일반적으로 노인들이 겪는 어려움이라고 하면 크게 '4고(苦)'라고 하는데, 이는 첫째, 경제적 상실에서부터 오는 어려움, 즉 빈고이다. 직장에서 열심히 일을 하시던 분들이, 65세가 되면서 정년퇴직을 맞이하게 되고, 일자리가 사라지면서 일정한 수입이 중단된다. 둘째, 역할 상실에서부터 오는 어려움이 있다. 흔히, 무위고라고 하는 '역할상실'은 대부분 자녀들은 결혼을 하여 독립을 하게 되고, 직장이라는 곳에서의 역할 등 자신이 지금까지 있던 위치가 하나둘 사라지는 것에서부터 생기는 어려움을 말하는 것이다. 셋째, 건강악화에서부터 오는 어려움인 병고가 있다. 나이가 들면 여러 가지 잔병들에도 쉽게 걸리게 되고, 이제 죽을 날을 걱정을 하기도 하는데 이런 부분에 대한 어려움을 말하며, 많은 노인들이 이러한 병고에 시달리고 있다. 보건복지부가 전국 65세 이상 독거노인 14만

2,538명을 대상으로 생활 실태를 정밀조사한 결과에 따르면, 대상자 가운데 한 가지 이상의 만성질환을 앓고 있는 노인은 92%로 나타났으며, 평균 2.9종의 만성질환을 보유하고 있었다. 건강관리나 질병 치료를 위해 다른 사람의 도움이 꼭 필요한 노인도 32%나 됐지만 조사 대상자 중 42.4%가 이웃과 상당히 떨어진 곳에 살고 있었다. 가족(자녀, 손녀, 형제자매)이 한 명도 없는 노인이 7%, 가족이 있더라도 한 달에 한 번도 연락을 하지 않는 경우가 24%였다. 이웃과 연락을 하지 않는 노인도 40%로 조사됐다. 독거노인 상당수가 응급 상황에서 주위 사람들의 도움을 받기 어려운 상황에서 살아가고 있는 셈이다. 이러한 현상은 매년 증가되고 있다는 데 문제의 심각성이 있다. 넷째는 소외감에서부터 오는 어려움인 고독이다. 이것은 무위고와도 연관이 있는데, 경제적인 활동에서 물러나게 되고, 자녀들도 독립을 하게 됨으로써 이제는 사회와 조금씩 단절이 되어 버리면서 발생하는 소외감을 말하는 것이다. 이로 인해 사회문제가 되고 있는 것이 고독사이다. 고독사는 혼자 사는 사람이 자기 집에서 아무도 모르게 죽는 경우다. 고독사 사망자의 대부분은 독거노인들이며, 고령화가 심각한 일본에선, 이미 1970년대부터 사회문제로 떠올랐다. 현재 우리나라의 경우, 가족이 있는데도 혼자 사는 경우가 92%, 가족과 연락이 두절이 된 경우가 15%, 친구마저 연락 두절된 경우가 31%, 이웃과도 연락 두절이 된 상태로 살아가는 경우가 20%에 달하고 있다.

　고령화 문제가 심각한 일본의 경우, 고독사는 이미 심각한 사회문제로 떠올랐다. 2004년 도쿄(東京)에서만 40세 이상 사망자 중 2,598명이 고독사한 것으로 집계됐다. 이 중 26%는 일주일이 지나 발견됐다. 이 때문에 독거노인 또는 1인 가구의 안부를 확인하는 서비스가 인기를 끌고 있다. 가스나 수도처럼 일상에서 늘 사용하는 서비스의 사용량이 갑자기 줄어드는지를 주기적으로 점검하는 방식이다. 우리 정부도 최근 들어 고독사 예방 사업에 관심을 두고 있다. 독거노인을 돌보는 '독거노인 생활지도사'를 도입하기도 하고, 독거노인의 건강을 원격 체크하는 '유 케어(U-care)' 시스템을 반영하기도 했지만, 고독사에 대한 통계조차 아직 집계되지 않고 있다.

전국 노인생활실태 조사에 따르면, 노인가구형태는 지난 10년간 상당한 변화를 겪은 것으로 나타나고 있다. 2004년도 전국 노인생활실태 및 복지욕구 조사결과(한국보건사회연구원, 2010)에 따르면, 노인가구형태의 분포는 자녀동거가구 43.5%, 노인부부가구 26.6%, 노인독신가구 24.6%, 기타 노인가구 5.4% 순으로 나타났다. 노인독신가구의 경우 1994년 16.2%에서 1998년 20.1%, 2004년에는 24.6%로 증가하였다. 10년 동안 8.4% 포인트 그 비중이 증가한 것이다. 이를 통해 독거노인의 절대적 수와 비중이 증가하고 있음을 알 수 있다.

이에 따라 홀로 생활하시는 독거노인은 전체 노인 중 20.6%로, 이를 2007년도 노인인구 기준(480만 명)으로 추정해 보면, 약 99만 명에 이른다. 매년 약 5만 명씩 독거노인이 증가하고 있는 실정이다. 특히 독거노인은 여성이 절대다수이다. 독거노인의 87.7%가 여성이며, 남성은 12.3%이다. 독거이면서 여성인 경우, 생활실태의 열악성은 더욱 심각하다. 또한 독거노인은 경제적 생활실태도 매우 열악한 것으로 나타나고 있다. 독거노인의 62.4%가 절대빈곤선 이하의 소득을 가진 것으로 나타났다. 독거노인 10명 중 무려 6.2명이 빈곤하다는 것이다. 이는 전체 평균 37.3%의 빈곤율에 비해서도 무려 25.1% 포인트 높은 수준이다. 이와 같이 독거노인의 절대적·상대적 증가와 함께 독거노인의 열악한 생활실태를 감안할 때, 독거노인에 대한 사회적 관심과 정책적 대응이 필요하다.

독거노인은 2006년 83만 3,072가구에서 2007년 88만 1,793가구로 늘었고, 2008년에는 93만 3,070가구로, 90만 가구를 돌파했으며 이후 불과 2년 만에 100만

가구대로 올라섰다. 70~74세 독거노인의 경우, 지난해에 비해 1만 9,077가구가 더 늘었으며, 75~79세도 1만 9,209가구나 증가해 70대층이 독거노인의 급증을 이끌었다. 이처럼 70대층에 독거노인이 많은 이유는 이들이 광복과 6 · 25전쟁을 거친 세대로 자녀를 많이 낳기는 했으나 급격한 경제개발로 인해 자녀들이 직장을 찾아 서울 등으로 올라가면서 같이 살기 힘들어졌기 때문으로 풀이된다. 이에 따라 정부는 2008년부터 노후 생활 안전 도모를 위해 기초노령연금제도를 시행 중이다. 하지만 독거노인 특성상 별다른 노후 보장책이 없는 경우가 많고 자녀 때문에 기초생활보호대상자로도 선정되지 못하는 사례도 적지 않아 빈곤의 사각지대로 몰릴 가능성이 크다는 지적이다.

4) 독거노인의 문제점

⑴ 제한된 사회활동

노인의 경우는 경제적 기반이 열악하고 사회적 지위나 가족 내 역할에서도 상대적으로 낮은 상태에 있을 가능성이 높기 때문에 제한된 사회활동을 직접적으로 경험하고 있다. 따라서 노인들의 사회활동 참여가 중요한 문제로 대두되게 되었다. 즉, 경제적으로 기본생활이 어렵기 때문에 비용이 드는 여가 활동은 불가능하고, 비용이 들지 않는 텔레비전 시청이나 라디오 청취, 노인정에서의 소일 등 극히 제한적인 범위에서 이루어지고 있다. 이러한 문제의 대다수가 기초생활보장법에 의한 수급을 받고 있는 독거노인들에게는 훨씬 더 심각하다. 이렇기 때문에 독거노인들은 더욱더 외로움을 느낄 수가 있고, 자신에 대한 '자기비하'로 이어질 수 있는 문제도 가지고 있다.

⑵ 노인 85.5% 복지서비스 이용 못해

보건복지가족부의 맞춤형 복지서비스를 실시함에도 불구하고 해당 서비스를 이용하지 못하는 독거노인들이 85.5%에 달하는 것으로 나타났다. 노인을 위한 경로식당 운영, 밑반찬 배달, 방문간호, 가정봉사원 파견, 노인 돌보미 바우처 등 13개의 사회적 서비스가 마련되어 있으나, 그중 단 하나도 이용하지 못하고 있는 것이다. 한 가지의 서비스를 받는 노인은 약 9%, 두 가지 이상의 서비스를 받는 노인은 약 5%에 불과한 것으로 나타났다. 가족, 친구, 이웃과 연락을 하지 않는 노인도 30%가 넘고 있으며, 그들로부터 경제·건강·정서면에서 지원을 전혀 받지 못하고 있는 노인도 33%나 된다.

노인복지서비스를 받지 못하는 노인이 많은 이유는 홍보가 부족하다는 데 있다. 노인들은 매체와의 연계가 긴밀하지 못하다. 인터넷 매체 등 어디서나 정보를 얻을 수 있는 사회지만, 노인들은 텔레비전 외에 접할 수 있는 매체는 거의 없기 때문이다. 또한 독거노인들은 40% 이상이 이웃과 동떨어진 곳에 주거지를 마련하고 있으며, 상대적으로 소외감을 갖고 있어 외출도 삼가고 있다.

(3) 의료 차원에서의 문제

대부분의 노인들이 수입 절감에 따른 경제적 어려움으로 적절한 치료나 건강 보호에 많은 문제를 가지고 있다. 한국노인문제연구소가 2010년에 실시한 노인생활 실태조사에서도 16.6%의 대상자만이 자신이 건강하다고 평가함으로써, 노인들의 경우, 스스로 건강상태가 좋지 않다고 인식하는 비율이 상당히 높은 것으로 나타났다. 노인들의 경우 나이가 들면 들수록 생기는 질병도 더 늘어나는데, 여기에다가 혼자 살고 있는 경우라면, 치료도 어려울 수가 있어서 더 큰 문제가 될 수 있을 것이다.

(4) 경제적 문제

경제적 어려움은 노후생활의 문제뿐만 아니라 친구·친척 관계, 여가활동, 정서 심리적 위축 등 생활 전반에 영향을 미치는 중요한 요인이다. 대부분의 노인독신의 경우, 스스로 부양할 능력이 없음은 물론 자녀가 없거나 있더라도 그들의 경제적 상황이 용이하지 않은 까닭에 자녀로부터의 경제적 부양을 기대하기란 사실상 상당히 어려운 처지에 놓여 있다. 다행히 이러한 극빈 노인층에 대해 국가의 보호망이라고 할 수 있는 국민기초생활보장법상의 생계보조금이 있다고는 하지만, 최저수준에 머무르고 있어서 절대 다수의 노인들은 극심한 경제적 어려움을 가지고 생활하고 있다.

(5) 사회적 · 심리적 고립과 소외 문제

급속한 사회 변화와 핵가족화 현상의 가속화, 개인주의의 확산은 노인의 외로움과 고독감을 심화시킬 가능성이 높다. 그러나 소득수준이 낮을수록 사회 변화에 따른 가족해체가 다른 사회계층보다 더욱 빨리 일어나 노인독신세대가 상대적으로 많이 형성되는 추세이므로 노인독신의 경우 심리적 · 정서적으로 더 많은 어려움을 갖게 된다고 볼 수 있다.

2. 외국의 독거노인 복지제도

1) 노인취업

노인 문제는 정년퇴직으로 인한 소득 감소와 역할상실에서 의존적인 노인으로 전락하는 데서 연유된다고 볼 수 있다. 따라서 노인 문제를 예방하고 국가의 사회보장 부담을 절약하는 방안으로, 선진외국에서는 고령자 취업을 위한 정책 개발을 적극 추진하고 있다. 미국에서는 인력개발 및 훈련법을 제정, 고령자 자원 활동 프로그램을 활성화시키는 한편, 기업경영자 출신 상담지도 프로그램, 병약한 노인을 돌봐 주는 프로그램 등 다양한 봉사활동 프로그램을 개발 · 실시하고 있다.

현재 미국의 노인들은 자신이 취업활동에서 물러난 '은퇴자'가 아니고 '퇴직연금을 받고 있는 사람'이라고 하며 여러 취업활동과 봉사활동에 적극 참여하고 있다. 영국에서는 노인 취업활동을 알선하는 노인복지공장을 실시하여, 지금까지 140개의 노인복지공장이 가동되고 있다. 일본에서는 고령자 취업을 장려하는 각종 노동정책을 개발하고 있으며, 1971년 '중고령자 고용촉진에 관한 특별조치법'을 제정하여 고령자의 취업지도 및 소개, 고령자 능력개발, 훈련, 연수 등 취업보장을 위한 정책을 개발하고 있다.

2) 사회적 서비스 프로그램

선진외국들은 해마다 정부예산의 10~15% 정도를 노인복지사업에 투입시켜 고령노인들의 장기보호 문제를 해결하고 있다. 노인들의 일상생활 수행능력과 부양자의 유무에 따라 재가 노인복지와 시설노인서비스를 연계시켜 장기보호 프로그램을 추진하고 있다.

(1) 재가노인복지서비스

재가노인복지란 노인이 심신 쇠약이나 만성질환으로 일상생활능력이 약해졌을 때 필요한 수발이나 간병 등을 가정노인에게 제공하거나 지역사회 시설을 이용하여 가정에서 노후생활을 계속할 수 있도록 지원하는 사회적 서비스이다. 현재 재가노인을 위한 간병서비스나 주간보호서비스는 선진국에서 대부분 제공하고 있다.

오스트레일리아, 독일, 네덜란드, 스웨덴, 이스라엘에서는 병약한 노인들을 집에서 돌봐 주는 가족 보호자들에게 그 보호수준에 따라 현금을 지불해 주기도 한다. 스웨덴의 각 도시에서는 시청 공무원들이 일과 후에 노인들을 방문하여 약물복용을 시중들거나 잠자리를 돌봐 준다. 농촌에서는 택시기사나 우체국 직원들이 노인들에게 필요한 식료품을 배달해 주고 노인들의 안부를 확인하는 서비스를 제공하고 있다. 네덜란드에서는 도시나 농촌 각 지역에 복지관을 만들어 재가노인들을 위한 모든 서비스 정보를 제공하고 지역노인들의 보호 욕구에 맞게 가정봉사 서비스를 조정하고 관장하는 일을 하고 있다. 독일에서는 각처에 종합봉사센터를 만들어 지역노인들을 도와주고 있다. 일본은 고령자 보호를 위한 10개년 전략을 세워 가정방문사업, 주간보호사업, 재가노인 단기보호사업 등을 대폭 확장해 나가고 있다.

(2) 시설노인복지 서비스

시설노인복지는 만성질환이나 심신기능장애로 자립생활을 계속할 수 없는 노인이 가정이나 지역사회에서 필요한 부양을 받지 못할 때 양로원, 요양원, 재활원, 노인병원 등의 시설에 수용되어 진료, 간호, 약물복용, 물리치료, 심리치료, 사회적 서비스 등 일상생활에 필요한 모든 보호를 받는 서비스를 말한다. 노인시설은 처음 무의무탁(無依無托)한 저소득층의 고령노인들을 위해 자선단체나 종교기관에 수용하여 필요한 침식과 요양을 무료로 제공하는 관리보호로 시작되었으나 근래에는 사회보장제도에 근거한 국가예산을 투입하여 요보호노인의 보호관리뿐 아니라 치료, 재활까지도 제공하는 서비스로 발전하고 있다.

3. 독거노인 문제의 해결방안

우리나라 인구 고령화의 속도는 세계 유례가 없을 정도로 빠르며, 고령화의 속도는 베이비붐 세대가 노년기에 진입하게 되는 2010년에서 2025년까지 지속적으로 같은 수준을 유지할 것으로 기대된다. 이러한 인구 증가 속에서 제기되는 가장 핵심적인 문제 중 하나가 병약한 노인을 돌보는 것이다. 지역사회 노인보호를 보다 큰 범주에서 보면, 노인에 대한 소득보장이나 의료보장이라는 사회보장의 핵심적인 부분과 같이해야 할 것이다. 선진국들의 경우, 지역사회에는 노인이 보호를 받을 수 있는 다양한 지원이 있고 대상노인들은 자신의 욕구에 따라 적절한 서비스를 선택할 수 있다. 이때 대상이 된 노인들은 이미 노후 소득보장과 의료보장의 자격을 갖고 있다. 따라서 자신이 규정된 수준보다 더 나은 서비스를 원할 때 그 차액을 본인이 지불하기도 한다. 그러므로 이런 형태의 서비스 공급이 가능한 이유는 모든 노인들이 공공차원의 사회적 서비스의 수급자격을 갖고 있거나 다원화된 시장 속에서 더 나은 서비스를 위해 지불할 수 있을 만큼의 경제력 여건이 되기 때문이다.

독거노인의 영양 상태는 비독거노인에 비해 불량하다는 것을 예측할 수 있다. 이것은 독거노인의 영양은 비독거노인의 영양보다 건강관리를 받지 못하고 있다는 것을 뜻한다. 노인기의 불량한 영양섭취상태는 건강과 직결되는데, 독거노인의 각종 질환보유율이 높고 혈액 수치가 정상적이지 않은 것으로 이를 확인할 수 있다. 불량한 영양 상태는 노인 영양 급식 프로그램의 도움으로 해결할 수 있다.

우리나라의 노인 영양 급식 프로그램은 선진국에 비해 제도적으로나 규모적으로 부족한 편이다. 법제화를 통해 전담 기관을 설립, 전문 인력을 도입하고 프로그램을 지역별 특성에 맞추면서 영양 개선사업을 체계적으로 추진해 나가야 문제점이 해결될 것이다. 그리고 이를 성공적으로 진행시키기 위해서는 기존의 대학, 산업체 등의 연구소와 국가기관이 함께 협력하여 노인 영양에 관심을 기울여야 할 것이며, 노인 건강 증진 및 국민 영양 개선 사업을 해야 할 것이다.

나이가 들어 가면서 가장 힘든 것이 무엇이냐고 물어보면, 나이 드신 어르신들은 대부분 외로움을 꼽는다. 경제적인 것이나 건강을 먼저 이야기할 만도 한데 많은 분들이 외로움을 호소하는 걸 보면, 나이가 들어 가면서 시간은 많지만 함께할 사람이나 함께할 위안거리를 찾지 못하는 것 같다. 이런 외로움이나 소외감이 가지는 문제점은 알고 있지만, 실제로 그것에서 탈피하여 새로운 인생을 살려는 시도는 적게 하고 있다. 소외감의 문제는 청소년들의 왕따 문제처럼 사회문제가 되었을 때 관심을 가지지만, 어르신들의 소외감의 문제는 수면 속에 가라앉아 보이지 않는 문제가 되었다.

우리나라는 초고령화 사회에 접어들고 있고, 독거노인도 점차 증가하고 있는 추세이다. 이에 따라 상대적 약자인 노년층에서의 자살률이 과거에 비해 훨씬 증가하고 있다. 또한 혼자서 쓸쓸히 죽음을 맞이하는 '고독사'의 문제도 심각한 수준에 이르렀다. 사회의 양극화 현상으로 인하여 잘사는 극히 일부의 노인은 일부이지만 풍요로운 노년의 삶을 즐기는 반면, 대부분의 많은 노인들은 우리 사회의 그늘진 곳에서 어려운 일을 하며 생계를 유지하고 하루하루 힘겹게 살아가는 힘겨운 나날을 보내고 있는 것이 현실이다.

가족이나 자녀와 함께 생활하는 노인의 비율은 줄어들고, 부부가 살다가 한 사람이 죽으면 혼자서 일생을 마치는 사람의 수가 늘어나고 있다. 이러한 문제들이 개인의 문제라고 치부하기에는 우리 사회의 여러 곳에서 많은 문제를 만들고 있어, 사회적 관심이 필요할 때이다.

4. 독거노인 가족복지 대책

1) 독거노인 관리시스템을 확대 보급

독거노인 케어서비스는 독거노인의 고독사 방지 등 복지증진을 위해 활동, 출입, 가스유출, 화재를 감지하는 센서를 집안에 설치해 독거노인들의 안전을 모니

터링하고 응급 시 신속하게 구조할 수 있도록 하는 신개념 서비스다. 독거노인 케어시스템은 독거노인의 안전 확인서비스와 응급구조 서비스를 병행하여 독거노인을 보호하는 것이 특징이다. 집안에 설치된 활동량감지센서와 출입감지센서의 정보를 분석해, 독거노인의 활동량이 없거나 평소에 비해 현저하게 낮을 경우, 생활관리사가 전화로 확인하거나 직접 방문해 안전을 확인하며, 독거노인이 응급호출을 요청하거나 집안에 설치된 화재 또는 가스유출 감지 센서가 작동하면 관할 소방서(119)로 자동으로 신고되어 소방서에서 응급구조 서비스를 제공한다.

2) 개인별 맞춤형 복지 서비스를 제공

독거노인을 위한 노인가정의 주기적 방문, 안부전화 및 무선페이징을 통한 안전 확인 실시 및 확인, 가구 점검 및 사용법 안내, 주거 및 생활상태점검을 통한 위험요소 제거 등 생활환경정비, 위급상황대응 및 도움 요청을 위한 연락체계 구축 등의 안전 확인과 독거노인의 보건복지 욕구에 따라 필요한 서비스 연계 및 조정, 제공된 서비스에 대한 사후점검, 지역 내 공공기관 및 민간기관의 복지자원을 최대한 발굴하여 연계, 유사서비스의 중복 등 불필요한 서비스의 중복이 발생하지 않도록 조정하는 서비스 연계 및 조정, 독거노인을 대상으로 보건·복지·교육·문화 등에 관한 다양한 프로그램 교육 및 정보 제공 등과 같은 생활교육 등이다.

실제 독거노인생활관리사 및 서비스관리자는 독거노인의 욕구를 파악하여 개인별 서비스 제공 계획을 수립하고, 지역사회 내 다양한 보건복지자원을 발굴하여 필요로 하는 서비스를 연계 및 조정해 주는 사례관리사(케어매니저)의 역할을 수행하도록 규정하고 있으나, 실제로 이러한 인력 기준으로 독거노인 개개인에 대한 케어매니지먼트를 총괄하기에는 제한이 있다. 또한 대응하는 인력의 부족도 있지만 인건비가 열악한 수준으로 전문 인력의 고용이 어렵고, 지역사회 내의 긴급네트워크가 실질적으로 기능하지 않으면 실제로 추진상에 상당한 어려움이 있으며,

오히려 이러한 사업을 진행해 오던 사업추진기관의 사업과 중복되는 등의 문제가 보고되고 있다.

우리나라의 재가서비스의 상당 부분은 여러 가지 부족한 재정 등으로 인해 서비스의 제공기관이나 센터가 자원봉사자와 같은 비전문인력에 의존하고 있는데, 재가노인의 욕구가 점점 다양해지고 있는 현실 속에서 이에 부응하는 전문적인 서비스가 이루어져야 함에도 불구하고 자원봉사자와 같은 비전문인력에 의존하고 있다는 것도 개선되어야 할 부분이다.

3) 정부적인 차원에서의 적극적 지원

정부에서는 이러한 독거노인들을 위한 대책으로 독거노인생활관리사파견사업을 좀 더 적극적으로 추진하여야 한다. 독거노인생활관리사파견사업이 이용 가능한 노인은 소득 수준, 부양의무자 유무, 주민등록상 동거자 유무에 상관없이 실제 혼자 살고 있는 65세 이상 노인으로 ① 일상적 위험에 매우 취약하여 정기적인 안전 확인이 필요한 경우, ② 소득, 건강, 주거, 사회적 접촉 등의 수준이 열악하여 노인관련보건복지서비스 지원이 필요한 경우, ③ 안전 확인이 필요한 대상은 아니지만, 정기적인 생활 상황점검 및 사회적 접촉기회 제공이 필요한 경우에 이용할 수 있도록 해야 한다. 단, 이 사업은 노인돌보미지원사업, 장기요양보험제도, 주로 국민기초생활수급노인에게 제공되는 가사 및 간병도우미, 복지관 등의 프로그램으로 제공되는 가정봉사원, 노인일자리사업의 노노케어, 보건소의 방문간호, 간병인 등의 서비스를 정기적으로 이용하고 있는 노인은 이용대상에서 제외하고 있다.

4) 노인장기요양보험제도에서 좀 더 보완해야 할 점

노인장기요양보험제도는 아직 완벽하지 않아서 여러 가지 측면에서 해결되어야 할 과제가 많다. 우선 서비스 이용대상이 현재는 1~3등급으로, 중증의 노인을 대상으로 하고 있다는 점이다. 물론 정부는 점차로 대상자를 확대해 나갈 방침을 제시하고 있다. 하지만 현재 이 제도의 혜택을 받는 대상자는 65세 이상 인구의 5.2% 정도밖에 안 된다. 이 중에서 4.2% 정도의 노인만이 노인장기요양보험제도를 이용하고 있다. 따라서 대상자가 아닌 사람들은 가족들에게 의지를 하거나 유료시설을 이용해야 한다. 이뿐만 아니라, 지방자치단체에서는 노인장기요양보험 혜택을 받지 못하는 노인들을 돌봐야 하는 부담을 갖게 된다.

둘째로 서비스 인프라 구축이다. 충분한 양의 서비스가 확보되어야 하며, 이를 위해 지역적인 불균형을 해결하기 위해서는 필수다.

셋째는 우리나라 실정에 맞는 케어매니지먼트시스템을 구축할 필요가 있다. 노인장기요양보험제도 안에 이러한 매니지먼트시스템을 포괄하도록 할지, 노인장기요양보험제도뿐 아니라 노인복지 전반에서 서비스를 필요로 하는 노인 전체를 대상으로 하는 케어매니지먼트 시스템을 구축할지에 대한 사회적 합의도 필요하다. 이외에도 서비스의 질 향상, 서비스 인력의 전문성 확보, 관리 운영에서의 업그레이드가 필요하다.

5) 치매 및 와상노인에 대한 정부의 역할 강화

특히 신체 · 정서적 취약노인계층에 대하여 정부차원에서 적절하게 개입, 관리하여야 할 책임이 있다. 따라서 치매 · 와상 등 중증노인에 대하여는 필요한 시설을 확충하고, 전문 인력을 확보할 수 있는 제도적 기틀을 마련하도록 하여야 할 것이다. 이를 위해서는 치매 예방 및 조기발견사업을 강화하여야 한다. 시 · 군 · 구 보건소에 설치되어 있는 치매상담신고센터의 운영을 활성화시키며, 국립보건원에서 실시 중인 치매상담전문요원 양성을 위한 치매전문교육을 내실화하도록 한다.

즉, 현재 56개가 국고 지원되어 운영 또는 신축 중에 있는 치매요양시설을 2003년까지 80개소(총 8,000명 보호규모)로 확충하여야 하며, 16개소인 노인전문병원을 확대 설치할 수 있도록 지원을 강화하도록 한다. 또한 노인들의 질병 특성에 맞는 진료 서비스를 제공하는 노인전문병원을 민간이 설치할 수 있도록 금융·세제상의 지원 방안을 마련하고, 노인전문병원에 적용되는 수가체계를 개발하는 등의 노력이 뒤따라야 할 것이다.

한편, 국립보건원 뇌의약학센터 내에 설치된 퇴행성질환 연구팀을 이용하여 치매의 원인, 예방 및 치료, 진단법 등 종합연구체계를 구축하며, 치매전문연구인력을 양성하도록 한다. 와상노인을 위해서는 예방적인 차원에서 와상노인의 예방 및 치료 프로그램을 개발하도록 한다. 즉, 재가와상노인이 일상생활을 영위할 수 있도록 프로그램을 개발하고 와상예방체조의 보급, '와상노인 줄이기 운동', 등 와상노인의 예방 방안을 마련하도록 한다. 더불어, 와상노인이 보건소에서 종합적으로 관리될 수 있는 체계를 마련하며, 와상노인 및 가족에 대한 간호 등 보건교육을 제공하고, 주간보호소 및 단기보호소를 늘여 와상노인이 가정에서 보호받으면서 지낼 수 있는 재가서비스를 제공하도록 한다.

6) 사회적 대응책

최근 정부는 독거노인에 대한 정책적 대응의 필요성을 높이 인식하고 독거노인을 정책수혜 표적 집단으로 하는 일련의 대책을 마련하고 있다. 정부가 마련한 독거노인 대응책을 살펴보면 다음과 같다.

첫째, 가장 야심차게 새롭게 준비한 사업은 독거노인 생활지도사 파견 사업이다. 전국에 독거노인 생활지도사 7,000명을 새롭게 배치하여 독거노인 15만 명에게 안전과 복지연계서비스를 제공할 계획이다. 최근 독거노인이 사망 후 상당기간 지나서 발견되거나 고립생활에 따른 우울증 및 자살 문제 등이 사회문제로 대두됨에 따라, 독거노인이 안전한 생활을 영위할 수 있도록 사전적 · 예방적 지원체계가 필요하다는 문제 인식에 따른 것이다.

독거노인 생활지도사가 담당하는 서비스 내용은 다음과 같다. 독거노인의 안전 확인 및 주거상태 점검, 독거노인 정서지원 및 건강 · 영양관리 등 생활교육 실시, 독거노인의 생활실태 · 복지욕구 파악 및 필요서비스 연계 등이다. 정부는 독거노인생활지도사 관리 및 지원을 위해 '독거노인서비스관리자'를 시 · 군 · 구(사업수행기관) 당 1명을 배치할 예정이며, 독거노인 One-Stop 지원센터 인프라를 연계 활용하는 방안을 추진하고 있다. 또한 향후에는 독거노인이 필요로 하는 다양한 사회적 서비스를 개발 · 보급할 계획이다. 안전 확인, 상담 등 기본서비스는 무상으로 공급하되, 향후에는 가사 · 간병 · 건강 · 정서 등의 서비스 시장 공급 확대를 기대하고 있다.

둘째, 기존에 수행해 오던 사업이지만 재가노인 식사배달사업, 가사간병 서비스, 방문간호 서비스 등 다양한 서비스를 홀로 사는 노인들에게 우선적으로 제공한다.

셋째, 응급 상황 시 119에 긴급 호출하는 단말기인 무선페이징 보급을 통하여, 안부전화, 주거안전 확인 등 생활안전서비스를 제공한다. 2006년 현재 91,558대가 보급되어 있다.

넷째, 거동이 불편한 노인들을 위해 이동노인건강복지관에서 목욕서비스를 제공한다. 현재 이동노인건강복지관 차량은 137대로 9만4천 명에게 서비스를 제공할 수 있다.

5. 소외감 극복을 위한 대인관계와 소통

소통(疏通)이란 막히지 아니하고 잘 통하는 것을 말하며, 뜻이 서로 통하여 오해가 없는 것을 말한다. 노년기에 이르러 많은 사람들이 외로움으로 인한 대인관계의 문제를 호소한다. 대인관계 개선이 되지 않는 독거노인은 사회적 관리가 제대로 되지 않아 많은 문제를 야기한다. 이러한 노인 문제를 해결하기 위해서는 복지관을 중심으로 다양한 문화 활동을 할 수 있도록 해야 하며, 타인과의 교류를 활성화하도록 노력하여야 한다.

가족과 같이 있는 경우에도 소통의 부재로 인해 고독이나 우울증 증세를 보이는 경우도 있다. 주변에 누가 있느냐의 문제보다는 그들과 얼마나 소통을 할 수 있는가 하는 것이 더 문제일 수도 있으므로, 세대 차이를 극복하고 가족과 소통할 수 있는 법, 자신의 고집을 부리지 말고 남을 위해 살아갈 수 있는 방법을 터득하여 대인관계의 원활한 방법을 알아야 노년기의 사회적 소외를 극복할 수 있다. 우리는 남을 얼마나 잘 이해하는가? 남을 이해하는 것이 쉽지 않고, 더구나 나이가 들어서 오랫동안 습관화되고 고착화된 생각을 바꾸는 것이 쉽지 않다. 그래서 나이가 들수록 남들과 소통하는 것에 어려움을 더 느끼게 된다.

1) 관점을 바꾸고 세상을 보아라

우리는 오감을 통해 세상을 보고 세상과 소통한다. 눈으로 보고 귀로 듣고 코로 냄새 맡고 혀로 맛을 보며 온몸으로 촉각을 느낀다. 이렇게 오감을 통해 세상과 소통하는 것은 당연하지만 그것은 경험에 의존한다. 자신의 경험은 확실하다고 생각하기 때문에 남의 경험을 당연히 알지 못한다. 우리가 잘 알고 있는 '장님 코끼리 만지기'라는 우화와 같이 장님들이 코끼리를 만지는 부위가 다 달라 서로가 다르게 말하면서 싸우게 되는 우를 범하게 되는 것이다. 그러나 눈을 뜨고 멀리서 보면 코를 만진 사람이 뱀처럼 생겼다고 하는 것도 맞고, 다리를 만진 사람이 나무기둥처럼 생겼다고 하는 것도 맞고 배를 만진 사람이 커다란 배와 같다고 말하는 것도 맞는 것이다. 우리가 시선을 넓히고 조금 다른 각도에서 보면, 세상의 모든 사람들 말이 다 자신에게는 맞는 말을 하고 있다는 것이다. 그런데 우리는 자신의 관점에서 보고 맞다 틀렸다를 확신하게 된다. 이렇게 자신의 관점으로만 세상과 소통하려 하면 남을 이해할 수가 없게 되는 것이다.

2) 바로 반응하지 마라

감정과 이성 중에 항상 감정이 먼저 반응을 한다. 누군가가 안 좋은 소리를 했다면 전후좌우 이성적으로 따지기 전에 감정적으로 먼저 화가 치민다. 그렇게 감정을 앞세워서 사람을 대하면 사소한 일을 가지고도 감정이 상하고 싸우게 되는 것이다. 조금만 생각해 보면 아무 일도 아닌 것이 발단이 되어 인생에서 큰 실수를 하게 되기도 한다. 그래서 잠시 기다려야 한다. 그렇게 잠시 기다리고 반응한다고 해도 인생에 큰 해가 되지 않는다. 무조건 참는 것이 아니라, 감정이 앞서 나가지 못하도록 몇 초만 참으면 다른 사람과의 소통에서 한발 앞서게 된다. 생각해 보면 세상살이에 그리 이해 못할 일도 없고, 누군가 무슨 행동이나 말을 했다면 자기 나름대로 이유가 있을 것이다. 5초만 감정을 자제하면 상대를 좀 더 다른 차원에서 이해하게 된다.

3) 귀를 기울여라

나이가 들면 남의 이야기가 귀에 들어오지 않는다. 그래서 고집이 세어진다는 소리를 듣게 된다. 이것은 오랫동안의 경험과 자신만의 철학이 쌓여서 생기는 병이다. 세상은 하루가 다르게 변하고 매일 새로운 정보와 기술이 나오고 있다. 어차피 우리는 나이가 들면 변화에 적응하기 바쁘다. 그런데 과거의 경험과 생각으로 현재를 고집하게 되면 갈등이 생긴다. 세대 간의 갈등과 남녀 간의 갈등도 그렇게 생겨난다. 누군가가 몇 번이나 같은 말을 되풀이해서 잔소리를 한다면 한 번쯤 '혹시 내가 잘못 생각하고 있는 건 아닌가?' 하고 되돌아보아야 한다. 그렇지 않으면 결국 그들에게서 소외되는 결과를 낳을 수 있다.

4) 전체를 보고 판단하라

부분적인 것은 항상 오해를 만든다. '저 사람은 왜 저 모양이야?' 하고 핀잔을 주지만, 자신이 얼마 전에 그렇게 했다는 사실은 까맣게 잊어버린다. 어쩌면 자신이 한 것은 이유가 있다고 너그럽게 용서를 하는지도 모른다. 그래서 자신에게 너그럽고 남에게는 엄격한 이중적인 잣대를 가지고 세상을 살게 되는 것이다. 사소한 일에도 다 이유가 있다. 그것을 나의 생각으로 판단하지 말고, 전체의 맥락에서 파악하여야 오해를 하지 않게 된다. '바쁜 일이 있나 보다.', '힘든 일이 있나 보다.', '속상한 일이 있나 보다.' 그렇게 생각하고 나서 소통을 해도 늦지 않는다.

5) 리액션이 중요하다

나이가 들수록 감정이 점점 적어진다. 그래서 감정표현을 억제하고 잘하지 않게 돼서 노인들의 경우 무엇을 좋아하고 싫어하는지도 잘 알 수가 없다. 그렇지만 그렇게 생활을 하는 것은 점점 더 큰 소외감을 불러온다. 세상 사람들은 누구나 자기 이야기를 들어 주는 사람을 좋아한다. 사소한 일에도 리액션을 잘해 주어야 한다. 말을 많이 하는 것이 아니라, 말을 잘 들어 주는 기술을 잃지 말아야 사람 관계가 좋아지는 것이다.

특히 가족 간에도 며느리의 이야기, 손자 손녀의 이야기를 잘 들어 주면, 그들이 먼저 말을 걸고 사소한 일들도 먼저 이야기해 주는 즐거움을 맛볼 수 있다. 누군가가 자신에게 이야기할 때 '그래? 그랬어? 잘했는데? 정말? 대단하네!' 이런 단어로 상대의 말에 맞장구를 쳐준다면, 소외감을 느껴 외로울 틈이 없을 것이다. 소통이 안 되는 가장 큰 이유는 내 생각에 맞추어 남을 생각하는 것이다. 이 해를 한다고 했지만 항상 오해를 하고 산다.

▶ 소외감을 극복하는 9가지 방법
① 소외감은 누구나 느끼는 감정임을 명심한다.
② 이기적이고 자기중심적 사고에서 벗어난다.
③ 자연스럽게 농담을 던지고 유머 있는 삶을 산다.
④ 자신보다 문제가 많은 사람도 많다는 것을 인식한다.
⑤ 불편할 때는 표현하기보다는 차라리 침묵하는 게 낫다.
⑥ 먼저 다가서고 먼저 웃어라.
⑦ 잔소리보다는 남에게 힘을 실어 주는 말을 많이 해라.
⑧ 권위의식을 버리고 나이를 잊어버려라.
⑨ 칭찬하고 미소 짓고 먼저 질문하라.

살아가면서 간혹 혼자 버려진 것 같은 소외감을 느낄 때가 있다. 소외감이 오래 지속된다면 자기 스스로 인생을 억누르는 후유증을 가져올 수 있다. 팝 가수 폴앵카는 학창시절 짝사랑하던 다이애나가 자기에게 전혀 관심을 갖지 않아 참담했다고 한다. 그녀에 대한 사모의 감정을 담아 'Diana'를 발표할 정도였는데, 세월이 흘러 유명 가수가 된 폴앵카는 첫 사랑 다이애나와 극적으로 재회한다. 그러나 아리따웠던 소녀 때 모습은 흔적도 없이 사라지고, 세월의 연륜에 묻어나는 뚱뚱한 중년 부인이 되어 크게 실망했다고 한다.

어찌 보면 소외감도 스쳐 지나가는 감정일 뿐이다. 그러므로 전혀 위축될 필요가 없다. 인생을 적극적으로 살아가는 것이야말로 소외감을 극복해 낼 수 있는 가장 간단한 방법이다. 아무도 없다면 나이가 들수록 힘들어진다. 너무 많은 사람과 교류하려고 하지 말고, 나를 알아주고 나에게 힘이 되는 몇 사람과는 교류를 해야 한다. 나이가 들어 어떤 일이 생기더라도 매일 전화 한 통 해 줄 사람 정도는 만들어 놔야 노후에 살아가는 재미를 가질 수 있다.

제12장

후회 없는
삶
(버킷리스트)

"만일 당신이 매일을 삶의 마지막 날처럼 산다면
언젠가 당신은 대부분 옳은 삶을 살았을 것이다"
저는 그것에 강한 인상을 받았고,
이후 33년 동안 매일 아침 거울을 보면서
제 자신에게 말했습니다

"만일 오늘이 내 인생의 마지막 날이라면,
내가 오늘 하려는 것을 하게 될까?"
그리고 여러 날 동안 그 답이 '아니요'라고 나온다면,
저는 어떤 것을 바꿔야 한다고 깨달았습니다

제가 곧 죽을 것이라는 것을 생각하는 것은,
제가 인생에서 큰 결정들을 내리는 데
도움을 준 가장 중요한 도구였습니다

모든 외부의 기대들,
자부심, 좌절과 실패의 두려움,
그런 것들은 죽음 앞에서는 아무것도 아니기 때문에,
진정으로 중요한 것만을 남기게 됩니다

죽음을 생각하는 것은
당신이 무엇을 잃을지도 모른다는
두려움의 함정을 벗어나는 최고의 길입니다

여러분은 이미 모든 것을 잃었습니다.
그러므로 여러분의 마음을 따라가지 못할 이유가
전혀 없습니다

"늘 갈망하고 우직하게 나아가라(Stay Hungry. Stay Foolish)"

– 스티브 잡스의 스텐포드대학 졸업식 연설 중

1. 후회 없는 삶

　인생이란 누구에게나 단 한 번뿐이다. 전생과 내생이 있다고도 하고 천국과 지옥이 있다고도 하지만, 우리가 현재의 의식을 가지고 살 수 있는 인생은 단 한 번뿐이라는 것을 누구나 알고 있다. 그래서 인생을 그렇게 치열하게 살고 있는지도 모른다. 결국 치열하게 사는 인생의 목적은 성공이라는 것을 목표로 두고, 성공을 했을 때 인생에서 커다란 목표를 달성했기 때문에 그것이 최선이라고 생각하기 때문일 것이다. 그런데 문제는 '인생의 목표가 과연 성공일까?'에 대한 회의이다. 일반적으로 돈과 명예와 권력과 같은 것을 성공이라고 하기도 하고, 자신이 목표로 삼은 것을 달성했을 때도 성공이라는 말을 쓴다. 과연 우리 인생의 목표가 성공일까?

　철학자 아리스토텔레스는 인생의 목표가 '행복'이라고 하였다. 행복과 성공의 범주를 보면 확실히 행복이 성공보다는 큰 범주에 속한다. 그렇다면 인간은 행복을 목표로 해야 하지 않을까? 하지만 행복이란 보이지 않는 경우가 많고, 성공은 눈앞에 잡힐 듯이 보이는 경우가 많다. 그래서 대부분의 사람들은 보이지 않는 행복을 추구하기보다는 가까이 보이는 성공을 목표로 산다. 그리고 성공을 하면 행복도 같이 얻을 것이라는 확신을 가진다. 정말 그럴까?

우리 주변에는 성공한 사람은 많이 있다. 좋은 집과 좋은 차를 타고 다니고 명예와 권력을 쥐고 호의호식 하는 사람들을 볼 수 있다. 그런데 아이러니한 것은 그들 중에 자살하는 사람이 생겨나고, 자식들 때문에 고생하는 부모도 생기고, 결국 범죄와 연루되어 죗값을 받는 사람도 생기는 것을 본다. 그들 중에 자살하는 사람들의 마지막 말을 보면, 대부분 인생을 후회하는 글귀가 적혀 있다. 왜 이런 일이 생길까? 아마도 그들의 인생에서 방향을 잘못 설정했거나 주변의 영향으로 자기의 삶을 살지 않아서 그런 것일 수도 있다.

후회란 무엇일까? 후회는 하지 못한 것, 해 보지도 않은 것, 그리고 가 보지 못한 길에 대한 선택의 반성이고, 자기 인생을 자기 마음대로 살아 보지 못한 것에 대한 회한이라고 생각한다. 후회는 시간과 밀접한 관련이 있다. 시간이 멈춰 있는 곳에는 후회도 없다. 지나간 시간들이 있기에 후회도 있고 추억도 있는 것이다. '지금 여기'에서 최선을 다하는 사람은 후회를 적게 하지만, 과거에 기대고 오지 않을 미래를 걱정하는 사람은 후회를 하게 된다.

2. 꿈의 목록과 버킷리스트

1) 존 고다드의 꿈의 목록

탐험가로 알려진 존 고다드는 15세 되던 해인 1940년, 노란색 종이에 '나의 인생 목표'라고 적었다. 그는 그해 추수감사절 가족들이 모인 자리에서 어른들이 무슨 말을 하는가를 들었다. 그때 그는 많은 친척들과 가족들이 하는 말에 '그것을 했더라면……' 하는 후회가 많다는 것을 알게 되었다. 어린 마음에도 자신은 어른들처럼 인생을 후회스럽게 살지 않겠다고 맹세를 했고 꿈 많고 상상력 풍부한 엉뚱한 그 소년은 인생의 계획을 만들었다. 존 고다드는 살아가는 동안 꼭 하고 싶은 것, 즉 인생의 꿈 127가지를 적어 놓았다.

'보이스카우트 대원이 되겠다.'는 꿈은 어렵지 않아 보였다. 그러나 '방울뱀의 독을 짠다.'라든가 '브리태니커 백과사전을 전부 읽겠다.'는 등의 계획은 터무니없거나 실현 불가능해 보였다. '에베레스트 등정', '세계 일주', '달 여행'도 마찬가지였다. 하지만 존 고다드는 15세 때 세운 드림 리스트를 끈기 있게 하나하나 이루어 나갔다. 1972년 미국의 「라이프」지가 존 고다드를 "꿈을 성취한 미국"으로 대서특필했을 때, 그는 127개 목표 가운데 100여 개 이상을 달성한 상태였다. 1980년에 존은 우주비행사가 되었다. 소년은 성인이 돼서도 결심을 잊지 않고 행동으로 옮겼던 것이다. 존 고다드는 이렇게 고백했다.

"나는 틀에 박힌 생활을 하고 싶지 않았고, 끊임없이 나의 한계에 도전하고 싶었습니다. 독수리처럼 말입니다. 127개 항목을 모두 다 이루려고 고민하지는 않았습니다. 중요한 것은 내가 그렇게 살고 싶었다는 것입니다."

'꿈 리스트'가 있고 없고는 이런 차이가 난다. 존 고다드 역시 꿈 리스트가 없었다면 그냥 인생을 우왕좌왕한 인생으로 살다가 끝났을지도 모른다. 목표는 단순히 겨냥해야 할 과녁 정도가 아니다. 목표는 일단 세워지면 불가사의한 힘이 깃들게 된다. 사람이 목표를 이끌고 가는 것이 아니라, 목표가 사람을 리드하게 되는 것이다. 목표는 우리에게 불타는 열망, 강한 자신감, 그리고 실행해 내고야 말겠다는 확고부동한 결의를 불어넣어 준다. 그것이 목표의 힘이다. 그리고 달성될 때까지 기적적으로 초점을 맞춰 주게 된다. 성공의 모든 요소는, 목표달성이라는 과녁을 맞추기 위한 정확한 스케줄에 연동되고 있다. 이것은 일종의 성공의 법칙이다. 그리고 삶의 여정이다. 그런데 살아서 이렇게 계획적으로 살기란 참으로 힘든 것이다. 대부분의 사람들은 죽음이라는 그림자가 오고 나서야 자신의 삶을 성찰하고 자신이 인생을 허비했음을 느끼게 되는 것이다.

2) 버킷리스트(Bucket list)

후회 없는 삶을 살기 위해 남은 삶에서 꼭 해야 할 일들을 생각해 볼 필요가 있다. 그래서 죽기 전에 해 보고 싶은 일을 적은 목록이 생겨났다. '버킷리스트 (Bucket list)'란 죽기 전에 꼭 해 보고 싶은 일들을 적은 목록을 가리킨다. '죽다'라는 뜻으로 쓰이는 속어인 '킥 더 버킷(Kick the Bucket)'으로부터 만들어진 말이다. 중세 시대에는 교수형을 집행하거나 자살을 할 때 올가미를 목에 두른 뒤 뒤집어 놓은 양동이(Bucket)에 올라간 다음 양동이를 걷어참으로써 목을 맸는데, 이로부터 '킥 더 버킷(Kick the Bucket)'이라는 말이 유래하였다고 전해진다.

2007년 미국에서 제작된 롭 라이너 감독, 잭 니콜슨·모건 프리먼 주연의 영화 〈버킷 리스트〉가 상영된 후부터 '버킷리스트'라는 말이 널리 사용되기 시작했다. 영화는 죽음을 앞에 둔 영화 속 두 주인공이 한 병실을 쓰게 되면서 자신들에게 남은 시간 동안 하고 싶은 일에 대한 리스트를 만들고, 병실을 뛰쳐나가 이를 하나씩 실행하는 이야기를 담고 있다. '우리가 인생에서 가장 많이 후회하는 것은 살면서 한 일들이 아니라, 하지 않은 일들'이라는 영화 속 메시지처럼 버킷리스트는 후회하지 않는 삶을 살다 가려는 목적으로 작성하는 리스트라 할 수 있다.

자동차 수리공 카터 챔버스(Morgan Freeman)와 억만장자이자 병원계의 큰손 에드워드 콜(Jack Nicholson)은 폐암을 선고받고 병실에서 첫 대면을 한다. 에드워드는 카터가 이미 반은 죽은 것 같다며 같은 방을 쓰기를 꺼려하지만 각자 치료를 받으며 점차 친구가 된다. 카터는 한 집안의 가장이자 젊었을 때부터 역사학 교수를 꿈꿔 왔던 재능 있는 아마추어 역사학자이다. 하지만 흑인에 무일푼의 빈털터리게다가 애까지 딸려 맥크리스 차체 공장의 기계공으로서의 신분에서 단 한 번도 벗어난 적이 없었다. 카터는 그의 지식을 뽐내기를 좋아하며 가장 좋아하는 TV 프로그램은 '제퍼디'이다. 에드워드는 무려 네 번이나 이혼을 한 헬스관리업계의 거물이고 교육을 잘 받았지만, 오히려 그의 비서인 토마스(Sean Hayes)를 부려먹고 혼자 있기를 더 좋아하는 사람이다. 토마스는 나중에 자신의 이름이 사실 매튜라고 밝힌다. 에드워드는 그를 토마스라고 부르기를 더 좋아하는데, 매튜라는 이름이 너무 성서에 나오는 사람같이 느껴졌기 때문이다. 또한 에드워드는 세상에서 가장 비싼 특별한 종류의 커피 '코피 루왁'을 즐겨 마신다.

카터는 죽기 전에 해야 할 일들을 적은 '버킷리스트' 혹은 죽기 전에 해야 할 일 리스트를 쓰기 시작한다. 그가 살날이 일 년조차 남지 않았다는 통보를 받은 뒤, 그는 버킷리스트를 버린다. 다음 날 에드워드는 그 리스트를 발견하고 모든 항목들을 한번 실현시켜 보자고 설득시킨다. 그리고 더 많은 항목들을 추가한다, 그리하는 모든 비용을 지원해 주겠다고 한다. 카터의 아내 버지니아(Beverly Todd)는 그를 말렸지만, 그는 이에 동의한다.

두 사람은 세계여행을 시작한다. 그들은 같이 스카이다이빙을 하고, 셸비 무스탕을 운전하고, 북극 위를 비행하기도 하고, 프랑스 레스토랑 Chevre d'Or에서 저녁식사를 하고, 인도의 타지마할을 방문하고, 중국의 만리장성에서 오토바이를 몰기도 하고, 아프리카의 사파리에서 모험을 즐기기도 한다. Great Pyramid 꼭대기에서, 그들은 맞은편의 Khafre와 Menkaure를 바라본다. 그들은 자신의 믿음과 가족사에 대해 고백하는데, 카터는 그의 아내에 대한 사랑이 많이 식었고, 에드워드는 그의 외동딸과의 오랜 별거에 많은 상처를 받았다는 사실이 밝혀진다. 그녀는 아버지가 폭력적인 남편을 제거하라고 사람을 보낸 사실을 알고 아버지와 의절했다. 홍콩에서 에드워드는 아내 이외에 아무 여자와도 사귀어 보지 못한 카터를 위해 매춘부(Rowena King)를 고용한다. 하지만 카터는 그가 아직도 아내를 사랑한다는 사실을 깨닫고 그녀를 거절한다. 그리고 집으로 돌아가기를 원한다. 집으로 돌아오는 길에 카터는 에드워드와 그의 딸을 재회시키려 노력하지만 에드워드는 화를 낸다. 카터가 그의 아내와 아이들과 손자들이 있는 집으로 돌아가자, 그들은 서로 농담을 하며 가족끼리 도란도란 저녁을 먹고 있었다. 반면에 에드워드는 집에서 혼자 냉동식품을 저녁으로 먹는다.

카터가의 가족 모임은 오래 가지 못했다. 아내와의 막간의 연애 중 카터는 발작을 일으키고 곧바로 응급실로 향하지만, 암이 뇌로까지 퍼졌다는 통보를 받는다. 아직 차도가 있는 에드워드는 병문안을 가서 지난 일들을 회상한다. 그리고 카터는 에드워드가 즐겨 마시는 코피 루왁이 수마트란 마을에서 자라는데, 그곳의 정글 고양이들이 그것을 먹고 배설한 대변의 특별한 아로마 위액 때문에 재배된다는 재미있는 사실을 밝힌다. 그 뒤로 카터는 버킷리스트에 있는 '눈물이 날 때까지 웃기' 항목을 지운다. 그리고 에드워드에게 남은 항목들을 혼자 마저 끝내라고 유언한다. 카터는 수술을 하지만 결과는 좋지 않았고, 그는 결국 수술대 위에서 숨을 거둔다.

카터가 죽었다는 소식이 그의 아내와 가족에게 전해진 뒤, 에드워드는 드디어 딸과 화해를 시도한다. 그녀는 그가 다시 찾아온 것을 반갑게 받아 줄 뿐만 아니라 그가 생각지도 못한 손녀딸을 소개시켜 준다. 손녀와 인사를 나눈 후 그는 손녀의 이마에 키스를 한다. 그리고 에드워드는 버킷리스트의 마지막 항목인 '세상에서 가장 아름다운 소녀에게 키스하기'를 지운다. 카터의 장례식에서 에드워드는 추도 연설을 한다. 그는 카터와 낯선 사람으로 만났지만 카터의 마지막 석 달은 그의 인생 최고의 시간들이었다고 설명한다. 그리고 그는 '낯선 사람을 도와주기' 항목을 버킷리스트에서 지운다.

에필로그에서는 에드워드가 81세까지 살았다는 것을 보여 준다. 그리고 그의 비서 매튜는 그의 유골함을 히말라야 산맥으로 가져간다. 매튜가 Chock full o'Nuts 커피 캔을 또 다른 캔 옆에 놓고 버킷리스트의 마지막 항목인 '정말 장엄한 것을 목격하기'를 지우고 그 리스트를 두 캔 사이에 끼워 넣는다. 카터의 내레이션은 두 캔이 그들의 유해를 담고 있고 에드워드는 이것을 아주 좋아할 것이라고 말한다. 왜냐하면 그는 법을 위반하고 산꼭대기 위에 묻혔기 때문이다.

인간이 가장 후회할 때는 죽음에 이르러서라고 한다. 시간이 화살처럼 지나간다는 어른들의 말은 나이가 젊었을 때는 절대로 실감할 수가 없다. 어느새 인생의 황혼 무렵이 되면, 지난 시절이 순식간에 꿈처럼 지나갔음을 실감하게 된다. 그래서 사람들은 지난 세월에 대해 돌이켜 보면 후회투성이인 것이다.

그때 공부를 열심히 했더라면…….
그녀에게 최선을 다했더라면…….
좀 더 열심히 일했더라면…….
그때 내가 좋아하는 일을 했더라면…….(등등)

우리는 '~ 했더라면'이라는 후회 속에서 귀중한 인생을 낭비하고 있는 것이다. 물론 아무리 최선을 다한다해도 돌이켜 보면 후회스러움이 남을 수밖에 없을지도 모른다. 하지만 최소한 자신이 무엇을 향해 가고 있는 줄 알게 된다면, 그런 후회도 다 자신의 탓임을 알기에 후회도 적어지게 된다. 죽을 때 후회하게 되는 일을 가장 적게 만드는 방법 중의 하나가 바로 꿈의 목록을 작성하는 것이다. 자신의 꿈의 목록은 적어도 살아가는 동안 자신이 무엇을 위해 살아야 하는지를 제시해 주는 이정표와도 같다. 삶이 힘들고 고단해도 자신의 꿈을 이루기 위해서 소중한 시간을 아껴 쓰는 삶이야말로 아름다운 삶의 모습인 것이다.

3) 버킷리스트 작성 요령

죽을 때 후회하지 않을 것들을 100가지 정도 작성하라고 하면 누구나 어려움을 느낀다. 꼭 100가지가 아니라도 괜찮지만, 남은 인생을 정말 후회 없이 만들려면 작은 것부터 큰 것까지 구체적으로 작성을 하여야 한다. 사람들은 대부분 한 가지만 생각하고 리스트를 작성한다. 그러다 보니 다 적어 놓고 보아도 무언가 빠진 것 같고 허전하다. 그래서 리스트는 각 종류별로 구분하여 구체적으로 작성하여야 한다. 즉, 하고 싶은 일, 가고 싶은 곳, 먹고 싶은 것 등과 같이 분류를 하여 작성하면 자기가 원하는 것을 찾아내기가 쉬워진다.

리스트 작성 시 주의할 점은 현재의 상태와 상황을 고려하여 작성을 하지 말라는 것이다. 그것은 올바른 리스트 작성이라고 할 수 없다. 예를 들어 "나이가 많아서 이것은 할 수 없을 거야."라든지 "돈이 없어서 돈 드는 일은 곤란하니 적지 않아야지." 하는 것과 같이 현실을 고려할 필요가 없다는 것이다. 왜냐하면 리스트를 작성하고 그것을 간절히 바라면 반드시 이루어지게 되어 있기 때문이다.

- 하고 싶은 일
- 가고 싶은 곳
- 먹고 싶은 것
- 되고 싶은 것(등으로 구분하여 적어보면 더 쉽고)
- 엄마에게, 아빠에게, 아들에게, 딸에게, 사회에 하고 싶은 것

등으로 나누어 작성해 본다면 자신이 진짜 원하는 것들을 다양하게 적을 수 있

다. 버킷리스트는 자신이 작성하는 것이기 때문에 언제든 추가하거나 변경할 수 있고, 무엇보다도 이루어 냈을 때 줄을 그어 달성했음을 표시할 수 있도록 기간을 적어 보고, '행복하자'와 같은 추상적인 목표보다는 '스위스의 알프스 등반하기'와 같이 구체적이고 측정 가능한 목표를 적는 것이 좋다.

3. 변화와 선택

우리는 살아가면서 많은 선택의 기회 앞에 선다. 선택은 어떤 태도를 취하느냐에 따라 달라질 수 있다. 중요한 순간마다 어떤 선택을 하느냐에 따라 우리의 운명이 결정된다. 후회는 대부분 선택의 잘못에서 기인한다. 운명의 갈림 길에 섰을 때 우리는 어떤 길을 선택해야 할까? 그리고 선택을 한 후에 어떻게 해야 죽을 때 후회를 덜하게 될까? 시간은 한정되어 있고, 돌아오려면 힘든 인생이기에 인생의 터닝포인트가 필요하고 선택이 중요한 것이다.

1) 선택과 집중

인생에서 무엇을 할 것인가 하는 것은 전적으로 자기의 결정에 달려 있다. 인생의 길에서는 끊임없는 선택의 기로에 서게 되고, 원하든 원치 않든 언제나 선택에 의해 자기의 길이 결정된다. 그리고 그러한 선택은 인생의 마지막에 후회를 하느냐 덜 후회를 하느냐의 중요한 결정이 된다. 두 갈림길에서 어떤 선택을 하고 어떤 길을 가게 되느냐에 따라 인생은 큰 변화를 겪게 된다. 그런데 선택도 중요하지만, 무엇보다도 중요한 것은 선택을 하고 나서 가지 않은 길을 자꾸 돌아보거나 선택에 대한 후회로 선택한 길에 집중을 하지 못하는 것은 인생의 커다란 낭비이다. 그러므로 신중한 선택과 선택 후에 그것에 얼마나 집중하느냐가 인생의 성공과 행복을 좌우하는 중요한 요소가 된다.

그렇다면 선택에 있어서 중요한 요인은 무엇일까? 첫째, 자신이 좋아하는 일을 선택하는 것이 후회를 줄이는 가장 좋은 방법이다. 좋아하는 일을 선택하는 것은 자신을 행복하게 만든다. 둘째, 남들의 시선을 신경 쓰는 선택을 하지 말고 진정으로 자신이 원하는 것을 선택하여야 한다. 인생은 남의 눈을 의식하며 살기에는 그리 길지 않다. 무엇보다도 자신이 진정 원하는 것을 선택하는 방향으로 결정하여야 한다. 셋째, 미래를 바라보는 선택을 하여야 한다. 단순히 현재의 순간에 좋은 쪽으로 선택을 하게 되면, 시간이 흘러 실패를 하게 될 확률이 높다.

다음은 집중에 대한 것이다. 집중은 선택을 완성하는 것이다. 아무리 훌륭한 선택도 그것에 최선을 다해 집중을 하지 못하면 가치를 잃게 된다. 어쩌면 선택보다도 선택 후에 그것에 얼마나 집중할 수 있느냐가 중요하다고 할 수 있다.

집중의 방법을 생각해 보면, 첫째, 내가 가지지 않은 것보다 가진 것에 집중하라는 것이다. 사람들은 자신에게 없는 것을 꿈꾸고 바라보며, 남이 가진 것을 자신이 가진 것보다 더 크게 보는 경향이 있다. 그러나 우리는 자신이 가진 것이 진정 얼마나 소중한지를 잊고 산다. 그것을 잃어버렸을 때 비로소 내가 가진 것이 얼마나 중요했는지를 새삼 깨닫게 된다. 깨닫게 되었을 때 이미 늦어 버리지 않도록, 현재 자신이 가진 것에 충실할 수 있는 삶이어야 한다. 남의 부모가 더 훌륭해 보이고, 남이 가진 재능이 더 부러워 보이는 것으로는 자신의 것에 집중을 할 수가 없다. 중요한 것은 자신이 가진 것의 가치를 깨닫고 그것을 최대한 발전시키는 것이 집중의 관건이다.

둘째, 내가 할 수 없는 것보다 할 수 있는 것에 집중하라는 것이다. 자신의 능력을 과소평가하지 말고 자신의 위대함을 아는 것이 중요하다. 그것만으로도 최고가 될 수 있는 가능성을 가지게 된다. 자신이 할 수 없는 일에 집착하지 말고 자신이 잘할 수 있는 일에 집중을 하면, 그만큼 가능성을 배가시킬 수 있다.

2) 나를 바꾸는 법

첫째, 어쩔 수 없는 것은 생각하지 말고 돌이켜 봐도 바꿀 수 없는 것들은 나를 힘들게 할 뿐이다. 그러므로 현재에 충실한 삶이 가장 좋은 삶이다. 둘째, 현재의 상황이나 자신이 가진 것에 감사할 줄 모르고 소중함을 모르면 자신을 변화시키지 못한다. 현재 자신이 가지고 있는 작은 것들 하나하나에 감사하는 마음을 가져야 한다. 셋째, 현재를 기준으로 자신이 할 수 있는 것을 찾아야 한다. 그것이 자신이 좋아하는 것이라면 더할 나위 없겠다.

(   )은/는 어쩔 수 없지만, (   )에 감사하며, 그래서 (   )은/는 내가 할 수 있는 것이다.

3) 꿈의 목록 작성하기

분야를 세분화하여 구체적으로 작성한다.

죽기 전에 꼭 해야 할 일들(My Dream List)		
	분야	구체적 목표
나의 꿈	되고 싶은 것	
	가고 싶은 곳	
	갖고 싶은 것	
	먹고 싶은 것	
	입고 싶은 것	
	보고 싶은 것	

	주고 싶은 것	
	베풀고 싶은 것	
	남기고 싶은 것	
	나를 보람되게 하는 것	

4. 사명서

1) 사명서(Misson Statement)란?

사명서는 인생의 의미와 목적에 대한 자신의 견해를 나타내고 있는 대단히 유용한 문서이다. 사명(선언)서는 당신이 의사를 결정하고 행동을 선택하는 데 있어서 지침이 되는 개인 헌법의 역할을 해준다.

사명서의 작성 과정을 통하여 우리는 사회적 거울에 의해 만들어진 우리의 낡은 각본을 재평가해 보고 원칙에 입각한 새로운 각본을 만들 수 있게 된다. 자기 사명서를 작성하게 될 때 부수적으로 다른 것들을 많이 얻고 발견할 수 있다. 우리는 자아의식, 상상력, 양심 그리고 독립의지의 4가지 천부 능력을 활용하여 우리의 미래를 그려 보고 탐색해 볼 수 있는 것이다.

2) 자기 사명서의 의미

- 당신의 삶에 대해 깊이 생각해 보게 한다.
- 당신의 내면 깊숙한 곳에 있는 생각과 감정을 살펴볼 수 있도록 도와준다.
- 당신에게 정말로 중요한 것이 무엇인지를 분명하게 한다.
- 당신의 시각을 확대시켜 준다.
- 당신의 가치관이나 목적을 마음속에 확실하게 각인시켜 준다.
- 가치관에 따른 방향을 제시해 주고 스스로에게 약속하게 한다.

- 장기적인 목표 달성을 위해 날마다 진전이 이루어지게 한다(일일계획과 주간계획을 세우고 실천할 때).
- 당신의 인생에서 원하는 것들을 마음속에 그려 보는 정신적 창조 즉, 첫 번째 창조를 하게 한다.

3) 자기 사명서를 작성하는 과정

- 내가 중요하다고 생각하는 것으로 갖고 싶은 것이 무엇인가?
- 나는 왜 존재하는가?
- 내가 갖추고 싶어 하는 성품은 어떤 것들인가?
- 내가 사회에 남기려고 하는 유산은 무엇인가?
- 갖고 싶은 것, 당신이 얻고자 하는 결과는 무엇인가?

하고 싶은 것은 공헌과 성취를 말한다. 자신의 목적과 가치관에 따라 공헌하거나 성취하고 싶은 것들을 작성하는 것이다. 나의 존재의 목적을 말할 때는 다음과 같은 것을 생각해 보면 자신의 존재목적을 알 수 있다.

① 당신이 공상을 할 때면 무엇을 하고 있는 자신을 상상하는가?
② 당신이 무한대의 시간과 돈을 가지고 있다면 어떤 일을 하고 싶은가?
③ 당신의 학교생활에서 어떤 일들이 가장 가치 있는 것이었는가?
④ 당신의 개인 생활에서는 어떤 일들이 가장 가치 있는 것이었는가?
⑤ 당신이 장차 사회를 위하여 할 수 있는 가장 중요한 공헌은 무엇이라고 생각하는가?
⑥ 당신은 어떤 재능들(개발과 미개발된 것)을 가지고 있는가?
⑦ 당신이 여러 가지 이유로 해내지는 못했지만 자신이 반드시 해야 된다고 생각하고 있던 것은 무엇인가?

⑧ 여러 번 시도했던 일들이 있는가? 그것들은 무엇인가?

⑨ 되고 싶은 것으로 나에게 큰 영향을 준 사람을 살펴보라.

⑩ 누가 나의 인생에서 나에게 커다란 영향을 끼친 긍정적인 모델인가?

⑪ 당신이 인생에서 남기고 싶은 유산은 무엇인가?

당신은 개인 또는 학교생활에서, 여러 가지 역할을 수행하고 있을 것이다. 당신은 형제, 자매, 조카, 손자로서의 역할을 할 것이다. 당신은, 자원봉사자, 또는 사회단체의 간부 역할을 할 것이다. 이러한 역할들은 당신이 어떤 사람이 되고 싶어 하는지를 확인할 때 도움이 되는 분석용 틀을 제공해 준다.

4) 간단한 사명서의 작성 요령

① 목표는 명확하게 간결해야 한다.

② 목표 달성 기한을 정해 두는 것이 좋다.

③ 목표 성취를 통해 얻게 될 이익과 피해야 할 손실에 대해 생각해 본다.

④ 목표를 성취하는 데 있어 장애물이 될 만한 요소와 그것을 극복할 수 있는 전략에 대해 생각해 본다.

⑤ 성취 과정에 대한 단계별 계획을 세운다.

5) 사명서의 예

나는 나의 능력을 믿으며
어떠한 어려움이나 고난도 이겨 낼 수 있고
항상 자랑스러운 나를 만들 것이며
항상 배우는 사람으로 더 큰 사람이 될 것이다.

나는 늘 시작하는 사람으로 새롭게 일할 것이며
나는 끈기 있는 사람으로 어떤 일도 포기하지 않고
끝까지 성공시킬 것이다.

나는 항상 의욕이 넘치는 사람으로
나의 행동과 언어, 그리고 표정을 밝게 할 것이다.

나는 긍정적인 사람으로 마음이 병들지 않도록 할 것이며
남을 미워하거나 시기, 질투하지 않을 것이다.

내 나이가 몇 살이든 스무 살의 젊음을 유지할 것이며
나는 세상에 태어나 한 가지 분야에서 전문가가 되어
나라에 보탬이 될 것이다.
나는 다른 사람의 입장에서 생각하고
나를 아는 모든 사람들을 사랑할 것이다.

나는 정신과 육체를 깨끗이 할 것이며
나의 잘못을 항상 고치는 사람이 될 것이다.

나는 나의 신조를 매일 반복하여 실천할 것이다.

5. 죽을 때 후회하는 것들

다음은 수년간 말기 암 환자들의 말을 토대로 인생의 마지막에서 가장 후회하는 내용을 정리한 것이다.

1) 자신의 몸을 소중히 하지 않았던 것

2) 유산을 어떻게 할까 결정하지 않았던 것

3) 꿈을 실현할 수 없었던 것

4) 맛있는 것을 먹지 않았던 것

5) 악행에 손 댄 것, 남에게 상처를 준 것

6) 감정에 좌지우지되어 일생을 보내 버린 것

7) 자신을 제일이라고 믿고 살아온 것

8) 생애 마지막에 의지를 보이지 않았던 것

9) 마음에 남는 연애를 하지 않았던 것

10) 결혼을 하지 않았던 것

11) 아이를 낳아 길러 보지 않았던 것(대부분의 여성 환자들의 후회 중 하나다)

12) 사랑하는 사람에게 '사랑해요. 고마웠어요.'라고 말하지 못하고 이별하는 것

13) 종교를 몰라서 선택하지 않았던 것

14) 가 보고 싶은 장소를 여행하지 않았던 것

15) 고향에 찾아가 보지 못한 것

16) 취미에 시간을 할애하지 않았던 것

17) 만나고 싶은 사람을 만나지 않았던 것

18) 하고 싶은 것을 하지 않았던 것

19) 사람에게 불친절하게 대했던 것

20) 남겨진 시간을 소중히 보내지 않았던 것

21) 자녀를 결혼시키지 않았던 것

22) 정말 해 보고 싶은 것을 하지 못했던 용기

23) 자신이 산 증거를 남기지 않았던 것

24) 자신의 장례식을 준비하지 않았던 것

25) 담배를 끊지 않았던 것

제13장

웰다잉과
건강

겨울이 오는 소리

조 원 규

늦가을 오후
겨울의 그림자가 드리운다
대지의 찬 기운은 가슴을 시리게 하고
태양을 막아선 구름 사이로
한 줄기 햇살이 계절의 끝을 파고든다

아무도 원하지 않고
어디서 오는지 모르는
앙상한 겨울의 입김은
가을을 고집하는 단풍잎을
사정없이 흔들어 떨군다

계절을 거스르기 위한
힘겨운 고통도
감추어 두었던 여름의 열기도
겨울의 시작을 막지 못한다

준비 없는 겨울은
시린 아픔을 만들고
끝없는 봄에 대한 향수는
아득한 전설로 기억될 뿐

겨울이 오는 계절의 그림자는
죽음의 모습에 서린
뽀얀 서리처럼
어느 날
유리창에 내려앉아
삶의 모습을
앙상하게 거두어 간다

1. 걸어 다니다 죽자!

웰다잉의 첫 번째 과제는 걸어 다니다 죽는 것이다. 아무리 멋진 꿈을 꾸고 미래를 계획했더라도 어느 날 중병에 걸려 누워 버리면 인생의 의미를 찾기가 힘들다. 그런 의미에서 죽을 때까지 건강하게 사는 것이 웰다잉의 최우선 과제이다. 그래서 웰다잉에서 가장 중요하게 생각하는 것은 중풍과 치매 그리고 암과 같은 만성질환을 예방하여, 죽기 전에 육체적·정신적으로 건강을 유지하는 것이다.

우리나라의 평균수명과 기대수명은 지속적으로 증가해 왔다. 의학의 발달로 유아사망률이 현저히 낮아진 덕이기도 하지만, 예방의학의 발달로 기대수명은 지금도 점점 증가하고 있다. 사람이 병에 걸리는 원인은 무엇일까? 여러 가지 원인이 있을 것이다. 과거에 사망의 원인을 보면 비위생적인 환경, 영양 섭취의 부족, 전쟁 등이 사람들에게 많은 병을 일으키는 원인이 되었다. 1950~1960년대에는 하루거리, 결핵, 천연두, 콜레라, 기생충 등 해충이나 세균에 의한 질병이나 후진성 전염병이 많았다. 과거에 병을 일으키는 원인이 주로 세균에 의한 것이었다면, 최근에는 스트레스, 식습관, 유전적 요인과 더불어 산업화·공업화로 인한 각종 유해물질이 새롭게 만들어지는 이때, 인간에게 안전성이 입증조차 안 된 여러 가지 화학물질들이, 우리의 환경 즉 물과 공기를 오염시키고 있고, 그 오염물질은 물과 공기가 매개체가 되어 끊임없이 우리의 몸속으로 유입되고 있으며, 그것이 오늘날 우리에게 병을 만드는 주요 원인으로 부각되고 있다.

그렇다면 현대병이란 무엇인가? 오늘날 암, 고혈압, 당뇨와 같은 병들이 일상화되고 사망 원인으로 나타나게 되는 이유는 무엇일까? 현대병의 원인은 세균에 의한 질병보다는 오히려 식생활 습관, 환경의 악화와 오염, 유전과 스트레스 등과 같은 생활습관을 들 수 있다.

2. 가장 쉬운 건강법 '물'

1) 물과 인체
'모든 것은 물에서 시작하여 물로 돌아간다.' 만물의 근원을 물이라고 생각한 그리스의 철학자 탈레스처럼 사람들은 오래전부터 물을 공기와 더불어 생명을 유지하는 가장 기본적인 요소라고 생각했다. 물의 중요성을 모르는 사람들은 없지만 물만큼 그 중요성에 비해 홀대를 당하는 것도 별로 없다. 깨끗한 물을 먹으려는 사람들로 새벽부터 약수터가 붐비고, 정수기가 불티나게 팔리는 세상이지만, 아직도 사람들이 물을 충분히 마시지 않고 있기 때문이다.

물은 6대 영양소에 들어갈 만큼 우리 몸을 지탱하는 근간이라고 보아도 과언이 아니며, 물을 잘 섭취하는 것만으로도 많은 병을 예방하는 것으로 알려지고 있다. 노화와 생명을 연구하는 인체생명공학자들이 물을 연구한다는 것은 이미 알려진 사실이다. 이처럼 노화와 질병 등과 물은 밀접한 연관이 있다. 물은 인체의 각 기관을 지나면서 생명을 유지하도록 도와준다. 입을 통해 들어간 물은 혈액 구성의 중요한 역할을 하는데, 혈액의 약 83%는 물로 이루어져 있다. 물은 주로 대장에서 흡수되어 혈액을 만들고 혈액은 세포에 영양과 산소를 전달해 주는 역할을 한다. 이 과정에서 물을 충분히 마시지 않으면 탈수가 되고 신장을 비롯한 각 기관에 악영향을 준다.

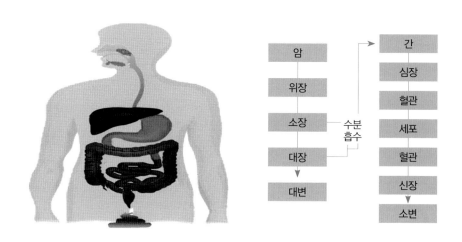

2) 물의 효능

(1) 물의 핵심역할 – 신진대사

신진대사란 생명 유지를 위해 물질을 외부로부터 섭취하여 필요한 구성 물질로 바꾸고, 이때 생긴 노폐물을 체외로 배출하는 과정에서 나타나는 화학적 변화의 총칭, 즉 우리가 섭취한 음식물을 소화 · 흡수 · 운반 · 배설하는 총 과정을 뜻한다.

소장에서 흡수된 영양분과 대장에서 흡수된 수분은 간으로 이동하고, 우리 몸에서 필요한 에너지 형태로 전환된 영양분은 심장으로 이동하여 혈액을 통해 인체의 기본 구성단위인 세포로 이동하고, 세포는 혈액을 통해 필요한 영양분과 산소를 받아 생명 유지 활동을 하게 된다. 그리고 이때 세포에서 만들어지는 각종 노폐물은, 다시 혈액을 통해 이동하여 신장으로 이동하고, 신장에서는 필요한 물질을 다시 걸러서 몸으로 돌려보내고 불필요한 물질은 소변을 통해 몸 밖으로 배출한다.

(2) 세포의 형태를 유지시켜 준다

모든 생물은 '세포'라는 최소 단위로 이루어져 있다. 우리 인간의 몸은 여러 가지 기능을 가진 약 60조 개의 세포로 이루어져 있다. 생명체인 세포는 외부 세계에서 영양을 섭취해 소화하고, 그것을 에너지로 바꾸거나 분열해서 그 수를 늘리면서 우리의 몸을 유지한다. 이렇듯 세포는 생명을 갖고 있는 체내 최소 단위이다. 세포에서 인체의 내장과 같은 역할을 하는 세포질은 대부분이 단백질이 섞인 물이다.

(3) 암과 같은 만성질환의 예방

물을 많이 마시는 것은 암 예방에도 효과적이다. 발암물질이 몸에 들어왔다고 해서 곧 암이 생기는 것은 아니다. 발암물질이 어느 정도 이상 쌓여야 암세포가 만들어지는데, 이때 중요한 것이 특정 농도 이상이어야 한다는 점이다. 다행히도 물은 무엇이든 묽게 만드는 힘이 있다. 따라서 물을 많이 마시면 발암물질이 암세포로 변할 만한 농도에 이를 수 없고 결과적으로 암을 예방하게 된다. 물은 적어도 하루에 1.5L이상 마셔야 한다.

(4) 그 밖의 물의 약리적 효능

① 수분 섭취는 비만과 밀접한 관계가 있다.

② 물은 변비와 밀접한 관계가 있다.

③ 물은 피로 회복에 도움이 된다.

④ 물은 노화에 직접적인 영향을 미친다.

⑤ 암을 예방한다.

⑥ 요로 결석을 예방 및 치료 효과도 있다.

⑦ 혈액의 점도를 낮추어 뇌졸중 예방에 도움이 된다.

⑧ 과음으로 인한 숙취 해소에 대단히 유효하다.

⑨ 감기 예방 및 천식에 도움이 된다.

3. 탈수와 건강

1) 탈수의 중요성

물은 우리 몸에서 어떤 역할을 하기에 탈수증상이 인체에 이처럼 악영향을 미칠까? 물에 대한 수많은 의사와 건강 학자들이 무수한 이론을 내세우지만, 인체 내 물의 역할은 다음과 같은 역할을 하는 것으로 규정지어진다. 우리의 몸은 약 70~80%(장기에 따라 다름)가 물로 이루어져 있다. 이처럼 많은 물이 약간 줄어든다고 해서 인체에 영향이 없을 것 같지만, 실제로 우리 체내의 수분은 1~2%만 부족해도 심각한 문제가 발생한다.

물의 중요성은 아무리 강조해도 지나치지 않을 것이다. 사람의 하루 수분 소모량은 소변으로 배설되는 수분이 약 1.4L, 소변 이외로 배출되는 수분이 약 1L로 총 2.4L에 달한다. 그러므로 하루에 섭취해야 하는 수분도 2.4L, 사람이 하루 음식으로 섭취하는 수분양은 1~1.2L 정도 되므로 적어도 식사 이외에 1.5L의 수분을 보충해 줘야 한다. 통상 하루 8~10잔의 물을 권하는 것도 그러한 이유 때문이다. 그러나 실제로 우리나라 사람들이 섭취하는 수분의 양은 이보다 훨씬 적다. 건강의 적인 탈수는 변비, 비만, 피로, 고혈압, 노화, 뇌졸중, 당뇨, 암 등의 원인이 될 수도 있다. 생각보다 많은 병들이 물의 부족, 즉 탈수로 인해 발생할 수 있다는 것이다. 한 가지 주의할 점은 카페인이든 차와 커피 등은 탈수를 더 유발시키는 물질이라는 점을 알아야 한다. 이런 음료를 물로 착각하면 탈수증상은 더 빠르게 일어날 수 있으므로 커피 등을 많이 마시는 사람은 물을 더 많이 섭취해야 한다.

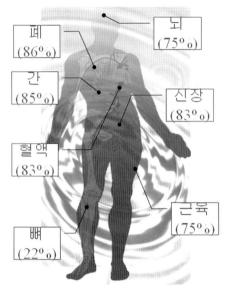
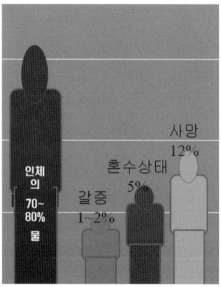

2) 물은 어떻게 마셔야 할까?

① 운동 중 조금씩 천천히 마신다.

② 아침 기상 시 공복에 물 한 잔 마신다.

③ 취침 전 1~2시간 전에 물을 마시자.

④ 차를 좋아한다면 물도 많이 마시자.

⑤ 음주 전후에 충분한 수분 섭취가 중요하다.

⑥ 목마를 때 물을 마시면 늦다. 갈증이 생기기 전에 미리 마셔라.

⑦ 식전 30분, 식후 1시간 30분까지는 물을 마시지 않는 게 좋다.

⑧ 물을 조절해야 하는 울혈성 심부전, 간경화증, 신증후군등과 같은 질환이나 갑상선 기능 저하증, 부신기능 저하증과 같은 질환에는 물을 많이 마시는

것보다 의사와 상의하여 물을 조절한다.

⑨ 물도 씹어서 마셔라.

4. 운동습관과 뇌 건강

1) 운동습관

인류의 오랜 진화과정을 되돌아보면, 인류는 걷는 것이 즐겁도록 DNA가 설계되어 있다. 인간은 자연의 일부이다. 과거 수천 년 동안 자연의 법칙에 따라 살았고, 자연의 흐름에 따라 사는 것이 가장 건강하게 사는 법이라고 보인다. 다시 말해, 배고프면 밥 먹고 해지면 자고 해 뜨면 일어나는 것과 같이 자연에 순응하는 삶을 말하는 것이다. 현대는 식문화의 발달과 전기의 발견 등으로 자연을 거슬러 사는 것이 일상화되어 있다. 먹을 것은 넘치고 걸어 다니기보다는 차를 타고 다니고, 밤과 낮이 바뀌는 생활을 하고 있다. 이러한 자연과의 부조화는 오랜 세월 길들여진 인간의 뇌를 피로하게 만들고 스트레스를 유발하여 각종 질병을 초래한다.

넘치는 음식 광고와 다양한 먹거리는 인간을 과잉섭취하게 만들었다. 소식다동이냐 다식소동이냐 다식다동이냐 하는 문제에 직면하게 된 것이다. 적게 먹고 많이 움직이는 생활이 가장 좋지만, 많이 먹는다면 많이 움직여야 그나마 균형을 유지할 수 있다. 과거에는 매일 꾸준히 중·고강도의 운동을 10~60분 하는 것을 원칙으로 알았지만, 많은 연구 결과 현재에는 평소 신체활동을 운동으로, 조금씩 토막시간을 자주 하여 운동의 총량을 같게 하는 것으로 바뀌는 추세이다.

평소 생활을 운동화하는 것이 중요하다. 아침의 순환운동은 유연성과 근단련을 해 주고 걷기는 유산소운동을 하게 한다. 특히 계단 오르기는 평형감각을 높이고 유산소운동을 하게 만들며, 일상적인 습관으로는 가능하면 차를 타지 말고 가까운 거리는 걸어서 다니는 습관을 들여야 한다. 현대인이 많이 이용하는 지하철에서도 자리에 앉기보다는 서서 가는 것이 근단련에 좋다.

2) 뇌 건강과 뇌 휴식

건강이란 육체적 건강과 정신적 건강으로 나뉜다. 그중 정신적 건강은 뇌와 밀접한 관련이 있다. 뇌 건강의 중요성은 이제 모든 사람들이 매체를 통해 인지하고 있는 사실이다. 문제는 뇌를 건강하게 하는 방법을 잘 모른다는 데 있다. 뇌 건강은 뇌 휴식과 연결된다. 현대 사회는 각종 스트레스에 노출되어 있는 피로사회이고, 이는 뇌가 피로하다는 것을 말한다. 뇌가 피로한 상태는 아침에 가뿐한 기분과 늦은 오후 스트레스와 일이 밀려 있을 때를 비교해 보면 알 수 있다.

이런 오후의 뇌 상태에서는 뇌가 피로해 뇌가 제대로 돌아가지 않는 것이다. 뇌가 피로하면 본격적인 생활습관병이 발병하게 되는 원인이 된다. 뇌 피로가 누적되면 고혈압, 심장병, 중풍, 당뇨병, 출혈성위궤양, 궤양성 대장염, 암 등이 발생하는 원인이 되기 때문에 항상 뇌가 편안하고 건강한 상태를 유지하도록 노력하여야 한다.

3) 오감의 자극을 통한 뇌 휴식

뇌 피로의 회복을 위해서는 오감을 쾌적하게 자극하여야 한다. 틈나는 대로 도심을 떠나 자연을 만끽해야 한다. 산속과 같은 자연은 오감이 절로 열려 쾌적한 자극을 만끽하게 되는 가장 효과적인 치료중의 하나이다. 과학문명과 도심의 환경은 오감을 닫아 무디게 만들지만 자연은 둔화된 오감력을 되살리고 뇌 피로를 회복시킨다.

개울물과 풀벌레 소리, 새들의 소리, 바람소리와 같은 불규칙하지만 절묘한 조화를 이루는 소리는 마음을 편안하게 하고 뇌 피로를 낮추어 세로토닌을 상승시킨다. 하늘과 구름과 저녁노을과 같은 것은 같으면서도 같지 않은 절묘한 조화를 이루고 있다. 이렇게 아름다운 자연을 바라보는 것만으로도 마음을 차분하게 만든다. 미각을 잃게 만드는 것은 농약과 비료 그리고 인공조미료로 어우러진 우리의 음식들이다. 이것은 미각을 변성시켜 뇌 피로를 가중시킨다. 우리는 천천히 즐겁게 음식 고유의 맛을 즐기는 식습관으로 미각을 회복해야한다.

촉각은 기분과 밀접한 관계가 있다. 허깅(Hugging)이나 스킨십을 통해 편안함과 설렘을 가지고 촉각을 즐겨야 한다. 유전자 중 후각의 개수가 가장 많은 것으로 알려져 있다. 향긋한 냄새는 성적 자극을 올려 주고 장미의 향은 사람을 현혹한다. 숲 속의 피톤치드에는 음이온이 방출되고 면역력을 높여 뇌 피로를 없애 준다.

우리는 감성적인 삶을 살아야 한다. 벅찬 감동은 엔도르핀을 만들어 내지만, 그것보다는 잔잔한 감동으로 삶의 행복을 찾고 삶의 보람을 찾는 것이 행복 호르몬인 세로토닌을 만들어 낸다. 가장 좋은 것은 명상이다. 명상은 자세를 반듯하게 하고 호흡을 천천히 깊게 호흡에 집중하여 오직 지금과 여기에 집중할 수 있게 만든다. 이러한 생활의 습관으로 많은 병을 예방하고 치유할 수 있다.

5. 자연치유와 면역

1) 건강지수

나는 정말로 건강한가? 사람들에게 건강하다고 생각하는 사람은 손을 들어 보라고 하면, 의외로 자신의 건강에 대하여 좋다고 생각하는 사람이 많지 않다. 이렇게 건강을 확신하기에는 스스로가 건강하지 못한 삶을 살고 있다는 반증이기도 하다. 일본은 2000년도부터 '1무2소3다의' 국민운동을 전개했다. 무연(담배), 음식, 술 적게 먹고, 많이 쉬고, 많이 움직이고, 사람들과 많이 어울리고 하는 것이 바로 그 운동이다.

35년 전쯤 미국에서는 미국인의 수명과 병의 관계를 연구하였고, 그 결과 식습관이 수명과 병에 밀접한 연관이 있다는 것을 발견하였다. 클린턴 정부는 이에 식습관의 개선을 대책으로 내놓았고, 그동안 인스턴트식품에 길들여진 식습관을 개선하게 되었다. 그 결과 미국인들의 질병이 낮아지고 수명이 연장되는 효과가 나타나게 되었다. 이것은 우리가 먹는 식습관과 생활습관이 얼마나 건강에 영향을 끼치는가를 알게 한다. 한국에서도 2003년도 내과학회에서 그동안 성인병으로 불리었던 병을 생활습관병이라고 바꾸었다.

인간이란 자연의 일부이다. 좋은 생활습관은 균형 있는 습관을 의미한다. 영양균형, 대사균형, 면역균형이 그것이다. 건강지수가 높아지면 활기찬 생활로 사회전반에 영향을 끼친다. 국민의 건강지수는 행복지수와 통한다.

2) 효소와 건강
(1) 효소의 이해와 중요성
효소는 1785년 이태리의 라자로 스파란짜니가 처음 발견하였고, 1833년 프랑스의 페이안과 체루소가 아밀라아제를 발견하면서 알려졌다. 처음에 발견된 펩신과 같은 효소 외에도 수천 종의 효소가 있다는 것이 알려지면서 이후 효소에는 '~아제'라는 명칭이 부여되었고, 우리가 잘 아는 아밀라아제와 같은 것이 효소이다. 탄수화물은 아밀라아제가 작용하여 포도당으로 분해하고, 지방은 리파아제가 작용하여 지방산으로 분해된다. 모든 생명체에는 반드시 효소가 있으며 효소는 생명물질이라고 해도 과언이 아니다. 효소에는 크게 혈액, 조직, 기관에서 작용하는 대사효소, 생식으로부터 얻어지는 식품효소 그리고 소화효소가 있다. 우리는 많은 효소자원을 물려받았음에도 불구하고, 점차 효소가 부족한 식생활 때문에 몸속에 들어 있는 효소 자원의 숫자가 줄어든다. 효소는 열과 알칼리, 산에 약하기 때문에 안정성을 유지해야 한다.

효소가 발견되고 이를 세제에 응용하게 되었다. 세제는 미생물이 만드는 효소를 사용하며, 프로테아제와 리파아제가 혼합되어 단백질과 기름을 제거한다. 이러한 효소는 통곡물과 생채, 생과 등에 많기 때문에 가장 균형 잡힌 건강보조식품으로 현미 곡류효소를 꼽는다. 영국의 윌리엄 박사에 따르면, 우리 몸에 필요한 필수영양소는 45종류이고, 현미는 비타민C를 제외한 그 모든 필수 영양소가 함유되어 있다고 한다.

(2) 소화과정과 효소

입으로 들어간 음식물은 침 속의 아밀라아제에 의해 탄수화물이 분해되고 글루코스(포도당 또는 전분당)으로 변환되어 씹으면 단맛이 난다. 당은 근육과 간에 저장되어 필요시 활동에너지로 사용되며, 모든 에너지의 원천은 포도당이다. 위의 윗부분에서 음식물은 30분에서 60분간 머물며 음식자체 소화효소로 주로 탄수화물을 분해한다. 위의 아랫부분은 위산을 분비하는 산성 환경으로 단백질을 분해하여 소화를 시켜 십이지장과 소장으로 보낸다. 췌장은 우리 몸의 기관 중 효소를 가장 많이 생산하고 분비하는 기관이다. 십이지장으로 효소를 내고 소장에 가서 췌장에서 보내준 효소들과 담낭, 간장에서 나온 분비액과 섞여 분자 크기의 영양소로 미세하게 분해된다. 위액은 강한 산을 함유하고 있어 음식물 속에 섞여 있는 세균은 대부분 죽어 버린다.

우리가 대부분 아는 것과 다르게 음식물은 위가 아니라 소장에서 가장 많이 소화된다. 그 이유는 우리 몸에서 영양을 흡수하는 세포는 소장에만 있기 때문이다. 대장에서는 수분과 전해액이 흡수된다. 그리고 대변이 머무는 곳이다. 대장속의 세균은 대략 100종 100조 개나 있는 것으로 알려졌으며, 이 세균의 질이 유익균이냐 유해균이냐에 따라 건강을 좌우한다. 장내 유익균은 유산균과 비피더스 균과 같은 것이고, 약 24시간 후에 체외로 배출된다.

(3) 생명물질 효소

효소는 우리 몸에서 일어나는 모든 생화학 반응을 담당하며, 약 3,000종의 효소가 몸에 존재한다. 동물이나 물고기의 내장에는 효소가 풍부하다. 그래서 육식동물은 초식동물의 내장에서 효소를 얻는 것으로 알려졌다. 문제는 우리가 먹는 음식이다. 우리의 음식은 대부분 화식(火食)이다. 또한 장기간 보관을 위해 대부분 멸균처리를 한다. 하지만 멸균처리 된 가공식품에는 효소가 없다. 가공식품은 고열에서 멸균처리 되어 효소가 전혀 없다. 100% 멸균처리 된 음식이 꼭 좋은 것이 아니라는 것이다. 충분히 분해되지 않고 남아 있는 동물성 단백질 잔류물은 장내 유해균에 의해 부패되어 장 속에 다량의 가스와 독소를 생성하고 혈액을 타고 몸의 여러 곳에 축적되어 기관의 통증을 유발하고, 잔류물은 대장 속에 남아 숙변으로 존재하기도 한다.

효소가 부족한 식습관의 문제점이다. 가공식품이나 정크푸드는 소화를 시키기 위해 많은 양의 효소가 필요하여 몸속의 효소를 고갈시킨다. 효소는 없고 칼로리만 높은 음식의 섭취는 과체중과 질병 취약, 노화 진행을 촉진한다. 우리의 식탁은 지방, 단백질, 탄수화물은 충분하지만, 그것을 분해해서 영양소로 변환시켜 에너지를 만드는 효소와 비타민, 미네랄은 크게 부족하다. 산야초나 매실발효액은 좋은 에너지원일 뿐 효소활성은 없다. 살아 있고 활성이 있는 촉매가 진짜 효소인 것이다.

⑷ 노화와 수명과 효소의 관계

일찍이 히포크라테스는 화식은 과식으로 통하며 과식이 병을 유발한다고 하였다. 에드워드 하웰 박사는 효소의 부족이 질병의 원인이며, 수명은 인체 내 효소의 절대량에 좌우된다고 하였다. 우리의 몸속에 존재하는 효소의 양은 제한적이다. 그런데 이렇게 제한적인 효소로 생명 유지를 위해 다양한 활동을 하여야 한다. 따라서 무한정 생산되지 않는 효소는 소화효소가 부족할 때 대사효소를 끌어쓰게 된다. 최근 연구 결과에 따르면 효소가 함유되지 않은 음식물만 섭취했을 경우, 수명의 3분의 1밖에 못 산다고 한다. 병 때문에 효소레벨이 감소한 것이 아니라 효소레벨이 감소하여 병에 걸리는 것이다. 극도의 스트레스 상황에서 체내의 PH환경은 변화한다. 그 환경에 따라 효소활성이 달라지는 것이다. 인간의 수명은 대사활동의 강도에 반비례한다. 잠을 자는 동안에는 효소소모가 줄어든다. 계절채소, 신선한 과일, 효소보조식품 섭취, 충분한 잠이 장수의 비결이며 노쇠와 질병은 효소 생성능력의 저하가 원인이다.

인간의 타액 속에 분비되는 아밀라아제 효소의 양은 젊은 사람이 70세 노인에 비해 30배나 많은 것으로 조사되었다(미국 마이켈리스 병원의 메이어 박사 연구 결과). 젊은 시기에 과식과 폭식, 동물성 단백질, 지방의 과다 섭취, 기름과 설탕의 무절제한 섭취는 인체 내 효소의 절대량의 감소를 촉진하여 면역력이 결핍되고 병약한 체질로 변하게 된다. 한정된 양의 체내 효소를 조기에 사용해 버리느냐, 아니면 잘 유지하며 소중하게 아껴 쓰느냐가 노화와 수명을 좌우할 수 있다.

⑸ 효소건강의 실천

동물성 단백질의 과다 섭취는 병의 원인이 된다. 동물성 단백질은 장 내의 염증을 유발하며 위산 부족과 만성병을 불러오는 원인이 된다. 인체 내 조직은 서로 연관된 유기체로서 하나의 조직이나 기관이 쇠약해지면 몸 전체에 그 영향이 미치게 된다. 장은 인체의 토양이다. 장 내 균층에 가장 영향을 미치는 것이 효소다. 장은 미리 알고 아세트콜린이나, 아드레날린을 분비하도록 관여한다. 그래서 장은 뇌도 지배하는 기능이 있다고 하는 것이다. 잘못된 생활습관병은 대사 작용의 균형을 깨트려 문제를 일으킨다. 음식 섭취와 영양의 적절한 분배와 자신에게 맞는 운동을 병행하여야 한다. 일반적으로 생활습관병은 당뇨 · 비만 · 고지혈증 · 고혈압과 같은 병이며, 30대의 20%, 40대의 30~40%가 대사증후군을 가지고 있어 젊은 나이라고 무심해서는 안 된다.

식사를 개선하는 것만으로도 암의 35%가 예방된다는 영국에서의 연구 결과도 있다. 의학이 발달한다고 전적으로 의료에 의존해서는 원인치료를 할 수 없다. 서양의학은 검사와 대중요법치료에는 효과적이지만 예방의학에는 소홀한 면이 있으며, 약은 화학물질이라 인체의 항상성을 무너트리고 장 내 유익균을 함께 죽임으로서 질병의 예방에는 효과가 없다. 한약의 경우에도 100도에서 달이기 때문에 저온탕제를 하지 않으면 효소는 완전히 제거된다고 보아야 한다.

식욕이 떨어지고 몸이 아플 때 효소가 아프니까 아무것도 넣지 말라는 신호이다. 그때는 몸을 쉬어 주는 게 더 좋다. 동물들은 몸이 안 좋을 때 아무리 맛있는 것이라도 먹지 않는다. 자연적인 것이 오히려 몸을 낫게 하는 데 도움이 될 수 있다. 과일이나 생채에는 대량의 마그네슘이 들어 있다. 효소활동에 이러한 마그네슘의 역할이 크다. 기름에 튀긴 음식에는 발암물질이 함유된다. 트랜스지방(마가린)은 세포를 파괴한다.

또한 몸이 산성으로 기울면 병이 오게 된다. 약알칼리성 혈액과 체액환경에서 암세포는 살 수 없다. 혈액이 산성화되면 피가 끈적한 상태가 되는 어혈이 된다. 이러한 어혈을 '산독증'이라고도 한다, 이 맑지 않은 피가 온갖 질병을 유발하는 것이다. 우리가 섭취하는 모든 것은 알칼리성이 좋다. 대표적인 알칼리성 음식이 매실과 미역, 현미이다. 단 것은 백혈구가 세균을 잡아먹는 식균 능력을 저하시킨다. 음식을 잘 씹지 않으면 타액의 분비가 부실해져 장의 점막이 약해진다. 아기에게는 모유가 가장 이상적이고 아니면 현미곡류효소를 분유에 섞어 먹일 것을 권한다.

각종 암은 과일, 생야채의 섭취 부족에서 온다고 해도 과언이 아니다. 효소 부족, 식이섬유의 부족이 암을 형성하는 최대 인자이다. 인체 내의 면역을 담당하는 기관이 소장의 점막인 것이 최근 밝혀지고 있다. 모든 병은 대사효소의 부족이 원인이다. 우유는 칼슘은 풍부하지만 마그네슘이 부족하다. 많이 먹으면 오히려 이상증상을 유발한다. 아이들에게도 우유보다는 과일과 곡류를 먹여야 한다. 씨에는 일정 조건에서 발아하지 않도록 하는 효소억제물질이 있어 씨를 생으로 먹는 것은 좋지 않다. 분해가 잘 되지 않아 엄청난 소화효소를 필요로 한다. 알코올류는 비타민 B군의 인체 내 흡수를 방해하고 마그네슘, 칼륨, 아연의 레벨을 떨어뜨린다. 또한 알코올은 조금씩 간장의 조직을 파괴해 가면서 뇌신경에 악영향을 미친다. 또한 몸을 산성 체질로 만든다. 술 중에서는 레드와인이 유일하게 알칼리성이다.

따라서 식사의 내용을 바꾸라. 곡류 80%, 동물성 단백질 10%, 채소와 해조류, 과일, 그리고 소식하여야 한다. 인체가 보유한 에너지의 약 50%가 소화와 분해에 사용된다. 탄산음료, 약, 카페인, 알코올 등은 소화저해 물질이다. 살아 있는 쌀인 현미를 먹는 것만으로도 10개월 후 우리의 몸은 바뀐다. 당뇨병 환자의 피는 끈적끈적해서 모세혈관을 통과하지 못한다. 그래서 당뇨가 중증이 되면 손발이 썩는다. 영양과 산소가 세포에 공급되지 않아 새로운 세포가 돋아날 수 없기 때문이다. 당뇨에 걸리면 심장에서 가장 먼 곳에 있는 발끝부터 썩는 것이 이 때문이다.

  잘 썩지 않는 식품이 효소가 많은 음식이다. 효소는 신선한 채소에 많다. 과일은 식전 30분 이전 아니면 식후 60분 이후 먹는 것이 좋다. 발효식품은 활성산소를 분해해서 제거하는 능력이 탁월하다. 동물성 기름이 우리 몸 안에 들어와 식으면 굳어 버린다. 그래서 가능하면 동물성 기름의 섭취를 적게 하는 것이 좋다. 나트륨은 신장에 쌓여 신장의 기능을 저하시킨다. 너무 짜게 먹지 말고 천일염을 먹는 것이 좋다. 인체 내의 모세혈관의 약 75%가 팔과 다리에 모여 있다. 그래서 사지 운동을 자주 하는 것이 건강에 좋다. 다리는 제2의 심장이라고 한다. 다리가 약해지면 심장도 약해진다. 그래서 건강하려면 항상 적당한 양의 운동이 필요하다.

3) 자연치유와 신경

(1) 신경계

  신경계와 내분비계는 인체의 주요 조절기관으로 몸의 항상성을 유지하여 주며, 내부 또는 외부의 환경 변화에 대하여 적절히 반응할 수 있도록 한다. 수용기를 통해 들어온 자극은 감각신경을 따라 뇌와 척수로 전달되며, 중추신경계에서는 정보의 분석, 비교, 종합이 이루어진다. 이러한 정보처리과정을 '통합'이라 하며, 다시 뇌와 척수로부터 나온 정보는 운동신경을 따라 효과기로 전달된다. 신경계의 일반적인 3가지 기능은 감각, 통합, 운동기능이다. 말초신경 끝에 위치한 감각수용기는 몸 안팎의 변화를 인지하여 정보를 수집할 수 있도록 특수화된 구조를 하고 있으며, 외부환경 또는 내부 환경의 변화를 감지한다. 수용기를 통해 받아들여진 정보는 신경흥분파의 형태로 신호화되어 말초신경으로부터 중추신경계로 전달된다. 중추신경계는 들어온 정보들을 수집, 분석하여 통합하는 기능을 한다. 즉, 감각을 인지하거나 기억으로 저장하게 하며, 또한 사고를 가능하게 한다. 이러한 통합기능의 결과, 의식적 또는 무의식적인 결정이 내려지고 그것들은 운동기능에 의해서 반응으로 나타난다.

말초신경계는 흥분파를 중추신경계로부터 효과기라 부르는 반응부분으로 전달시켜 준다. 효과기는 신경계 밖에 위치한다. 신경이란 전화선처럼 집(Sheath)으로 싸여 있는 신경섬유다발을 말하며, 중추신경계에서의 신경섬유다발을 '로(Tracts)'라고 하고, 말초신경계에서의 섬유다발을 '신경(Nerves)'이라 한다. 신경세포체의 손상은 뉴런의 죽음을 야기하고, 한번 죽은 뉴런은 다시 재생되지 않는다. 그러나 신경섬유가 절단된 경우, 신경세포체가 손상되지 않았다면 재생될 수 있다.

② 신경전달물질 신경의 노화

신경전달물질이란 신경세포에서 합성되어 축삭종말의 소포에 저장되어 있다가 신경 흥분파를 받으면 분비되어지는 화학물질이다. 신경전달물질로는 최소한 약 50종류가 신경계에 존재한다. 대표적으로 말초신경계 뉴런에서 분비되는 신경전달물질인 아세트콜린과 신경펩티드를 들 수 있다.

신경이란 신경섬유다발의 결합조직층으로 둘러싸여 있다. 신경은 지각신경, 운동신경, 혼합신경으로 나눌 수 있다. 나이가 들면서 많은 뉴런이 죽지만, 신경의 전도속도는 10% 정도만 감소한다. 뇌의 많은 회로들이 어느 정도 무디어지고, 뇌로의 혈액 공급도 감소되며, 뇌세포의 수도 감소하지만 뇌졸중(Stroke)이나 다른 뇌질환이 없다면 뇌의 기능감퇴는 나타나지 않는다. 단기 기억(Short-Term Memory)이 어느 정도 감소할 수 있지만(특히 손상된 동맥에 의해 혈액 공급이 감소된 경우), 정신기능이 심각하게 감소되는 것은 아니며 학습 능력에는 변화가 거의 없다. 노화와 관련되어 뇌에 영향을 주는 질환에는 알츠하이머병과 파킨슨병 등이 있다. 시신경섬유가 퇴화하고 안질환이 누적된 결과로 시력은 감퇴되며 노안, 백내장, 녹내장이 잘 발생되고, 망막의 퇴화로 색깔의 인지능력도 감소된다. 60세 이상 노인에서는 40세 때보다 2배의 밝기가 필요하다(망막의 일부 막대세포가 퇴화되기 때문에). 대부분의 노인은 적당한 청력을 가지고 있지만, 고막의 탄력이 떨어지고 청신경의 섬유가 퇴화되어 높은 톤(High Tone)의 소리를 듣기 어려워진다. 후각과 미각은 60세경 감소한다. 점막층이 점차 얇아지고 둔해지며, 맛봉오리의 수가 감소된다. 노인은 젊었을 때보다 2시간 정도 수면시간이 짧아지고 밤에 더 자주 깬다.

(3) 신경계의 분류

① 중추신경계(CNS, Central Nervous System)

중추신경계는 뇌와 척수로 이루어져 있고, 뇌는 두개골, 척수는 척추에 의해 둘러싸여 보호된다. 중추신경계는 여러 자극을 받아 분석 · 비교 · 종합하여 근육과 샘으로 흥분파를 내려 보낸다.

② 말초신경계(PNS, Peripheral Nervous System)

말초신경계는 뇌와 척수로 들고 나는 신경세포와 신경섬유들, 즉, 뇌신경과 척수신경으로 구성되며, 뇌와 척수를 인체의 다른 부분과 연결시켜 준다. 체성신경계는 감각신경과 운동신경으로 이루어져 있다.

(4) 척수와 척수손상 및 신경질환

척수의 위쪽 끝은 뇌줄기의 아래쪽 끝부분에 연결되어 있으며, 31쌍의 척수신경의 가느다란 신경기둥으로 두개골의 큰 후두구멍에서 제1요추까지 약 45㎝ 정도의 길이다. 척수손상이란 척수가 타박상이나 자상 등을 받아 척수 뉴런이 손상되었을 때를 말한다. 절단은 완전하게 또는 불완전하게 일어날 수 있으며, 완전절단된 경우 손상부위보다 아래쪽의 모든 골격근이 마비되고, 대소변 조절 불능,

반사의 소실, 감각소실 등이 초래된다. 불완전 절단 시에는 손상 받은 부위 아랫부분의 수의적 운동과 감각이 부분적으로 소실된다. 척수손상 직후에 수 시간에서 수 주 동안 척수 쇼크가 발생할 수 있으며, 척수 쇼크는 마비, 반사소실, 감각소실로 나타난다.

하반신 불구는 양쪽 하지의 운동, 감각기능이 소실된 것을 말하며 상부요수가 절단되어 발생한다. 경수팽대 아랫부분과 요수팽대 윗부분 사이에서 완전 절단된 경우에는 대소변을 못 가리고, 성기능이 손상된다. 척수 손상이 불완전하면, 손상부위 아랫부분에 일부 감각과 운동기능이 남아 있을 수 있다. 사지마비는 손상 받은 척수 아래 부위뿐 아니라 사지 모두의 마비증상을 말하며, 대부분 C8에서 T1 사이의 손상에 의한다. 사지마비는 인체의 다른 계통에도 영향을 줄 수 있다. 예를 들면, 호흡근육이 기능을 잘 수행하지 못하여 심혈관계와 호흡기계에 문제를 초래할 수 있다. 반신불수란 한쪽 부분(왼쪽이나 오른쪽)의 상지와 하지가 마비된 증상을 말하며, 뇌동맥의 가지가 터져서 발생하는 뇌졸중이 원인이 되는 경우가 많다. 피질척수로 섬유가 기능을 못하게 되며, 피질척수로는 연수에서 교차하므로 손상 받은 부위의 반대쪽 사지에 마비가 일어난다. 이밖에 수근통로증후군, 소아마비, 좌골신경통, 대상포진, 척수막염 같은 신경질환을 들 수 있다.

(5) 자율신경계

자율신경계의 주 기능은 항상성을 유지하는 것으로, 대부분 의식적인 조절 없이 이루어지며, 교감신경계와 부교감신경계로 나뉜다. 자율신경계는 심장근육, 평활근과 여러 샘을 조절함으로써 심박동수, 혈압, 호흡수, 체온 및 여러 내장활동을 조절한다. 교감신경은 주로 에너지 소비, 긴장, 위기상황에 대해 몸을 대피시키는 상황에서 작용하며, 부교감신경은 정상적이고 휴식하는 상황에서 활성화된다.

6. 자연치유

예방주사를 보면, 실제로 생백신처럼 균을 힘이 없도록 하여 주사하는 경우와 사백신의 경우처럼 균을 죽여서 주사하는 경우가 있다. 이들은 모두 인체의 자연치유에 의한 항체를 만들기 위한 것으로, 자연치유를 이해하는 데 도움이 된다. 이처럼 자연치유는 자기 몸 스스로 병을 이겨 내도록 하는 것을 말한다.

의학의 진보에도 불구하고 암은 증가하고 새로운 바이러스가 지속적으로 변이를 일으키며 등장하고 있다. 백신의 개발이나 의학의 발전만으로 건강을 유지하는 것은 너무 힘든 상황이다. 똑같이 바이러스에 노출되어도 어떤 사람은 병에 걸리고 또 어떤 사람은 병에 걸리지 않는 것은 면역력의 차이다. 수술이나 항암제 그리고 방사선치료연구의 발전이 암을 완벽히 정복하지 못하듯이 예방이 아닌 치료의학에는 한계점이 있다. 아직도 정복되지 않는 암이 3~4명 중에 1명인 것만 보아도 암의 치료에 한계가 있(다는 것)음을 알 수 있다. 그렇다면 이런 암이나 불치병에 걸리지 않는 것이 훨씬 중요하다고 할 수 있다. 그것은 평소에 생활면역력을 높이는 것이 습관을 통해 가능하다.

과음이나 과식, 술 담배, 너무 탄 것, 짠 것 등의 잘못된 식습관을 바꾸어야 하고 불평이나 불만, 시기, 미움, 질투, 증오, 화와 같은 스트레스 환경에서 벗어나야 한다. 웃고 울고 기쁨과 감사가 없는 생활은 자율신경의 교감신경을 항진시켜 아드레날린을 분비하고 궤양성 질병을 유발한다. 면역력이 감소하면 암을 비롯한 모든 질병에 노출되게 되는 것이다. 그래서 암과 같은 질병도 생활습관과 밀접한 연관이 있다. 언제 어떤 경우라도 '그럴 수도 있지'라고 하는 바보 같은 생활태도로 마음을 편하게 하면 병에 걸릴 확률이 적어진다. 내성적이고 완벽하고 부정적인 생각을 가지면 스트레스를 유발하고 면역력이 저하되어 모든 질병에 노출되게 되는 것이다. 질병의 뿌리를 치료하는 것은 수술이나 항암요법이 아니라 생활습관의 변화를 통한 면역치료이다. 신선한 식품을 골고루 균형 있게 먹고 규칙적인 식사와 꼭꼭 32번 이상을 씹어 먹는 식습관을 가져야 하며, 천천히 여유롭게 인생을 즐기면서 사는 것이 병을 만들지 않는 것이다. 그래서 삶의 방법을 바꾸기 위한 몇 가지 방안을 제시한다.

⑴ 여유 있는 삶을 살자

빨리빨리 병은 육체와 정신 모두에게 큰 위기를 가져온다. 교통사고와 낙상사고 등을 일으켜 누워 있는 삶을 만들고 바쁘게 사느라 뇌가 쉴 시간이 없어진다. 대부분의 빨리빨리 현상은 현대 사회를 경쟁적으로 살아가기 때문에 발생한다. 남을 위해 사는 삶이 아니고 자신을 위해 사는 삶을 지향한다면, 좀 더 여유로운 삶을 선택해야 한다.

⑵ 칭찬을 많이 하자

칭찬은 남을 위해 하는 것이 아니라 자신을 위해 하는 것이다. 남이 나를 칭찬해주기 바란다면 남을 먼저 칭찬하자. 좋은 말은 메아리처럼 돌아온다. 칭찬을 받고 기분이 나쁜 사람은 없을 것이다. 칭찬을 받고 산다면 삶이 풍요로워진다. 그런 기분을 맛보고 기분 좋은 삶을 살기 위해서는 베풀어야 한다. 베푸는 것 중에 돈 하나 안 들어가고 할 수 있는 것이 칭찬이다. 칭찬을 하면 반드시 돌아온다.

⑶ 감사하는 삶을 살자

행복하기 위한 방법이 무엇인가를 물으면 나는 주저 없이 '감사하는 삶'이라고 말할 것이다. 누군가와 비교하고 경쟁하는 삶은 끝없는 욕망을 가지게 한다. 감사하지 못하는 이유 중에 하나는 자신이 가진 것을 모르기 때문이다. 내가 현재 가진 것에 감사하기보다는 자신이 원하는 욕망이 채워지기 바라기 때문에 감사할 수 없게 된다. 감사할 일이 생기기를 바라지 마라. 감사할 일이 생기기 전에 이미 내가 가진 것들이 얼마나 많은가를 알아야 하고, 내가 가진 것에 대해 감사를 해야 더 감사할 일들이 많이 생기는 것이다.

(4) 긍정적으로 살자

긍정은 긍정을 낳는다. 나이가 들어 가면 긍정적인 사람들을 곁에 두어야 한다. 밥을 같이 먹어도 "참 맛있다!" 하는 사람을 옆에 두어야 밥맛이 좋다. "음식이 형편없군!"이라고 말하는 사람은 옆에 사람들조차 입맛을 잃어버리게 만든다. 좋은 생각을 하고 좋은 마음을 가지면 좋은 일들이 함께 일어나는 것이 긍정의 힘이다. 긍정의 힘은 자신의 삶과 주변을 사람들의 삶을 모두 행복하게 만든다.

(5) 용서하고 사랑하자

용서를 하는 것이 손해라고 생각하는 사람이 있다. 용서의 반대는 무엇일까? 복수라고 할 수 있다. 대부분의 사람이 용서보다는 복수를 선택하는 경우 후회를 한다. 복수는 받은 만큼 되돌려 주려는 마음인데, 결국 복수를 해도 마음이 편하지는 않다. 우리의 삶은 알게 모르게 서로에게 상처를 주고 산다. 내가 준 상처는 알지 못하고 받은 상처만 기억하기에 용서를 쉽게 할 수 없다. 하지만 어떤 경우라도 죽음이 닥치면 모든 것을 내려놓아야 한다. 그때 가서 비로소 내려놓지 말고, 살아가면서 용서하고 사랑하는 것이 남은 삶을 위해 필요한 일이다.

(6) 봉사하자

남을 위해 무엇인가를 할 수 있다는 것은 자신이 사랑스럽다는 것이다. 자신이 불행하면 남을 도와줄 수 없다. 사랑은 넘쳐야 한다. 가슴에 넘쳐서 남에게 스며들도록 하는 것이 사랑이다. 봉사는 자신이 살아가는 의미를 더욱 값지게 하고 자신만을 위해 사는 이기적인 삶이 아니라, 이타적인 삶을 살게 하여 사랑이 충만한 삶을 만든다. 봉사와 나눔은 살아가면서 가장 가치 있는 일 중에 하나이고 마음의 평화를 얻게 만든다.

제14장

웰다잉과
행복 만들기

기대하지 않은 선물

조 원 규

남은 시간은
기대하지 않은 선물

단 하루가 남았다 해도
일출의 장엄함과
저녁놀의 섬세함을 느끼고
사랑을 나눌 수 있는 것

태어날 때 아무 기대하지 않은 것처럼
욕심을 버리면
하루하루가 기적 같은 선물

가져갈 수 있는 선물은 없기에
아무리 예쁜 포장지에 싸여있어도
매일 뜯어 보아야 한다

어린아이처럼 좋아하며
삶이 주는 선물을 열어야한다

그리고
나누어 주어야 한다

생이 끝나는 날까지

남은 시간은
기대하지 않은 선물

1. 웰다잉과 행복

1) 행복의 정의

행복은 사전적으로 '생활에서 충분한 만족과 기쁨을 느끼어 흐뭇함' 또는 그러한 상태를 말한다. 인간에게 있어서 인생의 궁극적인 목표는 행복이다. 정치사상 중에서도 마찬가지로 현세의 행복을 고려하지 않는 것은 있을 수 없으며, 플라톤이나 아리스토텔레스와 같은 고전적 체계에서도 행복은 궁극의 목적이었다. 기독교는 현세의 행복을 상대화하였지만 중세의 공통선이라는 발상에서 볼 수 있는 바와 같이 정치사회를 구성하는 자의 행복을 배려하는 것은 정치의 중요한 역할이었다. 그때 행복을 어떠한 것이라고 생각하는가가 문제가 된다.

"행복이 무엇이고 어떻게 하면 행복할 수 있는가?"라고 물으면 나는 주저 없이 "행복은 선택"이라고 말한다. 행복은 보편적이고 개관적인 것이 아니라, 주관적이고 선택적인 것이다. 자신이 행복을 선택하면 행복해지는 것이고 불행을 선택하면 불행해지는 것이다. 그래서 행복이란 실체는 존재하기보다는 만들어 가는 것이라는 생각이 든다. 반대로 말하면 불행한 사람은 불행을 스스로 선택한 것이고, 그 선택의 몫이 스스로를 불행한 사람으로 만드는 것이다. 웰다잉에서 말하는 행복이란 거창한 철학적이고 형이상학적인 행복이 아니라, 실존적이고 현재의 삶 속에서 찾아지는 행복을 말한다. 결국 행복의 원천은 마음이고 마음을 움직이는 것이 자신이기 때문에 행복을 만드는 주체적인 마음을 스스로 가져야 한다는 것이다.

2) 행복의 시작

2006년도에 하버드대학교에서 심리학자이며 작가인 벤-샤하르 교수에 의해 '행복학'이라는 과목이 시작되었다. 인간은 이성적 사고를 할 수 있게 되면서부터 가져온 보편적인 의문을 실천을 통해 경험하면서 체득하고 알아낸 해답이 바로 행복학이다. 행복이란 이론적 틀에 담겨 있는 것이 아니라, 삶의 자리 어디에서 나 규범으로 활용되고 있는 가치관의 준거이다. 행복은 인류사와 함께 살아 숨 쉬고 있으며 인류사를 지속적으로 발전하게 한 원동력이었다. 행복에 대한 신념과 희망 그리고 갈망과 도전이 인류사를 빛나게 발전시켰다.

그렇다면 도대체 행복이란 무엇이며 웰다잉과는 어떤 관계가 있을까? 법륜스님은 "행복은 기분 좋은 것이고 불행은 기분 나쁜 것"이라고 하였으며, 덧붙여 "기분이 좋다는 것은 기가 잘 통하지 않아 마음이 불편하다는 것이다. 그런데 사람들은 행복하려고 기를 쓰고 돈을 번다. 기를 쓰다 보니 기가 다 빠져 나가서 몸과 마음이 불편해지고 결국 행복할 수가 없다. 진정한 행복이란 행복과 불행을 벗어나 자유로운 상태이다. 즉, 행불행에 일희일비(一喜一悲) 하지 않는 평화로운 상태가 진정 행복한 상태이다."라고 하였다.

사람들은 나와 남을 비교하면서 살게 된다. 그래서 상대적인 우월감이나 열등감에 빠져 자신의 행불행을 결정한다. 그리고 비교는 차이가 아니라 차별을 전제로 하기 쉽다. 행복은 객관적인 것이 아니라 주관적인 경향이 크다. 그래서 자신이 어떻게 생각하느냐에 따라 해석이 달라진다. 과거와 비교해 보았을 때 지금은 훨씬 더 풍요로워졌지만, 사람들은 풍요 속의 빈곤을 느끼고 있다. 그것은 절대적인 행복감이 아닌 비교적이고 상대적인 행복을 찾으려 하기 때문이다. 결국 행복은 자신의 감정에 의해 좌우되며, 타인과 나의 차이를 이해하고 서로를 존중하고 인정하며 하나로 되어 가고자 할 때 생겨나는 만족감이다. 웰다잉의 궁극적인 목적은 행복한 삶을 살다가 아름다운 죽음을 맞이하는 것이다. 그러므로 삶에 있어서 행복하게 사는 것이야말로 웰다잉의 목적과 궁극적으로 같은 맥락이다. 하지만 행복은 매우 주관적이다. 그것은 우리가 있는 현실 그대로를 행복으로 인식하는 것이 아니고, 자신의 감정을 도구로 하여 행복을 인식하는 것이기 때문이다. 그렇기 때문에 행복한 삶을 살기 위해서는 외부적 조건을 변화시켜서는 절대로 이루어지지 않는다. 그것은 자신의 내면을 변화시켜야 가능한 것이고, 이것을 이루는 가장 대표적이고 강력한 무기가 죽음을 인식시키는 것이다.

행복에 필요한 요소로 심리학자 데이빗 리켄은 "긍정적인 태도와 노력"이라고 하였으며 심리학자인 셀리와 에드 디너는 "원만한 대인관계를 유지하는 사람들이 훨씬 행복하다."는 연구 결과를 보였다. 경제학자인 로버트 스키델스키는 행복의 핵심은 "필요한 것과 갖고 싶은 것을 구분하는 작업에서 행복이 추구될 수 있다."고 하였다. 즉, 필요를 넘어서서 갖고 싶은 욕망에 붙들리게 됨으로써 결국 불행하게 된다는 것이다.

3) 행복의 법칙

(1) 상대성

행복은 상대적이고 주관적이다. 행복의 객관적 기준을 마련하려 해도 사람마다 느끼는 감정이 다르기 때문에 행복은 내적인 감정이라고 볼 수 있다. 국가별 행복지수를 보아도 잘사는 나라의 국민들이 꼭 행복한 것이 아니고, 가난한 나라라고 불행한 것은 아니다. 오히려 행복은 위를 쳐다보며 사는 사람에게는 보이지 않는 낮은 곳에 있는지도 모른다. 올림픽이나 세계대회에서 보면 금메달을 딴 선수가 가장 행복한 것은 말할 것도 없다. 오랫동안 기다려 왔고 고대했던 금메달을 딴 선수는 세상에서 그 무엇과도 비길 바 없는 행복감을 느낀다. 문제는 은메달과 동메달을 딴 선수를 보았을 때 의외로 동메달을 딴 선수가 더 행복감을 느낀다는 것이다. 1등을 못한 아쉬움으로 2등은 항상 행복감이 떨어지지만, 동메달을 딴 선수는 메달권에 들어서 다행이라는 생각때문에 행복감을 느끼게 된다.

여럿이 모인 관중들에게 무엇인가를 공짜로 나누어 준다면, 모두가 그 행운을 행복감으로 받아들이게 된다. 하지만 어떤 집단은 더 좋은 것을 주고 또 어떤 집단은 조금 나쁜 것을 준다면, 똑같이 공짜로 나누어 준다 해도 조금 떨어지는 선물을 받은 집단은 행복감이 현저히 떨어진다. 그래서 행복감과 만족감은 상대적이라는 것이다. 이러한 원칙은 실생활에서도 그대로 적용된다. 남과 비교하면서 사는 사람은 거의 불행하다. 내가 잘되어도 남보다 더 잘되지 못하면 만족감을 얻기 힘들기 때문이다. 하지만 남과 비교하지 않고 자신의 어제와 오늘을 비교하여 더 나아진 데서 만족을 한다면, 그 사람은 행복에 한 발짝 더 나갈 수가 있다. 이렇게 우리는 사회라는 틀 안에서 남과 비교하고 경쟁하고 살면서 가까이 있는 행복을 제대로 느끼면서 살기가 힘들어졌다.

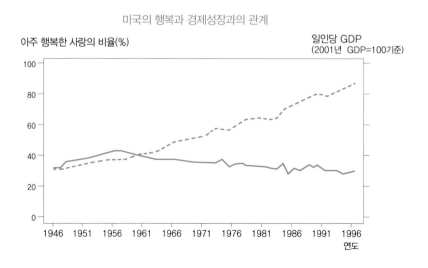

미국의 행복과 경제성장과의 관계

웰다잉강사지도사 자격과정을 위한
웰다잉의 이해와 실천

(2) 욕망 부풀리기

부자는 행복할까? 성공한 사람은 행복할까? 전부 다 그런 것은 아닌 것 같다. 부와 성공이 행복의 필요조건은 되지만, 그것이 전부가 아니다. 가끔씩 우리 주변에 돈이 많고 성공하여 명예와 권력이 있는 사람들도 자살을 하고 불행해지는 과정을 가끔 목격할 수 있다. 인간의 욕망은 끝이 없다. '이 정도면 되겠지.' 하고 만족을 느끼는 사람보다는 끝없이 욕망을 추구하며 사는 것이 인간이다. 이렇게 욕망이 많아지면 아무리 채우려고 해도 채워지지가 않는다. 엘고어는 "풍요가 역사상 최고에 이르렀지만, 인생의 허무함을 느끼는 사람의 수 역시 최고에 이르렀다."고 말했다.

행복은 욕망을 얼마나 채우느냐와 욕망을 얼마나 내려놓느냐에 달려 있다. 현실은 욕망을 모두 채우기에는 너무 힘들고 그렇다고 욕망을 모두 내려놓고 살기에는 너무 금욕적이라 실행하기 힘들다. 그러므로 행복을 유지하기 위해서는 어느 정도의 욕심은 버리고 어느 정도의 욕망은 채우기 위해 노력해서 만들어야 한다.

현대 자본주의는 소비를 부추기는 사회이다. 여러 매체마다 광고의 홍수가 넘쳐나고, 해가 지나면 새로운 제품이 쏟아져 나온다. 사람들은 명품을 들어야 남에게 주목받고 좋은 차를 타야 남으로부터 대접을 받는다고 생각한다. 이렇게 소비를 부추기는 사회에서는 자신의 의지와 상관없이 소비를 권장하는 사회가 되어 버린 것이다. 소비가 올라가면 욕망도 따라서 올라간다. 아무리 좋은 것을 사도 그다음에는 더 좋은 것을 사고 싶은 욕망이 생기는 것이다. 무엇인가 좋은 것을 가져야만 행복하다고 한다면 현대 사회에서 행복해지기는 어렵다. 그래서 다소의 금욕적 생활이 요구되는 것이다.

(3) 적응이론

행복의 또 다른 특징은 소득의 증가에 사람들이 쉽게 적응한다는 것이다. 우리는 목표를 가지고 산다. 그리고 그 목표를 성취했을 때 행복감을 느낀다. 그런데 우리가 가지는 목표가 달성되고 나면 얼마나 오랫동안 만족을 하느냐 하는 것이다. 어떤 사람이 중형아파트를 사고 싶은 목표를 가지고 있고, 어떤 사람은 고급 세단을 가지고 싶어 한다고 하자. 그들이 열심히 노력해서 아파트를 사고 고급 승용차를 가지게 되었다면 그것은 영원히 행복할까? 의외로 사람들은 그런 것에 쉽게 적응이 된다. 일 년쯤 지나면 마치 처음부터 그것들을 가지고 있던 사람처럼 변하고 또 다른 포부가 형성되는 것이다. 그래서 무엇인가를 가지는 것은 쉽게 적응되고 쉽게 물려 버린다.

생각해 보라. 당신의 옷장에 있는 많은 옷들이 처음에 샀을 때는 얼마나 좋아서 샀겠는가? 그런데 지금은 그 옷들이 몇 년 지나 마음에 안 들고 안 입어지고 어쩌면 멀쩡한 옷을 버릴지도 모른다. 대량생산은 인간에게 편리함을 제공했지만, 물질의 풍요를 가져오면서 권태와 무료함도 같이 제공했다. 행복은 절대 물질만으로 채워지지 않는다.

4) 행복의 특징

돈으로 살 수 없는 행복이 있고, 돈으로 살 수 있는 행복이 있다. 예전에 사업에 실패하고 주머니에 돈이 떨어졌던 적이 있었다. 그럴 때 아이들이 먹고 싶어 하는 것을 사 주지 못하는 비참함, 가족들과 함께하지 못하는 비애와 같은 것들은 경제적인 문제였다. 그럴 때 다소의 돈은 행복을 가져다준다. 이렇게 돈으로 살 수 있는 행복은 한계효용체감현상을 가져온다. 즉, 어느 정도의 한계를 지나면 돈의 가치가 처음과 같지 않다는 것이다. 만약 1조 원이나 되는 돈을 소유한다면 돈의 가치는 월 100만 원의 수입을 가지는 노동자와 다르게 느껴진다. 그때는 이미 돈에 대해서는 무감각해질 수도 있다.

오히려 많은 경우에 사람들이 추구하는 것은 돈으로 살 수 없는 행복이다. 사람들이 가장 가지고 싶어 하는 것들은 물건이 아니라, 사랑·우정·화목·존경·명예와 같은 보이지 않는 것들이다. 이러한 것들은 한계효용체증의 법칙에 적용을 받는다. 즉, 가지면 가질수록 더 가지고 싶어 하게 되는 것이고 아무리 많이 가져도 질리지 않는 것들이다. 사랑과 우정이 많다고 누가 그것을 마다하겠는가?

선진국 사회는 돈으로 살 수 있는 행복이 이미 포화상태에 이르렀다. 일반 상품은 수요의 소득탄력성이 낮지만 환경과 인간에 대한 수요의 소득탄력성은 매우 높다. 그래서 점점 소득이 높아질수록 보이지 않고 돈으로 살 수 없는 사랑이나 존경과 같은 것들에 대한 수요가 상대적으로 더 크게 늘어날 것이다. 수요가 더 크다는 것은 행복 창출이 그만큼 더 크다는 것을 의미한다.

행복지수를 측정하는 요소로 결혼생활만족도, 직장생활만족도, 주거환경만족도를 가장 크게 꼽는다. 우리가 가장 오랫동안 머무는 곳에서 행복을 찾아야만 행복지수가 높다는 것이다. 대부분의 경우, 소득의 향상이 행복을 가져다줄 것이라고 생각한다. 그러나 이것은 어느 정도 수준까지의 이야기이고, 일정한 수준 이상의 경제적 상황이라면 경제적인 것이 행복을 좌우하지는 않는다. 결국 우리나라를 포함한 선진국 사회는 돈으로 살 수 있는 행복은 거의 포화상태에 이르렀다. 오히려 돈보다는 주거환경이나 인적 환경이 더 중요한 요소로 작용하고 있다.

5) 행복의 방법

여기 두 가지 경우가 있다. 50평짜리 주택에 살고 있으며, 매일 직장까지 교통혼잡을 뚫고 한 시간 통근해야 하며, 크고 화려한 자동차, 정교한 가전제품을 마련하느라고 제대로 운동할 틈도 없고 가족 및 친구들과 어울릴 틈도 없이 정신없이 움직이는 사회가 있다. 또 하나는 30평짜리 주택에 살고 있으며, 매일 직장까지 대중교통 수단으로 출근하는 데 15분이 걸린다. 작은 집에 살며, 자동차를 덜 타고, 단순한 가전제품을 사용하고 있지만, 환경과 스포츠를 자주 즐기고 가족 및 친구들과 자주 어울리면서 여유 있게 사는 사회가 있다. 전자는 대부분의 불행한 사람들의 모습이고, 후자는 대부분 행복하게 사는 모습이다.

행복의 상당 부분이 남을 의식하며 사느라 자기 삶을 살지 못하는 것에 좌우된다. 정말로 자신의 행복을 위해 산다면 남의 눈치를 보고 남에게 잘 보이려고 살아서는 안 된다. 행복은 남이 느끼는 것이 아니라 자신이 느껴야 하기 때문이다. 로스웰과 코언이 18년간 1,000명의 성인 남녀에게 80가지의 상황을 제시하고 자신을 행복하게 만드는 5가지 상황을 선택하게 하였더니 인생관 · 적응력 · 유연성 등과 같은 개인적 특성이 첫째 조건이며, 돈 · 건강 · 인간관계와 같은 생존조건이 둘째 조건이며, 기대 · 희망 · 야망 · 성공 · 유머감각 · 자존심과 같은 사회적인 욕망인 고차원 상태가 셋째 조건으로 나타났다.

로스웰과 코언은 생존조건이 개인적 특성보다 다섯 배나 더 중요하다고 주장한다. 그리고 사회적인 욕망인 고차원 상태는 개인적 특성보다 세 배나 더 중요한 것으로 판단한다. 그래서 이것을 '행복지수'라 하고 행복방정식을 명명하였다. 그리고 행복지수를 산출하기 위한 다음의 네 가지 질문을 던지고 있다.

① 당신은 얼마나 사교적이고, 정렬적이며, 변화에 유연성을 갖는가?
② 당신은 얼마나 긍정적인가? 우울할 경우에 재빨리 벗어나고 자신을 잘 통제하는가?
③ 당신의 건강, 재정, 안전, 자유 등의 조건에 만족하는가?
④ 당신이 하는 일에 몰두하고 만족하며, 목적의식으로 일을 하는가?

로스웰과 코언의 행복해지기 위한 7계명은 다음과 같다.

① 가족, 친구, 당신 자신에게 시간을 할애하라.

② 몇 명의 친구가 수많은 이방인보다 낫다. 대인관계를 끈끈히 하라.

③ 취미활동을 위한 여가시간을 가지라.

④ 과거나 미래보다 지금 현재에 충실하라.

⑤ 운동과 휴식을 취할 것.

⑥ 이룰 수 있는 명확한 목표를 세워 최선을 다할 것.

⑦ 행복하려면 행복하려고 노력하기를 포기하라.

탈 벤 샤하르의 행복한 사람의 분류법을 보면 다음과 같다.

① 미래의 성공을 위해 현재의 행복을 저당 잡힌 '성취주의자'

② 순간의 즐거움만을 좇다 무료함의 늪에 빠진 '쾌락주의자'

③ 과거의 실패에 발목이 잡혀 스스로 행복을 포기한 '허무주의자'

④ 현재의 즐거움과 미래의 행복을 모두 누리는 '행복주의자'

이들이 우리에게 얘기해 주고 있는 것은 무엇일까? 가장 중요한 점은 우리를 진정으로 즐겁게 만드는 것들을 우리가 자주 그리고 심각하게 간과하고 있다는 것이다. 그리고 이러한 간과는 다른 것을 행복의 원인으로 잘못 생각하게 만들곤 한다. 우리가 흔히 하는 오해와 중요하게 생각해야 할 점들은 무엇일까?

첫째, 돈으로 살 수 있는 행복의 양은 매우 미미하다. 다시 말해서 부자가 보통 사람들보다 더 행복할 가능성은 크지 않다. 다만 가난은 가난이 드문 나라나 문화에서 행복하지 못할 가능성을 크게 만들곤 한다. 그렇다면 돈은 무엇일까? 돈 그 자체는 행복 촉진제라기보다는 불안 완화제의 성격이 더 강하다. 지갑속에 넉넉하게 현금을 넣어 둔 날은 마땅히 쓸 일이 없으면서도(또 실제로 쓰지도 않으면서도) 집을 나설 때 왠지 안심할 수 있게 만들어 준다. 바꾸어 말하면, 이것이 바로 돈으로 행복을 살 수 없는 분명한 이유다. 돈으로는 사람의 마음을 살 수 없으며, 내 머리가 좋아지지도 않는다. 이는 돈을 '제대로' 써야만 가능한 일이다.

둘째, 죽음을 앞둔 사람들 중 "좀 더 일을 열심히 할 걸……."이라고 후회하는 사람은 거의 없다고 한다. 하지만 "○○에게 좀 더 잘할 걸" 혹은 "사람들에게 좀 더 착하게 대했어야 하는데"라고 후회하는 사람은 정말 많다. 왜일까? 행복의 중요한 원천 중 하나가 사람들과의 관계이기 때문이다. 그런데 우리는 먼 미래의 행복을 위해서라며 무언가를 열심히 할 때 현재의 내 주위에 있는 많은 사람들과의 관계를 소홀히 하곤 한다. 그 무언가를 열심히 하기 위해 소중한 사람들의 가치를 잊는 실수를 범하지 말라는 것이다.

셋째, 우리는 흔히 천재들은 고독하고 자기 일만 할 줄 아는 괴짜들이라는 고정관념을 지니고 있다. 물론 그런 천재들도 있다. 그러나 대부분의 천재들은 우리가 알고 있는 그들의 업적으로는 상상하기 힘든 장난기를 가지고 있다. 다중지능이론으로도 우리에게 잘 알려진 하버드 대학의 하워드 가드너 교수는 아인슈타인이 고독한 괴짜로서의 천재가 아닌 농담과 유머를 즐길 줄 알고 주위에 있는 사람들과 즐겁게 지낼 줄 아는 아이 같은 모습의 인물이었다고 알려 준다. 사실 행복한 사람들은 사회성이 상당하며 과묵하기보다는 대화를 즐기는 것으로 알려져 있다. 또한 다양한 측면에서 정서적으로도 메마르지 않고 풍부한 것으로 나타난다. 논리와 이성적인 차가운 모습, 엄숙한 모습, 혹은 냉철함만을 중요한 지향점으로 삼고 살아간다면, 분명 많은 것을 잃을 수밖에 없을 것이다.

2. 즐겁고 의미 있는 삶

긍정심리학에 의하면 행복한 삶은 삶의 세 가지 측면을 지니고 있다고 한다. 첫째, 즐거운 삶이다. 즐거운 삶은 일종의 기술이고 경험이다. 즐거운 경험을 자주 하고 즐거운 경험을 잘할 수 있는 사람들은 일생을 살면서 긍정적인 경험을 더 자주 하고, 따라서 행복해질 수 있는 가능성을 더 크게 가진다. 하지만 우리의 삶은 행복을 위해 단순히 즐겁고 긍정적인 정서 이상의 무엇을 요구한다. 게다가 즐거운 삶은 중요한 제한점이 있다. 즐거움을 경험할 수 있는 능력은 상당 부분 유전적이라는 것이다. 즉, 낙천적인 부모에게서 낙천적인 자식이 출생할 확률이, 그리고 즐거움을 잘 느끼지 못하는 사람은 비슷한 성격의 자식을 낳을 확률이 상대적으로 더 높다는 것이다. 다소 억울한 이야기이다. 또한 즐거움은 곧 '익숙함'이라는 것에 빠지고 만다. 어떤 대상에 대해 즐거움을 느끼더라도 그 대상을 자주 경험하게 되면 즐거움은 점차적으로 감소한다. 이것이 바로 첫 키스 혹은 새로운 아이스크림의 달콤함이 계속되지 않는 이유다. 즉, 우리는 행복한 삶을 위해 중요한 삶의 방식이 더 필요하다.

그중 하나가 관여하는 삶이다. 관여란 무엇인가? 어떤 대상이나 일 혹은 사건에 몰입하는 것을 의미한다. 그런데 우리는 무언가에 몰입할 때 시간이 멈춤을 느낀다. 너무나도 재미있는 게임을 하거나 진심으로 좋아하는 이성과의 첫 데이트를 위해 보낸 몇 시간은 일상생활에서의 몇 분보다도 더 짧게 느껴지는 것이 바로 몰입하기 때문이다. 이런 몰입을 경험한 사람은 지루함과 좌절이 아닌 생동감과 활력을 선물로 받는다. 그리고 단순히 즐거운 것이 아니라 도전과 기술의 향상을 위한 동기를 지니게 된다. 삶은 더욱 좋은 방향으로 나아갈 수 있다는 것이다. 몰입이론의 출발점인 칙센트 미하이 교수에 의하면, 몰입의 경험을 풍부하게 그리고 다양하게 하는 것이야말로 행복함을 넘어서서 훌륭한 삶이 된다.

행복한 삶을 만들어 주는 또 다른 것이 하나 있다. 바로 의미 있는 삶이다. 의미 있는 삶은 자신만의 강점을 인식한 뒤 그 강점을 사용하여 자신보다 더 큰 무엇인가에 속해 봉사하는 것을 말한다. 물론 그 봉사를 통해 긍정적인 감정을 얻는 것은 당연한 수순이다. 인생의 중간 중간마다 우리는 자신의 삶을 돌아본다. 그리고 남을 위해 살아 본 경험이 거의 없음을 느낄 때마다 자신이 이룬 성취에도 불구하고 아쉬움을 느끼곤 한다. 왜일까? 한 사람의 인간으로 태어나서 자신만을 위해 산다는 것은 '보람'이라는 느낌을 가지기 힘들게 하기 때문이다. 버스나 지하철에서 자리를 양보하고 받은 잠시지만 감사의 눈인사, 자원봉사로 흘린 땀을 닦으면서 건네받은 시원한 냉수 한 잔 등 크고 작고를 떠나서 내가 남을 위해 한 배려의 양과 질을 기억하는 순간, '아, 나도 꽤 괜찮은 사람이구나.'라는 느낌을 경험할 수 있다. 이게 행복이 아니고 무엇이란 말인가.

즐거움, 만족, 행복감의 대부분은 긍정적 정서들일 것이다. 그리고 불안, 공포, 긴장감 등과 같은 느낌들은 부정적 정서일 것이다. 뇌에는 감정과 정서를 담당하고 있는 다양한 영역들이 존재한다. 그런데 부정적 정서를 담당하고 있는 편도체, 시상하부 등은 대뇌피질보다 상대적으로 더 내부에 있는 구조물이다. 우리의 뇌는 일반적으로 내부와 중심으로 들어갈수록 본능, 즉 타고난 것들과 관련이 있다. 그리고 가장 바깥쪽에 있는 대뇌피질을 향해 갈수록 후천적이며 해석이 필요한 내용과 관련이 있다. 100% 정확한 것은 아니지만 일반적으로 부정적 정서를 담당하는 뇌 구조물들은 안쪽에, 그리고 긍정적 정서를 담당하는 뇌 구조물들은 상대적으로 더 바깥쪽에 분포하고 있다. 이는 무엇을 의미하는 걸까? 긍정적인 무언가를 느끼기 위해서는 우리의 후천적인 노력이 필요하다는 것이다. 다시 말하자면, 공포나 불안은 우리가 크게 노력하지 않아도 쉽게 경험할 수 있는 이른바 '주어지는 것'이지만 행복과 기쁨은 우리가 그 느낌들을 향해 많은 노력을 해야만 하는 '가지는 것'이라는 것이다. 그런데도 우리는 노력을 하기보다는 상황과 타인이 나를 행복하게 만들어 주기를 기다린다. 그 행복은 나 자신에 의해서만 가능한데도 말이다. 무엇보다도 중요한 것은 나 자신이 스스로 노력해야만 행복한 삶이 가능하다는 것이다.

3. 행복의 조건

1) 육체적 조건

몸이 건강하지 못하면 모든 것이 귀찮아진다. 우리가 일반적으로 "건강"이라고 할 때 몸의 건강을 말하는 것만으로도 육체적 건강이 얼마나 중요한 것인지 알 수 있다. 몸의 소중함은 건강을 잃어버리면 뒤늦은 후회를 하게 된다. 그래서 항상 자신이 삶을 마감할 때까지 건강을 유지하는 것이 행복의 제일조건이라고 할 것이다.

2) 정신적 조건

몸이 건강하다 해도 정신건강이 나쁘면 우울증이나 심한 스트레스로 인해 정신질환을 앓게 된다. 정신건강은 극단적으로 자살이나 범죄와 같은 단계까지 이르게 되므로 몸의 건강과 더불어 자신의 행복을 만드는 중요한 건강요소이다.

3) 환경적 조건

삶의 질은 자신을 둘러싸고 있는 환경의 영향을 받는다. 환경적 조건은 주거 조건뿐 아니라 자신의 주변을 둘러싼 모든 환경을 말한다. 국가적 상황을 비롯해 경관이나 물과 공기 등 모든 삶의 조건이 충족되어야 행복한 마음을 가질 수 있다.

4) 사회적 조건

소외감을 가지고 이를 극복하지 못하는 사람을 볼 수 있다. 이것은 사회적 조건이 충족되지 못하기 때문이다. 사회적 조건은 가족이나 친구, 동료, 이웃과 같은 대인관계가 큰 비중을 차지한다.

5) 물질적 조건

일반적으로 사람들이 가장 큰 행복의 조건으로 꼽는 것이 물질이다. 현대 사회에서 그것을 부인할 수는 없을 것이다. 무조건 많다고 행복한 것은 아니지만, 일정한 수준까지는 행복의 필요조건이라고 할 것이다.

4. 행복한 삶을 위한 방법

행복한 삶을 위해서는 여러 가지 노력을 기울여야 하겠지만, 그중에서도 열 가지를 꼽는다면 아래와 같다.

① 항상 밝은 쪽을 먼저 보려고 노력하라.
② 쓸데없이 남과 비교하지 마라.
③ 눈앞의 이익에 급급하여 시간을 허비하지 마라.
④ 자신의 생각으로 살아라. 남의 생각을 따라가지 마라.
⑤ 비관적인 상황에서도 긍정의 면을 발견하라.
⑥ 스스로 결정하고 스스로 책임져라.
⑦ 긍정적인 질문을 하고 긍정적인 답을 찾아내라.
⑧ 표정과 말을 긍정적으로 바꾸어라.
⑨ 공감과 배려로 타인의 지지를 이끌어 내라.

⑩ 베풀면 더 많은 것을 얻는다.

　영국의 BBC방송에서 한 마을을 상대로 실험한 후 밝혀 낸 행복을 얻기 위한 방법은 다음과 같다.

- 좋아하는 일을 하라.
- 즐겁게 행동하라.
- 자신을 가장 좋은 친구로 삼아라.
- 자신에게 작은 보상이나 선물을 함으로서 현재를 살아라.
- 친구와 가족을 위해 시간과 노력을 투자하라.
- 현재를 즐겨라.
- 인생의 즐거움을 만끽하라.
- 시간을 잘 관리하라.
- 스트레스를 헤쳐 나갈 수 있는 나름의 방법을 준비하라.
- 음악을 들어라.
- 취미를 가지라.
- 자투리 시간을 생산적으로 활용하라.

그리고 행복에 이르는 기술로는 다음과 같은 것들을 제시하고 있다.

- 친구가 있어야 행복하다.
- 행복은 돈으로 살 수 없다.
- 일할 때 행복을 느껴야 한다.
- 세상을 움직이는 놀라운 힘은 사랑이다.
- 즐겁고도 행복한 성생활을 하라.

- 가정은 행복이 시작되는 곳이다.
- 음식을 먹을 때 행복하게 먹자.
- 긍정적인 마음이 내 건강을 지켜 준다.
- 기분이 좋아지는 지름길은 운동이다.
- 행복을 더해 주는 나만의 친구를 두어라. 반려동물도 좋다.
- 일상에서 벗어나 행복한 휴가를 즐겨라.
- 미소만으로도 내 삶이 배로 행복해진다.
- 행복을 부르는 기분 좋은 소리는 웃음이다.
- 긍정의 씨앗을 뿌려 주는 행복의 길잡이는 신앙을 갖는 것이다.
- 행복하게 나이 들기를 실천하라.

내일 죽는다면 어떻게 오늘을 살아야 할까? 만약 인생에서 죽음이 종말이라고 생각해서 인생이 무상하다고 생각한다면 허무주의에 빠지기 쉽다. 그렇지만 무상은 허무하다기보다는 모든 것이 항상 변한다, 또는 항상 새롭다는 말이다. 그래서 인생무상은 허무가 아니라 변화하는 세상을 보는 진리인 것이다. 이렇게 매순간 변화하는 세상에서 살고 있다면, 순간순간을 생의 마지막처럼 아껴서 의미 있게 살아야 한다. 그것은 지금 현재를 사는 것이고 여기 이곳을 사는 것이다. 매사에 감사하고 모든 것이 생의 마지막인 것처럼 사는 것이 후회 없는 삶을 사는 지름길이다.

제15장

상장례(喪葬禮)
문화

어머니의 강

하 순 희

바람 부는 길을 따라
홀로 걷노라면
무시로 가슴 안에
울컥 내리는 비
아무리
간절하여도
닿을 수 없는 자진모리

무리 진 자운영이
강둑에 주저앉아
짓무른 눈시울로
초사흘 달 부르는데
없 구 나
어쩔 수 없구나
칠 백리 저문 강변에서

물길 푸른 아침이면
더 그리운 이름이여
흐르며 꽃피우며
부드러운 모래흙이듯
가볍게
날아서 가리
용광로 더운 그날에

1. 상장례의 의미

1) 장례(葬禮)란?

장례란 한마디로 주검을 처리하고 이에 따르는 모든 의례절차라고 할 수 있으므로 장례에 의미를 부여한다는 것은 주검처리 과정에서 의식절차에 의미를 부여하는 것이라고 할 수 있다. 장례의 의미는 사회의 구성원이 가지고 있는 도덕적 규범과 종교의 형태에 따라서 사회적 신분에 맞는 예절로서 산 자가 죽은 자를 위하여 행하는 의식절차이지만 동서고금을 통하여 장례는 고인을 위한 형식적 의식절차이며, 실제적으로는 산 자가 산 자를 위해서 행하는 의례절차라고 할 수 있는 것이다. 의례절차를 통하여 죽음과 삶의 의미를 깨닫고 가족과 구성원이 서로의 소속감과 일체감을 확인하며 인간에게 주어진 죽음의 보편성을 다시금 확인하는 행위로서 가족과 구성원의 위로 속에서 일상생활 속으로 돌아가는 산 자의 의식행위라고 할 수 있다.

2) 상례(喪禮)란?

상례의 전통적인 의미는 임종부터 시작하여 5대조고비가 묘사로 옮겨지는 길제까지의 3년 동안의 절차를 말한다. 그러나 이와 같은 전통상례는 산업사회의 발전과 더불어 일부 변화하였는데, 특히 형식에 너무 치우친다거나, 본심과 너무 유리된 절차, 바쁘게 살아가는 현대 생활에서의 시간적 제약들이 전통상례를 일부 바꾸어 놓는 계기가 되었음은 분명하다. 여기에서는 현대식 상장례와 전통 상장례의 절차를 비교하여 조화로움을 구하고자 한다. 그렇게 함으로써 예에서 벗어나지 않으며 격을 갖추는 상례가 되도록 한다.

2. 장례 문화의 변천

죽음은 인간이라면 누구라도 당면하게 되는 보편적인 현상이다. 그러나 죽음관에 따라 문화권을 구분할 수 있을 정도로 죽음의 해석에 대해서는 다양하다. 죽음에 대한 의미는 삶을 어떻게 보느냐와 관련이 있다. 또한 장례의식의 의미에 대해서도 문화에 따라 이해가 다르게 된다.

1) 살아남은 유족, 즉 사별당한 사람의 심정을 헤아려 상례를 구분하는 방식
① 초종의식 – 임종에서 대렴까지
② 장송의식 – 성복에서 안장까지
③ 상제의식 – 우제에서 길제까지

2) 사자(死者)처리 기준으로 본 상례의 구조
① 초종에서부터 시신을 수습하는 수시(收屍)까지를 사자(死者)의 단계
② 전(奠)에서부터 매장을 하고 반혼하여 반곡하는 때를 혼백(魂魄)의 단계
③ 그 다음 우제부터 신주(神主)로 모셔 조상신으로 승격하는 단계

3) 날짜에 따른 상례의 구조

① 운명한 첫째 날: 초종에서 습과 습의까지

② 운명한 둘째 날: 소렴에서 전까지

③ 운명한 셋째 날: 대렴에서 입관까지

④ 운명한 넷째 날: 성복에서 문상까지

⑤ 운명한 다섯째 날 또는 죽은 후 30일부터 100일 사이

4) 모든 유교식 전통 상례의 구조와 절차

① 준비과정

② 시신처리방법

③ 죽은 이에 대한 산 자의 예의

④ 유족에 대한 예의

⑤ 가족 간, 그리고 (죽은 이와 유족이 소속되어 있는 집단인) 사회 공동체간의 연대감
   형성

3. 우리나라 전통 상장례(喪葬禮) 절차

1) 첫째 날

(1) 질병 천거정침(疾病 遷居正寢)

사람이 위독하면 병원에 입원하기도 하나 가능하면 자기의 집 안방에 모신다.
머리가 동쪽으로 가게 눕힌다. 환자의 마지막 유언(遺言)을 잘 들으며, 유서가 있
으면 챙긴다. 자손과 근친들이 환자 곁에서 엄숙하게 지킨다.

(2) 운명, 거애(殞命, 擧哀)

이윽고 환자가 숨을 거두면 의사를 청해 사망을 확인하고 사망진단서를 받는다. 가까운 근친들에게 연락해 오는 대로 죽은 이를 보고 슬픔을 다한다. 죽은 이의 방을 비우지 않는다.

(3) 복, 초혼(復, 招魂)

죽은 이의 직계자손이 아닌 한 사람이 죽은 이의 웃옷을 들고 지붕에 올라가서 북쪽을 향해 옷을 흔들며, 죽은 이의 평소의 칭호를 세 번 부르고 내려와 그 웃옷을 죽은 이의 가슴에 덮는다. 이것은 죽은 이의 몸을 떠난 영혼을 다시 불러들이려는 주술적인 의식이므로, 현대에는 할 필요가 없다.

(4) 수시(收屍)

주검을 반듯하게 갈무리하는 절차이다. 수시의 시기는 죽은 때로부터 약 1시간이 지난 후가 좋다. 너무 늦으면 안 된다.

(5) 입 주상, 주부(立主喪, 主婦)

주상은 그 상의 바깥주인이고, 주부는 안주인이다. 죽음을 슬퍼할 근친 중에서 정한다. 아내의 죽음에는 남편이 주상, 큰며느리가 주부이다. 남편의 죽음에는 큰아들이 주상, 아내(미망인)가 주부이다. 다만 삼우제가 지나면 큰며느리가 이어서 주부가 된다. 부모의 상에는 큰아들이 주상, 큰며느리가 주부이다. 만일 큰아들·큰며느리가 없으면 큰손자·큰손부가 되는데, 이것을 '승중(承重)'이라 한다. 큰아들이나 큰며느리가 죽으면 아버지가 주상이고 어머니가 주부이다.

(6) 설 호상소(設護喪所)

'호상소'란 주상과 주부가 슬픔 때문에 상을 치르는 일을 직접 관리할 수 없으므로 주상과 주부를 대신해 상을 치르는 사무소이다. 호상소는 집밖에서 들어오는 사람이 들르기 쉬우면서도 주상과의 연락이 수월한 곳에 설치한다.

(7) 역복, 소식(易服, 素食)

주상 주부 이하 근친들은 화려한 화장을 지우고, 액세서리를 떼며 옷을 단조롭게 바꾸어 입고, 좋은 음식을 먹지 않는다. 고례에는 불식(不食)이라 해서 장례를 치를 때까지 먹지 않았으나 현대는 그렇지 못하고 술이나 고기 등 좋은 음식을 먹지 않는다. 모든 근친은 면도 화장을 하지 않는다. 고례에는 아들 며느리, 시집가지 않은 딸은 머리를 풀었으나(被髮) 현대에는 쪽을 찌거나 땋지 않으므로 풀머리가 없다.

(8) 정 장례절차(定 葬禮節次)

근친과 호상이 상의해 장례절차를 결정한다. 장례를 치르는 날은 기후, 반드시 참례해야 할 근친의 교통사정을 고려해 결정한다. 그리고 죽은 이를 땅에 묻는 매장(埋葬)을 할 것인가, 불에 태우는 화장(火葬)을 할 것인가를 결정한다. 장례방법은 가족장·직장장·단체장·사회장 등 어떤 것으로 할 것인가를 결정한다. 죽은 이에게 입힐 수의와 관(棺)의 재질(材質)과 종류, 제조방법을 결정한다. 주상 주부 이하 근친과 기타 추모하는 이들이 입을 상복과 상장(喪葬)의 종류와 제조방법을 결정한다. 장지(葬地)까지 가는 방법(교통편)과 노제(路祭)의 유무와 장소 주관자를 결정한다. 죽음을 사회에 알리는 부고(訃告)의 방법을 신문지상·우편·인편·통신 중 어느 것으로 하며, 누구에게 알릴 것인가를 결정한다.

(9) 수의봉재(壽衣縫裁)

죽은 이에게 입힐 옷과 소·대렴에 쓰일 이불 등을 '수의'라 한다.

(10) 상복봉재(喪服縫裁)

주상 주부 이하 근친들이 입을 상복을 짓는다.

(11) 치관(治棺)

관은 죽은 이를 넣는 나무상자이다. 매장할 때 관까지 함께 묻을 것이면 좋은 나무로 두텁게 만들어 방부 칠을 하고, 매장할 때 관을 제거할 것이면 묘지까지 갈 때에 지장이 없으면 된다. 기타 상장례에 필요한 기구를 준비한다.

(12) 부고(訃告)

미리 정한 방법으로 죽은 이와 복인들의 친지에게 죽음을 알린다. 현대는 호상의 명의로 내는 것은 고례와 같으나 부고를 주상 주부 이하 근친의 친지에게도 보내므로 성인이 되어 사회활동을 하는 근친을 아울러 쓰고, 발인일시와 발인장소 및 장지도 쓴다.

(13) 설 영좌, 상차(設靈座, 喪次)

영좌는 손님이 죽은 이에게 슬픔을 나타내는 장소이고, 상차는 주상 이하 상제들이 있는 장소이다. 대개 영좌와 상차를 붙여서 같은 장소에 설치한다. 고례에는 염습 후에 설치했으나 현대는 염습 전에도 조문을 받아야 함으로 일찍 배설한다.

(14) 상가배비(喪家配備)

'상가배비'란 찾아오는 손님이 찾기 쉽게 큰길에서부터 표시하고, 안팎에 조명시설을 해서 밤샘에 지장이 없게 하며, 일하는 사람의 음식 조달과 손님에 대한 간단한 다과 대접을 위한 준비를 말한다.

(15) 설전(設奠)

죽은 사람이라도 밥 먹을 때에 그대로 지나기에는 너무도 슬픈 일이다. 그래서 아침과 저녁에 시신의 오른쪽 어깨 옆에 상을 차려 올리는 것을 '설전'이라 한다. 밥이나 국 반찬 등 상하기 쉬운 것을 차리고 잠시 후에 치우지만, 과실 · 포 · 술은 다음 전까지 두었다가 새로 전을 올릴 때 먼저 것을 치운다.

(16) 사자밥(使者飯)

상가의 대문 앞에 저승의 사자를 대접하기 위해 상을 놓고 밥, 나물, 짚신, 돈 등을 차리는 것을 '사자밥'이라 한다. 현대는 비위생적이고 물자 낭비이며, 사자의 존재도 비과학적이므로 굳이 차릴 필요는 없다.

(17) 무시거애(無時擧哀)

고례에는 '대곡(代哭)'이라 해서 상제 대신 계속해 슬픈 곡소리를 내는 사람을 고용하기도 했으나 그야말로 허례허식이다. 그러나 근친들은 언제든지 슬프면 거리낌 없이 자연스럽게 슬픔을 실토한다. 일부러 소리 내어 곡을 할 것도 없지만, 저절로 나오는 흐느낌이나 소리 내어 울고 싶은 것을 억제할 필요는 없다.

2) 둘째 날

(1) 조상, 문상(弔喪, 問喪)

고례에는 주상 주부 이하 복인들이 정해진 상복을 입고, 서로 조문하는 성복례(成服禮)를 치르기 전에는 외부손님의 조상이나 문상을 받지 않았으나 근래에는 죽음을 알면 즉시 조상과 문상을 한다. 상가의 화제는 죽은 이를 추모하거나 자손들의 효성을 칭송하거나 장례절차에 관한 것이어야 한다. 절대로 잡담이나 큰소리, 노래, 춤 등으로 무례를 범하지 않아야 한다.

(2) 제문, 천물(祭文, 薦物)

손님이 정성으로 죽은 이에게 직접 올릴 술 과실 포 등을 가져왔으면 호상소에서는 즉시 영좌의 제상 위에 차리고, 손님이 조상하게 한다. 손님이 죽은 이를 추모해 제문(祭文)을 지어 왔으면 조상할 때 분향한 다음에 스스로 읽은 다음 절한다. 읽은 제문은 향상 아래에 놓는다.

(3) 부의(賻儀)

사람의 죽음은 예측할 수 없는 일이다. 그러므로 졸지에 상을 당한 상가를 돕기 위해 상장절차에 소용되는 물품이나 돈을 자기의 형편에 맞게 부조하는 것이 우리의 미풍양속이고, 그것을 '부의'라 한다. 부의는 많고 적음보다 정성이 앞서야 하므로 깍듯한 예를 차려야 한다.

(4) 매장, 화장신고와 준비

의사에게서 발부 받은 사망진단서를 가지고 시·읍·면·동사무소에 가서 사망신고를 한다. 이어서 매장, 화장신고를 한다.

(5) 각 지석(刻誌石), 표석(表石)

만일의 경우에 대비해 묘지를 표시하기 위해 묘지 앞 지하에 묻는 표지를 '지석'이라 하고, 묘지 옆에 세우는 표지 돌을 '표석'이라 한다. 지석을 묻을 예정이면 문안을 작성해 조각을 의뢰한다. 대개 두 장의 돌로 만들어 양쪽에 글을 새기고, 글 새긴 곳을 맞붙여 묘지의 발치에 묻는다.

(6) 신주조성(神主造成)

죽은 이의 각종 제례에 죽은 이를 상징하는 표상이 '신주'이다. 신주는 밤나무(栗)로 만드는 것이 원칙이고, 급하면 뽕나무로 만들기도 한다. 글씨는 쓰지 않는다.

(7) 명정조제(銘旌造題)

명정은 죽은 이를 관에 넣은 다음, 그 관이 누구의 관인가를 나타내는 표지깃발이다. 따라서 입관 후에는 관의 동쪽에 세우고, 관을 옮길 때는 그 앞에 먼저 가고, 묘지에 매장할 때는 관이나 시체 위를 덮는다.

(8) 목욕(沐浴)

죽은 이가 남자이면 남자 근친이 목욕시키고, 죽은 이가 여자이면 여자 근친이 목욕을 시킨다.

(9) 습(襲)

죽은 이에게 수의를 입히는 절차이다. 옷을 입히는 일도 죽은 이가 남자이면 남자 근친이 하고 여자이면 여자 근친이 한다.

(10) 반함(飯含)

이어서 죽은 이의 입에 반함을 한다. 주상, 주부이하 모든 복인이 들어와서 정한 자리에 꿇어앉는다.

(11) 소렴(小斂)

소렴이란 작은 이불로 주검을 싸고 맬 끈(束布)으로 묶는 것을 말한다.

(13) 대렴(大斂)

대렴이란 큰 이불로 주검을 싸고 맬 끈으로 묶는 것을 의미한다.

(14) 입관(入棺)

대렴까지 한 주검을 관에 넣는 일이다.

(15) 혼백(魂帛)

혼백이란 죽은 이의 혼령이 깃들었음을 상징하는 것이다. 혼백상자를 영좌의

사진 앞에 모시고 뚜껑을 열어 놓는다.

▶ 치장(治葬)

치장이란 주검을 땅에 묻든 화장하여 납골하든 죽은 이에 대한 마지막 갈무리를 하는 절차이다.

(16) 장례의 시기

고례에 의하면 죽은 때로부터 치장할 때까지의 기간이 다음과 같이 길었다.

• 지위가 높지 않은 서민이 죽으면 유월장(踰月葬)이라 해서 죽은 달과 장례 치르는 달 사이에 한 달을 두었다. 그러니까 2월에 죽었으면 3월을 건너뛰어(踰月) 4월에 장례를 치렀다.

• 지위가 높은 사람이 죽으면 3월장(三月葬)이라 해서 죽은 달을 빼고 3월, 그러니까 2월에 죽었으면 5월에 장례를 치렀다.

현대는 3일장이라 해서 죽은 다음다음 날에 장례를 치르는 것이 일반화되었다. 그러나 3일장이 고정적인 것은 아니고, 특별한 사정이 있을 때는 3일을 초과해도 나쁠 것이 없다.

(17) 묘지의 규모

고례에는 신분에 따라 묘지의 규모가 달랐다. 가장 높은 신분이라도(一品官) 묘역의 주위가 64m를 넘지 못했고, 작은 규모(七品官 이하)는 묘역 주변의 길이가 22m이하여야 했다. 현대는 정부에서 전체 넓이를 6평 이하로 제한하고 있다.

(18) 묘지 조성 축문

묘지공사를 하기 전에 토지의 신(山神)에게 아뢰는 예를 올린다. 만일 이미 조성된 부인의 묘지에 합장할 경우에는 먼저 묻힌 이에게도 주상이 아뢴다.

(19) 주상의 자기 지칭

위 묘지조성축문의 고선장 축문 중에 주상이 자기지칭을 '고애자(孤哀子)'라 했다. 여기에서 주상이나 죽은 이의 아들이 자기를 어떻게 지칭하는가를 예시한다.

- 고자(孤子) : 어머니는 살아 계시고 아버지가 돌아가셨을 때의 아들
- 애자(哀子) : 아버지는 살아 계시고 어머니가 돌아가셨을 때의 아들
- 고애자(孤哀子) : 누가 먼저이든 부모가 다 돌아가셨을 때의 아들
- 고손(孤孫) : 아버지가 먼저 돌아간 다음에 할머니는 살아 계시고 할아버지가 돌아가셨을 때의 주상인 손자
- 고애손(孤哀孫) : 아버지가 먼저 돌아간 다음에 누가 먼저이든 할아버지와 할머니가 모두 돌아가셨을 때의 주상인 손자

(20) 묘지 조성

먼저 묘역 주변을 표시하고, 그 중앙에 외광과 내광(外, 內壙)을 판다. 외광은 너비 2m, 길이 3m 정도, 깊이 1m 이상을 판다. 내광은 외광의 중앙에 너비 50㎝에 길이는 죽은 이의 키보다 20㎝정도 더 길게 50㎝정도 깊이로 파고 곱게 다듬는다.

3) 셋째 날

(1) 조우조(朝于祖)

조우조는 죽은 이가 묘지를 향해 떠나기에 앞서 마지막으로 조상을 뵙는 절차이다.

(2) 설 조전(設祖奠)

죽은 이가 살던 집에서 마지막으로 대접받는 절차이다.

(3) 천구(遷柩)

영구차에 죽은 이를 모시는 일이다.

(4) 발인(發靷), 견전(遣奠)

영구차 앞에 영좌를 설치하고 상을 차린다.

(5) 구행(柩行)

구행이란 장례행렬이다. 요사이는 영구차에 함께 타고 가지만 고례에는 다음과 같은 순서로 행렬을 지었다. 현대에도 준용함이 좋다.

- 방상씨(方相氏) : 험한 얼굴, 검은 웃옷에 붉은 아래옷, 왼손에는 창을 오른손에는 방패를 든 사람 크기의 인형 두 개가 좌우에 선다. 앞길을 개척하고 호위하는 것이다.
- 명정(銘旌) : 누구의 장례행렬인가를 나타내는 깃발이다.
- 혼백(魂帛) : 혼백과 사진이다. 옛날에는 '영여(靈輿)'라 해서 가마에 싣고 갔다.
- 만장(輓章) : 죽은 이를 기리고 슬퍼하는 글을 쓴 깃발이다. 여러 가지 색깔의 천에 죽은 이를 기리는 사람들이 쓴 것이다.
- 공포(功布) : 장대에 2m 거리의 삼베 천을 매단 깃발이다. 길이 좋고 나쁨을 알리는 신호기 역할을 한다.
- 대여(大輿) : 관을 실은 영구차이다.
- 주상과 복인들이 차례로 따른다.
- 호상 손님이 따른다.

(6) 노제(路祭)

장례행렬이 죽은 이 연고지나 친지가 사는 곳을 지날 때는 멈추어 사실을 고하는 제례의식을 치르는 것이다.

(7) 구지(柩至)

장례행렬이 묘지에 도착해서 치르는 일이다.

(8) 하관(下棺), 성분(成墳)

주검을 묘지 광중에 모시고 봉분을 짓는 일이다.

(9) 사 후토(祀后土)

묘지를 조성했으므로 산신에게 아뢰는 절차이다.

(10) 제주(題主)

신주에 글씨를 쓰는 일이다.

(11) 제주제(성분제, 반혼제)

묘지 앞에 혼백을 모시고 혼백 앞에 신주를 모신 다음 상을 차리고 지낸다.

(12) 반곡(反哭)

주상 이하 신주를 모시고 집으로 돌아오는 절차이다. 집에 돌아오면 영좌를 모시고 극진히 슬픔을 나타낸다.

(13) 궤연

궤연은 주상이 상복을 입는 기간 동안 영좌를 모시는 장소이다.

(14) 상식(上食), 삭망(朔望)

상식은 궤연을 모시는 동안 조석으로 상을 차려 올리는 일이다. 삭망은 매월 초하루와 보름에 상식보다 낫게 상을 차려 올리는 일이다.

(15) 답조장(答弔狀)

삼우제를 지낸 다음에 조문 왔던 손님들에게 인사장을 보낸다.

▶ 상중제의(喪中祭儀)

상중제의란 사람이 죽어서 상복을 입기 시작한 때로부터 상복을 벗고 통상 생활을 할 때까지의 사이에 죽은 이에게 올리는 추모행사이다.

(16) 현대의 상중제의

① 현대는 복상기간이 2년까지 입는 사람이 드물고, 사당을 모신 경우도 흔치 않으므로 고례의 상중제의가 그대로 행해질 수 없다.

② 궤연을 모시지도 않는 사람이 많으며, 더러는 사찰(寺刹)에 위패를 붙이고 49일 만에 사십구재를 지내기도 하는데 그것은 불교의식에 따라야 할 것이다.

③ 혹은 집에서 궤연을 모시더라도 백일 만에 탈상하는 경우도 있는바 이상 현대의 복상관행은 전통의식으로는 이해하기가 매우 어려운 것이다.

④ 그러므로 상중제의는 고례의 의례 중에서 적절하게 원용하는 것이 좋다.

(17) 우제(虞祭)

우제는 고례와 같게 지낸다. 삼우제를 재우 후 첫 공휴일 아침에 지내고 묘지에 성묘한다. 삼우제를 경복(輕服)을 벗는 제례라는 의미로 경복제(輕服祭)라 하는 것도 의미가 있다.

(18) 소복제(小服祭)

죽은 날로부터 3개월이 지난 첫 공휴일의 아침에 지낸다. 소복제는 소복(小服)을 입은 복인들이 소복을 벗는 제사이다. 소복제를 지내고 묘지에 성묘한다.

(19) 중복제(中服祭)

죽은 날로부터 6개월이 지난 첫 공휴일 아침에 지낸다. 중복제는 중복(中服)을 입은 복인들이 중복을 벗는 제사이다. 중복제를 지내고 묘지에 성묘한다.

(20) 대복제(大服祭)

죽은 날로부터 9개월이 지난 첫 공휴일의 아침에 지낸다. 대복제는 대복(大服)을 입은 복인들이 대복을 벗는 제사이다. 대복제를 지내고 묘지에 성묘한다.

(21) 중대복제(重大服祭)

일주년이 되는 제사이다. 중대복제는 가장 무거운 상복을 벗는 제사이다. 중대복제를 지내고 묘지에 성묘한다.

(22) 개제주제(改題主祭)

고례의 길제와 같은 것이다. 중대복제를 지내고, 상복을 벗은 다음, 즉시 이어서 지낸다. 사당이 없는 가정에서나 죽은 이가 장자손이 아니었으면 지낼 필요가 없다.

4. 문상 예절

1) 조문(弔問)과 조상(弔喪)

상가에 가서 상주에게 인사하고 유족을 위로하는 것을 '조문'이라 하고, 반면 죽은 이에게 예를 올리는 것을 '조상'이라고 한다. '문상'은 조문과 조상을 합한 말이다. 그러나 요즘은 이 말들을 구분하지 않고 쓰고 있다.

2) 조문절차

(1) 외투는 대문 밖에서 벗어 든다.

(2) 상제에게 목례한다.

(3) 영정 앞에 무릎을 꿇고 분향한다.

(4) 향나무를 깎은 나무향이면 왼손을 오른손목에 받치고, 오른손 엄지와 검지로 향을 집어 향로불 위에 놓는다.

(5) 만수향과 같이 만들어진 향(선향 · 線香)이면 한 개, 세 개 집어 성냥불이나 촛불에 붙인 다음 손가락으로 가만히 잡아서 끄든가, 왼손을 가볍게 흔들어 끈 다음 두 손으로 향로에 꽂는다(입으로 불어 끄지 않도록 한다).

(6) 영정에 재배하고 한 걸음 물러서서 상제에게 절을 하며, 인사말을 한다.

(7) 인사말

고인에게 재배하고, 상주에게 절한 후 아무 말도 하지 않고 물러나오는 것이 일반적이며 또는 예의에 맞다. 상을 당한 사람을 가장 극진히 위로해야 할 자리이지만, 그 어떤 말도 상을 당한 사람에게는 위로가 될 수 없다는 것이다. 따라서 오히려 아무 말도 안 하는 것이 더욱더 깊은 조의를 표하는 것이 된다. 그러나 굳이 말을 해야 할 상황이라면, '삼가 조의를 표합니다.', '얼마나 슬프십니까?' 또는 '뭐라 드릴 말씀이 없습니다.' 정도로 간략하게 하는 것이 좋다.

(8) 조장(弔狀)·조전(弔電)

불가피한 사정으로 문상을 갈 수 없을 때에는 편지(弔狀)나 조전(弔電)을 보낸다. 부고(訃告)를 냈는데도 문상을 오지 않았거나 조장 또는 조전조차 보내오지 않은 사람과는 평생 동안 말도 않고 대면도 하지 않는 것이 예전의 풍습이다.

(9) 조위금(弔慰金) 전달

조위금 봉투에는 초상의 경우 '부의(賻儀)'라 쓰는 것이 가장 일반적이며 그밖에 '근조(謹弔)', '조의(弔儀)', '전의(奠儀)', '향촉대(香燭臺)'라고 쓰기도 한다.

(10) 자기가 집안 풍습이나 신봉하는 종교가 다르더라도 조상을 갔을 경우 해당 상가의 가풍에 따라 주는 것이 좋다.

(11) 망인이 연로하셔서 돌아가셨을 때 일반에서는 호상(好喪)이라 하여 웃고 떠드는 일이 있으나 이는 예의가 아니며, 돌아가신 분을 앞에 두고 호상이란 있을 수 없다.

5. 세계의 독특한 장례 문화

세계의 장례 문화는 각 나라의 고유한 전통과 풍습에 따라 다양하게 발전되어 왔다. 오랜 인류사만큼 사람이 죽은 후 치러지는 장례식 역시 다양한 형태를 보여 왔다. 시신을 먹었던 식인풍습부터, 재를 하늘에 뿌리거나 바다에 뿌리는 방식, 또 고원의 독수리 먹이가 되도록 하는 장례식도 전해 내려온다. 최근에는 기술의 발달로 장례식을 인터넷으로 생중계하거나 유골을 우주에 뿌리는 신 개념 장례도 나타나고 있다.

천국의 대리인이라 믿는 독수리에게 시체를 바치는 천장은 티베트에선 보편적인 장례식이다. '돕덴'이라고 불리는 천장사가 시체를 말뚝에 고정하고 칼집을 내고 뼈를 갈아 독수리에게 먹이는 역할을 한다. 환생을 믿는 티베트의 독실한 불교문화와 시체 부패가 어려운 척박한 기후환경이 어우러져 만들어진 풍습이다. 흰색 독수리가 나타나면 길조라고 한다. 티베트 수도 라사의 적공사원에서 치러지는 천장이 유명하다.

우주에 뼈를 묻겠다고 하는 우주장도 있다. 유골을 작은 크기의 캡슐로 만들어 우주에 쏘아 올리는 장례 방법도 있다. 미국의 민간 우주기업 '스페이스 X'는 지난 5월 첫 민간 상업로켓 '팰컨 9호'에 308명의 유골이 담긴 캡슐을 담아 발사했다. 우주에 뿌려지는 유골 캡슐은 최소 1년에서 최대 240년 동안 지구 주위를 시속 2만 7,000㎞로 떠돌다가 유성처럼 불타면서 지상으로 추락하게 된다. 308명 중에는 우주비행사 고든 쿠퍼, 영화배우 제임스 두헌, 미 항공우주국(NASA) 엔지니어 슈레이크 등이 포함됐다.

장례식을 생중계하는 이색 서비스도 있다. 웹캐스팅 장례식은 갑작스러운 부고로 먼 거리에 있는 고인의 지인들이 장례식을 찾을 수 없을 때를 대비해 만든 장례 서비스다. 세계 각지에 흩어져 살게 되는 사람들이 많아지면서 생긴 이색 장례식 풍경이라 할 수 있다.

죽어서도 반짝반짝, 빛나길 기원하며 유골로 다이아몬드를 만드는 장례도 있다. 시체의 뼈에서 탄소만을 추출해 공업용 다이아몬드로 제작하는 방법도 있다. 원리는 이렇다. 유골에서 99% 순도의 탄소를 여과한다. 흑연으로 정제한 후 고압을 가하는 기계에 넣는다. 9시간이 경과하면 다이아몬드가 만들어진다. 물론 장례비용은 고가다. 최근 토지가 부족해 시체를 매장할 땅이 없어 어려움을 겪고

웰다잉강사지도사 자격과정을 위한
웰다잉의 이해와 실천

있는 홍콩에서 다이아몬드장이 성행하고 있다고 한다.

하늘이 닿는 곳에, 가장 가까운 절벽에 관 매달기를 하는 곳도 있다. 필리핀 일부 지역에선 시체가 들어 있는 관을 절벽에 매달아 놓는 풍습이 있다. 흔히 관은 지하 깊숙한 곳에 묻어야 한다고 생각하기 쉽지만, 필리핀 사람들은 '죽으면 하늘로 올라간다.'는 믿음에서 이런 풍습을 이어 오고 있다. 중국 남부지역에서도 이와 비슷한 장례식이 소수 민족에 의해 행해졌다.

생의 끝을 화려하게 마감하려는 폭죽 장례식도 있다. 폭죽 장례는 고인의 유골을 갈면 나오는 재를 폭죽과 함께 쏘아 올리는 장례 방법이다. 유골은 폭죽과 함께 허공에서 산화된다. 고인이 '짧은 생이지만 멋진 삶을 살고 간다.'며 인사하는 듯한 느낌을 주기도 한다고. 바닷가에서 요트를 탄 채 진행할 수도 있고, 평소 고인이 물을 싫어했다면 경치 좋은 내륙 지역에서도 거행할 수 있다.

유골을 바닷 속에 수장하는 산호장도 있다. 산호장은 고인의 유골을 빻은 뼛가루를 봉인한 다음 인공암초 안에 넣어 두는 방식으로 진행된다. 인공암초가 유골함의 역할을 하기 때문에 수장(水葬)과는 조금 다른 장례 방법이다. 인공암초는 시멘트 재질로 만들어진 암초로, 산호도 자라지만 여러 수생생물들도 드나드는 보금자리다.

특별한 초상화를 이용한 그림 장례도 있다. 유골을 갈아 만든 분말과 유화물감을 섞어서 고인의 초상화를 그리는 그림장도 있다. 고인을 기리기 위해 여러 세대에 걸쳐 유산으로 물려줄 수 있다. 고인의 육신이 그대로 그림에 녹아 있는 고인의 초상화이므로 여러 모로 의미가 깊다.

남태평양의 피지섬에서는 고인이 살아생전 친했던 사람들을 함께 죽이는 끔찍한 장례식도 있었다. 사후에도 가족이나 친구들은 함께해야 한다는 믿음에서 유래했다. 대체로 목을 졸라 죽이는 방식이었다. 특히 남편을 잃은 여자가 주 타깃이었는데, 신이 아내를 데려오지 않은 남자는 영혼까지 죽여 버린다는 미신에서 비롯됐다고 한다. 현대에 들어서야 이 끔찍한 살인 장례는 사라졌다.

장례문화는 각 나라와 지방의 관습과 결합되어 다양한 형태로 발전되어왔다. 현대사회의 발달로 색다른 장례문화도 출현하고 있지만, 무엇보다 전통을 바탕으로 현대의 문화에 맞는 방법으로 발전해야 하며, 고인의 존엄성을 훼손하지 않고 경건한 분위기에서 행해져야 하는 의식이다. 최근 우리나라에서는 화장을 한 후 납골당에 모시는 장묘문화뿐 아니라 잔디장이나 수목장과 같은 자연친화적인 장묘문화가 확산되고 있다.

제16장

웰다잉과
성찰

엉겅퀴

하 순 희

온몸 가득
가시 세워

낭자하게 피 흘리며

사는 일 까마득하여
소리 내어 울고 있다.

아무도
기억하지 않는
세상 한편 언덕에.

1. 나를 찾아 떠나는 내면으로의 여행, 성찰

성찰을 통해 내면을 본다는 것은 자신과의 대화이다. 이것은 세상의 누구를 의식하는 것이 아니라 오로지 자신과의 대화를 통해 진실하게 내면을 보는 과정이다. 우리는 지금 자신의 내면에서 빛나야 할 직관의 에너지를 잃은 사람들이 우울하고 풀이 죽은 채로 여기저기서 세상을 활보하고 있는 시대에 살고 있다. 우리는 자신의 몸과 마음의 상태를 제대로 보지 못하고, 인생의 여러 장면에서 삶의 목적을 찾지 못해 휩쓸리고 방황할 때가 많다. 이제 우리는 우리의 관심을 내면으로 돌려 '지금 여기'에 충실한 삶을 살아야 한다. 성찰은 자신의 삶을 되돌아봄으로써 마음의 흐름을 알아차리고 체험을 통해 자신의 삶을 보다 긍정적이고 보람된 삶으로 나아가게 한다.

만약 세상에 단 한 사람 자신만이 유일한 존재라면 우리는 어떤 사람이 되고 싶을까? 부자와 가난한 사람, 남자와 여자, 권력이 있는 사람과 힘없는 사람 이러한 구분이 무슨 필요가 있을까? 우리는 상대적인 "나"가 아니라 절대적인 "나"를 찾아야 한다. 인간은 누구나 혼란 속에 살며, 그 속에서도 무엇인가 변치 않는 진리를 찾아 헤매는 존재이다. 도대체 우리는 어떤 존재인가? 이것을 알게 되면 우리는 마음의 평화를 느끼고 혼란스런 삶에서 해방될 수 있을 것이다. 성찰 여행은 나의 내면을 통해서 자신을 깨닫고, 자신의 소중함과 위대함을 알게 됨으로써 타인의 소중함을 깨달아 생명 사랑과 타인을 위한 나눔을 실천하도록 만드는 것이다.

심리학에서 '페르조나(Persona)'라고 하는 것이 있다. 페르조나는 가면을 뜻하는 희랍어로서, '개인이 사회적 요구들에 대한 반응으로서 가지는 공적인 얼굴'이라는 의미이다. 융(Jung)은 집단무의식의 구조적 요소로 간주되는 원형(Archetype)의 한 가지로 페르조나를 꼽고 있다. 이는 진정한 자기와는 분리된 채로 남들에게 좋은 인상을 주거나 자신을 은폐시키기 위해 타인들이 정의한 자신의 인습적 역할을 그대로 받아들이는 현상을 기술하는 용어로 사용된다.

대부분의 사람들은 사회적으로 보이기 위해 가면을 쓰고 산다. 내면의 "나"와 보이는 "나"는 다른 것이다. 그렇다면 진짜"나"는 어느 것인가? 우리는 내면의 성찰을 통해 가면을 벗어 버리고 참된 나의 모습을 발견해야 한다. 성찰은 앞서 말했듯 자신과의 대화이다. 자신과의 대화에서조차 거짓의 가면을 쓰고 있다면 자신과의 대화조차 단절된다. 성찰은 모든 가면을 내려놓고 진실된 자기를 발견하려는 노력이고, 결과적으로 인간의 본성을 찾아 자신을 변화시키고, 궁극적으로 인생의 참 목적을 발견하는 데 있다. 가면을 쓰고 바라보는 세상과 모습으로 사는 인생의 목적 또한 거짓 목적이 될 뿐이다. 정말 그것을 하고 싶은가? 진실로 그 사람을 사랑하는가? 자신과의 대화를 시작해 보자.

2. 스트레스 확인하기

우리나라 사람들이 자주 사용하는 외래어 중 1위가 스트레스(Stress)였다는 보도가 있었다. 이처럼 스트레스라는 말을 입에 달고 사는 것이 현대를 살아가는 대부분의 사람들의 모습일 수 있다. 스트레스는 좋은 스트레스(Eustress)와 나쁜 스트레스(Distress)로 나눌 수 있다. 당장에는 부담스럽더라도 적절히 대응하여 자신의 향후 삶이 더 나아질 수 있는 스트레스는 좋은 스트레스이고, 자신의 대처나 적응에도 불구하고 지속되는 스트레스는 불안이나 우울 등의 증상을 일으킬 수 있는 나쁜 스트레스라고 할 수 있다. 스트레스 상황을 부정적으로 받아들이면 결국 질병으로 가게 되지만, 긍정적으로 받아들이면 행복해질 수 있다는 점이 중요하다.

스트레스의 외적 요인의 경우, 부정적 생활사건과 긍정적 생활사건으로도 나눌 수 있다. 먼저 부정적 생활사건으로는 사랑하는 사람과 헤어진 상황(죽음·이별·별거)을 예로 들 수 있으며, 이때 일반적으로 가장 극심한 스트레스 반응을 보일 수 있다. 또 다른 경우로는 질병, 신체 손상, 운동 부족, 영양 결핍, 수면 장애 등 생리적 이상이 나타나는 상태나 청소년기, 여성의 갱년기, 노년기 등 생리적 변화가 급격히 일어나는 시기 등도 스트레스 반응이 커질 수 있다. 하지만, 합격·승진·휴가·결혼 등과 같은 즐거움을 주는 긍정적 생활사건도 정신적 부담을 가중시켜 건강을 위협할 수도 있다.

우리는 살면서 누구나 스트레스를 받는다. 무엇이 우리를 그렇게 힘들게 만드는가? 무엇이 우리가 행복하게 사는 것을 방해하는가? 스트레스의 증상은 크게 세 가지로 구분된다. 첫째는 신체적 증상들이다. 신체적 증상은 두통이나 통증, 고혈압, 심장병 등으로 나타난다. 둘째는 일할 때의 증상들이다. 업무에 대한 불안감, 불만족, 부담감, 시간에 쫓기는 여유 없는 조바심 등은 업무에 대한 스트레스를 받는다. 셋째는 심리적 증상들이다. 우울증세, 죄책감, 불면증, 걱정, 혼란스러움 등의 심리적 증상들은 스트레스를 받을 때 나타나는 대표적인 증상들이다. 인간은 끊임없이 스트레스를 받는다. 그것은 욕심에서 비롯된다. 욕심이나 욕망이 생기면 생길수록 이루지 못하는 것에 대한 스트레스도 같이 동반된다. 그것은 우리의 행복을 가로막는 장애물들이다. 내 삶 속에서 어떤 것들이 스트레스의 요인들인지 먼저 알아차리는 것이 그것을 없애는 지름길이다. 자신의 내면의 성찰을 통해 자신이 지금 가지고 있는 스트레스 요인을 먼저 체크해 보자.

3. 긍정의 힘

우리의 의도는 우리의 자아상에 의해 결정된다. 자아상이란 우리가 생각하는 우리의 모습으로, 우리가 성취할 수 있다고 믿는 것이다. 우리의 자아상들을 이루고 있는 생각들은 행동을 지배하고 결과를 만들어 낸다. 우리가 세상을 보는 정신적인 관점이 자아상이다. 우리의 정신적 관점은 하루아침에 이루어진 것이 아니다. 그것은 지식과는 달리 우리의 경험이 축적되어 사물과 세상을 보는 관점을 만들어 낸 것이다. 그래서 그것이 자신에게 미치는 영향은 실로 대단하다. 세상은 실제 그대로이지만, 그것을 보는 60억 명은 60억 가지로 세상을 보는 것이다. 다시 말해 우리가 보는 세상은 우리가 생각하는 대로 보아지는 것이다. 우리는 스스로는 우리의 자아상을 보지 못한다. 그것은 깊은 성찰로 가능한 것이다.

우리가 자신을 스스로 소중하고 위대하게 볼 때, 스스로 자신에게 동기부여를 하게 된다. 그것은 긍정의 힘이다. 이러한 힘은 자신의 소중함과 위대함을 알지 못하면 결코 나타나지 않는다. 세상의 중심은 자신이기 때문에 모든 긍정적 힘의 원천도 자신이 된다. 생각해 보라. 마음이 무겁고 비참하고 죽고 싶을 때, 어떤 일을 시도할 용기가 생기겠는가? 남을 도울 봉사의 마음이 생기겠는가? 아무것도 할 수가 없다. 그래서 자신의 가능성을 믿고 자신의 위대함과 소중함을 먼저 깨닫는 것, 그리고 그것을 믿는 마음이 가장 중요한 출발점이 된다. 그리고 그러한 자신의 위대하고 소중함을 인식하여 마음속에 긍정적인 동기들이 이미지로 나타났을 때, 위대한 성취의 효과가 결과로 나타나게 된다.

다음과 같은 질문에 답해 보라. 자신에게 스스로 물어보자.

- 당신의 가장 긍정적 성격특성 5가지를 적어 봅니다.
- 당신의 가장 부정적 성격특성 5가지를 적어 봅니다.
- 최근에 가장 조바심을 낸 사건들을 적어 봅니다.
- 과거의 기억 중 가장 기억에 남는 사건 5가지와 그때의 감정을 적어 봅니다.
- 나의 건강에서 가장 중요한 목표를 적어 봅니다.
- 나의 재력에서 가장 중요한 목표를 적어 봅니다.
- 나의 직업에서 가장 중요한 목표를 적어 봅니다.
- 나의 대인관계에서 가장 중요한 목표를 적어 봅니다.
- 나의 창조적 생각 중에 가장 중요한 목표를 적어 봅니다.

4. 용서하기

분노와 원망의 해독제는 용서이다. 상처를 준 사람을 용서하는 것은 모두에게 어려운 일들이다. 우리가 나를 힘들게 한 사람을 용서해야 하는 것은 누구를 위한 것일까? 화를 내고 불편해하면서 가장 괴로운 사람은 바로 자신이다. 용서란 잊어버리는 것이 아니라, 용서하지 않으면 우리가 그 기억 속에 머물며 고통을 겪게 되는 것이다. 용서란 잘못을 눈감아 주는 것이 아니라 선택이다. 사람들은 용서를 한다는 것이 잘못을 용납하거나 눈감아 주고, 잊어버리는 것으로 오해를 한다. 그렇지만 참된 용서는 누구를 위한 것이 아니라 자기 자신을 위한 것이다. 되짚어 말하면, 자신은 용서받아야할 것이 정말로 없는 것일까? 우리는 남에게는 엄격하고 자신에게는 관대한 경향이 있다. 그렇지만 삶에 있어서는 우리 자신에게는 엄격하게 대하고 남들에게는 관대하게 대해야만 한다. 스스로를 용서할 때, 죄책감과 후회의 감정 사이에는 중요한 차이가 있다.

사람들은 인간을 육체와 언어적 행위, 정신적 과정 등의 요소들의 집합체라고 생각한다. 그래서 그 사람의 몸과 말과 생각을 그 사람이라고 생각한다. 그러나 자세히 보면 인간의 육체는 계속 변해 가는 것이고, 말은 쏟아 내는 순간 사라지며, 행위는 저지른 순간 끝나는 것이고, 또한 정신 과정은 계속 일어나고 사라지는 것이다. 우리는 매 순간 변하는 세상에서 살고 있다. 우리가 항상 그대로라고 생각하는 것들조차 우리가 알지 못해서 그렇지, 찰나의 순간에서조차 변화가 일어나고 있다. 상대가 그렇듯이 나도 그렇다. 내 몸은 매 순간 수십 개, 수백 개의 세포가 죽어 가고 새로 생겨나며, 혈액은 30일이면 모든 것이 새로운 피로 바뀌며, 더군다나 나의 생각은 이 순간에도 수시로 생겨났다 사라지기를 반복하고 있다.

그렇기 때문에 용서받을 사람도 과거의 그 사람이 아니고, 용서해 줄 당신도 과거의 당신이 아니라는 것이다. 우리가 억지로 잡아 두려 해도 진실은 속일 수가 없다. 분명한 것은 세상에 어느 것도 그대로 존재하는 것은 단 하나도 없다는 것이다. 분노와 증오가 일어나는 것은 어쩔 수 없을지 모르지만, 분노와 증오를 하는 대가는 진실한 사랑을 줄 수 없다는 것이다. 인간의 삶에 있어 진실한 사랑을 줄 수 없는 것만큼 불행한 것은 없다.

▷ 성찰이미지로 나를 분노케 한 사람을 용서하기

- 마주 보는 두 개의 의자를 상상한다.
- 당신을 분노하게 한 사람을 앞의 의자에 앉게 한다.
- 그 사람을 자세히 보고 눈을 마주 본다.
- 그 사람의 행위를 인정하는 것이 아니라 분노와 원망과 증오를 놓아 버리는 것이다. 눈을 마주 보고 그 사람을 용서하는 마음을 냅니다.
- "나에게 상처 입혔던 모든 행동을 용서합니다.
- 나를 배신하고 협박한 당신을 용서합니다.
- 그 사람의 눈을 들여다보면 말합니다. "당신을 용서합니다."
- 떠나는 그 사람을 할 수 있다면 안아 주도록 합니다.

▷ 성찰이미지로 나 스스로를 용서하기

– 마주 보는 두 개의 의자를 상상합니다.
– 자신을 주의 깊게 바라보고 앞에 앉힙니다.
– 자신의 이름을 부르며 "○○씨, 당신을 용서합니다."
– 독백을 합니다. "다른 사람에게 상처를 준 당신을 용서합니다."
– 당신의 과거를 눈감는 것이 아니라, 자기혐오를 놓으려는 노력이다.

5. 슬픔 덜어 내기

슬픔은 상실의 경험에 대한 정상적인 심리반응이다. 슬픔은 어떤 상실이 일어난 후에 혹은 어떤 상실을 예견하고 있을 때 일어난다. 우리의 상실들은 분명한 것이거나 혹은 좀 더 미묘한 것일 수 있다. 슬픔을 느끼는 방식은 개별적인 문제다. 어떤 사람에게는 슬픈 일도 어떤 사람에게는 아무렇지 않을 수 있다. 그렇지만 대부분의 사람에게 있어 슬픔의 과정은 충격, 인정, 회복의 세 단계로 분류된다. 이 과정은 상실의 치유에 사용할 수도 있다.

상실이란 무엇인가를 잃어버리는 것이다. 그 대상은 사람일 수도 있고, 동물이기도 하고, 돈이나 재산, 또는 아주 중요하고 소중한 물건을 포함할 수도 있다. 상실의 슬픔 중에 가장 큰 것은 죽음이라고 할 수 있다. 상실의 충격은 현실을 받아들이기 힘들어하지만, 인정의 기간 동안 상실을 결국 현실로 받아들이게 된다. 그리고 회복의 과정에서 중압감을 주던 고통이 가라앉기 시작한다. 그 상실은 이제 그 사람의 일부로서 받아들여진다. 충격, 인정 그리고 회복은 슬픔의 자연스러운 단계들이다. 이 단계를 거치는 데 적당한 시간의 길이는 없다. 자신을 다스리는 마음과 상실의 정도에 따라 짧은 시기에 회복되거나 오래 갈 수도 있다.

> ▷ 상실에 대한 슬픔 풀어내기
>
> – 현재 세상을 떠난 나와 친했던 사람들을 생각한다.
> – 당신을 떠나간 사람들을 생각한다.
> – 당신은 상실이 일어났음을 어떻게 알았는가?
> – 상실이 곧 일어날 것을 알았었는가?
> – 당신은 그 상실에 대하여 책임이 일부 있다고 생각하는가?
> – 당신의 인생에서 상실로 인해 상처받은 것은 어떤 것인가?
> – 상실에서 가장 고통스러운 부분은 무엇인가?

6. 두려움에 직면하기

우리는 삶 속에서 두려운 것이 있으면 무의식적으로 회피하는 본능이 있다. 어쩌면 그것은 당연한 반응일지도 모른다. 그러나 우리가 모든 것을 언제나 회피할 수는 없는 것이다. 회피는 일시적인 방법이고, 근본적인 해결책하고는 거리가 멀다. 우리가 두려워하는 것이 우리 곁에 언제든지 나타날 수 있다는 것을 안다면 회피는 오히려 우리의 불안감을 증폭시켜, 우리의 삶을 방해하는 것이 될 수도 있다. 우리가 피하고 싶어 하는 것을 마주하는 것이 두려움에 직면하는 과정이다. 우리의 두려움은 우리가 전혀 알지 못하는 것이 아니다. 우리는 우리가 전혀 알지 못하는 것에는 두려움을 느끼지 못하기 때문이다.

두려움이란 알고 있는 것에 대한 상실을 두려워하는 것이다. 그것은 우리가 소유하고 있는 소유물이나 인간관계, 경제력이나 신뢰와 같은 것들이다. 이러한 것들에 대한 상실의 두려움이 고통으로 나타나기도 한다. 그래서 일시적으로 회피하여도 언제나 우리는 그것이 나타날 수 있다는 것을 아는 순간 두려움에 사로잡히는 것이다. 우리는 이러한 두려움에 직면하여 그것을 이겨 내어야 한다. 두려움은 우리가 행복으로 나가는 길을 막는 장애물이기 때문이다. 인간에게 있어서 가장 큰 두려움은 죽음일 것이다. 죽음을 마주할 용기가 없다면 인생에서 행복을 유지하기는 어렵다. 왜냐하면 매번 죽음이 나타날까 봐 두려움에 떨고, 도망치기 바쁠 수도 있기 때문이다. 물론 부모나 자녀의 상실 등은 감당하기 힘들 수 있다. 하지만 그것이라 할지라도 직면하여 두려움을 없애는 것이 중요하다.

▷ 상실에 대한 두려움에 직면하기

– 카드 10장에 각각 자기가 가장 소중하게 여기는 것들을 적어 넣는다.
– 적어 놓은 카드를 중요한 순서대로 쌓아 놓는다.
– 카드 한 장을 들어내어 상실을 상상하고 마지막 작별인사를 한다.
– 그것의 상실에 대해 애도하는 자신을 객관적으로 바라본다.
– 마지막으로 그것이 없어도 행복하고 평화로운 삶을 시각화하여 상상해 본다.

---

7. 잘못된 착각에 대한 성찰

대다수의 사람들은 우리의 지각이 완전하다고 믿는다. 그렇지만 조금만 생각해 보면, 우리의 지각은 진실과는 형편없이 다르다는 것을 알 수 있다. 언젠가 여행을 갔다가 언덕 위에 너무나 아름다운 분홍빛의 멋진 집이 있는 것을 발견하였다. 어떻게 저런 빛깔로 집을 칠하였는지 감탄을 하였다. 다음 날 사진기를 가지고 그 집을 촬영하러 갔더니, 그 분홍색 집은 온데간데 없고 하얀 집이 있었다. 마침 석양에 비친 집을 어제 보았던 것이다. 우리는 이와 같은 일들을 수시로 겪으며 산다. 만약 어떤 사람에게 분홍빛의 멋진 집을 보았다고 그곳에 가 보라고 했다면 그 사람과 나는 서로 옳다고 싸우게 될 것이다. 우리는 자신이 경험하고 지각한 것은 옳다고 믿는다. '내가 봤다.', '내가 들었다', '당신이 봤나?', '당신이 들었냐?' 이런 말로 싸우는 것을 우리는 종종 본다. 그 이면에는 본 것과 들은 것은 확실하다는 믿음이 있다. 그러나 실제로는 우리의 지각은 본질을 보는 것이 아니라 생각을 덧씌워 보거나 생각하는 대로 보게 된다.

또 한 가지는 우리가 경험하는 것은 영원하다는 믿음이다. 실제로 우리가 경험하는 모든 것들도 변하고 있다. 이 우주와 세상은 변하는 중이고, 우리는 변화의 한 점에 있는 것에 불과하다. 공겁의 시간 속에 지금 존재하는 것뿐이다. 우리는 우리의 경험이 우리에게 지속적으로 만족을 준다는 착각에 빠져 있다. 우리의 경험은 그 순간 속에 존재한다는 것을 잊고 있다. 영원하다는 것은 착각에 불과하다. 사랑하는 사람, 그리고 그 감정이 언제나 같지 않다는 것을 우리는 잘 알고 있다.

마지막으로 우리는 우리가 매순간 경험하는 일들을 통제하고, 자각하는 변하지 않는 자아가 있다고 믿는 것이다. 우리의 지각은 실체를 전달할 뿐이다. 실제로 우리가 보는 것은 생각이 만들어 낸 것이다.

우리가 하루 동안에 경험하는 일들을 돌이켜 보면 위와 같은 지각의 왜곡이 수없이 일어나고 있다는 것을 알 수 있다. 우리는 영원하지 않은 것을 영원하다고 믿고, 매 순간 변하는 현실을 변하지 않는다고 믿으며, "나"라는 존재가 항상(恒常)하고 있다고 믿는 착각을 하고 산다. 이러한 왜곡된 시각을 변화시키기 위해서 우리의 관점을 확립해야 한다. 우리는 지각을 통해서 인식을 한다. 상황이나 사건은 중요한 것이 아니다. 우리의 지각이 중요한 것이다. 예를 들어 부모님이 돌아가셨다는 사실, 그 현상 자체는 우리에게 아무런 감정을 느끼게 하지 못한다. 그것을 우리가 인지하였을 때 우리는 상실의 슬픔에 젖게 된다. 모든 것은 우리의 지각을 통해서 일어나는 현상인 것이다. 어떠한 상황 자체는 그것만으로 긍정적이거나 부정적이지는 않다. 상황은 단지 그 순간에 존재하는 사건의 상태일 뿐이다. 그렇기 때문에 그러한 상황을 부정적으로 지각하느냐 긍정적으로 지각하느냐에 따라 우리의 마음에서 일어나는 스트레스 상황을 변화시킬 수 있는 것이다.

이러한 지각의 변화를 위해서 우리는 현상을 있는 그대로 바라보는 연습을 하여야 하고 순간적인 집중력으로 현재에 충실하기 위한 연습을 하여야 하는 것이다. 있는 그대로 바라본다는 것은 마음속으로 판단을 하지 않고 상황자체를 객관적인 현상으로 바로 보는 것이다. 둘째는 그러한 상황으로 인해 우리의 미래에 어떤 행동과정을 결정하지 않는 것이다. 셋째는 내적 대화를 통해 견해를 가지지 않는 것이다. 즉, 마음속으로 생각하지 않는 것이다. 이것은 우리 내면의 연습을 통해 그리고 성찰을 통해 왜곡된 지각에 흔들리지 않고 사물을 있는 그대로 바라보는 객관적 통찰의 지혜를 얻게 되는 것이다.

> ▷ 왜곡된 지각 바라보기
>
> – 몸과 마음의 상호관련성에 대하여 생각해 보자.
> – 잠시 눈을 감고 자신의 신체에서 일어나는 현상들을 객관적으로 관찰해 보자.
> – 내 마음 속에서 일어나는 현상에 대하여 되물어 보자. '누가 하는가?', '누가 먹는가?', '누가 화내는가?', '누가 생각하는가?'

8. 여기 그리고 지금

마음을 관찰해 보면, 모든 생각이 시간과 공간의 개념을 판단의 기준으로 사용하고 있다는 것을 알게 된다. 우리의 생각은 과거와 현재와 미래를 무수히 오가면서 생각을 만들어 내고, 여기와 저기 그리고 그곳과 저곳을 옮겨 다니며 생각의 그림자를 만들어 낸다. 우리는 우리의 생각이 과거에 일어난 일, 미래에 일어날 일 혹은 현재 진실이라고 믿는 것이 관련되어 있다는 것을 알게 된다. 따라서 생각의 내용과 우리 자신을 동일시함으로써, 시공간의 개념적인 세계 속에서 살고 있는 것이다. 그래서 실제로 우리가 사는 세상과 우리가 생각하는 세상을 구분하여 보면 하루의 대부분을 우리가 존재하지도 않는 세상을 떠돌아다니고 있는 것이다. 이미 지나가 버리고 없는 곳에 머물거나 아직 오지도 않은 허구의 세상을 가서 없는 걱정거리를 잔뜩 안고 현실로 돌아온다. 그렇게 보면 우리는 실상을 사는 것이 아니라 허상을 사는 것이라는 생각도 든다.

개념적인 삶은 허상에 불과하다. 삶의 직접적인 경험은 비개념적일 뿐만 아니라 '지금 여기에서' 일어나고 있다. 우리는 우리가 알고 있는 지식에 근거해서 판단을 내리지만, 그것은 많은 오류를 담고 있는 개념적인 것이다. 그러므로 우리가 현실을 사는 데는 순간순간에 충실한 삶이 가장 중요하다. 시간은 인간이 만들어 놓은 개념에 불과하다. 과거는 마음속으로 계속 반복하는 사고나 이미지에 지나지 않는다. 과거에 매달려 있는 사람은 현실에 충실하지 못하게 된다. 또한 우리는 너무 미래 지향적이라서 기대한 것을 이루자마자 즉시 새로운 목표를 세울 정도다. 우리의 마음은 끊임없이 가정법으로 연결된다. '~하면 좋겠다.', '~하면 행복하겠다.', '~하면 성공하겠다.'와 같은 것이다. 미래는 우리가 마음속으로 계속 되풀이하는 사고나 이미지에 불과하다. 그러나 미래를 경험할 수는 없다. 미래를 마음속에 품고 현실에 충실하지 못하는 삶은 불행이다. 삶이란 순간순간의 흐름일 뿐이다. 그 흐름의 어느 한 점이 바로 이 순간이고 그것을 아는 것이 중요하다.

> ▷ 현실의 삶에 대한 성찰
>
> – 당신은 얼마나 많은 인생을 과거 혹은 미래를 사는 데 소비하고 있는가?
> – 당신은 얼마나 많은 인생을 다른 곳에 있기를 기대하면서 시간을 보내는가?

9. 원인과 결과에 대한 성찰

우리가 사는 세상은 보이지 않는 원리에 의해 구성되어 있다. 그중에 하나의 원리가 세상의 모든 것은 상호 관련되어 있고 상호 의존적이라는 것이다. 우리가 사는 세상의 그 어떤 것도 홀로 존재하지 않는다. 전 우주는 거미줄과 같은 하나의 생태계로, 만약 어느 한 부분을 건드린다면 그물 전체가 흔들거린다. 우리가 이러한 원칙을 안다고 해도 인과의 법칙이 즉시 일어나는 것이 아니라는 점에서 실제적 경험을 하기는 어렵다고 느낀다. 그렇지만 인과의 법칙은 여전히 작용하고 있다. 어떤 일은 원인이 생기면 즉시 결과가 나타나기도 해서 사람들이 쉽게 받아들이지만, 어떤 것은 원인이 생겨도 결과가 즉시 나타나지 않기 때문에 사람들은 믿지를 않는다. 그러나 자연의 이치는 확고하다. 다만 물리적인 법칙은 즉시 결과를 알 수 있지만, 시간을 요하는 것은 때가 무르익어야 한다는 것이다. 착한 일을 하면 복을 받는다는 사실은 그럴 것이라고 하는 짐작만 할 뿐 진실인지는 의심한다. 그렇지만 모래시계를 거꾸로 뒤집어 놓으면 반드시 모래가 아래로 떨어지게 되어 있어서 모든 사람들은 그것을 믿는다. 이처럼 원칙은 어디서나 예외 없이 적용되는 것이다. 꽃이 피면 가을이 되어야 열매가 맺히듯이 시간이 필요할 뿐이다.

원인은 현재이고 결과는 미래이다. 그래서 현실에서 선한 일을 하고 결과의 종자를 심어야 한다. 원인을 만드는 첫 번째 과정은 생각이다. 생각으로 인해 행동을 하게 되고, 행동은 습관을 만들며 습관이 나의 미래의 결과를 만들어 내는 것이다. 그래서 우리는 끊임없이 좋은 생각을 하여야 한다. 그것은 자애로운 마음, 다른 사람을 향한 연민, 서로에게 소통하는 교감, 그리고 자신의 마음을 편안하게 만드는 평정심을 갖는 것이다. 이러한 생각의 시작이 타인을 위한 배려와 사랑, 봉사 등의 이타심을 만드는 시작이 되는 것이다. 우리가 물리적 법칙의 인과를 믿듯이 우리의 정신적인 세계에서도 인과의 법칙이 존재함을 알고 스스로를 다스리는 것이 행복을 만드는 방법이다.

▷ 성찰을 통해 자신과 타인을 위해 베풀기

– 내가 편안하고 행복하고 평화롭기를.
– 나에게 아무런 해로운 일이나 어려움이 닥치지 않기를.
– 내가 항상 성공하기를, 내가 어려움을 잘 극복하기를.
– 내 마음의 모든 상처가 치유되기를.
– 나의 부모님이 건강하고 행복하고 평화롭기를.
– 나의 친구, 선생님, 친척, 모든 사람들이 행복하고 평화롭기를.
– 나를 해롭게 하였던 사람들이 모두 평화롭고 행복하기를.
– 모든 생명들이 행복하고 평화롭고 어려움이 없기를.

---

10. 성찰을 통한 나로부터의 탈피

우리는 우리의 마음 자체의 개념과 우리 자신을 동일시하려는 습관적 성향이 있다. 과연 그토록 애지중지하는 "나"는 진정 누구인가? 진정한 나를 찾기 위해서는 이분법적인 사고에서 탈피하여야 한다. 이분법적인 사고에 대한 집착을 버리기 위해 우리는 모든 사람들이 각자의 관점에서는 옳다는 것을 깨달아야 한다. 다시 말해서 모든 관점은 상대적으로 옳다. 또한 상대적으로 옳지 않은 것도 되는 것이다. 우리가 먹다 버린 음식쓰레기도 개의 입장에서 보면 먹음직스런 진수성찬이 될 수도 있는 것이다. 나의 입장에서 생각하는 것은 자기 생각이 옳다는 잘못된 견해를 만들고, 그것으로 인해 타인과의 갈등이 생기게 되어 불행한 일을 만드는 씨앗이 되는 것이된다. 나로부터 탈피하지 못하면, 수많은 고통의 뿌리를 그대로 두는 것이다.

우리는 성찰을 통해 진정한 내가 누구인지를 생각해 봐야 한다. 진정한 나를 쉽게 찾지는 못할지라도 나의 입장만을 고집하여 그릇된 생각을 하고, 남에게 상처를 주는 행위를 줄여 나가야 한다. 시시비비를 가리는 데 소중한 시간을 낭비하여서는 안 된다. 세상은 항상 그대로일 뿐이다. 그것을 선과 악, 옳고 그름, 좋고 나쁨 등으로 구분하여 결론을 지으려는 욕심은 우리의 마음속에 찌꺼기를 만들어 쌓아 놓는 꼴이 된다. 언젠가는 그런 찌꺼기로 인하여 나의 마음이 아집으로 가득 차 황폐하게 될 것이다. 남을 인정하면 마치 자신이 지는 것을 생각하거나, 누군가 나를 모독하면 내가 잘못되는 것으로 착각하지만, 사실은 누가 뭐라 하던 세상은 있는 그대로일 뿐, 우리의 마음이 그렇게 지어내어 감정을 실어 나르는 것일 뿐이다. 우리가 생각하는 모든 문제는 문제가 아닐 수도 있는 것이다. 다만 내 입장에서 그것은 심각하거나 아니면 덜 심각한 문제로 비춰질 뿐이다.

▷ "나"로부터 해방되기

– 당신이 최근 겪고 있는 문제들을 적어 보자.
– 그 문제를 자신의 입장이 아니고 반대편의 입장에서 무엇이 문제인지 파악해 보자.
– 당신의 관점과 반대 입장의 사람에서 보는 관점의 차이가 무엇인지 객관화해 보자.

---

11. 성찰을 통한 내면의 자유

대부분의 우리는 마음의 노예가 되어 살고 있다. 어쩌면 우리의 주인이 도대체 무엇인지를 알 수가 없다. 끊임없이 우리를 조종하고 간섭하는 마음을 우리의 주인으로 떠받들고 살고 있는 것이다. 우리는 아직 자유롭지 못하다는 환상에서 벗어나는 자유를 얻어야 한다. 우리의 마음 밖에서 무엇을 찾으려고 하는 것은 어리석은 일이다. 우리는 명확한 이해로 사물을 보고 마음속 깊은 곳에서 우러나는 즐거움을 느낌으로써 자유를 얻을 수 있다. 우리가 궁극적으로 자유를 얻으려면 모든 것에서 벗어나야 한다는 것이다. 어떤 것도 일시적이어서는 미봉책에 불과할 뿐이다. 하지만 일상을 사는 우리로서는 일시적인 즐거움의 연속을 만들어 내야 한다. 그것은 꾸준히 자신의 내면을 관찰하고 자신의 마음속에서 일어나는 감정을 알아차려 나를 벗어나는 자유를 이어 가야 한다. 일시적인 즐거움이나 환희가 아니라 지속적인 평정심을 가질 수 있어야 비로소 진정한 자유를 얻을 수 있다.

어떤 사람이 길에 앉아 가난함을 한탄하고 있었다. 지나가는 사람이 그를 보고 "당신 아버지가 그렇게 부자였는데 당신은 왜 그렇게 가난하냐?"고 물었다. 가난뱅이는 아버지가 돈을 한 푼도 남기지를 않고 돌아가셔서 몇 년을 돌아다니며 찾아 헤매도 가난할 뿐이라고 하였다. 지나가던 사람은 그렇다면 집을 뒤져 보았느냐고 하자, 가난뱅이는 집은 찾아보았지만 귀한 보물을 창고에 두었을 리 만무해서 창고는 찾지 않았다고 하였다. 그러자 지나가던 사람은 "먼저 당신 집의 창고를 뒤져 보시오."라고 하였다. 가난뱅이는 집에 가서 수년 동안 쓰레기더미처럼 버려두었던 창고를 뒤져 보았다. 놀랍게도 그 속에서 창고 안의 다 낡아빠진 상자 안에 아버지가 남겨 준 각종 금은보화가 가득 들어 있었다.

우리는 보물 상자 위에 앉아서도 상자 안의 보물을 보지 못하고 밖에서 보물을 찾으려고 평생을 헤매며 산다. 그렇지만 종국에는 그 보물을 내가 깔고 앉아 있다는 것을 알게 된다. 모든 것이 내 안에 있음을 알게 된다면 나와 남을 위한 행복을 찾을 수가 있게 된다. 우리는 성찰 과정을 통하여 자신의 내면에 있는 보물을 찾아야 한다. 진정으로 귀한 보물은 다 낡아빠진 것처럼 느껴지는 내 마음속에 고스란히 빛나고 있는 것이다.

12. 사생체험을 통한 성찰

1) 임사체험(NDE)자들

죽음의 문턱까지 간 사람들이 목숨을 건진 경험담이 연구되면서부터 '임사체험 (NDE)'이라는 용어가 등장하게 된다. 미국 정신과 의사인 레이먼드 무디가 만든 이 용어는 죽음의 한발 앞까지 갔다가 살아남은 사람들이 죽음 너머의 세계를 엿본 신비스러운 체험을 일컫는다. 무디는 임사체험의 연구로 일반 사회의 주목을 받은 최초의 인물이다. 1975년 그가 펴낸 『삶 이후의 삶』은 3백만 부 이상 팔린 베스트셀러가 된다. 무디는 이 책에서 사망선고를 받은 후 소생한 환자 1백 명의 사례보고서를 제시했는데, 모든 임사체험에는 비슷한 요소들이 나타나고 있다는 결론을 내렸다. 같은 시기에 정신과 여의사인 엘리자베스 퀴블러로스 역시 죽음을 앞둔 환자를 연구하여 무디와 비슷한 결론에 도달한다. 무디의 기념비적인 저서를 계기로 사람들은 비웃음을 살까 두려워할 필요 없이 NDE 체험을 발표하게 된다.

무디의 저서에 영감을 받은 심리학자 케네스 링은 사고, 질병 또는 자살기도로 죽음에 가까이 갔던 102명을 면담하고 임사체험에서 다섯 가지 요소가 똑같은 순서로 발생하는 경향이 있음을 알아낸다. 1980년 링이 발표한 임사체험의 다섯 단계는 평화로운 감정, 유체이탈 경험, 터널 같은 어둠으로 들어가는 기분, 빛의 발견, 빛 쪽을 향해 들어가는 단계이다. 각 단계는 평화(60%), 유체이탈(37%), 터널 (23%), 빛 발견(16%), 빛 관통(10%)처럼 다음 단계로 넘어갈수록 그 전 단계에 비해 보고되는 빈도수가 적게 나타났다.

2) 사생체험

죽음은 누구도 경험해 볼 수 없다. 그래서 죽음은 평생 한 번밖에 오지 않는 현상이기 때문이다. 그렇게 죽음을 경험할 수 없기 때문에 죽음을 실감하지 못하고, 삶의 유한성에 대해 실제적으로 느끼지 못하는 것이다. 개념적으로 말하는 것은 체험에 비해 인식을 하지 못한다. 사생체험은 인간의 유한성을 직접 체험함으로써 새로 태어난 마음으로 나머지 삶을 살 수 있도록 해 준다. 단순한 사생체험만으로 죽음의 순간을 경험하기는 힘들다. 또한 실제로 감정의 문제라서 무턱대고 사생체험만을 한다는 것은 사실 아무런 가치도 없다. 사생체험은 자신의 삶을 마감하는 최후의 순간을 깊은 성찰을 통해 인식하고 몸으로 체험하는 것을 말한다. 그러므로 몸과 마음이 일치하는 상황에서 진행해야 실제적인 자기변화와 혁신을 가져올 수 있는 소중한 경험이 되는 것이다.

▶ 사생체험에 앞서 성찰 프로그램을 진행하여야 한다. 그 과정을 보면 다음과 같다.
1. 나의 인생회고
2. 유언장 작성
3. 유언장 낭독
4. 입관체험
   입관체험이 끝나면 또다시 깊은 성찰로 자신의 체험을 마무리하여야 한다.
5. 입관체험 소감 나누기
6. 새로운 삶을 위한 시작과 환희심

▶ 사생체험은 정신적인 과정이므로 다음과 같은 점에 유의하여야 한다.
• 체험 당사자에게 과정과 의도를 충분히 설명하고 동의를 받아야 한다.
• 어떤 경우에도 강요를 하여서는 안 된다.
• 죽음에 공포심이 있는 사람이나, 병약한 사람은 체험에 참여시키지 않는다.
• 체험자의 동의 없이, 종교적인 행위를 함부로 해서는 안 된다.
• 사생체험을 장난스럽게 해서는 안 된다.

• 체험의 목적을 잊지 말고, 변혁의 과정을 순서대로 진행해야 한다.

13. 우리에게 소중한 것들

우리는 무엇을 소중하게 느끼는가? 사람들마다 제각각일 것이다. 돈이나 재물을 중요하게 여기는 사람, 자식이나 남편, 아내를 소중히 여기는 사람, 그리고 명예나 권력을 소중히 여기는 사람 등 자신의 삶의 경험과 가치에 따라 소중하게 여기는 것들이 다양하다. 하지만 종국에 이르러 우리가 가져갈 수 있는 것은 아무것도 없다. 마치 뷔페식당에 가서 정해진 시간 동안 먹을 수는 있어도 가져갈 수는 없듯이 사람마다 제각기 좋아하는 음식을 마음껏 먹을 수 있지만 나갈 때는 뱃속에 채워 가는 것은 다 똑같다. 단지 무엇이 채워져 있느냐의 문제일 뿐이다. 우리의 인생도 이와 같아서 세상에 빈손으로 왔다가 빈손으로 가는 것이다. 단지 이 세상에 있는 동안 우리가 누리고 싶은 삶을 맘껏 향유하도록 허용되어 있는 것이다.

무엇에 가치를 두는 것이 올바른 삶인가? 사람마다 가치를 두는 것이 제각각이라 정답을 찾기는 어렵다. 그렇지만 한 가지 확실한 것은 자기 스스로에게 수없이 되물어 보고 죽을 때 후회하지 않을 자신이 있느냐는 것이다. 그것을 하면 된다.

마지막으로 바다를 본 것이 언제였습니까?
아침의 냄새를 맡아 본 것은 언제였습니까?
아기의 머리를 만져 본 것은?
정말로 음식을 맛보고 즐긴 것은?
맨발로 풀밭을 걸어 본 것은? 파란 하늘을 본 것은 또 언제였습니까?
이것은 다시 얻지 못할지도 모르는 경험들입니다.

우리 모두 그것을 알고 있습니다.

죽음을 앞둔 사람들이 한 번만 더 별을 보고 싶다고,

바다를 보고 싶다고 말하는 것을 들으면 언제나 정신이 번쩍 듭니다.

많은 사람들이 바다 가까이 살지만 바다를 볼 시간이 없습니다.

우리 모두 별 아래에 살지만, 가끔이라도 하늘을 올려다보나요?

삶을 진정으로 만지고 맛보고 있나요?

평범한 것 속에서 특별한 것을 보고 느끼나요?

아이가 태어날 때마다 신은 세상을 존속시키기로 결정한다는 말이 있습니다.

마찬가지로 눈을 뜨는 매일 아침,

당신은 살아갈 수 있는 또 다른 하루를 선물 받은 것입니다.

당신은 언제 마지막으로 그 하루를 열정적으로 살았나요?

이번 생과 같은 생을 또 얻지는 못합니다.

당신은 이생에서처럼 이런 방식으로 이런 환경에서,

이런 부모, 아이들, 가족과 또다시 세상을 경험하지 못할 것입니다.

삶의 마지막 순간에 바다와 하늘과 별,

또는 사랑하는 사람들을

마지막으로 한 번만 더 볼 수 있게 해달라고 기도하지 마십시오,

지금 그들을 보러 가십시오.

- 엘리자베스 퀴블러 로스

제17장

죽음
교육

편견

조 원 규

손가락은 열 개여야만 하는 줄 알았습니다
그러나
세월이 흘러
그것은 하나의 사례라는 것을 알게 되었습니다

모든 과일은 씨가 있는 줄 알았습니다
그러나
나이가 들어
씨가 없는 과일도 있다는 걸 알았습니다

사람은 누구나
꿈을 꾸고 깨어나는 줄 알았습니다
그러나
깊은 아픔을 겪고나서야
어떤 사람은 아주 오랫동안 꿈을 꾼다는 걸 알았습니다

세상에서
제일 값진 것이 보석인줄만 알았습니다
그러나
사랑을 하고나서야
보석보다 더 값진 것이 있다는 걸 알았습니다

사람은
반드시 죽는다고 알았습니다
그러나
사랑하는 사람을 보내고 나서야
어떤 사람은 가슴속에 영원히 남아 있다는걸 알았습니다

1. 죽음교육이란?

1) 죽음교육이란?

죽음은 우리에게 언제나 다가올 수 있는 사건이며, 삶이 마치 잇몸에 입술이 붙어 있는 것처럼 가까이에 있듯이 죽음도 그런 것이다. 문제는 우리에게 있어서 삶에 대한 집착은 대단하지만, 죽음에 대한 준비나 고민은 별로 하지 않는다는 것이다. 그러나 죽음을 기쁨과 환희로 기다리는 사람을 본 적이 없으며, 대체로 죽음은 벗어나고 싶은 것이며 마주치기 싫어하는 두려운 존재로 알고 있는 것이다.

일본에서 40여 년 동안 생사학(生死學)을 연구하고 보급하는 데 힘쓰고 있는 알폰스 데켄(Alfons Deeken) 교수는 죽음교육의 목표로 10가지를 제시하였는데, 첫 번째 목표는 사람들로 하여금 죽음을 좀 더 깊이 생각하게 함으로써 자기 자신의 죽음을 준비하고 자기 자신의 죽음이 얼마나 특수한 것인가 하는 특성을 실현시킬 수 있게 도와주는 데 있다. 현대 문명에 있어서 가장 큰 위협 가운데 하나는 죽어 가는 과정 자체를 개인적인 특성이 완전히 무시된 대중 생산의 과정으로 만들어 죽어 가는 개인의 특성을 살리지 못하게 하는 데 있다.

두 번째 목표는 슬픔(애도) 교육이다. 자기 자신이 죽기 전에 사람들은 대개 가까운 사람들의 죽음을 경험하게 된다. 친척이나 가족이 죽게 되면 소위 슬픔의 과정을 거치게 되는데, 사랑하는 사람이 죽는 것을 경험한 이후에 너무 많이 슬퍼하다가 병에 걸리는 사례도 있다. 가족이나 친구나 사랑하는 사람이 죽은 경험이 있는 사람들은 비슷한 환경에 처한 사람들을 도와줄 수 있을 것이다. 즉, 슬픔 교육이라고 하는 것은 예방 의학과 같은 것이라고 볼 수가 있다.

세 번째 목표는 인간들이 지나치게 죽음에 대한 공포를 가지게 되어 심리적으로 필요 없는 짐을 지는 것으로부터 해방시켜 주는 것이다. 많은 사람들은 죽음교육을 통해서 죽음에 대한 공포가 여러 가지 종류가 있다는 것을 발견하게 되고, 그와 더불어 필요 없는 공포심을 극복할 수 있는 방법들을 발견해 낼 수 있다.

네 번째 목표는 죽음에 대해서 금기시하는 것을 저지함으로써 사람들이 죽음에 대해 자유롭게 이야기하고, 거기에 관련된 문제나 죽음에 관련된 정서적인 것들을 해결해 나가도록 도와주는 데 있다. 옛날에는 성에 대해서 이야기하는 것을 금할 때가 있었지만, 그때는 죽음에 대해서는 자유롭게 이야기했다. 하지만 최근에는 성에 대해서는 자유롭게 이야기할 수 있지만, 죽음은 오히려 금기시되어 왔다. 죽음교육은 죽음의 이러한 금기적인 면을 없애는 데 도움을 줄 수 있다.

다섯 번째 목표는 죽음에 관련된 윤리적인 문제를 가르치는 것이다. 이런 예로 가장 전형적인 것은 생명을 연장하는 일과 죽은 과정을 연장시키는 일이 있고, 소극적 혹은 적극적인 안락사 문제, 도움을 받아 행하는 자살 같은 것들이 있다.

여섯 번째 목표는 의학법적인 문제에 대해 친숙하게 만들어 주는 것이다. 예를 들면, 죽음의 정의와 어떻게 죽음을 결정하는지에 대한 것, 뇌사 문제, 장기 이식, 자기의 신체를 의학 연구를 위해서 내어놓는 일, 신장을 기증하는 일, 안구은행, 유서를 남기는 일 등에 관계된 의학법적인 지식에 익숙하게 해 주는 데 있다.

일곱 번째 목표는 자살을 방지하는 데에 있다. 죽음교육은 자살을 생각하는 사람들을 이해하고 도와주며, 또 그들을 도와주는 방법을 가르쳐 주는 데 있다. 많은 사람들이 살아 있는 동안에 자살하고 싶다는 생각을 하는 사람들을 만나게 되는데, 우리가 자살 예방에 대한 기본적인 지식을 갖고 있다면 친구들 가운데 자살하려고 하는 사람의 생명을 구해 줄 수 있을 것이다.

여덟 번째 목표는 시간의 소중함을 발견하게 하고 가치관의 재정립, 그리고 인간의 창조성을 자극하는 데에 있다. 우리는 그 예를 미국의 저명한 심리학자 매슬로우(Abraham Maslow)가 한 말에서 찾을 수 있다.

"죽음과 대면하고 거기서 빠져나오자 모든 것이 귀중하고 성스럽고 아름답게 보여서 나는 그 어떤 때보다 그 모든 것을 사랑하고 감싸고 내가 그것에 의해 압도됐으면 하는 강한 충동을 느꼈다. 강은 이전에는 저렇게 아름답지 않았다. 죽음, 그리고 그 죽음이 현재 존재한다는 사실은 사랑, 그것도 열정적인 사랑을 더 가능하게 했다."

그는 심장 발작을 겪고 나서 체험한 것을 이렇게 남기고 있다. 이 체험은 그로 하여금 매우 강한 강도로 보고 듣고 느끼고 사랑하게끔 만들었다고 한다.

아홉 번째 목표는 노인과 환자들에게 죽음에 대해 가르치는 것이다. 이와 같이 함으로써 그 시기를 더 풍성하게 해 줄 수 있으며, 죽음의 기술에 대해서 적극적으로 배우게 만들 수 있으며. 죽음의 기술이라는 것은 인구의 노령화에 대한 연구 및 노인학에서 중요한 측면이라고 할 수 있다. 그렇기 때문에 삶의 질을 높이는 것과 죽음의 질을 높여 간다는 것 사이에는 대단히 밀접한 관계가 있다고 할 수 있다. 한국 사람들도 수명이 점점 길어지고 있는데 특히 은퇴한 후에도 사람들이 장수하는 현상이 나타난다. 나이가 드는 것은 피할 길이 없고, 죽어 가는 과정과 죽음을 통해서 우리는 생명에 한계가 있다는 것을 알게 되고, 어떻게 하면 더욱더 의미 있게 사느냐 하는 것을 생각하게 된다.

열 번째 죽음교육의 목표는 개인으로 하여금 죽음의 철학을 추구하는 데 있다. 개인으로 하여금 사적으로 자기의 죽음과 죽어 가는 과정을 스스로 이해하면서 자유롭게 선택할 수 있도록 적극적으로 격려한다. 또 교육적인 배경이나 문화적인 배경이 다른 것에 의해서 제약된 죽음에 대한 이념적 개념이나 사회적 개념으로부터 사람들을 해방시켜 주는 데 그 목표가 있다고 하겠다. 또한 죽음교육은 죽음 이후의 생명의 가능성에 관한 사실을 생각하도록 격려하는 것이며, 자기 자신의 죽음이 닥쳐왔을 때, 사랑하는 사람이 죽음에 처했을 때 특별히 인간은 현재 생활의 의미에 대해 찾게 되는데, 그 특별한 의미는 미래의 근본 희망과 관련되어 있다는 것이다. 죽는다고 하는 것은 극단적으로 고통스러운 일이다. 그러나 고난을 당한다는 것은 조금 더 견딜 수 있는 것인데, 특별히 고난 가운데서 그 고난의 의미가 무엇인가 하는 것을 발견하게 되면 더욱 그렇다.

이러한 죽음교육은 넓게 웰다잉교육, 이별준비교육, 죽음대비교육, 비탄준비교육, 배우자를 잃기 전에 미리 받는 교육, 죽음준비교육, 자살예방교육, 리빙 월까지도 포함할 수 있다. '리빙 월'이란 생전 유서라는 뜻인데, 존엄한 죽음을 위한 선언서라고도 한다.

3) 죽음교육의 목표

몰건은 1977년 레비턴(D. Leviton)이 죽음학의 학술지인 『죽음연구(Death Studies)』에 발표한 「죽음교육의 범위(The scope of Death Education)」를 중심으로 하여 죽음교육이 일반교육 안에서 실현하려는 목표를 7가지로 두고 있다.

첫째, 죽음에 대한 언어를 될 수 있으면 회피하려는 태도를 제거하기
둘째, 죽어 가는 사람과의 편안하고 지적인 교감을 증진시키기
셋째, 죽음에 대한 공포나 불안을 없애도록 아이들에게도 죽음이해를 교육시키기
넷째, 슬픔의 역동성을 이해하기
다섯째, 자살하려는 사람들을 이해하고 교감할 수 있는 능력을 배양하기
여섯째, 죽어 가는 사람의 사회적 구조(죽음체계)를 이해하기
일곱 번째, 문화들 안에서나 문화들 중에서 죽음에 대한 인식 차이를 이해하기

4) 죽음교육의 내용

몰건은 자신의 죽음교육에 결정적인 영향을 미쳤던 헤르만 화이펠(Herman Feifel)의 『죽음의 의미(The Meaning of Death)』를 토대로 하여 죽음교육의 내용을 구체적으로 다음 일곱 가지로 규정하였다.

첫째, 북미(캐나다와 미국)사회 구조와 죽음의 태도간의 상호관련성
둘째, 말기환자의 돌봄을 하나의 철학으로 인식
셋째, 사별로 인한 슬픔은 정상적인 인간의 반응이라는 점
넷째, 어린아이들뿐만 아니라 모든 연령층의 사람들은 죽음에 관심을 갖고 있다는 것
다섯째, 죽음과의 관계성 안에서 삶의 가치를 명료화하기
여섯째, 예술, 문학, 그리고 사회구조 속에 죽음의 영향 이해하기

일곱 번째, 자살의 문제

2. 죽음교육의 필요성

인류사회의 역사에서 터부시되어 온 몇 가지 주제들이 있는데, 그 대표적인 것이 성과 죽음에 관한 것이다. 즉, 죽음과 성의 문제는 고대 사회 이래로 문화적 터부(Cultural Taboo)로 간주해 왔다. 그렇다면 왜 이들 두 주제가 '우리의 삶과 무관'하기에 터부시되어야 하는가, 아니면 우리의 삶의 질을 보다 윤택하게 하는 데 기여하기 때문에 삶의 각 영역에서 이를 중시하고 심도 있게 다루어야 할 것인가 하는 문제는 중요한 물음이다.

아시다시피 종교적 · 사회문화적으로 성의 문제는 공론화되어 왔을 뿐만 아니라, 이를 학교교육에서 수용하여 성교육을 학교교육의 한 영역으로 자리매김한 지 오래되었다. 나아가 성교육의 긍정적 효과는 학생들을 성의 무지로부터 깨어나게 함으로써 삶의 질을 이전보다 윤택하게 하였다는 것이 일반적인 평가이다. 반면에 죽음이라는 주제는 1970년대에 들어서면서부터 문화적 터부로부터 벗어나 공론화되기 시작했다. 즉, 여러 저서와 논문 등에서뿐만 아니라 매스미디어 등에서도 이 주제를 다루어 왔다. 따라서 의료전문가, 성직자, 철학자, 교육자 등이 죽음과 임종에 관한 이슈들을 공개적으로 논의해 왔기에 이러한 주제가 이제는 더 이상 터부시되는 주제(Taboo Topic)가 아님을 알 수 있다.

죽음은 부정이요 금기로, 많은 사람들은 죽음에 대해 생각하기를 싫어한다. '죽었다'라는 죽음에 대한 직접적인 표현보다는 '돌아가셨다', '가셨다', '세상을 떠나셨다' 등의 완곡한 어법까지 사용하며 의도적으로 죽음이라는 말을 회피하여 죽음은 우리의 일상에서 떨어져 나갔다. 죽음에 관해 가르치는 것은 곧 산다는 것을 가르치는 것이며, 죽음에 관한 교육은 죽음의 막연한 공포를 제거함으로써 삶에 대한 인간의 존경심과 환희를 고양시키는 것이라고 본다면, 우리는 죽음의 문제를 더 이상 교육의 영역에서 도외시할 수 없는 중요한 교육내용임을 상기해야 할 것이다.

출생과 마찬가지로 죽음도 또한 인간이 겪어야만 하는 삶의 여정의 한 부분이지만, 대부분의 사람들은 죽음이라는 사실을 그다지 달갑지 않은 삶의 어두운 측면으로 보는 경향이 있다. 사실 죽음이란 인간의 모든 경험 가운데 가장 위압적인 의미를 내포하고 있다. 다시 말해, 인간이 죽음에 대해 갖는 가장 보편적인 태도는 공포일 것이다. 따라서 죽음이라는 주제는 일반적으로 기피되어 온 것이 사실이지만, 인간의 생애주기의 첫 단계가 출생이듯이, 마지막 단계가 죽음일 뿐이다. 따라서 죽음이라는 엄연한 사실이 우리의 삶에 미치는 영향에 더 많은 관심을 두어야 할 것이다. 올바르게만 가르친다면, '죽음교육'은 삶과 많은 연관을 맺게 될 것이며, 나아가 죽음에 대하여 공포를 제거함으로써 삶에 대한 인간의 존경심과 환희를 더욱 고양시킬 것이다.

대부분의 사람은 "하루하루 살기도 바쁜 세상인데, 언제 올지 모르는 죽음을 어떻게 준비하느냐?"라고 말하며, "죽음 준비는 노인만의 문제"라고 생각하기 쉬우나, 죽음은 언제, 어디서, 어떻게 찾아올지 아무도 모르는 것이다. 일반적으로 문제에 대한 사람들의 대응방식은 세 가지로 정리할 수 있다. 첫째, 문제에 대한 해결 노력 없이 걱정만 하는 경우, 둘째, 문제를 외면하고 가급적 생각하지 않는 경우, 셋째, 문제에 대하여 깊이 생각하고 이를 해결하기 위해 노력하는 경우인데, 죽음 문제도 마찬가지이다.

첫째는 죽음에 대한 두려움과 공포에 시달릴 뿐 극복하려는 어떠한 노력도 하지 않는 경우다. 죽음에 대한 두려움에 벌벌 떨면서 아무런 대비도 없이 무의미하게 죽음을 맞이하는 것이다.

둘째는 죽음을 외면하고 최대한 생각하지 않으려는 경우다. 죽음을 연상시키는 것은 무엇이든 멀리하려 한다. 대표적인 예로 각 자치단체마다 화장장, 납골당, 장례식장 건설 저지운동 하는 것을 들 수 있다. 그 이유는 장례행렬을 보면서 화장장의 연기를 보면서 "나도 언젠가 저렇게 연기로 사라지는구나. 나도 저렇게 죽는구나, 저렇게 태워져 한 줌 흙으로 돌아가는구나." 하는 생각이 수시로 들기 때문이다. 그럼 왜 그토록 죽음에 대한 거부감이 심할까? 그 원인 중의 하나가 '육체만 죽으면 모든 게 끝'이라는 죽음관에 대한 오해가 뿌리 깊게 자리 잡고 있기 때문이다.

셋째는 죽음을 직시하면서 그것의 문제를 최대한 풀어 보려고 노력하는 경우다. 종교활동, 명상수련 등을 통해 어떻게 하면 보람된 삶을 영위하고 나아가 후회 없는 죽음을 맞이할 수 있을까를 고민하는 사람들이 있다. 자기 삶을 나름대로 잘 살았다고 생각하는 사람은 죽음이 다가와도 별 동요 없이 "그래, 내가 한 평생을 후회 없이 잘 살았지. 이제 죽어도 여한이 없다."라고 말하면서 편안하게 죽음을 맞이한다. 반면 자기 삶을 제대로 살지 못했다고 생각하는 사람은 죽음에 직면했을 때 회한과 자책으로 크게 괴로워하며 이대로 삶을 끝낼 수 없다는 생각에 죽음을 받아들이지 못한다. "지금까지 힘들게 일해서 인제 살 만한데 죽는다니 말도 안 돼! 이렇게 죽을 수는 없지."라고 하면서 의사에게 살려달라고 애원하며 매달린다.

우리 사회에는 이 중 두 번째 태도를 취하는 사람들이 많다고 한다. 죽음을 외면하고 최대한 생각하지 않으려 하고 죽음을 연상시키는 것은 무엇이든 멀리하려 하나, 죽음이란 그렇게 외면하고 멀리한다고 되는 것이 아니다. 죽음을 직시하면서 그것이 일으키는 문제를 최대한 풀어 보려고 노력해야 한다. 그래서 죽음교육이 필요한 것이다. 죽음을 준비하라는 것은 죽을 각오를 하라는 뜻이 아니라, 죽음을 생각하며 현재의 삶을 살아라. 자기 삶을 제대로 영위하고 있는지 점검해 보라는 것이다. 죽음을 생각하며 삶을 산다는 것은 의미 없는 활동과 의미 있는 활동을 구분해서 현재의 삶을 보다 충실히 영위한다는 뜻이다.

죽음교육이라는 말은 평소에 죽음을 미리미리 생각하고 준비해 갑자기 죽음이 찾아오더라도 편안히 죽음을 맞이할 수 있도록 충분히 준비를 해 두는 것이다. 따라서 죽음교육은 나이와 상관없이 누구나 받아야 하는 것이며, 이 땅에서 제대로 살도록 하기 위한 삶의 교육인 것이다. 죽음이 삶과 연관된 중요한 문제임에도 불구하고, 현재 우리 사회에서 죽음에 대한 탐구와 논의는 별로 이루어지지 않고 있다. 대부분의 한국 성인들의 관심 분야는 건강, 재테크, 자녀 양육, 노후대책 등에 한정되어 있을 뿐이며, 죽음에 대해서는 사춘기 시절 일시적이고 감상적인 관심을 보일 뿐 죽음을 대화의 주제로 삼는 일조차 거의 찾아보기 힘들며, 또 그런 주제를 입에 담는 것조차 민망한 것으로 여기고 있다. 그렇다고 이런 무관심이 이미 죽음에 대해 확고하고 초연한 자세를 갖추고 있기 때문에 나타난다고 보기도 어려운 것이다. 우리는 생활하면서 각종 병에 대한 보험, 자동차 사고에 대비한 보험, 노후 대비 연금 등등 다양한 준비를 하지만, 정작 가장 중요한 죽음 준비는 마치 남의 일인 양 전혀 하지 않는 게 바로 우리 사회의 현실이다.

사람이 죽어 가는 모습을 동물의 죽음과 비교해 볼 수 있는데, 동물은 육체적으로 쇠약해지다가 죽게 되지만, 인간의 경우 육체적으로는 쇠약해져 가도 정신적으로 성장을 계속할 수 있지만. 그러나 인간도 나이가 들어 육체적으로 노쇠해져 갈수록 정신마저도 나약해지기 마련이다. 죽음을 앞둔 중환자에게 죽음에 대하여 이야기하고 죽음교육을 시키기에는 거부감이 심하여 어려울 것이나, 젊은 사람에게 건강할 때, 정상적인 판단을 할 수 있을 때 죽음교육을 실시하는 것이 비교적 쉬울 것이다. 마지막 가는 모습이 아름다울 수 있도록 죽음교육을 폭 넓게 실시하여야 할 것이다.

3. 국내외 죽음교육 현황

1) 한국의 종교에서 나타나는 죽음교육 사례

화엄의 사사무애법계는 죽음교육의 단계를 잘 표현하고 있는데, '죽음이 없다'라고 하는 이법계의 논리를 통해 죽음을 삶의 끝이라고 보는 사법계, 즉 근대적 죽음관을 극복하도록 하고, 그러한 이법계의 죽음 없음이 사법계의 죽음 있음과 걸림 없음을 보여 준다. 최종적으로 삶과 죽음이 지금, 여기서 걸림 없이 존재함을 깨닫도록 하는 것이 바로 죽음교육이다. 이러한 죽음교육을 통해 우리는 우리의 삶이 삶과 죽음이라는 한 토막으로 존재하는 것이 아님을 깨달을 수 있고, 나아가 삶과 죽음이라는 양 둑을 사이에 두고 사랑의 강이 끝없이 흘러가는 삶이 될 수 있을 것이다.

한국에서의 무속은 무당이라는 사제자를 중심으로 민간에서 전승되고 있는 종교적 관습이라고 할 수 있는데, 종교적 지도자로서의 무당이 신에 대해 올리는 종교의식을 '무속의례'라고 한다. 일반적으로 무속의례는 살아 있는 사람들의 명복과 복락을 빌기 위해 행해지는데, 사령제는 망자의 넋을 위로하고 생전에 지녔던 현세에 맺힌 한을 풀게 함으로써 살아남은 가족들의 주변을 맴돌고 있을지도 모를 망자의 넋이 저세상으로 떠나가도록 도와주는 종교적 행사라고 할 수 있다.

이러한 죽음을 다루는 무속의례나 사령굿 문화에서 나타나는 잠재적 교육과정의 의미에 대해 살펴보면, 첫째로, 전인적 성숙을 가르치는 교육적 의미를 가진다. 진지노기굿에서는 절차 전체가 지니고 있는 질서와 성격에 모든 사람들이 순응해야만 제의가 성공적으로 이루어질 수 있다. 이러한 굿 속에서 질서와 절차를 가르치는 연극적 절차를 통해 사실상 살아남은 이들에게 삶의 세계 속에서의 질서와 절차를 따라야 성숙할 수 있음을 가르치는 교육과정이 되기도 한다.

둘째로 정체감형성 교육이다. 대부분의 무속 의례에는 신들을 우스꽝스럽고 천박한 존재로 격하함으로써 인간의 상대적 존엄성을 과시하고 확인하고자 하는 굿놀이 부분이 들어 있다. 이러한 굿놀이는 순수한 놀이로서 즐거움에만 그치는 것이 아니라, 그 놀이 과정에 참여하는 인간들에게 자기정체감을 확인시키는 교육적 모의 연극의 기능도 들어 있다. 또한 인간이 신들을 격하시키는 것을 당연시하는 굿판임에도 인간의 죽은 영혼은 결코 격하되지 않는다고 하는 점은 바로 사람들로 하여금 굿에 동참하는 경험을 통해 존엄한 존재로서의 자기 정체 의식을 스스로 확인하고 강화한다.

셋째로 삶과 죽음의 연계성 교육이다. 사령굿 중에서도 진지노기굿은 다른 종류의 굿들과는 달리 굿의 절차들 간의 관계가 일관적인 연계성을 지니며, 이러한 일관적인 연계성은 바로 삶과 죽음의 관계는 이러이러한 순서에 따라 연계되고, 살아 있는 인간과 죽은 망령 사이의 유대관계는 이러저러한 순서를 따라서 변하는 것이며, 살아남은 가족들의 의무와 죽은 조상의 의무는 어떠한 것이라는 등 삶과 죽음의 철학과 연계성을 가르쳐 주는 교육과정이라고 할 수 있다.

넷째로 재 체험을 통한 자기 이유 교육이다. 모든 사령제는 굿을 받는 대상이 이미 죽었다는 당연한 사실에도 불구하고, 아직 그가 죽지 않은 상태를 가정하여 연극적으로 시작되는데, 굿에서는 이러한 재 체험 과정에 살아 있는 가족들이 동참한다. 즉, 굿을 통하여 죽음을 재 체험함으로써 그 사건을 이해하고 받아들이게 되는 것이다. 죽은 자와 산 자 사이에 남모르는 무의식적 감정, 죄의식, 갈등 등을 이러한 죽음의 재 체험 과정에서 의식의 표층에 노출하여 소화시킨다. 무속에서의 죽음의 재 체험 과정은 스스로 감추고 있던 마음속 깊은 곳으로부터의 고통의 원인을 표출하여 스스로 그 의미를 파악하고 해석해 내는 자기 치유를 통해 더욱 인격적으로 성숙할 수 있는 기회가 될 수 있다.

2) 현대의 죽음교육 사례

국내의 경우, 1970년대 후반부터 현재에 이르기까지 각종 교육기관에서 죽음 혹은 죽음교육 관련 강좌가 생겨났으며, 서강대학교에서는 1978년 교양 강좌로 죽음에 관한 강의가 처음 도입되어 오늘까지 계속되고 있다. 또한 덕성여대 사회교육원에서는 1987년 3월 이래 '죽음의 철학(죽음준비 프로그램)'이라는 강좌가 개설되어 왔고, 고려대학교 최고위교육문화과정에서는 1996년 제2학기부터 '삶의 정리와 교육'이라는 제목의 강연회를 매 학기 갖고 있다. 죽음교육이 본격적으로 학계에 관심을 끈 것은 서울 소재 몇 대학에서 2000년 1학기에 개설한 '죽음의 사회학적 이해'라는 강의였다. 이후 유사한 강의가 그 밖의 대학에서도 개설되었으나, 아직은 기초를 다지고 있는 단계로 볼 수 있다.

대학 밖에서도 죽음에 대한 체계적 계몽운동이 시작되었다. 불교 교육기관인 '수선회'에서는 프로그램화된 죽음교육을 실시하고 있으며, 특히 1991년 '삶과 죽음을 생각하는 회'라는 모임이 발족되면서 죽음 관련 세미나, 강연회 등을 통하여 성년 대상의 죽음교육이 그 물꼬를 트게 되었다. '삶과 죽음을 생각하는 회'의 목적은 인간의 삶과 죽음의 의미를 사색하고, 탐구하고, 이 문제에 관심을 가진 사람들뿐만 아니라 보다 많은 사람들에게 죽음에 대한 교육을 실시하여 죽음 기피, 공포심을 불식하고, 안정되고 풍요로운 삶을 모색하는 데 이바지함을 목적으로 한다.

4. 각국의 죽음교육 사례

1) 미국의 죽음교육

미국에서는 1960년대부터 죽음에 대한 교육이 시작되어, 지금은 초등학교에서 대학교 수준의 거의 모든 교과 과목으로서뿐만 아니라 평생교육 차원에서 성인기 후기의 개인에게까지 적극적으로 관심을 갖도록 유도하고 있으며, 이러한 죽음교육 과정 교재의 일부분은 다음과 같이 세 가지 단원으로 구성되어 있다.

첫째 단원은 "노화과정"으로, 인생의 말년에 이르러서 나타나는 여러 가지 생리적 변화를 식별하고 토론하는 것으로, 모의실험을 통해서 학생은 노화과정 중에 발생하는 생리적 변화를 간접적으로나마 경험하게 만든다. 둘째 단원은 "죽음의 준비"인데, 죽음에 직면하여 준비해야 하는 필수적인 일들을 훈련시키는 것이다. 즉, 호흡이 정지하는 기능적인 죽음과 뇌사를 구별하는 훈련, 장례식을 준비하는 일, 유언장을 쓰는 것 등이 여기에 속한다. 세 번째 단원은 "빈사의 상태"로 죽음의 단계와 양상들을 자세히 다루는데, 학생들에게 각 단계를 충분히 이해시키고 가족이나 주변인들이 죽어 갈 때 그 과정에 좀 더 성숙한 마음과 태도로 임할 수 있도록 도와준다.

전반적으로 죽음을 준비하는 미국식 프로그램은 크게 세 부분으로 나누어지는데, 첫째로 죽음이 발생하기 이전에 죽음에 대한 교육을 실시하는 것으로, 이 교육은 유아기부터 실시하는데 미래에 맞이할 노화를 올바르게 이해시키는 교육의 일부라고 할 수 있다. 둘째로 죽어 가는 순간을 이해시키는 교육으로, 죽음에 임박한 개인과 그 가족에게 필요한 교육으로서 교육의 목적은 죽음에 임박한 사람이 아직도 고유한 삶의 한순간에 있으며 또한 죽어 가는 과정 자체가 의미 있는 것임을 인식시키는 것이다. 셋째로는 죽은 자의 유가족들을 위한 교육으로 사별한 사람이 자신에게 얼마나 소중하고 사랑했던 사람이었는가에 따라서 개인이 느끼는 고통이나 슬픔은 다양함을 교육한다. 이 고통과 슬픔은 일반적으로 개인의 연령, 성별, 건강상태, 사회역할 변화의 정도, 사회적 지지의 정도, 죽은 사람과 유지했던 예전의 관계, 사회 경제적 수준 등에 따라서 달라지는데, 이러한 교육의 목적은 각 개인이 절친한 사람과의 사별 이후에도 자신의 삶의 의미를 다시 발견하고 사회에 복귀하여 사회적인 유대를 계속할 수 있도록 도와주는 데 있다.

어떤 통계자료에 의하면 미국의 열여섯 살까지의 아이 중 20%, 즉 다섯 명 중 한 명이 부모의 죽음을 겪는다고 한다. 이는 부모에 한정된 수치이므로, 가족과 가까운 친척까지 포함한다면 상당히 많은 숫자의 어린아이들이 성인이 되기 이전에 이미 가까운 사람의 죽음을 겪고 있다고 생각된다. 이런 사별 체험과 그 뒤에 겪는 비탄에 어떻게 대처해야 하는가에 대해, 미국의 학교에서도 아무런 교육도 시키지 않았다. 그 때문에 비탄에 괴로워하는 아이가 학교에서 따돌림을 당하기도 하고 이지메(집단 괴롭힘)의 대상이 되기도 하는 일이 많았다. 이는 성숙한 인간관계를 형성해 나가는 데 있어서 바람직하지 않다고 느끼는 사람들이 늘어나면서, 점차적으로 '죽음교육'이 확산되어가고 있다. 지금 일본도 '죽음교육'이 도입되기 이전의 미국과 동일한 상황에 처해 있는 것처럼 보인다.

2) 독일의 죽음교육

독일교회는 중세부터 교인들에게 죽음을 바르게 이해시키기 위하여 일 년에 수차례 죽음을 주제로 설교하였으며, 인쇄술이 발달하면서는 『죽음의 예술(The art of death)』이라는 제목의 서적이 출판되었는데, 이 책에서는 인생의 종말을 소극적으로 수용할 것이 아니라 오히려 적극적으로 준비해야 하며 이에 대한 기술을 습득하는 것은 인격도야에 없어서는 안 될 귀중한 과제라고 언급하고 있다. 이러한 역사적인 배경 때문에 최근 10여 년간 학교의 교과 과정에 종교 교육의 차원에서 죽음을 준비하는 교육 프로그램을 포함시키고 있다.

『죽음의 과정과 죽음(Sterben und Tod)』은 중학생용 교과서 시리즈 중 아홉 번째 책으로, 이 책에서는 주로 가치관의 측면에서 죽음을 다루고 있으며, 아동들에게 내용을 주입시키려고 하기보다는 아동 자신이 스스로 사고하도록 다양한 해석을 적극적으로 소개하고 있다. 책의 다섯 가지 주제와 그 내용을 간단히 살펴보겠다.

① 죽음과 장의 : 세계 각국의 죽은 사람을 매장하는 자료와 사진이 풍부하게 실려 있으며, 장례식의 의의, 장례에 대한 관습의 다양한 내용, 신문에 실린 부고의 사례, 장례식을 위한 구체적인 제안 등에 대해 학생들이 자유롭게 생각하도록 유도한다.

② 청소년의 자살 : 우선 청소년 자살의 구체적인 사례를 거론하면서, 그 원인과 동기에 대해 설명하고 이어서 자살 방지를 위한 상담소의 주소와 전화번호 게재 등 자살을 예방하는 방법을 자세히 소개한다.

③ 인간답게 죽는 방법 : 윤리적인 문제 – 이 장에서는 몇 가지 사례에 기초하여 생명을 인위적으로 영위하는 문제, 적극적 · 소극적 안락사 문제가 다루어지는데, 단순히 육체적으로 생명 연장을 도모하는 일과 같이 좁은 시점이 아니라, 죽어 가는 사람이 마지막 시간을 어떻게 하면 인간답게 보낼 수 있을까, 이를 위해 우리는 어떤 도움을 줄 수 있을까라는 식으로 폭넓은 영역에서 다루어지고 있다.

④ 생명에 대한 위협 : 죽음과의 대결 – 처음에는 생명의 자연스러운 종말인 피할 수 없는 죽음과 좀 더 주의하고 노력함으로써 피할 수 있는 죽음을 구별하여 설명한다. 인위적으로 생명을 위협하는 것으로는 전쟁과 원자력발전소의 사고에 의한 환경오염과 발암물질을 취급하는 직장에서의 직업병, 교통사고, 마약 등이 거론되며, 이처럼 생명을 위협하는 것과 싸우기도 하고, 이를

극복한 사례가 다루어져 있다. 마지막으로 미래에 발생할지도 모르는 전쟁의 위험을 미연에 방지하기 위한 구체적인 방법으로 학교에서 행하는 평화 교육의 중요성이 강조되고 있다.

⑤ 죽음의 해석 : 동서고금의 철학과 종교상의 죽음의 의미와 해석, 사후 생명의 가능성을 어떻게 이해해야 하는지에 대해 다루고 있는데, 유대교·이슬람교·마르크시즘 등의 생사관도 소개하고 있다. 또한 묘지를 견학하여 묘비명을 연구하도록 하고 신문의 사망 광고를 모아 이 자료로부터 죽음이 어떻게 표현되고 있는지 분석하는 숙제도 내준다. 어떤 경우에도 죽음의 의의에 관한 특정한 해석을 결코 학생에게 강요하지 않고 다양한 해석을 적극적으로 소개하여, 학생 자신이 자유롭게 선택할 수 있도록 유도한다.

독일에서 지금 활발히 활동하고 있는 붕 슈타이거 재단도 어린 자녀를 잃은 부모의 쓰라린 체험으로부터 생겨나게 되었다. 독일의 건축가 슈타이거 씨의 외아들 붕 군은 고등학교 시절 고속도로에서 차를 운전하다가 사고를 일으켜 과다출혈로 인해 죽었다. 만일 그 당시 가까운 곳에 사고를 알릴 수 있는 구급 비상용 전화가 있어서 곧장 병원에 이송되었더라면, 그의 생명을 구할 수 있었는지도 모른다. 이와 같은 쓰라린 상실 체험 이후 어느 정도 시간이 흐른 뒤 붕 군의 부모는 아우토반(독일의 고속도로)의 이곳저곳에 비상용 전화를 설치하는 운동을 시작했다. 지금은 전부 낡은 신문과 잡지, 낡은 옷 등을 수집하여 판매해 마련한다고 한다. 이런 움직임이 드디어 독일 각지에 확산되었고, 붕 군의 이름을 빌어 붕 쉬타이거 재단이 만들어지게 되었다. 이러한 운동의 확산으로 비상전화가 설치되어, 독일 아우토반에서의 교통사고 사망자 숫자가 크게 줄어들고 있다. 이것도 어린 자녀를 잃은 부모가 적극적으로 다른 사람에게 도움이 될 수 있는 운동을 벌인 좋은 사례라 할 수 있다.

다음은 독일의 고등학교에서 가르치는 죽음을 준비하는 전형적인 교육프로그램으로, 4개의 단위로 분류된다.

　제1단위 : 교사가 학생들에게 인간의 성장, 노화, 죽음의 과정을 강의하는데, 특히 이상과 현실 사이의 차이에서 오는 갈등에 대해 중점을 둔다. 현대 대중매체에 나타나는 젊음의 화려함과 함께 모든 개인이 점차로 젊음을 잃고 노화되어 드디어는 죽어 간다는 경험적인 세계를 보여 준다. 이 단계의 주요 목표는 학생들이 오늘날의 사회가 환자·노인·죽음의 문제를 어떻게 다루는지에 대하여 눈을 뜨게 해 주고, 학생들의 비판적이고 창의적인 반응을 창출하는 것이다.

　제2단위 : 죽음에 대하여 가능하면 여러 가지 점을 생각하게 하는데, 죽음을 보는 개인차 및 의학, 심리학, 문학, 종교 등에서의 죽음의 해석을 시킨다. 그리고 죽음의 의미 및 사후 세계에 대한 문제, 기독교가 말하는 죽음 후의 부활에 대하여 설명한다.

　제3단위 : AIDS 문제를 다룬다. 만약 AIDS라는 질병이 현재 보도되고 있는 것처럼 빨리 퍼져나간다면 AIDS 질환 관련자를 위해 죽음의 준비교육은 매우 다급하다. 이 단원에서 다루는 제목들은 다음과 같다.
　① AIDS에 대한 의학적 관점
　② AIDS와 성의 혁명
　③ AIDS 환자와 고독
　④ AIDS의 윤리적 문제
　⑤ AIDS 환자를 위한 제도적 보살핌

　제4단위 : 자살과 안락사의 문제를 다룬다. 이 단위는 특별히 자살 문제에 직면한 연령층을 위해 계획되었다. 이 단위에서 취급하는 제목들은 다음과 같다.

① 자살의 문제

② 안락사의 문제

③ 죽음과 임종에 관련된 기타 문제

3) 영국의 죽음교육

시슬리 사운더스(Cicely Saunders)에 의해서 근대적 호스피스가 탄생했고, 바바라 워드(Barbara Warrd) 여사에 의해서 중고교생을 위한 『좋은 비탄(Good Grief)』이 출판되어 1984년 이래 매년 개정되었다. 매년 남편을 잃은 여인, 아내를 잃은 남자, 아버지나 어머니를 잃은 아이들이 생기는데, 이들 가족은 비탄에 빠져 있고, 그러하기에 어느 학교에서나 반드시 비탄의 아이들이 있다는 것을 호소하며, 우리들은 죽음으로 인한 비탄 과정이나 상실체험에 대해서 배우고 대비할 필요가 절실하고, 교사들은 학생에게 비탄교육을 할 의무가 있다는 것이다.

이러한 비탄교육은 다름 아닌 죽음교육이며, 비단 비탄뿐만 아니라 죽음에 대한 불안·공포·슬픔·상실감·고독감 등의 체험을 감당하고 성장의 양식으로 삼아야 하며, 이들에 대한 주위의 이해와 원조가 필요하고, 이를 위해서 아이들이 죽음에 대해서 질문하고 관심을 가지며 토론할 수 있는 교육과 상담의 기회를 주어야 한다는 것이다. 이 외에도 죽음의 역사나 가족의 죽음, 자살, 이혼, 장례의 의의, 사후생명의 고찰, 비탄의 과정과의 대결 등 다양한 것이 수록되어 있다.

이러한 비탄교육(죽음교육)의 사회적 필요성을 인식하여 중고교의 커리큘럼에 "상실체험과 비탄(Loss and grief)"을 도입하는 곳이 증가하고 있다고 한다. 예를 들어 초등학교 3학년에게 죽음 준비교육을 쓰고 있는 교재는 『죽음 - 무엇이 일어나는가? 시리즈 (Death - What's Happening? Series)』가 있는데, 그 내용은 간단하며

32페이지 분량에 풍부한 사진과 알기 쉬운 간결한 표현으로 씌어져 있다고 한다. 이러한 초등용 교재도 있으며, 말기 환자의 간호를 담당한 호스피스나 간호사, 의사들도 학교 측의 요구가 있으면 죽음교육 강의를 하고 있으며, 실제로 환자의 사별을 입회한 간호사나 의사 또는 유족들의 이야기가 죽음에 대한 지식이 별로 없는 담임교사나, 문헌을 통한 것보다도 훨씬 더 효과적이라는 것이다.

4) 스웨덴의 죽음교육

이미 죽음교육을 교육과정상 정규 또는 선택교과로 실시하고 있는 일부 선진 국가의 계기 중에는 하나의 공통점이 있는 것 같은데, 어떠한 원인과 사고이든 국민들이 대 참사를 당해서 많은 인명이 상실되어 불안·비탄·공포·슬픔의 분위기가 형성되었을 때, 그것에 대비하고 해소하기 위해서 죽음교육(Death Education)이 도입되고 있다는 것이다.

1988년 8월 15일에 버스 대형사고가 일어나서, 죽음의 대참사가 발생한 것을 계기로 실시되기 시작하였는데, 이 교통사고는 아이들 12명과 어른 3명, 총 15명이 죽었고, 동승했던 다른 승객들도 중상자가 많았으나, 사고 장소가 이웃나라 노르웨이의 산속이었으므로 스웨덴 국내의 학부형들은 사고에 대한 상세한 정보가 없었다. 자식의 안위를 염려하는 학부모들이 학교에 달려왔지만, 학교 측이나 교사들도 무엇을 어떻게 해야 할지, 다른 학생에게 어떻게 설명해 주어야 할지 막연했고, 오직 비탄에 빠져 있을 뿐이었다고 한다.

이러한 대참사 사후 처리의 반성에서 스톡홀롬 시와 그 주변의 초등학교에 '위기 대응팀'이 창설되어서, 위기 상태가 발생하면 즉시 다각적인 대응을 할 수 있도록 교장, 보건의 상담교사, 보건교사 등이 한 팀이 되게 조직하였다. 최근에는 행정차원에서의 연계도 긴밀하고 각 학교는 학부모, 교사, 학우들이 갑자기 사망했을 때의 상태를 가상하여, 여러 가지 긴급사태에 대응하도록 준비하고, 학생들에게 죽음교육을 실시하고 있다.

5) 호주의 죽음교육

호주 아들레이드에 있는 예방 건강 기관에서 소규모의 다학제적 팀에 의해 개발된 '상실과 변화'라는 제목을 가진 죽음교육프로그램을 소개하고자 한다. Susan Hetzel과 그의 동료들이 청소년을 대상으로 죽음교육을 실시한 목적은 '청소년'과 '죽음'은 의미와 정체성을 찾고자 하는 변화·상실·분리로 특징지어지는 변환의 시기로, 청소년은 신체적·인지적·심리사회적 발달과 밀접하게 연관을 가지고 많은 상실을 경험하기 때문이다.

'상실과 변화'라는 제목의 죽음교육은 4개의 세션으로 구성되었으며 내용은 다음과 같다.

첫 번째 세션 : 죽음 – 가상 대 현실

두 번째 세션 : 사고와 죽음

세 번째 세션 : 일반적인 상실 경험

네 번째 세션 : 학교 사회에서의 지지

6) 일본의 죽음교육

독일 출신의 신부 알퐁스 데켄 교수가 동경의 죠지대학에 1975년 '죽음의 철학' 강좌를 개설했고, 1982년 '삶과 죽음을 생각하는 세미나', 1985년 '삶과 죽음을 생각하는 회'를 결성해 활동한 이래 일본 전역에서 다양한 모임과 활동을 지속적으로 진행하고 있다. 4월 15일은 '유언의 날'이다. 변호사연합회가 주관하여 전국을 돌며 유언에 대한 강연 및 캠페인을 벌이며, 유언장 작성을 도와주고 상속에 대한 법률적 상담도 해 준다. 지식인 그룹이 국민들에게 죽음 준비 교육을 시키는 것이다. 그리고 2004년부터는 예산을 편성해 죽음준비교육을 학교 교육에 포함시키기 위한 준비를 시작했다.

각국의 사례를 통해 죽음교육의 사례를 보면, 죽음교육의 대상이 주로 청소년이었으며, 실시기관은 정규 학교 교과과정이거나 비정규 교과과정으로 이루어지고 있다. 호주의 사례에서는 죽음으로 인한 상실뿐 아니라 이사, 친구의 이별 등의 변화로 인한 상실, 아동기에서 청소년기로 이행하면서 새로운 자아 형성으로 인해 과거의 자아를 상실해 가는 과정까지도 광범위하게 다루어 청소년들이 갖고 있는 여러 유형의 심리사회적 문제들에 접근하고 있는 정보를 제공하고 대처행동을 도와준 교육을 실시하고 있다. 고등학생을 대상으로 하는 독일의 죽음교육은 죽음에 대한 철학적·심리학적·종교적 접근방법과 중요한 사회문제인 AIDS, 안락사, 자살 등을 통해 죽음의 본질과 죽음의 현상들을 다루어 죽음에 대한 가치의 명확화, 정보로서의 기능을 하고 있다.

이들 국가는 청소년들의 약물 남용으로 인한 사고사와 자살의 증가가 심각한 수준에 이르고 있어 사회문제를 해결하기 위한 한 방안으로 죽음교육이 제시되고 있는 것으로 보이며, 이를 통해 생명존중 사상과 삶의 가치를 바르게 발견하도록 도와주고 있다.

5. 죽음교육과 자살 예방

죽음은 모든 생명체가 본능적으로 회피하고 싶은 것이지만, 그러한 본능적 반응의 차원을 넘어서 철학적 혹은 형이상학적 질문을 제기하는 아주 특별한 현상으로, 죽음은 현상학적·철학적 혹은 형이상학적으로 유에서 무로의 절대적 전환으로 정의될 수밖에 없으며, 이러한 전환은 "컴퓨터 스크린에서 갑자기 사라져 다시는 복구할 수 없는 기호", "갑자기 꺼져 다시는 고칠 수 없는 등불"이라는 은유로만 정의할 수 있는 것이다. 죽음이 동반하는 절대적이고 영원한 단절이 자명하며, 그 사실이 우주적 질서를 반영하는 것이라면, 그러한 우주적 현상, 즉 삶과 죽음의 관계에 나타나는 '절대적 단절'에 대한 철학적·형이상학적 설명이 요구된다.

인간이 죽음을 대하는 태도는 죽음을 부정하면서도 동시에 죽음을 긍정하는 이중적인 태도를 취하는데, 생명의 보편적인 죽음을 인정하지만 자기 자신의 죽음에 대해서는 직면하고 싶지 않은 거부감을 나타낸다. 살아 있는 한 가능하면 죽음을 기피하려 하고, 본능적으로 죽음에 대한 불안, 공포, 환상과 함께 방어 본능이 작동한다. 그러나 죽음은 두려워하고 부정할 것이 아니라 삶의 일부로 받아들일 수밖에 없다. 죽음을 두려워한다는 것은 결국 삶을 두려워한다는 것이므로 죽음을 생각하고 준비하며 가까운 사람들에게 죽음에 대한 감정과 생각을 이야기하는 것이 금기(Taboo)가 될 필요는 없다.

'내일 죽을지도 모른다.'는 의식을 가진다면 나날의 삶이 더 충만해질 수 있을 것이니까요? 이를테면, 내 삶이 그리고 친구의 삶이 언제 끝날지 모르는데 작은 일들에 대해 화내고 갈등을 겪기보다는 솔직한 감정을 털어놓고 서로 편안해지는 것이 좋지 않겠습니까? 또한 부모님이 영원히 살아 계시지는 않는다는 사실을 생각해 봐야 한다. 우리 그리고 타인들의 삶이 언제고 끝난다는 의식을 가지고 살게 되면, 소중한 것과 사소한 것을 구별할 수가 있게 된다.

자살은 자기 자신의 의지로 자기 목숨을 끊는 행위이지만, 최근 우리 사회에서 일어나는 자살 현상은 자기 자신의 의지라는 수식어를 붙이기에는 부적절한 느낌이다. 자살현상에는 경제 만능주의, 가족 해체, 폭력적인 인터넷 문화, 스트레스,

학벌 지상주의, 물신주의 풍조, 외모 지상주의 등 온갖 사회병리 현상이 총체적으로 집약되어 있는 사회병리현상으로, 아래의 열 가지 현상을 열거할 수 있다.

- 경제적 가치에 편중
- 폭력과 욕설
- 성형수술 권하는 사회
- 인터넷의 역기능
- 죽음에 대한 무지
- 학업 스트레스
- 생명경시풍조
- 스트레스와 우울증
- 성개방과 낙태 혹은 자살
- 노인문제

청소년들은 자신이 죽는다는 사실을 의식하지 못하고, 죽음은 노인들의 문제이지 나와 상관없는 일이라고 생각하는 경향이 있다. 이처럼 청소년들의 죽음에 대한 인식이 성인에 비해 부족해서 자살의 충동을 제일 많이 느끼는 세대이다. 목적지가 어디며 그 목적지에 가서 무엇을 할 것인가를 알고 가는 사람과 그렇지 못한 사람이 길을 가는 자세에는 큰 차이가 있기 마련이다. 인생에서 하루하루 살아야 할 날이 줄어들고 죽음에 이르는 날이 하루하루 다가온다는 것을 생각한다면, 일상의 삶을 보다 의미 있게 살려고 노력할 것이고, 바로 이런 면에서 죽음준비교육은 필요한 것이다.

경찰청 통계에 의하면, 2002년 우리나라 인구 10만 명당 자살자가 19.13명으로 세계 1위라고 한다. 특히 20대의 사망원인 가운데 자살이 1위를 차지하고 있다는 것은 주목할 만한 현상인 것이다. 선문대학교 이재영 교수의 설문 조사에서도 청소년 가운데 자살 충동을 느껴 본 경험이 있는 학생이 218명 중 92명(42.4%)에 달하고 있어서, 죽음교육의 내용 중 자살 예방에 관한 주제를 다루어야 함을 알 수 있다. 설문에 따르면 자살 충동을 느꼈던 때는 '생의 의미를 상실했을 때'라는 대답이 92명 중 55명(59.2%)에 이르고, 다음으로 관계 단절에 의한 소외감이 27명

(29%)로 나타났다. 따라서 자살 예방교육으로서 생의 의미, 생명의 소중함 등을 주요 주제로 다루어야 하며, 관계의 단절에 의한 소외감 등 인간관계의 해체와 자살로 인해 다른 사람에게 주는 고통 등도 주요한 주제로 다루어야 할 것이다.

자살은 갈수록 심각해지고 있지만, 자살해서는 안 되는 이유가 우리 사회에 분명히 제시된 적은 없는 것 같다. 단지 도덕적으로 훈계하고 억지로 말리고 하는 방식으로 자살을 방지할 수는 없을 것이며, '왜 자살해서는 안 되는가?'에 대한 다섯 가지 이유는 다음과 같이 정리할 수 있다.

첫째, 자살하는 사람은 단지 현실의 고통을 모면하기 위해 자살을 택하지만, 자살하는 즉시 더 큰 고통을 당한다. 둘째, 자살하는 사람은 세속적인 이유에서 자살을 감행하지만, 죽음과 세속적인 동기는 아무런 관련이 없다. 셋째, 자살충동을 느끼는 사람은 죽음을 바르게 이해하지 못하기 때문에 그런 행동을 감행하는 것이다. 넷째, 삶에서 가장 중요한 과제는 바로 어떻게 죽을 것인가 하는 죽음의 방식이다. 다섯째, 자살은 한 사람의 불행으로 그치는 게 아니라, 자기 자신에게 커다란 고통을 주는 것은 물론 가족과 주위 사람에게도 말할 수 없는 고통을 가져다준다.

청소년의 자아 개념은 유기체와 환경과의 상호작용에 의해 형성되는 것이므로 생명에 대한 교육은 신체, 인간관계, 환경 등의 문제와 함께 다루어야 한다. 생명의 소중함을 깨달아 자아에 대한 존중감을 갖도록 하는 것이 죽음교육을 위한 중요한 내용이 된다. 청소년들에게 생명의 가치를 교육하기 위하여 낙태 문제, 안락사 문제, 생태계 보호, 평화 운동 등에 관심과 참여를 고무시키는 내용이 포함되어야 할 것이다.

웰다잉강사지도사 자격과정을 위한
웰다잉의 이해와 실천

6. 죽음교육과 청소년 문제

우리는 죽음에 대해 생각하기를 싫어한다. 死와 발음이 같다 하여 숫자 4를 기피하는 경향이나, 죽음도 '돌아간다', '세상을 떠났다', '저 세상으로 가셨다' 등의 말로 표현하는 것은 죽음이 두려운 까닭이다. 이처럼 죽음이 두려운 것은 근본적으로 그것이 전혀 미지의 것이기 때문일 것이다. 삶의 다른 모든 문제들에 대해서는 경험자나 '전문가'들의 조언을 받을 수 있지만, 아무도 우리에게 죽음이 어떤 것인지, 고통스러운 일인지 아니면 편안한 일인지, 천국과 자식이 있는지 등을 확실하게 말해 줄 수가 없는 것이다.

죽음은 인간의 숙명이며, 죽음의 계기인 고통은 현재적 삶을 초월하여 새로운 삶의 의지로 승화될 수 있다. 삶과 관련해 생각해 보면, 죽음교육은 삶의 유한성을 의식하고, 현재 주어진 시간을 보다 의미 있게 살라는 역설의 교육 개념이며, 죽음교육은 삶의 준비인 것이다.

죽음학의 권위자인 알폰스 데켄은 "죽음교육은 인생의 가치관 재정립, 죽음에 대한 공포로부터의 해방, 내세에 대한 희망, 죽음 과정에 대한 이해, 죽음과 관련된 생명윤리, 의학, 법학적 이해 등을 가르치는 일"이라고 하며, 이러한 개념들은 앞에서 말한 죽음교육은 삶의 준비라는 교육원리를 구현하는 죽음교육의 목표라고 할 수 있다.

죽음은 두려워하고 부정할 것이 아니라 삶의 일부로 받아들일 수밖에 없으며, 죽음을 두려워한다는 것은 결국 삶을 두려워한다는 것이다. 그러므로 죽음을 생각하고 준비하며 가까운 사람들에게 죽음에 대한 감정과 생각을 이야기하는 것이 금기가 될 필요는 없다. 요즘같이 교통사고도 흔하고 범죄도 많은 험한 세상에서는 누구나 언제 죽을지 모르는 일이다. 우리나라에서는 아직 보편화되지 않았으나, 남는 가족을 위해 사후처리, 재산관계 등을 밝히는 유언장을 써 놓는 것도 나쁘지 않을 것이다.

우리 자신의 죽음이 두렵지 않다면, 죽음을 앞둔 사람이 우리를 필요로 할 경우 당황하거나 회피할 필요는 없다. 곁에 있어 주면 되고, 그의 말을 들어 주면서 마음에서 우러나는 감정을 표현해 주면 된다. 사랑하는 사람을 잃은 사람에 대해서도 마찬가지다. 그 상처는 생각보다 훨씬 오래갈 수도 있는데, 우리가 해 줄 수 있는 것은 가능하면 곁에 있어 주며, 그에게 관심과 존경과 애정을 표현해 주는 것이다.

우리나라에서 죽음교육에 대해 깊이 연구하고 있는 우정길 학자는 죽음교육을 '소극적 죽음교육'과 '적극적 죽음교육'으로 구분하여 설명하고 있다. 소극적 죽음교육이란 죽음 자체에 대한 이해와 태도의 소극성에 대응하는 교육으로, 죽음을 금기시하여 은폐하거나 간과하려는 태도를 지양하고, 죽음에 대한 낭만주의적 · 허무주의적 태도를 극복하고 죽음에 대한 건전한 관점과 태도를 형성하는 것을 의미한다. 또한 죽음에 대한 무감각과 무관심을 일깨우고 죽음의 '사실성'을 인정하도록 돕는 것이다. 이는 인간 실존의 도약적 또는 비약적 성숙을 위한 준비단계의 성격을 지닌다.

이 소극적 단계 다음으로 이루어져야 할 교육 형태는 '적극적 죽음교육'인데, 이는 죽음에 대한 실존적 성찰과 사유를 통해 삶의 질을 개선하고, 현존재로 하여금 죽음을 향한 존재인 자신에 대한 냉철한 이해를 갖게 함으로써, 죽음을 은폐의 태도로 탈피하고 창조적 삶을 지속하는 자유로운 존재가 되도록 돕는 활동이다. 그러므로 죽음교육은 죽음을 통한 삶의 도약을 문제 삼으며, 자유와 결단과 창조적

인간 형성을 지향한다. 이에 대해 우정길 학자는 다음과 같이 말한다.

"죽음을 바라보며 주체적 자각을 놓치지 않는 가운데 자유와 성찰을 통해 실존적 성실을 이루도록 돕는 것이 죽음교육이다. 죽음의 사건을 통해 자신의 소리에 민감해지고 이를 바탕으로 자유존재로서의 실존적 결단을 감행하도록 촉구하는 것, 죽음의 부조리에 직면하여 실존적 문화를 촉진함으로써 실존의 가능성을 온전히 이루도록 돕는 것, 죽음을 사유하고 죽음을 향한 존재의 의미를 성찰함으로써 더 나은 삶을 스스로 형성해 나갈 수 있는 실천적 창조력을 길러주는 것. 그래서 죽음교육은 의식과 실천을 공히 문제 삼는 적극적 활동의 개념이다."

개인주의적 삶에 집착하는 현대 사회의 흐름 속에서 죽음에 대한 개인적 · 사회적 선입견을 배제하고 죽음이라는 개념과 사건을 통해 긍정적인 삶으로의 전환을 가져온다는 것은 쉬운 일이 아니다. 결국 위에서 말한 소극적 죽음교육에서 적극적 죽음교육에 이르기까지 청소년의 자살문제를 예방하기 위한 죽음교육의 목적은 청소년들로 하여금 생명의 소중함을 깨닫고 올바른 가치관과 인생관을 정립하여 매일 매일의 삶을 성실하게 살도록 이끌어 주어야 한다. 그리고 그들을 위한 교육의 내용은 생사관, 죽음에 직면한 사람을 위한 도움, 생명의 소중함과 자살의 예방 문제에 대한 내용을 다루어야 할 것이다.

청소년기에 죽음교육을 통하여 삶과 죽음을 생각하게 하면, 개개인이 누구와도 바꿀 수 없는 소중한 인생을 살고 있음을 인정하고 인간다운 죽음에 대한 의미를 깨달아 학교폭력이나 왕따, 자살문제 해결에 도움이 된다. 특히 학교교육에서 죽음교육이 필요한 것은 기본적인 학습능력을 향상시키는 것도 중요하지만, 인권교육, 도덕교육, 성교육 등도 똑같이 중요한 것이기 때문이다. 죽음교육은 그것들 모두의 기초가 되는 교육이며, 생명의 소중함, 타인의 소중함, 살아가는 고통과 기쁨, 보다 잘 사는 것의 의미, 삶과 죽음의 의미, 인간의 태어남과 사라짐 등 여러 과제들을 '가르치는' 것이 아니고 '함께 생각하는' 작업을 하기 때문이다.

이러한 작업은 죽음에 관련된 정보를 제공하여 죽음에 대한 이해 및 자신의 죽음에 대한 감정 태도를 탐색하는 일이다. 그리고 자아상실감이나 고독 혹은 과도한 스트레스에 대한 경험의 나눔을 통해 생애 사건에서 발생하는 유사한 문제에 대처하는 개인의 능력을 향상시키는 일이다. 더 나아가 남에 대한 배려와 생명의 소중함과 생의 의미를 제고하고 자존감과 자기 효능감을 높이는 데 기여하게 된다. 죽음교육을 효과적으로 수행하기 위해서는 교육내용이 중요하며, 소극적이고 적극적인 죽음교육을 위해서는 죽음의 의미, 죽음의 과정, 죽어 감의 또 다른 형태, 삶의 의미와 같은 4가지 영역으로 나누어 단계적으로 교육하는 방안을 생각해 볼 수 있다.

첫째, '죽음의 의미'를 다루는 내용은 '죽음은 아직 나와는 관계가 없다'라든가, '나만은 특별하다'라는 개인 우화적 생각 등 청소년기에 나타날 수 있는 죽음에 대한 태도의 전환을 가져오기 위한 죽음 개념의 이해를 여러 영역에서 접근한다. 또한 자신의 수명을 생각해 보도록 하고, 과연 의미 있는 날들은 며칠이나 남았는지 계산하도록 하여 인간의 유한성과 현재를 얼마나 열심히 살아야 하는지를 서로 이야기함으로써 죽음에 대한 회피와 금기시하는 태도에서 벗어날 수 있는 내용을 선정한다.

둘째, '죽음의 과정 영역'에서는 죽음에 직면한 사람들의 심리적 상태와 단계, 국면을 이해하여 죽음을 맞이하는 사람들을 돕는 데 도움을 주고 본인의 죽음을 준비할 수 있는 대처방식에 정보를 제공하기 위한 내용과, 죽음에 대한 감정을 전달할 수 있는 의사소통기술을 익혀 고통을 겪고 있는 또래를 배려할 수 있는 윤리적 자아 형성에 도움이 되는 내용이 필요하다.

셋째, '죽어 감의 또 다른 영역'에서는 다른 생애주기와 달리 정체성의 혼란으로 인해 나타날 수 있는 청소년의 자살 문제와 비행을 다룸으로써 죽음의 유형과 영역에 대한 인식의 폭을 넓히는 내용을 선정한다. 그리고 비행을 저지르는 학생의 심리적 상태에 대한 이해와 그에 대한 자신의 의견을 자연스럽게 이야기함으로써 대처방안까지 청소년 스스로 탐색할 수 있도록 한다.

마지막으로 '삶의 의미의 영역'에서는 생명존중감을 다루고 가정과 학교 그리고 지역사회에 자신이 공동체의 일원임을 깨달을 수 있는 체험활동을 하도록 한다. 그리고 자신에게 유서를 작성하게 하여 자신이 지나온 인생을 되돌아보고, 새로운 삶의 목적과 가치관을 점검하고 발전시켜 자아존중감을 확립하도록 한다.

죽음교육은 죽음을 이해하는 인지적 교육방식과 태도변화를 추구하는 상담 방식을 혼용할 필요가 있고, 특히 이 교육에서는 적절한 발문법과 강의, 상황에 맞는 집단 활동을 통하여 신뢰감과 친밀감을 구축하고 자연스럽게 자신의 이야기를 노출하도록 해야 한다. 또한 주입식 강의가 아닌 집단 활동을 교육방법으로 선택하여 각자의 죽음이나 삶에 대한 생각을 나누고 하나의 정답을 만들어 가기보다는 서로 다른 의견에 귀를 기울이면서 자기 의견을 심화시켜 나가도록 하는 것이 바람직하다.

언제라도 죽을 수 있는 마음가짐을 갖고 산다는 것은 생에 대한 집착 심리로부터 자유로워져서 마음이 평화로운 가운데 지금 이 순간을 온전히 살아가는 것이다. 그러나 많은 사람이 죽음에 대한 두려움을 갖고 죽음을 수용하지 못한다. 죽음을 수용하지 못하는 이유는 욕구와 집착 때문이다. 욕구의 바탕에는 욕구를 지탱하고 있는 사고체계가 있으니, 욕구의 바탕이 되는 사고를 전환해서 집착을 놓고 평화롭게 살아갈 필요가 있다. 이러한 죽음 명상을 효과적으로 달성하기 위해 죽음 명상의 방법은 첫째, 죽음을 실감나게 상상하기, 둘째, 죽지 못하는 욕구를 직면하기, 셋째, 죽을 수 없는 생각을 전환하기, 넷째, 생각을 전환하여 욕구를 놓았을 때의 해탈감을 누리기, 다섯째, 죽음 명상을 하면서 느낀 것들의 의미를 발견하는 것이다.

생(生)에 대한 집착 심리는 자아에 대한 집착이고, 자아가 소유하는 것에 대한 집착들과 연관되어 있다. 죽음 명상은 자신이 집착하고 있는 것과 삶에 대한 집착을 초월하여 하루하루를 자유롭고 평화롭게 살아가는 것을 돕는다. 욕구의 조장과 욕구가 당연시되는 이 시대에 욕구를 초월하고, 삶에 대한 집착이 사라짐으로써 매 순간순간을 온전히 살아가게 한다. 이러한 죽음명상은 죽음교육에서 청소년으로 하여금 자기성찰과 자기초월 또 자기 갱신의 교육적 가치를 지닐 것이다.

유명연예인이 죽으면 자살문제가 떠들썩하게 보도되지만 그때뿐이고, 죽음에 대한 사회적 금기는 자살을 상대적이고 개인적인 문제로 치부해 버린다. 그러나 자살은 개인적인 문제가 아니라 교육적 차원에서 지속적인 관심을 가지고 처방을 제시해야 하는 문제다. 많은 교육학자들은 거의 예외 없이 삶과 죽음의 관계를 단절적으로 보고, 삶의 현실에 절대가치를 부여한다는 점에서 공통적이다. 이에 따라 교육 실천의 장면에서 죽음교육은 배제되었을 뿐만 아니라, '과학적이지 않은 것'이나 '보이지 않는 세계'는 불합리적인 것으로 교육의 영역에서 배제되었다. 죽음을 삶과의 단절이나 삶의 종결로만 이해한다면 인간의 삶은 죽음에 대한 막연한 불안이나 회피의 입장을 가질 수밖에 없으며, 죽음이라는 한계 상황을 적극적으로 활용하여 삶의 문제를 깊이 있게 돌아볼 수 있는 기회를 상실하게 된다.

우리 인간에게 죽음은 피할 수 없다. 따라서 삶을 진정으로 안다는 것은 죽음의 의미를 모르고는 진정으로 올바른 삶을 산다고 볼 수 없는 것이다. 삶의 모습이 다양하듯이 우리가 맞이할 죽음의 모습도 다양할 수 있다. 삶이 아름다운 사람은 죽음도 아름답게 맞을 것이며, 아름답고 가치 있는 죽음을 준비하는 것이 아름답고 가치 있는 삶이 될 것이다. 생명의 교육, 삶의 교육은 필연적으로 죽음의 교육일 수밖에 없는 것이다. 더 이상 죽음을 두렵다고 혹은 모른다고 외면하고 회피하면서 삶을 이야기한다는 것은 올바른 교육이 아니다. 흔히 사람들은 죽음을 자주 이야기하는 것은 자신의 죽음을 좀 더 가까이 끌어당기고 우리를 죽음으로 이끌어 간다고 생각하고 있기 때문에 죽음의 문제를 거론하는 것에 대해 부정적 태도를 취한다. 그리고는 자신의 종국적인 죽음의 불가피성을 피하기 위해 가능한 한 그러한 화제는 입 밖에 내지 않으려고 한다. 자살자들에 대해서도 숨기고 침묵을 지키는 냉담한 태도를 취하는 것도 그러한 생각에서라고 볼 수 있으며, 자살자들의 죽음은 우리로 하여금 잊고 싶어 하는 우리의 실존을 자각하도록 하기 때문이다.

　인간이 생명체이기 때문에 직면해야 하는 두 가지 큰일은 삶과 죽음이다. 인간은 태어나서 삶을 살아가야 하고, 또한 언젠가는 죽음에 이르지 않을 수 없다. 우리가 '삶'에만 집착하다 보면 자칫 죽음이 삶에 대해 지니는 의미에 대해서는 간과하게 된다. 그러나 우리가 죽음에 대해 생각할 때, 비로소 삶이 지니는 진정한 의미를 돌아보게 되고, 아이러니컬하게도 삶에 대한 강한 애착을 갖게 된다. 그래서 사람들은 한 번쯤 오히려 강한 삶을 위해서 자신의 생을 정리하며 죽음에 대해 생각해 볼 필요가 있는 것이다.

　청소년 집단지도에서 흔히 '죽음에 직면하여 유서 쓰기'를 해 보도록 하는 것은 자신의 삶을 반성케 하고 새로운 삶의 각오를 이끌도록 도와준다. 교육의 목적이 삶의 의미를 깨닫고 그에 대한 바람직한 변화를 추구하는 활동이라고 할 때, 이 목적을 달성하기 위해서는 다양한 교육적 계기들이 필요하다. 그중에서 죽음이라는 주제는 인간 삶의 문제에 대한 근본적인 성찰을 제공하고 실천적인 변화를 줄 수 있다. 호기심 많은 아동기나 정체성의 문제로 방황하는 청소년기, 과도한 책임이 주어지는 성인기, 삶을 정리하는 노년기 등은 각각의 시기에 따른 죽음의 문제에 대한 고민을 갖게 된다. 이와 같은 시기에 적절한 죽음에 대한 이해와 수용의 과정을 가르친다면, 죽음에 대한 왜곡된 관점과 두려움을 극복할 수 있을 것이다.

그런 점에서 죽음교육은 유년기에서 노년기에 이르기까지 전 생애적 차원에 이루어지는 평생교육적 성격을 지닌다. 그러므로 죽음교육은 가정에서, 학교에서, 그리고 평생교육기관에서 지속적이고 유기적으로 이루어질 필요가 있으며, 우리의 관심사인 청소년 자살 문제의 심각성을 고려해 볼 때, 공교육기관에서의 죽음교육은 시급히 실시되어야 할 사안이다. 왜냐하면 죽음교육은 청소년 스스로 죽음의 극단성을 극복하도록 돕기 때문이다. 그리고 죽음을 삶의 자연스러운 과정으로 인식시키고, 순간의 절망과 감성의 나락에서 선택할 수 있는 극단이 아니라, 삶 언저리에 늘 존재하는 삶의 일부로 인식할 수 있는 계기를 제공하기 때문이다. 죽음에 관한 올바른 인식이 없다면 건전한 생명관과 생명윤리가 정립될 수 없다. 죽음교육은 청소년들로 하여금 자신의 삶을 다시 성찰하고 새롭고 긍정적인 삶의 철학과 태도를 함양하는 데 크게 기여할 것이다.

부록

웰다잉 Q&A

웰다잉(삶과 죽음) 관련 서적과 영상 관련 참고자료 안내

죽음과 웰다잉과 관련된 영화

My Memorial Note(남겨진 사람들에게)

웰다잉 Q&A

(조원규 교수 인터뷰 내용 중)

Q. 웰다잉(Well-dying) 강의를 많이 하고 계신데요. 선생님께서 만나 본 학생들 중 강의를 듣고 깨달음을 얻은 분이 있다거나 생각나는 에피소드를 말씀해 주시면 좋을 것 같아요.

A. 한 해에 100회 이상의 웰다잉 강의를 하다 보니 참 많은 사람들을 만나고 있습니다. 주로 강의하는 곳은 노인복지관, 학교, 여성센터 등 기업체, 관공서 등 연령과 장소를 가리지 않고 좋은 분들을 만나고 있습니다. 그러다 보니 여러분들께서 강의 후에 문자도 보내 주시고 전화도 해 주시는 분들이 많습니다. 그 중에 기억나는 몇 분이 계십니다. 복지관에서 "죽을 때 후회하지 않게 사는 법"에 대하여 강의를 하고 몇 달 후에 다시 복지관을 찾았을 때, 어르신 한 분이 제 손을 이끌고 어디론가 데려갔습니다. 그분은 몸이 좋지 않아 힘겨운 삶을 사시던 분이셨습니다. 그런데 저를 데려간 곳은 복지관의 화단이었습니다. 웰다잉 강의를 듣고 자신이 하루하루 아무 일도 하지 않고 사는 것이 얼마나 삶을 낭비하는가 깨달으셨다며 꽃씨를 사서 화단에 뿌리셨고, 화단에는 많은 꽃들이 너무나 아름답게 피어 있었습니다. 매일 화단을 가꾸고 꽃이 피자, 많은 분들이 좋아해 주고 친구도 많이 생기셨다고 자랑을 하셨습니다. 얼굴이 너무 환해지셨고, 건강도 많이 좋아지신 모습에 저도 놀라울 뿐이었습니다. 그리고 다른 노인복지관의 어르신 한 분도 비슷한 경우인데, 강의 후 몇 달 만에 찾아뵈었을 때 제 손을 이끌고 데려간 곳은 복지관의 창가, 그곳에는 손수 깎아서 만들어 전시해 놓은 '솟대'들이 줄지어 있었습니다. 그날 돌아오는 길에는 그 어르신이 대나무로 깎아서 선물해 주신 솟대 하나가 제 손에 들려 있었습니다. 또 한 분은 강의를 듣기 몇 달 전에 어머니를 떠나보내시고 우울증에 시달리는 주부였습니다. 강의 내내 눈물을 보이는 모

습이 안타까웠는데, 돌아오는 길에 문자를 보내 주셨습니다. "교수님 강의를 듣고 깨달았습니다. 모든 사람들은 언젠가는 죽는 것이고, 저희 어머니는 조금 일찍 떠나셨다는 것을요. 저도 언젠가는 떠날 것이기 때문에 남은 삶을 후회 없이 살고, 슬퍼하지 말고 남을 위해 봉사하는 삶을 살기로 했습니다. 감사합니다." 이런 내용이었습니다. 코끝이 찡했습니다. 저도 어머니를 잃어봐서 알지만, 그때는 세상이 원망스러울 정도였으니까요. 한 가지 사례만 더 이야기해 보겠습니다. 부부사이가 너무 안 좋다는 한 분이 강의를 들으러 오셨습니다. 강의 전에 잠시 이야기해 보니 곧 이혼을 할 생각을 하고 계셨습니다. 웰다잉 강의를 너무도 진지하게 들으신 그분은 강의 후에 나가는 저의 손을 붙잡고 "그 사람이 있어서 좋았던 것은 한 번도 생각해 본 적이 없는데 강의를 들으면서 생각해 보니, 그 사람 때문에 내가 좋았던 것도 많았던 것 같아요. 감사하는 삶을 살면 행복하다는 말을 듣고 그렇게 한번 살아 보자는 생각이 들었습니다. 오늘부터는 그렇게 살아 보려 합니다."라고 말씀해 주셨습니다. 그분은 다음에 부부캠프에 같이 참가하셔서 아주 활기차게 발표도 하시고 즐겁게 놀다 가셨습니다. 그 외에도 많은 사례가 있지만, 무엇보다도 남은 삶을 바라보는 태도가 변하였다는 공통점이 있습니다.

Q. 보통 사람들은 죽음을 무서워하면서도 자신이 죽은 후의 일에 대해 생각하지 않고 회피하려는 경향을 보이는데요. 사람이 언제 죽을지 모르기에, 살아 있을 때 죽은 후를 위해 챙겨 둘 것이 있다고 생각합니다. '웰다잉'을 위해 미리미리 챙겨 둘 것이 있다면 무엇 무엇이 있을까요? (한 5개 정도 말씀해 주시고, 그것을 어떻게 실천해야 할지 구체적인 방법도 말씀해 주세요. 개수는 더 많아도 좋습니다.)

A. 죽음은 한 사람의 인생에서 끝을 이야기하는 것입니다. 아무리 돈이 많고 명예와 권력이 있다 해도 죽은 후에는 남는 것이 하나도 없습니다. 결국 죽음 이후에는 남겨진 사람들의 몫이라고 할 수 있습니다. 그래서 남은 사람을 위해 깨끗한

마무리를 하는 것이 필요합니다.

첫째는 유언장입니다. 유언장을 상속의 개념만으로 보는 분들이 많은데 사실은 포괄적인 것을 말하는 것입니다. 즉, 살아 있을 때 자신의 사후에 남겨진 가족들이나 친지들에게 하고 싶은 말들을 적어 두는 것이지요. 갑작스런 죽음을 맞이했을 때 그것은 남겨진 사람들에게 큰 선물이 될 것입니다.

둘째는 자신의 장례에 대하여 말해 두는 것입니다. 우리는 모두 죽음에 대해서는 금기시하고 삽니다. 하지만 우리가 언젠가는 '죽을 수밖에 없는 존재'라는 것에는 부정을 할 수 없습니다. 장례식의 주인공은 자신입니다. 그래서 자신의 장례식을 주인의 입장에서 미리 말해 두어야 합니다. 모두가 뜻대로 되지는 않겠지만, 장례를 화장으로 할지 매장으로 할지, 장지는 어디로 할지, 장례식은 어떤 방법으로 할지 등 자신의 입장을 밝혀 둔다면 남은 사람들이 서로 다투지 않고 유지를 받들 수 있게 됩니다.

셋째는 '사전의료 의향서'를 작성해 두는 것입니다. '사전의료 의향서'란 자신의 정신이 말짱할 때 자신의 신체에 대한 의사를 밝혀 두는 것입니다. 현대 사회는 어디서 어떤 일이 발생할지 아무도 모르는 시대입니다. 나만은 절대 그런 일이 일어나지 않을 것이라는 믿음을 누구나 갖고 있지만, 하루에도 몇 건씩 교통사고와 재해로 목숨을 잃고 있습니다. 자신의 정신이 건강할 때 신체에 대해 남은 사람들에게 의사표시를 해 놓는 것이 '사전의료 의향서'입니다. 즉, 자신이 의사표현을 하지 못할 때 생명연장을 위한 의료행위를 어디까지 할 것이며, 장기의 기증 등에 대한 자신의 생각은 어떠하며, 의사에게 당부할 것은 무엇이며, 자신의 의료행위를 어디까지 할 것인가? 등의 문제에 대해 자신의 의사를 미리 밝혀 두는 것입니다. 한국인의 암 환자 중 대부분의 사람들이 임종하기 한 달 기간에 의료비의 30%를 사용한다는 통계가 있습니다. 많은 사람들이 누워서 자기의 의사를 전달하지 못할 때 가족이나 의료진에 의해 원치 않는 연명치료를 받고 있는 것입니다. 이러한 폐단을 방지하기 위해서는 '사전의료 의향서'를 반드시 작성해 두는 것이 남은 가족들에게 짐을 덜어 주는 것이고, 인간의 존엄성을 지키면서 삶을 마무리할 수 있는 방법이라고 생각합니다.

넷째는 짧게라도 자서전을 남겨 두는 것입니다. 자손이 있는 경우 돌아가신 분을 추억할 것들이 점점 없어지고 있습니다. 아내에게든 자식에게든 자신의 삶을 적어 두고 추억할 물건들을 함께 남기는 것은 삶의 아름다운 책을 남기는 것과도 같습니다. 누군가가 그 분을 추억하기 위해 추억의 책장을 넘겨 볼 수 있도록 간단한 자서전을 남겨 두는 것은 한 사람의 인생을 남겨 두는 좋은 방법입니다.

마지막으로 사랑하는 마음을 남겨야 합니다. 마음은 아무도 볼 수가 없습니다. 살아 있을 때 그것을 표현하여야 합니다. 죽을 때 많은 사람들이 가장 후회하는 것이 '사랑하는 사람에게 사랑한다는 말을 못하였다'는 것입니다. 우리는 대형사고 현장에서 부모님이나 자식에게 마지막으로 보내는 문자가 '사랑한다'라는 것을 알고 있습니다. 그것을 죽기 전에 표현하여야 합니다. 죽음의 준비는 언제 죽어도 마음에 여한이 없게 하는 것입니다. 사랑하는 사람에게 사랑의 말을 남겨서 마음을 주는 것이 가장 좋은 방법입니다. 아울러 용서를 해야 합니다. 우리는 누구나 죽음을 맞이하면 모든 것을 내려놓습니다. 살아가면서 용서하지 못한 사람도 죽음에 이르러서는 용서를 합니다. 그래서 죽기 전에 미리 용서를 해두어야 자신의 남은 삶이 평화로워집니다. 사랑하는 사람이 있으면 지금 사랑한다고 말하십시오. 용서할 사람이 있으면 지금 용서해 버리십시오. 그것이 언젠가 죽음 앞에서 가장 평화롭게 그리고 편안하게 죽음을 대면할 수 있는 방법입니다.

Q. 국내에서는 아직까지 '유언장' 개념이 약한데요. 유언장 쓰기에 대해서 자세하게 알려 주실 수 있을까요? 법적 효력 부분, 그리고 유언장 쓰기를 통해 삶에 대해 어떻게 성찰할 수 있는지 알려 주세요.

A. 법률적인 유언장의 작성이나 효력 등에 대해서는 많은 분들이 알고 있습니

다. 특히 재산을 많이 소유하신 분들은 변호사를 통해 많은 조언을 받고 있으실 것입니다. 우리가 유언장이라는 말을 들으면 제일 먼저 떠오르는 것이 '유산'과 '상속'입니다. 드라마를 통해 보면 재산가가 죽으면 상속이나 재산 다툼에서 유언 장이 중요한 역할을 하는 것을 볼 수 있습니다. 유언장에는 재산관계, 친생친자 확인, 재단법인설립 등 법률적인 부분이 들어가야 합니다. 여기서는 법률적인 입 장과 웰다잉의 입장에서 몇 가지 말씀을 드리겠습니다. 상속이란 피상속인이 사 망한 때에 상속인이 피상속인의 재산에 관해 포괄적인 권리의무를 승계하는 것을 말합니다. 상속의 방법은 말로 하는 '유언상속', 유언이 없을 때 법률로 정한 '법 정상속', 공동상속인이 협의에 의해 분할하는 '협의분할 상속'이 있으며, 유념할 것은 부채도 재산으로 본다는 것입니다. 그래서 상속할 재산보다 부채가 많은 경 우에는 '상속포기'를 해야 합니다.

그런데 이러한 상속포기의 경우 자신만 상속포기를 한 경우, 상속의 순위를 가 진 다음사람으로 부채가 승계되는 문제가 생깁니다. 그래서 공동상속인은 모두 상속포기를 하여야 부채상속의 부담에서 벗어나게 됩니다. 그래서 피상속인의 재 산이 어느 정도 있고 부채가 그것보다 많을 경우 '한정승인'을 받는 것이 후순위자 들이 상속포기를 해야 하는 번거로움을 피할 수 있고 가족과의 다툼을 피할 수 있 습니다.

유언장의 경우에는 자필증서로 쓰는 경우가 가장 많지만, 비밀증서, 공증증서 녹음, 구술증서에 의한 방법도 있으며 민법이 정한 바에 따라서 모두 효력이 있 습니다. 한 가지 일반인들이 잘못알고 있는 것은 유언만 하면 상속에 대해 모두 그대로 되는 것으로 알고 있는 분들이 많은데 유언을 했더라도 재산의 처분에 있 어서는 제한이 있다는 점을 알아 두어야 합니다. 유언자가 자기의 재산을 물려줌 에 있어 자녀와 배우자, 부모와 형제자매 등 일정한 범위의 법정상속인에게는 반 드시 일정한 액수의 재산을 남겨야 한다는 규정입니다. 예를 들어 미운자식이 있 어 '한 푼도 줄 수 없다'고 유언하였다 하여도 법적으로 자식이라면 상속받을 몫의

2분의 1 또는 3분의 1을 반환청구할 수 있는 것입니다. 이것을 '유류분'이라고 합니다. 또한 많은 분들이 유언장을 한번 작성하면 고치기 어려운 것으로 알고 유언장 작성을 꺼리는데, 유언장은 자신의 정신이 온전한 상태라면 언제든지 얼마든지 고칠 수 있기 때문에 이러한 걱정은 하지 않아도 됩니다. 유언장은 작성만 하여 되는 것이 아니라 일정한 양식을 갖추어야 합니다. 양식에서 벗어나 아무렇게나 작성한 유언장은 효력을 발휘할 수 없을 수도 있으므로 자필유언의 경우 이름과 주소, 작성일자, 유언내용 등을 양식에 맞추어 적고 도장을 찍어야 효력을 발휘합니다. 다른 유언의 경우에도 증인이 2명이상 되어야 하는 등 엄격한 유언의 조건을 충족하여야 하기 때문에 잘 알고 유언장을 작성하셔야 합니다.

웰다잉을 통한 유언장의 작성은 어떤 효과가 있을까요? 유언장의 작성은 성찰을 의미합니다. 그동안 몰랐던 자신의 내면을 관찰하고 생의 마지막 순간을 간접적으로 경험하는 것이 유언장의 작성입니다. 유언장 작성을 통해서 자신에게 영원히 오지 않을 것 같았던 죽음을 대면하는 것입니다. 죽음을 대면한다는 것은 그동안 지나왔던 삶을 되돌아보고 '남은 삶을 어떻게 살 것인가?' 하는 문제를 성찰하게 됩니다. 너무나 바쁘게만 살았던 자신을 돌아보면서 세상을 살면서 '무엇이 가장 중요한 것인가?', '무엇이 가장 가치 있는 것인가?'에 대한 해답을 스스로 찾게 됩니다. 인간은 누구나 죽음 앞에서 나약한 존재입니다. 남들 위에서 군림하고 남과 비교하며 살았던 자신이 얼마나 자신의 가치를 잃어버리고 살았는지 후회하게 됩니다. 삶의 성찰이 죽음의 성찰입니다. 삶과 죽음은 동전의 양면과 같아서 사실은 함께 존재하는 것임에도 죽음은 아주 멀리 있다고 생각하며 사는 것입니다. 그래서 유언장을 작성하고 죽음의 순간을 마주치는 연습을 통해 가장 소중한 가치를 발견하고 잃어버리고 살았던 그 가치들을 위해 살 수 있는 기회를 가지게 되는 소중한 경험을 하게 되는 것입니다.

Q. 사실 배우자의 죽음을 갑자기 겪게 되는 경우도 있지요. '사별'은 가장 큰 스트레스 원인으로 인정받는 사건이지요. 이것을 조금이나마 편안하게 받아들일 수 있는 방법은 없을까요?

A. 맞습니다. 심리학자들의 조사에 의하면 배우자의 죽음은 가장 스트레스를 받는 것으로 봅니다. 2010년도 기준으로 우리나라 남녀의 평균연령이 남자 79세, 여자 86세인 것으로 조사되었는데, 이것은 여자가 남자보다 약 7년을 더 사는 것을 의미합니다. 과거 우리나라의 결혼 부부 나이 차이가 비교적 많았던 것을 고려한다면 대부분의 여성이 배우자 없이 10년 이상을 사는 것으로 보아야 할 것입니다. 이렇게 부부가 살다가 배우자가 죽음을 맞이하게 되면 남은 사람은 큰 사별의 상처를 받게 됩니다.

사람이 암 등의 불치의 병이 걸리든지, 병에서 회복할 수 없는 가망 없는 상태에서 죽어 가면서 겪게 되는 마음의 변화에는 몇 가지 단계가 있다고 합니다. 스위스 출신의 정신과 의사인 엘리자베스(Elisabeth Kübler-Ross, 1926~2004)는 500명 정도의 불치병 환자와 이야기를 나눈 후 사람들이 죽음을 받아들이게 되는 다섯 단계를 제시하였습니다. 이것은 불치병으로 인한 자신의 죽음뿐 아니라 가족이나 친구 등 가까운 사람의 임박한 사별을 바라보는 이들의 반응이기도 합니다.

첫 번째 단계는 부인(Denial)입니다. 불치병으로 사망하게 된다는 사실을 사람들은 받아들이지 않습니다. 그럴 리 없다거나 결과가 잘못 나왔을 것이라고 생각합니다. 사람들은 무의식적으로 불멸(Immortality)을 믿고, 자신에게 나쁜 일은 일어나지 않으리라는 비현실적인 낙관론(Unrealistic Optimism)을 가지고 있다고 합니다. 자기는 현재 세상을 아주 값지게 살고 있으며, 어제까지도 이런 저런 일들로 바쁘게 생활하여 왔는데, 갑자기 자기에게 닥쳐온 사항이 너무도 암담하고 비참한 기분이 들어 적극적으로 그 상황을 부인하는 그런 단계입니다.

두 번째 단계는 분노(Anger)입니다. 자신의 예정된 죽음이 현실이라는 사실을 깨닿고 분노와 격분, 질투와 원한의 감정을 경험합니다. "왜 하필 나인가!"라는 생각으로 가족과 의료인, 심지어 신에게까지 화를 내거나 젊고 건강한 사람을 질투한다고 합니다. 이는 환자의 감정이 투사되기 때문입니다. 자기가 확실히 죽어가고 있고 아무 것도 할 수 없다는 것을 느끼면서 자기 자신이나 그 상황을 호전시켜 주지 못하는 주위 환경에 대해 분노를 느끼고, 불신하고, 배척하는 단계입니다.

세 번째 단계는 흥정(Bargaining)입니다. 어떻게 해서든지 죽음이 연기되기를 바랍니다. '중요한 일(아들의 결혼식 등)이 끝날 때까지 만이라도'라면서 신에게 기도를 한다거나 그동안 주변 사람들에게 했던 나쁜 일에 대하여 사과를 하기도 합니다. 그리고 착한 일을 하려고 하면서 어떻게든 삶을 연장시키고자 합니다. 아무리 자기에게 닥친 병이 죽음에 이르는 불치병이라 하더라도 만약에 내가 그 병이 낫기라도 한다면 어떻게 해서라도 그런 사항이 닥치지 않도록 하겠다는 후회와 만약 병이 완쾌된다면 다시는 후회 없는 삶을 살 것이라고, 제발 이 상황에서 벗어나게만 해 달라고 의료 담당자나 신에게 매달려 흥정하는 단계입니다.

네 번째 단계는 우울(Depression)입니다. 생명이 연장되는 일은 없으며 죽음이 다가온다는 사실을 받아들이는 것입니다. 말수도 적어지고 면회도 사절하면서 슬퍼합니다. 자기가 처한 현실에 대하여 주변 환경이나 신에게 불신의 마음과 배척과 자기 자신에 대한 미움이라든지 하는 감정에 지쳐서 스스로 무너지며 자기의 죽음에 의한 소멸을 인정하기 시작하는 단계입니다.

마지막 단계는 인정(Acceptance)입니다. 자신의 죽음에 대하여 충분히 애도할 수 있는 시간이 있었거나 앞의 네 단계를 거쳤다면 이제 자신의 죽음을 받아들이는 마지막 단계에 도달하게 됩니다. 이때에는 죽음에 대하여 비교적 평화로운 마음을 가집니다. 이렇게 해 보아도 저렇게 해 보아도 어떻게 하든지 자기가 현재 처해 있는 입장은 전혀 변함이 없고 오로지 죽음이 남아 있다는 것을 인정하고 스스로 인간 세상사에서 분리시켜 죽음을 위하여 준비하는 단계로, 주변 정리와 평온함을 유지하려고 모든 욕망을 내려놓는 단계입니다.

죽음은 누구나 외면하고 싶어 하지만 누구도 외면할 수 없는 실존의 문제입니다. 자신의 죽음도 그렇지만, 특히 사랑하는 사람의 죽음도 그렇습니다. 물론 이상의 5단계가 건강한 죽음의 단계는 아닙니다. 그러나 적어도 자신이나 가까운 사람의 갑작스러운 죽음 선고 앞에서 심리상태가 어떻게 변화하는지 예측해 볼 수는 있고, 그에 따라 적절하게 반응하고 대비할 수도 있습니다.

죽음을 자각한다는 것은 쉬운 일이 아닙니다. 죽음에 대한 부정적인 인식으로 자포자기한 것 같은 어두운 생활을 이어 나간다면 살아 있는 의미가 없습니다. 그렇다고 언젠가는 겪게 될 죽음을 터부로서 멀리하는 것도 옳지 못합니다. 죽음은 현재진행형입니다. 살아가는 것은 또한 죽는 과정입니다. 죽음을 부정적으로 생각하기 위해서가 아니라 살아 있는 순간을 보다 짙게 색칠하기 위해 말년의 시선이 필요합니다. 따뜻한 가족만큼 위기를 극복하는 데 힘을 보태 주는 존재는 없는 듯합니다. 우리에게 영혼이 있다면 이승은 이별뿐이지만 저승은 재회뿐이라는 것입니다. 영혼의 존재를 믿는다면 죽음도 큰 즐거움이 될 수 있는 것입니다. 장자는 자신의 아내가 죽었을 때 노래를 하고 춤을 추었다는 일화가 유명합니다.

알폰스 데켄은 퀴블러로스의 5단계에 기대와 희망을 넣어 6단계로 구분하였습니다. 죽음 이후의 또 다른 세계에 대한 기대를 가지게 되는 것입니다. 기대와 희망은 죽음에 대한 부정만이 아니라 그 너머의 새로운 세계에 대한 우리의 간절함인지도 모릅니다. 사별의 아픔을 겪고 있는 당사자에게는 어떤 말도 위로가 되지 못합니다. 말보다는 자신의 일처럼 꼭 안아주는 마음이 더 필요할 것입니다. 사별의 슬픔을 완화하기 위해서는 평소에 죽음에 대한 문제를 정확히 인지하는 웰다잉의 마음습관을 가져야 합니다.

불경의 한 구절을 말씀드리겠습니다. 아이를 잃고 너무 비통해 하는 한 어머니가 부처님을 찾아와 아이를 살려달라고 애원을 했습니다. 부처님께서는 안타까운 심정으로 아이엄마를 보면서 "마을에 가서 사람이 죽지 않은 집의 겨자씨를 구해 오면 아이를 살려 주겠다."고 하였습니다. 급한 마음에 아이엄마는 한걸음에 마을로 가서 사람이 죽지 않은 집을 찾기 위해 다녔습니다. 그러나 어느 집도 사람이 죽지 않은 집은 없었습니다. 그제야 아이엄마는 죽음이 자신만의 일이 아닌 것을 알게 되었지요.

우리는 모두 죽음의 문제를 외면하고 삽니다. 남의 죽음에는 내일이 아닌 척, 내 피붙이의 죽음에는 세상이 끝난 듯이 생각합니다. 그러나 사실은 우리 모두에게 항상 따라다니는 것이 죽음이라는 것을 알아야 할 것입니다.

Q. 사실 아이들에게 '죽음'에 대해 가르친다는 것은 심히 어려운 일 같아요. 일반적인 사람들은 아이들에게 '죽음'과 관련된 상황을 보여 주지 않으려 하고 숨기려는 경향이 있지요. 아이들에게 죽음에 대한 교육을 하는 것이 좋을까요? 한다면 어떤 방식으로 얘기해 주어야 할까요?

A. 우리에게는 과거부터 교육에 있어서 두 가지 금기사항이 있었습니다. 하나는 성에 관한 것이고 하나는 죽음에 관한 것입니다. 그러나 1960년대에 미국에서 성교육이 시작되면서 그것이 금기사항이 아니라 교육을 하였더니 훨씬 성에 대해 자유롭고 문제도 해결되었다는 것을 알게 되었습니다. 그것은 죽음교육에도 용기를 주었습니다. 그래서 서구에서는 학교의 정규과목에 웰다잉과 관련된 과목들이 들어가 있습니다. 하지만 우리나라의 경우에는 아직도 죽음의 문제를 끄집어 내놓기를 두려워하고 있습니다. 성의 문제를 공론화하여, 성교육을 시켜 혼전관계나 미혼모의 문제를 해결했듯이, 죽음의 문제를 공론화하여 자살과 고립사 문제 등을 해결하여야 합니다.

아이들에게 죽음교육을 하는 것은 많이 힘듭니다. 아이들의 죽음을 인식하는 것이 잘못되어 있기 때문입니다. 미국의 경우 조사결과 아이가 성인이 될 때까지 약 25,000번의 죽음경험을 하는데, 그것이 대부분 TV나 게임 등을 통해서라는 것입니다. 그래서 죽음은 그저 남의 일이고 죽이고 죽임을 당하는 것을 놀이하듯이 생각하는 오류를 범하고 있습니다. 죽음교육은 바로 생명교육입니다. 저는 최근에 학교에서 '생명존중'교육을 많이 하고 있는데 아이들이 생명의 소중함을 인식하는 것만으로도 자살 문제, 따돌림 문제를 해결할 수 있다고 봅니다. 아이들이 생명을 소중하게 여기는 교육은 무척 시급한 교육입니다. 유아기나 초등학교의 경우에는 외국에서도 동물을 대상으로 생명존중교육을 시키고 있습니다. 귀여운 병아리가 종종걸음을 하다 사고로 죽는 것을 보고 생명을 배우고 측은지심을 느낍니다. 측은지심은 모든 도덕과 윤리학의 출발입니다. 그래서 애처로운 생명에 대한 불쌍함을 느끼고 생명의 소중함을 배움으로써 인간의 소중함과 자신의 소중함도 함께 깨닫는 것입니다.

이 글을 보는 주부님들께서도 가정의 소중한 자녀들이 자신뿐 아니라 남의 소중함을 깨닫도록 하려면 가정에서도 생명교육을 시키셔야 합니다. 그래야 그 아이가 자라면서 나와 남을 소중하게 여기고 인류를 위해 헌신하는 훌륭한 세계시민으로 살아갈 수 있게 되는 것입니다.

Q. 직접 쓰신 저서 『웰다잉과 행복성찰』이란 책을 보면 '인생회고를 통한 나 알기'란 항목이 있는데요. 사실 이것이 중요하면서도 어려울 것 같습니다. 쉽게 실천할 수 있는 방법을 알려 주세요.

A. 사람은 누구나 인생의 전환점을 갖게 됩니다. 많은 사람들이 지나고 나서야 후회를 하게 됩니다. "그때 그랬더라면 좋았을 걸……."하고 말입니다. 하지만 지나간 시간은 결코 돌아오지 않습니다. 그래서 인생을 통해 배웠다고 하지만, 깨닫고 나면 너무 늦은 경우가 많습니다. 삶의 종착지는 죽음입니다. 우리는 그렇게 후회를 많이 하고 살면서도 죽음에 이르러 또 후회를 하게 됩니다. 그것을

줄이는 방법이 자신을 자주 성찰해 보는 것입니다.

인생회고란 두 가지의 의미를 가집니다. 우리가 너무 바쁘게 앞만 보면서 살기에 보지 못했던 것을 새롭게 보게 만듭니다. 고은 시인은 "내려갈 때 보았네. 올라갈 때 보지 못한 그 꽃"이라고 노래했습니다. 우리가 오르려고 바쁘게 살 때는 결코 보지 못하는 것을 인생회고를 통해서 보게 되는 것입니다. 인생은 고해라고 합니다. 그만큼 삶이 고달프고 힘들다는 말이겠지요. 그러나 시점을 달리하면 다르게 보입니다. 30대에 돌아보면 10대와 20대가 너무 발랄하고 좋았고, 40대에서 30대를 보면 그때는 그래도 꿈이 있고 재미있었고, 50대에서 40대를 보면 참 바쁘게 살았지만 목표가 있었고, 60대에 50대를 바라보면 그래도 그때는 돈도 벌고 행복한 노후를 꿈꾸어 좋았고, 70대에 60대를 바라보면 그때는 건강하고 여행도 다니고 좋았고, 80대에 70대를 바라보면 그때는 그래도 잘 걸어 다니고 밥도 잘 먹고 해서 좋았고, 90대에 80을 바라보면 그때는 사람노릇을 한 것 같았고, 이런저런 이유로 지난 세월은 그래도 좋았다고들 합니다.

그럼 죽음의 시점에서 인생을 바라보면 어떨까요? 죽음의 시점에서 삶을 바라보면 좋지 않은 날이 없는 겁니다. 이렇게 힘들고 괴로운 일들로 고민이 많은 이 시절도 나중에 죽음의 시점에서 바라보면 참 아름다운 날이라는 것을 깨닫지 못하고 사는 것이죠. 그래서 웰다잉은 '죽음의 입장에서 바라보는 삶'이라는 것입니다. 인생의 그래프를 한번 독자 분들이 그려보면 그 순간순간들이 참 좋았다는 것을 느끼게 됩니다. 그래서 인생그래프를 그리는 어르신들은 입가에 잔잔한 미소를 띠게 되는 것입니다.

Q. 이것은 약간의 재미를 위한 질문입니다. '당장 내일 죽음을 맞이하게 될 경우, 오늘 해두어야 할 일'에 대해 조언을 해 주세요(선생님께서 개인적으로 직접 하실 것들을 말씀하셔도 좋습니다).

A. 저는 강의할 때마다 자주 하는 말이 있습니다. "감사합니다. 여러분은 제가 하는 마지막 강의를 들으시는 고마운 분들입니다. 그래서 저는 마지막 강의를 최선을 다해 하겠습니다."사람들은 어리둥절해 하지만, 저는 진심입니다. 누구나 죽음을 자기의 문제라고 생각하지 않지만 죽음은 실존의 문제입니다. 제가 강의를 하러 고속도로를 가다보면 가끔 사고를 목격합니다. 그것은 제가 아니라 남의 죽음입니다. 그런데 그 대상자가 꼭 제가 아니라는 보장은 절대 없습니다. 강의를 마치고 집으로 가다 사고를 당하면 저는 죽는 것입니다. 그럴 가능성은 항상 내재되어 있습니다. 그렇다면 제가 마지막 강의를 하는 것이 맞지 않습니까? 그리고 휴게소에서 마시는 한 잔의 커피는 마지막 음식이 되겠지요. 그렇다면 그 커피는 얼마나 달고 맛있겠습니까? 마지막으로 먹는 음식이니까요. 학생들이 묻습니다. "그럼 안 죽고 살면요?" "기적이지요. 그래서 삶은 항상 기적입니다."라고 대답합니다.

우리에게는 내일이 있다고 말하지만 사실은 내일은 존재하지 않습니다. 그저 오늘이 있을 뿐이지요. 그리고 저는 오늘만 살 뿐입니다. 그리고 언젠가 그 오늘에 죽음을 맞이할 것입니다. 그래서 내일 당장 죽음을 맞이하게 될 경우라는 가정은 언젠가 있을 그날을 모르기 때문에 항상 오늘이 그날일지도 모릅니다. 사랑하는 사람에게 사랑한다는 말을 내일 해야겠다고 말하는 사람은 영원히 그 말을 하지 못합니다. 내일 해야겠다고 말하는 사람은 영원히 하지 않겠다는 말과 같습니다. 그 사람은 자신이 영원히 살 것이라고 생각하는 사람입니다. 그래서 삶은 오늘의 연속이라는 생각을 하여야 합니다.

'버킷리스트'라는 영화를 보신 분들이 많으실 겁니다. 시한부 삶을 앞둔 두 사람이 병원에서 만나 그 동안 자신들이 얼마나 하고 싶은 일을 못하고 살았는지를 알고 죽기 전에 꼭 해야 할 일들을 리스트를 만들어 하나씩 해나가는 과정을 그린 영화입니다. 그들이 여행을 떠나고 맛있는 것을 먹고 하면서 채워지지 않는 죽음을 앞둔 마지막 소망은 가족들과의 식사. 딸과의 만남과 같은 눈에 보이지 않는 소중한 것들임을 깨닫습니다. 우리가 세상을 살면서 소중하게 생각했던 것들이 사실은 소중하지 않을지도 모릅니다. 죽음 앞에서 "잠을 조금만 더 잤더라면", "일을 조금 더 해서 돈을 더 많이 벌었더라면", "다른 사람보다 더 높은 지위에 올랐더라면" 하고 후회를 하는 사람은 단 한 사람도 없습니다. 우리가 죽음을 앞두고 그때서야 무엇이 소중한 것인가를 깨닫는다면 얼마나 어리석을까요? 그것을 좀 더 빨리 깨닫는다면 죽음을 앞두고 후회를 줄일 수 있지는 않을까요?

죽음을 표면 위에 올려놓고 인생을 생각하는 것이 웰다잉입니다. 웰다잉은 관을 짜고 수의를 준비하는 죽음준비가 아니라 인생을 보는 관점을 바꾸어 죽음의 입장에서 삶을 바라보고 삶의 소중함을 깨닫게 하는 것입니다. 변화와 속도의 시대를 살고 있는 우리들은 말 그대로 '미친 듯이' 바쁘게 살고 있습니다. 근래 100여 년 동안 물질의 발달은 상상을 초월할 정도로 빠르게 진행되고 있고, 그에 비하여 정신적인 발달은 물질을 따라가지 못해 심각한 심리적인 부조화를 만들었습니다. 그로 인해 인간은 과학과 물질의 발달에 따른 풍요를 맘껏 누리기보다는 상대적인 열등감과 여유 없는 조급함으로 인해 점점 인간성의 상실과 도덕적 윤리불감증, 우울증과 스트레스 같은 정신건강의 약화를 초래하고 있습니다. 물질만능주의로 사회가 흘러감에 따라 인생의 목적조차 잃어버리고 그저 눈앞의 삶에 급급하여 살아가기 바쁜 모습들이 현실의 우리의 삶의 모습들입니다. 사람들은 누구나 성공을 꿈꾸면서도 진정한 행복에 대해서는 잃어버리고 삽니다.

인간은 누구나 죽습니다. 그렇게 바쁘게 여유 없이 앞만 보며 자신이 무엇을 하고 있는지 조차 잊어버리고 남들이 하는 것을 따라서 허겁지겁 살다가 어느 순간 몸이 아프고, 정신이 쇠약해져 그제야 자신의 삶을 되돌아보는 순간, 어느새 우리 앞에는 죽음이라는 삶의 종말이 다가옵니다. 인간은 영원히 살 것처럼 살지만, 결국에는 그렇게 늦게야 자신이 살아온 삶을 후회하게 되는 것입니다.

시간의 걸음걸이에는 세 가지가 있다고 합니다. 미래는 주저하며 다가오고 현재는 화살처럼 날아가고 과거는 영원히 정지해 있다고 합니다. 우리는 삶에 있어 과거에 매여 있을 시간이 없습니다. 매 순간 죽음을 향해 달려가고 있기 때문입니다. 스티브잡스는 "오늘을 내 인생의 마지막날인 것처럼 살아라."고 했습니다. '영원히 살 것처럼 꿈을 꾸고 내일 죽을 것처럼 오늘을 사는 사람'이야말로 후회 없이 사는 인생이라고 할 것입니다. 그렇지만 대부분의 사람들은 영원히 살 것처럼 오늘을 살고 내일 죽을 사람처럼 꿈이 없습니다. 우리는 정녕 마지막인 것 같은 순간에 변화를 만들어 냅니다. 그리고 그러한 변화 속에서 희망이 움틉니다. 그 마지막 순간을 기억하고 살아야 합니다.

'머문 자리가 아름다워야 한다.'고 합니다. 어디서 왔다가 어디로 가는지는 모르지만 우리의 인생이 머물렀던 자리는 아름다워야 합니다. 아름다운 마무리를 하기 위해서는 자신의 삶을 한 조각 한 조각 아름답게 가꾸어야 하며, 언제 어느 때 세상을 떠나더라도 머물렀던 자리에서 좋은 향기가 나도록 해야 됩니다. 우리는 몇 해 전 김수환 추기경님이나 법정스님을 떠나보내면서 인간이 머물렀던 자리도 그렇게 훈훈한 정과 아름다운 향기가 날 수 있다는 것을 깨달았습니다. 그런 아름다운 죽음을 꿈꾸는 것이 내 삶을 지금 어떻게 살 것인가에 대한 답을 줄 수도 있습니다.

"여러분은 어떻게 죽고 싶습니까?" 이 말이 "어떻게 살고 싶습니까?"와 동의라는 것을 아시겠습니까? 행복한 죽음을 꿈꾼다면, 행복한 삶을 지금 이 순간 이곳에서 느껴야 합니다.

웰다잉(삶과 죽음) 관련 서적과 영상 관련 참고자료 안내

	도서명	저자/출판사
1	죽음의 시간	엘리자베스 퀴블러 로스/우석출판사
2	죽음, 가장 큰 선물	헨리 나웬/홍성사
3	죽음과의 만남	정진홍/궁리
4	죽음을 어떻게 맞이할 것인가	알폰스 데켄/궁리
5	모리와 함께한 화요일	미치 앨봄/살림
6	죽음, 삶이 존재하는 방식	오진탁/청림출판
7	춤추는 죽음	진중권/세종서적
8	메멘토 모리, 죽음을 기억하라	김열규/궁리
9	아름다운 삶, 사랑 그리고 마무리	헬렌 니어링/보리
10	인생은 아름다워라 – 영혼의 순례, 묘지기행	맹난자/김영사
11	죽음, 그 마지막 성장	부위훈/청계
12	삶과 죽음에 대하여	지두 크리슈나무르티/고요아침
13	사후생	엘리자베스 퀴블러 로스/대화
14	죽음을 어떻게 살 것인가?	히노하라 시게아키/궁리
15	죽음의 벽	요로 다케시/재인
16	스물 둘에 별이 된 테리	레슬리 스크리브너/동아일보사
17	병원에서 죽는다는 것	야마자키 후미오/상상미디어
18	가장 아름다운 이별 이야기	스즈키 히데코/생활성서사
19	당신의 인생을 이모작하라	최재천/삼성경제연구소
20	티벳 '사자의 서'	파드마 삼바바/정신세계사
21	인생 수업	엘리자베스 퀴블러 로스/이레
22	천국에서 만난 다섯 사람	미치 앨봄/살림
23	죽음이란 무엇인가	셸리 케이건/엘도라도
24	인생이 내게 준 선물	유진 오켈리/꽃삽

25	믹에게 웃으면서 안녕	바바라 파크 / 웅진주니어
26	가브리엘을 기다리며	에이미 쿠엘벨벡 / 해냄
27	시계가 걸렸던 자리	구효서 / 창비
28	사람은 무엇으로 사는가	톨스토이 / 창비
29	우아한 노년	데이비드 스노든 / 사이언스북스
30	노인이 말하지 않는 것들	선빌리지 / 시니어커뮤니케이션
31	잠수복과 나비	장 도미니크 보비 / 동문선
32	마지막 선물	오진탁 / 세종서적
33	샘에게 보내는 편지	대니얼 고틀립 / 문학동네
34	죽음학의 이해	존 D. 모건 / 인간사랑
35	이반 일리치의 죽음	톨스토이 / 작가정신
36	생의 수레바퀴	엘리자베스 퀴블러 로스 / 황금부엉이
37	장례의 역사	박태호 / 서해문고
38	마지막 강의	랜디 포시 / 살림
39	한 말씀만 하소서	박완서 / 세계사
40	죽음 앞에 선 인간(상,하)	필립 아리에스 / 동문선
41	길어진 인생을 사는 기술	슈테판 볼만 / 웅진지식하우스
42	내 생의 마지막 저녁 식사	되르테 쉬퍼 / 웅진지식하우스
43	우리는 어떻게 죽고 싶은가?	미하엘 데 리더 / 학고재
44	시끌벅적한 철학자들 죽음을 요리하다	토머스 캐스카트 / 함께읽는책
45	행복한 장의사	배리 앨빈 다이어 / 이가서
46	죽음	임철규 / 한길사
47	엄마와 함께한 마지막 북클럽	윌 슈발브 / 21세기북스
48	어모털리티	캐서린 메이어 / 퍼플카우
49	죽음, 가장 큰 선물	헨리 나우웬 / 홍성사
50	나는 죽음을 이야기하는 의사입니다	윤영호 / 컬처그라퍼
51	세계종교로 보는 죽음의 의미	존 바우커 / 청년사

52	죽음의 기술	피터 펜윅 / 부글북스
53	아이와 함께 나누는 죽음에 관한 이야기	얼 그룰먼 / 이너북스
54	죽음과 죽어감	엘리자베스 퀴블러 로스 / 이레
55	해피 엔딩	최철주 / 궁리
56	안녕이라고 말할 때까지 진정으로 살아 있어라	엘리자베스 퀴블러 로스 / 이레
57	세계명작산책-2 죽음의 미학	이문열 엮음 / 살림
58	상실 수업	엘리자베스 퀴블러 로스 / 이레
59	죽음과 함께 춤을	베르트 케이제르 / 마고북스
60	어머니를 돌보며	버지니아 스템 오언스 / 부키
61	마지막 여행	매기 캘러넌 지음 / 프리뷰
62	왜-인간의 죽음, 의식 그리고 미래	최준식 / 생각하는책
63	마지막 인사	이건영 / 휴먼앤북스
64	내면기행	심경호 / 이가서
65	라인 강변에 꽃상여 가네	조병옥 / 한올
66	떠남 혹은 없어짐	유호종 / 책세상
67	죽음을 그리다	미셀 슈나이더 / 아고라
68	소멸의 아름다움	필립 시먼스 / 나무심는사람
69	죽음의 중지	주제 사라마구 / 해냄
70	좋은 이별	김형경 / 푸른숲
71	이 순간	능행스님 / 휴
72	어머니의 죽음	데이비드 리프 / 이후
73	애도하는 사람	덴도 아라타 / 문학동네
74	내 손을 잡아요	아라이 가즈코 / 현암사
75	철학, 죽음을 말하다	정동호 외 / 산해
76	D에게 보낸 편지	앙드레 고르 / 학고재
77	아흔 개의 봄	김기협 / 서해문집
78	죽음 그리고 성장	엘리자베스 퀴블러 로스 / 이레

79	엄마 엄마 엄마	조 피츠제럴드 카터 / 뜰
80	사랑의 사명	로저 콜 / 판미동
81	반만 버려도 행복하다	이정옥 / 동아일보사
82	사람은 어떻게 나이 드는가	셔윈 B. 눌랜드 / 세종서적
83	나도 이별이 서툴다	폴린 첸 / 공존
84	죽음의 미래	최준식 / 소나무
85	죽음의 수용소에서	빅터 프랭클 / 청아
86	너의 그림자를 읽다	질 비알로스키 / 북폴리오
87	마지막 마음- 어느 죽음의 성찰	나형수 / 경천
88	생의 마지막 순간, 마주하게 되는 것들	기 코르노 / 쌤앤파커스
89	나의 아름다운 죽음을 위하여	고광애 / 서해문집
90	죽을 때 후회하는 스물다섯 가지	오츠 슈이치 / 21세기북스
91	마흔에서 아흔까지	유경 / 서해문집
92	죽음준비학교	유경 / 궁리
93	행복한 죽음	알폰스 데켄 / 큰산
94	삶과 죽음을 생각한다	알폰스 데켄 / 대한교과서주식회사
95	삶과 죽음의 다르마	알란 월리스 / 숨
96	죽음, 왜 쉬쉬하지?	실비 보시에 / 개마고원
97	죽음 너머의 세계는 존재하는가	데이비드 달링 / 황금가지
98	잠깐 보고 온 사후의 세계	레이몬드 무디 / 정우사
99	죽음으로부터 배우는 삶의 지혜	소걀 린포체 / 판미동
100	세계종교로 보는 죽음의 의미	존 바우커 / 청년사

죽음과 웰다잉과 관련된 영화

	영화제목	감독및 내용
1	유혹의 선	사후세계에 대한 의대생의 실험영화, 일부러 심장을 멎게 하여 사후세계를 갔다 오려는 시도를 함
2	이끼루(살다)	1952, 구로자와 아끼라, 시한부선고 받은 남자의 삶
3	학생부군신위	한국, 박철수 감독, 전통상장례과정을 볼수 있는 영화
4	My life	암 환우의 과정을 그린 영화
5	If only	갑작스런 사고로 연인을 잃고 시간을 되돌리려는 영화 결코 되돌릴수 없는 운명속에 하루의 중요성을 일깨움
6	Sea inside	안락사 주제의 영화
7	잠수종과 나비	뇌졸중으로 쓰러진 '엘르' 편집장의 희망적 이야기
8	모리와 함께 한 화요일	1999, 믹 잭슨 감독 신문기자 미치는 자신의 옛 은사 모리가 루게릭병으로 투병중인 것을 알고 찾아가 인생의 의미를 배운다. 그에게서 배우는 마지막 수업의 교훈.
9	8월의 크리스마스	1998, 허진호 감독, 한석규, 심은하 불치병으로 시한부 삶을 사는 사진사와 주차단속원 아가씨와의 순수하고 안타까운 사랑을 그린 멜로물
10	체리 향기	1998, 압바스 키아로스타미 감독 차에 동승할 사람을 찾는 한 남자가 박물관에서 새의 박제를 만드는 노인을 태우고 그를 통해 삶의 이야기를 들으며 인생을 알게 되는 이야기
11	원 트루 씽	1998, 칼 프랭클린 감독 암으로 고통받는 엄마를 돌보면서 딸이 인생의 참된 의미와 진실을 깨닫는 과정을 그린 드라마
12	타임 투 리브	2005, 프랑소와 오종 감독 시한부 암선고를 받은 사진작가가 죽음을 맞이하며 젊은 시절의 자아와 마주치는 이야기
13	씨 인사이드	2007, 알레한드로 아메나바르 감독 다이빙으로 전신마비가 된 라몬이 자유롭게 죽을 권리를 위해 싸우는 이야기
14	밀리언 달러 베이비	2004, 클린트 이스트우드 감독 안락사를 다룬 영화, 전신마비의 복서 이야기
15	매그놀리아	1999, 폴 토마스 앤더슨 감독 말기 암 환자의 안락사를 다룬 영화

16	버킷리스트	죽음이 얼마 남지 않은 두 남자가 죽기 전에 해야 할 일들을 해나가며 마지막 삶의 소중함을 깨닫는 이야기
17	엔딩 노트	일본 영화, 암 선고를 받으며 이를 극복하는 과정과 암 선고에서 죽음에 이르기까지의 과정을 그린 영화
18	굿바이	장의사를 통해 삶과 죽음을 보는 일본 영화 죽음이 다음 생으로 연결되는 과정임을 다루고 있으며 고인의 존엄성을 다룬다.
19	애프터 라이프	사망선고 후의 3일간을 다룬 영화
20	히어 애프터	죽음을 보는 남자, 사후세계에 대한 이야기

My Memorial Note
남겨진 사람들에게

문상

조 원 규

낯선 영정사진 앞에
큰 절 올린다

떠나는 사람은
친구의 어머니……

울고 있는 사람은
친구

나는
잘 모르는 사람

그러나
떠나는 사람은
어머니와 친구 될 사람

"우리 엄마에게 안부 전해주세요!"
못다한 말 주섬주섬 적어서
큰절 두 번 올린다

1. 나의 삶

이 름	한 글	
	한 문	
	영 문	
생년월일		
주민등록번호		
본 관		
출 생 지		
주 소		
혈 액 형		
키		몸무게
종 교		
나의 이력		
면허, 자격증		
나의 증명서	보험가입증서	
	연금가입증서	
	헌혈증서	

2. 나의 가계도

친가	외가

3. 나의 재산

부동산			
취득일	소유자	소재지	면적
동산			
은행명	계좌번호	예치방법	금액
나의 채무			
채무일자	채권자	연락처	금액(기일)

나의 채권			
채권일자	채무자	연락처	금액(기일)

보험			
계약일	보험회사	가입금액	보험종류(기간)

귀중품(고가품)			
품목	구입일시/구입처	구입가격	보관장소

4. 나의 죽음준비

나의 장례식장소	장례식장, 집, 기타
나의 장례진행	불교식, 기독교식, 천주교식, 전통식, 기타( )
나의 종교명은	법명( ), 세례명( ), 아호( )
장례식의 상주는	( )이/가 되길 바란다. 가족이 협의해서 정한다.
나의 수의는	내가 준비한 수의, 평상시 입던 옷, 상주가 알아서
부의금은	받아서 장례비용으로, 받지 않는다. 받아서 기부한다, 가족이 협의해서
나의 시신은	화장, 매장, 가족이 협의하여
화장시 유골은	산골(장소:), 수목장, 납골당, 가족협의
매장 시 장소는	화장 후 매장, 선산, 공원묘지, 가족협의
나의 장례비용은	보험, 예금, 상조, 가족협의
나의 비석과 묘비명	
나의 유품정리는	기부, 가족협의, 개별위탁
기타 당부의 말	

웰다잉강사지도사 자격과정을 위한
웰다잉의 이해와 실천

5. 나의 유언장

나의 유언장

성명: 날인
성별:
생년월일 :
주소 :

1. 나의 장례식

1) 나는 나의 시신이 이렇게 처리되기를 원합니다.
   (1) 나는 나의 시신이 화장되기를 원합니다. (　)
     – 화장 후에는 나의 유골을　　　　　에 뿌려(안치해) 주십시오.
   (2) 나는 나의 시신이 매장되기를 원합니다. (　)
     – 매장은　　　　　　　묘지에 안장해 주십시오.
   (3) 나는 나의 시신이 과학적 목적에 사용되기를 원합니다. (　)
     – 나의 시신을　　　　　　기관에 기증해 주십시오.

2) 나의 장례식은 이렇게 진행되기를 원합니다.
   (1) 나의 장례식은　　　　　에서 거행되었으면 합니다.
   (2) 나의 장례식은　　　　　께 집례를 부탁드립니다.
   (3) 호상(護喪)인　　　　　에게 다음의 내용을 부탁합니다.

– 나의 장례식에 꼭 부르고 싶은 사람들은 다음과 같습니다.

– 나의 장례식에서 다음과 같은 노래를 불러 주었으면 좋겠습니다.

– 나의 장례식에서 다음 사항은 거절하고 싶습니다.

2. 나의 유언

살아온 인생을 정리하며, 지금 죽음에 대해 느끼는 생각들, 가족들에게 당부하고 싶은 말들, 못다 이룬 꿈들, 후회되는 일, 감자의 말, 작별의 인사 등에 대해 다음의 항복을 따라 솔직한 마음을 적어보시기 바랍니다.

1) 인생을 정리하며 내 스스로에게 하는 말

2) 인생을 정리하며 내가 믿는 신께 드리는 말씀

3) 두고 가는 사랑하는 남은 가족들에게 하는 말

4) 그리고 마지막으로 누구에게든지, 무슨 일이든지 꼭 하고 싶은 말

3. 사랑하는 사람들에게 드리는 말씀
   1) 나의 배우자에게

작성일   년   월   일

2) 자녀들에게

3) 친구, 친지들에게

4. 내가 떠난 후에

6. 마지막 편지

사랑하는 (   )에게

– 이 글을 나의 사후 (   ) 에게 전달하여 주시기 바랍니다.

작성일자   년   월   일

작성자   서명